（美）约翰·文托（John J. Vento）/著

李松梁 徐梦云 /译

实现财务自由

FINANCIAL
INDEPENDENCE

WILEY　　中国金融出版社

责任编辑：王雪珂
责任校对：潘　洁
责任印制：张也男

北京版权合同登记图字 01 - 2018 - 8819
《实现财务自由》一书中文简体字版专有出版权属中国金融出版社所有，不得
翻印。

图书在版编目（CIP）数据

实现财务自由/（美）约翰·文托（John J. Vento）著；李松梁，
徐梦云译 . —北京：中国金融出版社，2020. 7
　ISBN 978 - 7 - 5220 - 0562 - 1

　Ⅰ. ①实… 　Ⅱ. ①约…②李…③徐… 　Ⅲ. ①私人投资
Ⅳ. ①F830. 59

中国版本图书馆 CIP 数据核字（2020）第 047545 号

实现财务自由
SHIXIAN CAIWU ZIYOU

出版
发行　中国金融出版社

社址　北京市丰台区益泽路 2 号
市场开发部　（010）66024766，63805472，63439533（传真）
网上书店　http://www. chinafph. com
　　　　　（010）66024766，63372837（传真）
读者服务部　（010）66070833，62568380
邮编　100071
经销　新华书店
印刷　保利达印务有限公司
尺寸　169 毫米 ×239 毫米
印张　28. 5
字数　378 千
版次　2020 年 7 月第 1 版
印次　2020 年 7 月第 1 次印刷
定价　98. 00 元
ISBN 978 - 7 - 5220 - 0562 - 1
如出现印装错误本社负责调换　联系电话（010）63263947

谨以此书献给我的父母 Rosario Vento 和 Concetta Giuffre Vento，感谢他们一生为子女拥有实现真正美国梦的机会所做的牺牲和奉献。妈妈、爸爸，我爱你们、想念你们，无时无刻不惦记着你们！

前　言

某一天，我开车去上班的路上，广告牌上一句简洁的话映入眼帘："人们为规划退休所花的时间甚至比不上在网上'点赞'所花的时间"。这句话进入我脑海，久久萦绕。

如果你和我一样，你可能也会发现这句话让人很不安，因为这句话提醒得太对了。

如今，数以万计乃至百万计的美国人看到那块广告牌后，应该都会意识到，我们会花更多的时间去选择表情包，甚至花时间看广告牌，却不愿意花时间去规划退休生活。我甚至好奇，有多少人真正开始考虑退休的事情。退休这件事，对于年过四十的人十分紧迫，对于年轻人也很重要。观看动物视频、浏览朋友外孙女的照片等这类事情，当然比处理财务问题来得有意思。想当然地认为退休问题会迎刃而解，这当然比提出一个实际的财务规划简单得多。但是，无论你的职业生涯还剩 4 年或是 40 年，退休总是在逐日临近。

如果你问美国人，最渴望得到的东西是什么。每个人排名最靠前的回答都是"拥有足够的钱，无所顾忌地做任何想做的事。"实现财务自由（约翰·文托称为"走向人生财富巅峰"）是大家共同的愿景，但除了买彩票中百万大奖外，大多数人并不知道怎样才能实现。这听起来也许很矛盾，但事实就是：一方面，美国是有史以来最富有、最成功的国家；另一方面，又是一个"财务文盲"的国度。

绝大部分人从高中或大学毕业后，对于一些基本的金融或财务概念缺乏理解。例如，如何给生活收支做预算；认识到在年轻时进行储蓄、利用复利效应实现财富增值的重要性；不当举债对实现自己财务目标的负面影响；等等。

现在美国只有 17 个州要求高中阶段进行金融知识的必修课学习。我最近看到一篇文章指出，美国有 94% 的成人通不过一套基本金融问题的 11 题测试。测试试题包括"如果你购买债券，随着利率上升，债券价格会怎么变化？"在如今的环境下，知道这些问题的答案对我们很有帮助。

从经济角度来讲，我们所生活的世界已与父母辈那时不同。对于大多数人来说，如果不在政府部门工作，养老金就只存在于历史和想象中。事实上，即使是公共养老金，也同样面临缩水的危险。我们经常听说，美国"新政与大社会"（New Deal and Great Society）计划（包括社会保障与医疗计划）很快将不足以支撑长期的资金支出。社会一直在要求人们为自己的退休金负责，但却没有人告诉他们方法、没有提供他们资源。

不幸的是，财富并不是通过一系列操作指南就可以轻易获得的。作为一个注册金融规划师和注册会计师，约翰·文托深谙这一点。像大多数美国人一样，约翰不是从他意大利移民父母那里学习投资的。但父母确实分享了他们关于金钱的务实建议，例如"不要购买你不需要的东西""量入为出"等，这些建议是无价的。

约翰理解了这些金钱方面的原则，并以此为基础构建了一整套方法。这一套方法提供的不仅是关于金融知识的学习指南，还是通往财务自由之路的地图。过去这些年，通过分享他的经验，他用他的财务敏锐性给数百位客户提供了帮助。

　　约翰这套方法和这本书的价值，还体现在他强调了有策略地管理好税务安排的重要性。事实上，他认为税务管理是最重要的问题之一。理解税收策略、管理好税务支出是任何一种财务管理方法的组成部分。作为一个有着数十年经验的专家，约翰可以用好自己独特的专业知识，帮助读者将财务规划知识和税务策略相结合，更好地积累（或维持）个人财富。

　　约翰在本书中引入了一个概念"节税超额收益策略（升级版）"。在投资中，"节税超额收益"这一概念已经被广泛应用于测度投资决策中因实施合理的税务策略而产生的额外收益。与"节税超额收益"只关注投资阶段引入税务策略不同，约翰的"节税超额收益策略（升级版）"是指财富管理全流程中因为实施合理的税务策略而实现的超额收益。本书还着重介绍了美国2018年生效的税收条例，这也使本书更有阅读价值。

　　约翰在本书中用通俗易懂的语言介绍了一些很重要的问题，包括如何规划退休生活、如何开展个人投资、如何传承家庭财产等。本书没有专业繁冗的术语表述。

　　毫无疑问，财务规划、投资决策、资产管理、合理避税等都是令人生畏的任务，但这些并不是高深复杂之事。专业意见能够在我们实现长期目标中发挥重要作用。

　　中国思想家老子有一句名言："千里之行，始于足下。"财务与金融知识是你实现财务目标与梦想旅途的第一步。这本书将为你提供必要的工具，成为你实现财务自由、走向人生财富巅峰的藏宝图。

鲍勃·奥罗斯
HD Vest 金融服务公司 CEO

序　言

实现美国梦

我的第一批客户是实现美国梦的成功典范。他们"二战"后从意大利来到美国时身无分文，但通过辛勤劳动、节俭生活和不断储蓄，为自己及下一代创造了美好的生活。不得不承认，我从他们身上学到的东西，比在大学课堂学到的还要多，比我为了拿到从业资格证书而完成的学习内容还要多。也许你已经猜到，这一批客户就是我的父母。

我的父亲叫罗萨里奥·文托（Rosario Vento），1923 年出生于意大利西西里岛的墨西拿。我的母亲康塞塔·吉夫雷·文托（Concetta Giuffre Vento）出生于 1921 年，来自附近一个更小的小镇——圣阿加塔。他们经历过"大萧条"（当时欧洲的情况和美国一样糟）。"二战"中，他们在西西里岛的山丘中避难。战争结束后不久，他们就结婚了。显然，由于战争的摧残，西西里岛乃至整个意大利都没什么好的发展机遇。经过艰难抉择，他们将希望和梦想寄托在美国，希望在美国开始新的生活。

父母受教育程度很低，英语讲得也不好。抵达美国后，父亲在理发店当理发师，母亲则在血汗工厂做起了针线活。他们在接连生了三个小孩后，过了八年时间又生了我。尽管二人收入一般，但他们努力做到量入为出，尽最大可能去储蓄。他们没有买小汽车，城市出行通常是依靠步行或是使用公共交通。他们极少外出就餐，而是在家自制新鲜的饭菜。即使是花一个硬币购买商品，他们也总是会问自己"这是必需品吗？"如果回答是必需品，他们就会问"还有其他更便宜的选择吗？"

面对人生起起落落，父母对金钱的这一态度贯穿了他们一生。他们早期在布鲁克林通过储蓄筹够首付，抵押贷款30年买了一套房子。他们送四个孩子上大学，其中一个当了老师，一个是医学博士，一个是社会工作者，还有一个是注册会计师和注册财务规划师（也就是作者本人）。

大学毕业后，我帮助父母管理财产，当然，如我前面所言，我从他们身上学到的有关"金钱"的知识远超我能教他们的。我每年会给他们准备一张资产负债表和一张现金流量表，这对我而言不仅是一种乐趣，还是对他们教会我金钱价值观的一种证实。父母一如既往地量入为出，谨慎地花钱，将节省的资金用于投资。经过这些年，我已经能帮助他们开展分散化的组合投资了。

最终，在母亲75岁那年，父母实现了一项具有里程碑意义的财务目标，这是他们从未想到过的。我坐在他们的餐桌旁，照例喝着母亲为我准备的浓缩咖啡。在这个特殊的日子，我告诉了父母他们的财务状况。我直直地看着母亲的眼睛，兴高采烈地说："恭喜！您和爸爸已经是百万富翁了！"他们的房屋价值、持有资产、现金合计刚好超过一百万美元，并且没有任何债务。

那一刻，他们脸上流露的表情、眼睛噙满的泪水，让一切言语都显得苍白。他们知道他们实现了一个最珍贵的目标——财务自由。对他们而言，美国梦不再只是一个梦想，而是已成为现实。

我的母亲和父亲分别于2006年和2011年过世。在离开人世的时候，他们知道自己幸福而负责任地生活过。他们精心养育了自己的子女，却从未给子女们增加一点点负担。事实上，当他们去世的时候，还给孩子们留下了一笔可观的遗产。这笔遗产既是可以用金钱衡量的物质遗产，也是以身作则的精神遗产。谨以这本书献给我的父母，同时也希望本书可以帮读者实现致富梦想。

约翰·文托

致　　谢

感谢在本书第二版出版过程中所有提供帮助的人。

首先，我想要感谢 Bob Oros。他非常认可这本书的价值，认为这本书将有助于在全国范围内拓宽人们的金融知识。他支持 HD Vest 公司的顶级专家为本书写作提供帮助，将本书提升到了新的高度。我真诚地感谢 Clint Brookshire, Jonathan Dodd, James Hickey, Julie Marta, Chad Smith 和 Carol Ventura。他们分享的宝贵知识增加了本书价值。我还要诚挚感谢 Andrea Dorsett 的组织协调工作以及 Eric Ungs 的创新性想法。

感谢 Annamarie Gentile 在不动产、信托和老年护理计划等部分贡献的专业知识，以及 Jerry Filipski 在企业退休筹划部分的贡献。这些专家提供的意见建议和指南，提高了相应内容的专业水平。

非常感谢我公司的全体员工。他们在本书写作及出版过程中提供了大量支持和帮助。我还要特别感谢我们公司的税务主管 Kim Riccio，她已经当了我近二十年的"专业参谋"，研究了美国最新税法内容，给了本书一般人给不了的专业税务知识。我还要特别谢谢我们公司的高级税务主管 Norman J. Axelrod，他为本书出版做了大量核查、研究和校对工作。

尤其要重点感谢 Carly Racioppi 的整体组织协调工作。她不仅对本书初稿进行校勘，还为本书注入了自己的洞见，坦诚给出务实建议。她用实力证明了自己是本书出版过程中不可或缺的宝贵资产。

当我写本书第一版时，我的三个小孩 John、Christine 和 Nicole 还是十几岁的青少年，他们帮助我一步步地将文字和思想付诸于书稿。那种经历为他们打开了商业与金融思维的大门，指引他们拿到了会计或金融的大学学位。我的两个女儿近期已经开始了她们的职业生涯，Christine 在毕马威做财务咨询，Nicole 在高盛做金融分析师。我儿子现在已经是注册会计师，刚从普华永道离职，并作为一名高级会计师加入了我的公司。为了帮我完成这本书，他们三人度过了无数个加班的夜晚和周末。"自豪"已经不足以表达我对他们的评价，也不足以表达我对他们跟随我的步伐在财务领域开始职业生涯的感受。

最后，我想对我的妻子 Doreen 说，感谢你与我共度人生，感谢你辛勤养育我们的孩子，你是一个很棒的母亲，我对你的感谢再怎么强调都不为过。你向我和孩子们展示了人生的真正意义。爱人即知己，是谓幸福。谢谢你成为我一生中最重要的人和最坚实的支持力量！

约翰·文托

目　　录

引言：走向人生财富巅峰

超过 5 岁的孩子都玩过寻宝游戏，其中印象最深刻的莫过于通过一张斑驳的来自古代的海盗"寻宝图"找到埋藏多年的宝藏。本书的目标就是希望能够帮助读者发现属于自己的"宝藏"。当然，本书并不是孩童时的游戏，而是通过教会你必备的知识（尤其会特别聚焦"升级版的节税超额收益策略"），帮助你积累人生财富、实现生活愿望。

我很多年前就已经获得注册会计师（CPA）和注册金融规划师（CFP）资格，在毕马威（KPMG，全球四大会计师事务所之一）结束了第一份职业生涯后，1987 年便开始在市场上自己打拼。多年来，我完成了与数千位客户的一对一财务咨询，帮助他们做出合理的财务安排。在帮助顾客实现财务目标的同时，我个人也收获了极大的成就感。然而不幸的是，我也发现，由于各种各样的原因，很多人没能实现财务目标。

无论你是刚走上工作岗位、拿到第一笔收入的年轻人，还是正在承担着房贷、子女教育，以及赡养父母等开支的中年夫妇，抑或是已经退休正在筹划如何将财产更好地留给下一代的祖父母，我希望这本书都能帮到你，助你实现自己的财务目标。这本书融合了财务规划和税务筹划，可以帮助读者增加个人财富，进而实现财务自由，我称为"走向人生财富巅峰"。

金融知识与逃离资本主义社会

在详细讲解如何到达"人生财富巅峰"之前，我想先介绍本书的写作机缘以及写作思路。大家对金融知识并不陌生，尤其是 2008 年金融危机之后，出现的频率越来越高。华尔街日报等媒体把 2008 年金融危机发生后的十年不稳定经济称作"新常态"。专家们相信这次金融危机导致了"新常态"的出现，即危机前人们沉溺于挥霍无度，而危机后，人们变得热衷于储蓄，生活方式更加节俭，同时对掌握金融知识的意识也更加强烈。

在 2008 年经济衰退开始后，许多人发现没有为自己及家人在相应的人生阶段做好财务规划，没有为退休后的生活做好财务准备。实际上，许多财务机构统计发现，当下大多数临近退休年龄的美国人（也就是著名的"婴儿潮"一代）并没有为退休生活积累足够的储蓄，或进行充分的准备。

我发现自"二战"结束以来的数十年间，很多人对金钱的认知是有偏差的。这些不正确的金融信条包括：

- "每个人都有拥有属于自己住房的权利"
- "房地产的价格将会一直涨"
- "可以靠信用卡生活，并且不用考虑后果"
- "只要你想工作，总能找到一份工作"

这些信条（或者说是对"美国梦"的臆想曲解）被 2008 年金融危机的爆发击成粉碎。实际上，金融危机早已埋下种子，只是大多数人毫无察觉。结果，很多人在这场危机中吃了亏，有些人甚至可以说是损失惨重，导致美国社会的很多人对资本主义社会"新常态"不再抱有幻想，转向追求社会主义。老一代人（经历过 20 世纪 30 年代"大萧条"和"二战"的人）身上的节俭品质已经被社会所遗忘，过去美国人负债式生活所欠下的债，现在终于到了要还的时候。

2008 年金融危机的爆发及其产生的后果，告诫我们必须要重新重视金融知识，为余生做好金融规划和准备。也就是说，我们绝不能做"金融文盲"，必须尽可能多地掌握金融知识，以备在涉及财务管理的事务上，我们都能做出最有效的决策。

在我看来，千禧一代是受 2008 年金融危机影响最大的，并且还要直接为"婴儿潮"（也就是他们的父母辈）的愚蠢做法埋单。如今，年青一代已经开始有了量入为出的金融意识，这一代亲历了父母或者邻里在金融危机中紧巴巴的日子，亲眼看到了邻居家的房屋因为断贷而被收走，看到了因丢掉工作而引起的妻离子散，甚至无法负担起最基本的日常生活开支。许多千禧一代经历过因负担不起房租，只能搬回父母的房屋，更不用说购买一套自己的房屋了。他们不再相信努力学习、接受大学教育就可以得到一份薪水可观的工作，有些甚至对能否偿还助学贷款都失去了信心。这些绝望感和无助感，使得许多年轻一代对资本主义社会产生怀疑，越来越多的年轻人公开表示更喜欢社会主义社会。

过去几年，美国经济的显著改善，将扭转大家上述对资本主义的态度，我对此充满希望。伴随失业率不断下降，经济不断增长，社会繁荣近在眼前。我相信年轻一代会再一次相信真正的"美国梦"，美国是一个充满了机遇的国家。

千禧一代与经历过"大萧条"的那一代人在很多方面都很相似。我认为千禧一代不仅能从艰难中挺过来，而且会从这些经历中学习和成长，最后实现成功。千禧一代不会再重复父母一代的错误，我对千禧一代以及美国的未来都非常乐观。正因为如此，本书的内容和指引非常重要。它告诉我们，每个人都可以实现财务自由，到达属于自己的人生财富巅峰。而实现财务自由的第一步，就是我们自己必须要具备一定的金融素养。

金融素养是指牢固掌握基本的金融概念和财务规划，有能力负责任地管理财富，确保财富保值增值。金融素养不仅对个人和家庭的财务稳定非常重要，对于整个经济和社会的健康运转也同样重要。

财富巅峰：终极财务目标

从字面上理解，财富巅峰是指我们可以不用为了赚钱而工作，而是让金钱为我们"工作"的阶段。在财富巅峰阶段，储蓄和投资所产生的收入足以支持我们的生活开支，即使没有工作收入，我们照样可以维持现有生活水平。财富巅峰，其实就是实现了财务自由的状态。

对于大多数人来说，到达财务自由状态是我们的终极财务目标。我们希望达到这个目标后就可以提前退休，当然，我们并不一定真的会从富有成就感和充满乐趣的工作中辞职，但我们还是很想尽早到达财富巅峰，越早越好地感受财务自由和财务安全。

每个人的情况不同，财富巅峰的具体数值也不相同。有些人收入水平一般，但依然生活富足，很轻松就可以达到财富巅峰；有些人年收入几百万美元，却是入不敷出，仿佛财富巅峰是遥不可及的远方。一个人的财富巅峰主要由以下几个变量决定，具体包括：

- 当前生活标准和生活水平
- 退休后（或是在没有收入后）的生活计划和生活方式
- 为了达到财富巅峰，计划花多长时间进行储蓄
- 在到达财富高点后，计划过多长时间的财务自由生活

此外，在确定个人财富巅峰时，还涉及一些数学计算，包括：

- 对个人投资回报率的期望值
- 通货膨胀和税收在退休前后对个人投资的影响

尽管这样定义财富巅峰看起来像研究生微积分那样复杂，但其实操作起来完全没有看起来那么麻烦，本书的写作也会尽可能用最通俗易懂的方式来呈现。

综合财富管理的十大关键性问题

不论你的财富高点的水平是年收入 2.5 万美元，还是坐拥 2500 万美元的资产，你都需要理解并且有效应对以下 10 点基本财富管理事项。它们是：

1. 生活上必须量入为出，并且认真为未来做好储蓄

2. 熟悉税收规则，懂得如何合理有效地避税

3. 实事求是地明确自己的生活标准，掌握家庭净资产规模和现金流情况

4. 管理好家庭债务

5. 为个人以及家庭成员的意外疾病或者死亡事件做好保障

6. 保障家庭财产安全

7. 为自己以及子女的教育做好规划

8. 聪明而富有成效的投资

9. 为退休做好筹划

10. 实现家庭财产的传承

无论是财务还是其他方面，各种变化贯穿我们的一生。随着我们的收入和生活水平发生变化，我们的需求和欲望也随之而变。例如，对于 18 岁的年轻人，其重大财务支出可能是买车、支付大学或研究生学费。对于 30 岁的中年人，重大财务支出就会显著不同，比如可能是购买首套房，或者是计划生小孩等。而等到了 60 岁，考虑的则是退休的问题，同时可能还要支付孩子大学学费或者为年迈的父母支付赡养费等。此外，外界经济环境的持续变化，会让家庭财务的管理更具挑战。

我们一生将会遇到各种与金钱相关的问题，但所有问题终将逃不开以上 10 个关键性问题中的某一项或者某几项。所以理解以上 10 个问题，并且有效地解决它们，对实现财务自由非常重要。如何应对和处理

这 10 个与财富管理相关的问题，将对能否实现财务自由起到决定性作用。并且，这些问题彼此相互关联影响，一项处理不好还会对其他项产生影响。例如，假如你管理不好家庭债务，将会发现很难攒够买房的钱，以至于子女的教育、自己的退休生活都没有保障；又如，如果完全忽视重大疾病或者意外死亡的发生概率，一个家庭很可能被突如其来的意外瞬间摧毁。

在上述 10 个关于财富管理的关键性问题中，有一个变量会有全局性影响，也就是税收。我贯穿全书列出了很多节税策略，目的就是要将税收开支尽量降到最低。

最大的家庭支出

每到周末、月末或者是年末，你是否问过自己：我的钱到底都花哪儿去了？也许多数人都百思不得其解：明明我的薪水不低，也没有铺张浪费，但为什么就是剩不了几个子儿，甚至有时还要借钱！

最大的支出是什么？多数人认为是住房贷款或是住房租金；有孩子念大学的人，也许会认为是子女无底洞般的各种教育费用；身体不好的人，则可能认为是医院高昂的医疗支出费用。

但是，我想告诉你的是，上面这些都不对，最大的支出是税收！

是的，税收是我们支出中最大的一项，并且这项支出还将持续，甚至变得更大。2018 年，联邦税收的最高税率是 37%，各类社会保障税率是 15.3%（其中一半由雇员缴纳，一半由雇主缴纳）。除此之外，员工拿到手的工资还要首先扣除联邦失业税和州失业税。不止这些，根据居住州的不同，你还需要缴纳州及地方的收入所得税，所得税税率超过 10%。例如，纽约市人民适用的州所得税和市所得税的税率总额高达 12.7%。

不仅仅是工资收入需要缴税，投资收益、资本利得等其他收入也需要缴税。我们在消费的时候也在缴纳营业税，在消费烟酒、汽油等特殊商品上还缴纳了高昂的额外消费税。我们缴纳的办证费、登记费、停车费、通行费、票款、传票等都隐含着某种形式的税收。此外，我们需要缴纳房产税、教育税、自来水和污水处理税、抵押登记税、财产过户税等，如果亲朋好友有大额赠送，还需要缴纳赠与税。显然，政府对个人的税收至死方休。讽刺的是，政府在你去世的时候还要征收遗产税。

如果对个人的所有税收支出做个详细的计算，这个数据将是十分惊人的，税收支出占所有支出比例将超过50%。这些税收通常隐藏在每项生活支出中。

所以现在你知道为了削减支出、提高储蓄，最重要的一项工作是什么了。答案就是减少税收、合理避税。

但事实上，多数人完全忽视了最小化税收对于最大化财富积累的重要性。财富管理的"节税超额收益"策略贯穿了本书，你需要学习并实施这些策略，以便尽可能地节税。过去人们谈到"节税超额收益"策略时，都只涉及投资决策流程的节税，而忽视了个人整个生命周期的财富管理全维度的节税。

在本书中，我考虑了个人全生命周期财富管理的合理避税策略，并将其称作"节税超额收益策略（升级版）"。本书将提供数百条"节税超额收益策略（升级版）"，以帮助你加速积累财富，早日实现财务自由。

全面评估你的理财规划

在探讨具体数据之前，通过以下综合财富管理问卷对你的财务情况做个评估。这项调查问卷将帮助你识别存在哪些财务问题。

综合财富管理问卷

　　下面 20 个问题有助于帮你认识个人在财务管理方面的强项和弱项，为尽早实现财务自由提供方向。

　　1. 你是否会先将总收入中超过 10% 的部分储蓄下来，而后再决定生活花销？如果你的答案是否定的，请阅读第一章"如何做到量入为出？"。

　　2. 在紧急情况下，你是否可以轻松筹集到足够 3～6 个月生活开支的钱？如果你的答案是否定的，请阅读第一章"如何做到量入为出？"。

　　3. 你是否已经给自己设定一个目标（例如购买一套房屋、开始一段旅行、举办一场婚礼或者完成一次创业），并且有详细的规划和资金筹措方案？如果你的答案是否定的，请阅读第一章"如何做到量入为出？"。

　　4. 你是否已经掌握所有你可以使用的税收减免措施？如果你的答案是否定的，请阅读第二章"如何理解税收影响"，并且要着重每章节结尾部分"节税超额收益策略（升级版）"。

　　5. 你是否会计算个人净资产？如果你的答案是否定的，请阅读第三章"如何掌握财务状况？"。

　　6. 你是否对个人的现金流入和流出有充分的认识和理解？如果你的答案是否定的，请阅读第三章"如何掌握财务状况？"。

　　7. 你是否总是可以偿还信用卡贷款，并且没有其他高利贷债务？如果你的答案是否定的，请阅读第四章"如何管理家庭债务？"。

　　8. 你是否了解你的房屋贷款或者其他抵押贷款上有哪些最优惠条款？如果你的答案是否定的，请阅读第四章"如何管理家庭债务？"。

　　9. 你是否已经购买普通医疗保险及重大疾病医疗保险？如果你的答案是否定的，请阅读第五章"如何保障生命健康？"。

　　10. 你（或者你的父母）是否已经开始为养老院护理及长期家庭健

康护理进行规划？如果你的答案是否定的，请阅读第五章"如何保障生命健康？"。

11. 你是否为自己或配偶购买了长期伤残保险？如果你的答案是否定的，请阅读第五章"如何保障生命健康？"。

12. 在你（或者你的配偶）不幸去世后，你的家人是否可以从你（或者你的配偶）的寿险中获得足够赔偿，从而不影响整个家庭的生活？如果你的答案是否定的，请阅读第五章"如何保障生命健康？"。

13. 你是否已经购买至少100万美元保额的个人责任保险？如果你的答案是否定的，请阅读第五章"如何保障生命健康？"。

14. 你是否已经为你的大额财产购置保险（例如汽车、房子、珠宝、古董等艺术品）？如果你的答案是否定的，请阅读第六章"如何保障财产安全？"。

15. 你是否已经为你的子女（或孙辈）的教育留出足够的资金？如果你的答案是否定的，请阅读第七章"如何支付教育费用？"。

16. 以你目前的经济情况和收入状况，你能否在预期的年龄退休？如果你的答案是否定的，请阅读第八章"如何规划退休生活？"。

17. 如果你正在换工作或者即将退休，你是否清楚自己的财务状况并且做出最优选择？如果你的答案是否定的，请阅读第八章"如何规划退休生活？"。

18. 你是否清楚知道股票、债券、共同基金、开放式指数基金等不同投资选项的区别？如果你的答案是否定的，请阅读第九章"如何开展个人投资？"。

19. 你（或你的配偶）是否已经立下遗嘱？是否是在现在居住地起草的，是否在五年内经过律师审阅？如果你的答案是否定的，请阅读第十章"如何传承家庭财产？"。

20. 你（或你的配偶）是否已经有了一份具有法律效力的医疗护理委托书（以防在病人无法做出决策时，可委托有权机构代替病人做出治疗决定)？如果你的答案是否定的，请阅读第十章"如何传承家庭财产？"。

如何使用这份问卷

为了回答上述问题，你可能需要翻出你的遗嘱、医疗护理委托书、保险条款单以及银行和证券公司单据等。在如实回答完上述所有问题后，你就会明白自己需要在哪些方面加强财务管理。

这些问题对于任何年龄阶段都非常重要。例如，如果你是20岁左右的年轻人，可以考虑为自己配置健康保险，可以考虑为退休做好财务规划，而不是仅仅依靠工作单位的退休养老计划，还可以考虑为自己准备一份具备法律效力的医疗护理委托书；如果你已经结婚生子，拥有住房并且积累了一些财产，那么你就需要额外关注寿险、健康险以及财产险等问题；如果你已经步入天命之年，子女的教育问题、父母的赡养问题以及自己的退休就成为你首先要关注的问题。

这些话题将在本书后续章节进行详细介绍。

本书将给你带来什么？

财务自由并不是通过撞大运实现的，而是需要长期的专注、自律、坚决、隐忍，以及持续的努力工作。如果你渴望实现财务自由，并且也具备不达目标不罢休的决心，这本书为你提供了实现财务自由的诸多工具。简而言之，本书就是引导你实现财务自由的武功秘籍。

本书将详细介绍关于综合财富管理的十大关键策略，并配合现实生活中的客户案例（匿名），引导你顺利通过个人和家庭的重要财务关口。特别地，本书将教会你从"节税超额收益策略"迈向更高级的"节税超额收益策略（升级版）"，帮助你每年节省几百美元乃至几千美元的开支。减少支出就是增加收入，就是在向财务自由更进一步。

在金融环境不断变化的当下，本书提供的财务管理知识适合于每一位想做好财富管理的读者。我也希望本书的最新修订版能够成为每位读者和家庭的财富管理指南。

第二版新增内容

2018 年美国税务体系发生了巨大变化，这也是本书更新版本的一个重要契机：特朗普政府旨在降低税收、刺激美国经济的"减税和就业法案"，是自里根时代以来最重要的税收改革。税改自然是本书的重要内容，我在全书很多地方详细介绍了税改法案的新内容，还在绝大多数章节结尾处结合"节税超额收益策略（升级版）"进行阐述。本书吸纳了美国最新的税改内容，阅读本书你可以了解到最新的美国税改政策下，个人如何做出最优决策，税改将如何影响每个人的未来财务状况。

第二版还增加了新的一章，第十一章"如何开创自己的事业？"。尽管这个章节的内容并不在 10 大理财要点之列，但是它确实是众多企业家实现财务自由的方式。我将在本章中结合个人在过去 30 多年协助数百位小企业家实现财务自由的从业经验，详细介绍"减税和就业法案"对小企业经营的影响，以及小企业如何实现"节税超额收益（升级版）"。

考虑到老龄化的问题（据美国人口普查局，现在 65 岁及以上的老人数量已经创了历史新高），本书增加了老人护理计划内容。第十章"如何传承家庭财产？"将详细介绍如何为自己、父母、祖父母做好长期的养老护理规划。

第二版的更新和修订主要是确保读者可以及时获取最新的财务理念，早日实现财务自由。不论你是第一次阅读本书，或者你已经看过第一版，你都会从本书中获取助力实现财务梦想的知识和力量。

第一章　如何做到量入为出？

量入为出，没有什么尊严比得上它可敬，也没有什么自由比得上它重要。

——美国第三十任总统卡尔文·库利奇（Calvin Coolidge）

我们都想要实现美国梦。从最早期的欧洲移民者开始，美国人就开始为了自己和下一代，不懈地追求成功和繁荣，并坚决地相信，无论种族、宗教、国籍或性别，只要努力工作和严格自律，梦想就一定能够实现。

"美国梦"成了"美国噩梦"

美国是建立在"机遇与繁荣之地"这一信条之上的，这一信条也是美国梦的内涵。在美国建国早期，有无穷无尽的土地供大家唾手可得，这对总体上仍是农业社会的国家而言是一种巨大福利。如果你想要更多土地，你只需收拾好马车，在一路向西行进中认领土地。如果你愿意努力工作，你就可以过上体面的生活，抚养教育孩子，为家庭开支做好储蓄。这些原则在过去两百年中巍然屹立，不曾改变。

不过，也许是因为"二战"后数十年富足生活的原因，这片"机会公平"之地已经变成了"理所当然享受权利"之地。人们开始相信通过信用借款"入不敷出"是可以接受的，"奢侈生活"成了常态。年轻人不再想着为买房买车的首付或是为舒适豪华的旅游度假而进行储蓄，他们只会通过信用卡或是银行贷款来弥补这些成本支出。即使是专业的金融机构也陷入了这种富足的假象中，给那些明知不具有偿付能力的人发放信用卡、大规模提供房屋抵押贷款。这种对美国梦的扭曲式定义，很大程度上引发了 2008 年的金融危机，也将很多人的美国梦变成了美国噩梦。2008 年以来的复苏之路漫长而痛苦，很多人遵循着我在本书中提出的基本原则，从危机泥沼之中抽身出来。

我的父母只接受过 8 年教育，几乎不会说英语，他们只身来到一片异域土地。而如今对于大多数美国人来说，他们都很幸运地享有教育和机遇。如果连我父母最后都能成为百万富翁，当然任何一个美国人都可以实现财务自由。任何一个人都能抵达人生的财务高点——即可以通过理财收入而非工资收入支持你自己和家庭的财务支出，而这所需要的仅仅是良好的财务实践知识，以及运用这些知识的自律精神。

"量入为出"是关键一步

实现财务自由最为关键的一步是量入为出，这听起来也许显而易见，也许过于简单。相信我，事实并非如此。

令人惊讶的是，很多人并不理解"量入为出"到底意味着什么！我认为"量入为出"是指生活支出应少于到手工资收入以及其他收入，包括年金收入或是信托收入等。"量入为出"并不意味着月光族式的生活，也不意味着通过信用卡和消费贷款维持生计，更不意味着当你想买一台电脑或是需要支付房租时求助于父母和朋友。它意味着你不仅要明白如何为你的需求埋单，还要考虑对你的收入进行合理的预算安排，以便你仍然能结余一些钱来。

第一时间为自己储蓄

除"量入为出"以外，如果你想要到达人生的财务高点，你还必须要储蓄（这些钱最终还需要进行有效的投资，我会在第九章"如何开展个人投资？"中介绍），我将此称为"第一时间为自己储蓄"。因此"量入为出"的内涵除了包括居住、食物、水电燃气、衣服等生活必需品外，还包括了给个人储蓄账户存入资金。理想情况下，人们应当从总收入中拿出10%或以上的份额来进行强制储蓄。你也许认为这是不可能达到的，但一旦你开始这么做，你就会意识到这有多简单。当然，如果你负担得起的话，你可以将更多资金投入储蓄账户或投资账户中。

　　下面我举个例子告诉你强制储蓄怎么实现，以及它将如何帮助你实现财务自由。如果你每年赚52 000美元，也就是每周有1 000美元的总收入，这样你税后的到手收入可以有700美元（假定30%的税率）。如果你第一时间为自己储蓄，从总收入中将10%的比例放进401（k）养老金计划，则每周就有100美元（5 200美元/年）的资金用于补充养老金。这些资金在投资期间内将会以复利方式进行增值。如果你按照上述方式在21岁开始储蓄、65岁退休，你可以在44年间积累22.88万美元。考虑到税收原因，你每周实际应课税的收入为900美元而非1 000美元，即你每周到手收入为630美元而非700美元，每周储蓄100美元只会使得你每周的到手收入减少70美元！是的，你每周在生活所需上的花费减少了70美元，但你由此增加了100美元的储蓄。假设401（k）养老金计划的投资收益率在44年间可以达到年化7%，则你65岁时能够积累138.3829万美元财富[①]！我相信，今天的储蓄只是为明天实现财务自由付出的较小代价，除此之外，我不知道还有什么更简单的方法可以实现财务自由。此外，上述计算还没有考虑雇主配套缴费的部分，雇主配套缴费部分将进一步显著增加你的储蓄。

　　"第一时间为自己储蓄"是一种必需品，如同头上的屋顶、桌上的

---

　　① 上述收益率纯粹是假设，不代表任何个人投资和资产管理的业绩。这只是为了例证的目的，不能被用于预测未来投资业绩。具体的收益率会随着时间变化而变动。对于能够提供潜在高回报的投资，也蕴含了更高的风险。读者应该在做投资决策前应当咨询自己的财务顾问或代理人。

食物和身上的衣服一般。它不是一种奢侈品，不是你可以下周、下月或是明年才开始做的事，你现在就必须执行。

清楚"需要"和"想要"的区别

如果问人们怎么定义生活的"必需品"，大多数人可能都会说：居住、食物和衣服。我刚才又在这一清单中增加了储蓄，即定期储蓄或第一时间为自己强制储蓄也是必需品。然而，在居住、食物、衣服和储蓄大类之下，进一步定义"必需品"则需要做进一步分析。

● "居住"不应该是超出生活必需的最大房子、最好位置、最贵家具，而应当是可以为家庭提供舒适安全环境、家庭收入足够支付和维护的房子或公寓。

● "食物"不意味着每天晚上都外出去昂贵高档的餐厅就餐，或是在当地比萨店或中餐馆订餐，而是在事先确定的餐费预算下准备营养健康的美食。

● "衣服"不意味着购买价值 200 美元的最新款牛仔裤，或是其他定价过高的设计师服装，而是基于深思熟虑的预算之下，为全家人的衣着需求进行规划。

● "储蓄"不意味着一定要将工资收入的 25% 以上都存起来，尤其是当手头很紧的时候，而是养成将总收入 10% 以上进行储蓄的良好习惯。

换句话说，人们需要区分"非必需品"和"必需品"，区分"需要"和"想要"。过去三十多年来，我处理了数以千计客户的财务问题，我注意到那些最终实现财务自由的人，他们每个人都有一个共同特质：每一次在面临要不要购买非必需品的选择时，都会有焦虑感。无论是买一杯昂贵的咖啡还是入手一辆豪车（甚至是一辆便宜的小轿车），如果他们买了，他们会有焦虑感和罪恶感。换句话讲，这些人购买非必需品的痛苦感超过了愉悦感。

通常，他们在面对"是否购买"的决策时不会冲动消费，而是问自己这些东西是不是必要的（例如，新工作上班第一天我需要穿一套新西服吗？）。如果答案是否定的，他们就会很轻松地做出决定（我可以穿我的旧西服，我可以将它干洗熨烫一下，不会有人知道我已经穿了三年了）。如果答案是肯定的（我的旧西服看起来已经有一点穿坏了，并且穿一件新西服可以让我在上班第一天看上去更加自信），他们总是会寻找相对便宜的（我可以在另一家商场找到一件同等质量但更加便宜的西服吗？会不会有打折呢？便宜的西服会不会同样好看、同样让我显得自信？）。

事实上，大多数的美国人将"必需品"和"非必需品"的概念完全搞反了。很多人相信"和左邻右舍比排场比阔气"很重要，人们想要和周边的朋友、邻居、同事看上去同等富裕。"购物购到腿软"和"购物疗法"在今天的世界中已经非常稀松平常，人们认为这样做是可接受的，很有趣，甚至认为这样做很酷。推崇"购物购到腿软"的人认为购物就好比在公园骑了一下午车，是有利于健康的。推崇"购物疗法"的人则深信购物是一种娱乐形式，甚至可以缓解压力和焦虑。

人们将数千美元的信用卡账单视为正常合理，很多人确实能从过度购物消费中获得巨大的愉悦感。至于将钱存入银行，而非将其挥霍在大屏新彩电上，这是他们想都不会想的。这种行为跟提供生活必需品毫无关系，是在满足"想要"，而非"需要"。当然，这往往与是否会导致"入不敷出"密切相关。

如果想要实现"量入为出"、储蓄足够的钱并且最终走向人生财富巅峰，识别"非必需品"和"必需品"、"需要"和"想要"的区别十分重要。你需要训练你自己，在购买那些让人兴奋的"非必需品"时更多地感到焦虑和罪恶，而非愉悦。你需要经常性地提醒你自己和家庭成员，购买非必需品的短期满足感远不如实现长期财务目标所获得的满足感，重要性程度也远不如实现长期财务安全那么强。当你牺牲未来财务目标时感受到的痛苦感，超过购买非必需品获得的即时满足感时，你就掌握了实现财务自由的必备技能。

每日财务目标声明

为我个人及家庭提供财务上的安全保障是我第一优先目标。

"量入为出"

总是第一时间为自己储蓄

对非必需品消费说"不"

在写下这个每日财务目标声明后，大声读出来，然后将复印件贴在家庭成员每天都可以反复看得见的地方——冰箱门的正中间，以及床头桌上。将另一份贴在你的办公室，例如靠近你的电话，或是作为你的计算机屏保。

无须考虑太多，简单开始储蓄

如果有储蓄需求，首先可以考虑传统的银行储蓄账户。储蓄可以确保手头持有足量的现金，用来应对疾病、受伤、失业或是其他需要花钱的紧急情况，这是明智的一招，有助于避免举债或是动用养老金。

储蓄多少取决于个人需求、支出责任和生活水平。我的经验法则是，如果夫妻二人都有收入，则手头现金应当足够覆盖至少三个月的开支，如果是单身或者夫妻二人只有一人有收入，则手头现金应当足够覆盖至少六个月的开支。如果你担心失业，或是你认为你失业之后需要六个月以上才能重新恢复财务实力，你可以有更多储蓄。此外，如果你除了应对上述众所周知的突发事件外，还需要其他特定消费，如买房、结婚、购车、旅行等，你的总储蓄应当是在正常储蓄之上再加上这些特定储蓄。

现如今货币工具（包括居民储蓄账户、货币市场基金、大额存单等）的利息回报相对较低，而当前的通货膨胀率高于利息回报，你储蓄的财富的最终购买力可能会下降。但是，不要过于惊慌，储蓄仍然是走向财富巅峰之路上必不可少的部分，而且这些储蓄在最高 25 万美元的额度内是得到美国联邦存款保险公司（FDIC）保险的，因此你储蓄的钱是有安全保障的。

什么是 FDIC？

居民储蓄是受到 FDIC 保障的，这增加了居民储蓄的安全性、降低了风险，理解这点是十分重要的。对于一些人来说，保证存在银行账户里的钱会及时得到归还可以让他们心安，这种心安是无价的。包括支票账户、储蓄账户、大额存单等在内的传统类型银行账户都是获得 FDIC 保险的。银行还推出了货币市场存款账户，这类存款的利息回报由银行设定，通常客户被限定在指定时间内参与一定数量的交易。所有这些类别的账户一般都由 FDIC 提供 25 万美元额度的保险保障（以每个存款人或每家机构为单位），一些特殊类型的账户的保险额度甚至更高。想要获取更多关于存款保险的信息，可以登录 FDIC 的网址（www. fdic. gov）。

很多银行和证券公司都给消费者提供各式各样的投资产品，例如共同基金、年金、人寿保险、股票、债券等。与传统支票账户或储蓄账户不同，这些非储蓄的投资产品不受 FDIC 的保险。很多人有一种错误的观念，认为只要是通过银行购买的金融产品都受到 FDIC 的保障。这显然与事实不符，当你将金钱投入非 FDIC 保险的投资账户中时，你必须时刻理解其中的投资风险。

为专项消费而储蓄

俗话说"只工作不玩耍，聪明孩子也变傻"。我们可以将这句俗话略作调整，变成"只储蓄不奢华，聪明的人也变傻"。当然，"奢华"

这个词可能还需要改一改。

达到人生财富巅峰，主要是指实现最终的财务自由，你可以无须为金钱而工作，而是让金钱开始为你工作。但我们大多数人终其一生总是难以避免地会需要一些贵重的必需品和非必需品，因此我们需要进行专项储蓄。这些专项支出主要是大额消费，例如购买首套住房、给自己或孩子举办豪华婚礼、为女儿举办 16 岁生日派对、庆祝父母 50 周年结婚庆典、踏上梦寐以求的毕业旅行，或是远游非洲，或是游历远东。

在为这类特殊事件或专项支出进行规划时，应当认识到这些支出有赖于超出正常储蓄之外的额外储蓄，应将这些储蓄纳入整体预算中。甚至可以考虑为这些专项支出开设一个独立的储蓄账户，并就这些资金指定特殊用途。不过，绝对不能为了满足这些短期的欲望而牺牲实现财务自由的长期目标。

知易行难

就算以上道理都懂，但在"知道"和"做到"之间还存在着巨大的鸿沟。我们都知道为了实现财务自由、走向人生财富巅峰，我们必须要多赚钱、少消费，我们要第一时间为自己强制储蓄。但最难的部分在于我们必须要切实行动。无论从情感上还是从财务上看，这种愿景都会压得人喘不过气来。

我们生活在一个"即时满足"的社会，从一杯 5 美元的卡布奇诺咖啡到一双 500 美元的鞋子，从一辆 5 万美元的小汽车到一栋 50 万美元的房子，我们想要索取的越来越多，想要越快得到越好。这些例子可能有些夸张，但我们很多人如果比朋友或同事生活过得差，确实就会很沮丧。我们想要维持一个很高的生活质量标准，即使这些生活标准是靠借钱来维持的，即使这些标准只是以昂贵咖啡或名牌标签等肤浅的东西来衡量的。如前所述，我们很多人都认识到过度消费所带来的快感，而"量入为出"给人所带来的感受则是极度不舒适，而且难以克服。

但就像节食一样，你需要意识到这些感受，修正它们，这才是有利于身体健康的。

现实情况是，很多人已经掉入了巨大的财务问题陷阱中，想要跳出陷阱耗时费力、痛苦不堪。在认为可以开始正式储蓄之前，他们可能还需要偿还数千美元的信用卡账单（见第四章"如何管理家庭债务？"）或数额很大的学生贷款（见第七章"如何支付教育费用？"）。这尽管很可怕，但相信我，这并非无药可救。

改变自己，不要再像过去一样疯狂

爱因斯坦将"疯狂"定义为"不断重复同一件事，并期待不同结果"。如果你已经"入不敷出"、没有储蓄，并且很想知道自己为什么没有钱，那么现在就是该停止疯狂的时候了！不要再把钱挥霍在一些小的非必需品，开始为购买重要的必需品进行储蓄，最大限度地为自己和家庭提供财务安全保障。你必须致力于"量入为出"，区分非必需的"想要"和必需的"需要"，为未来支出进行储蓄。这些做法是你的宝贵财富，也是你最终走向人生财富巅峰的关键。

"量入为出"行动计划

就"量入为出"做出严肃的承诺：与你的爱人和孩子就这一承诺进行讨论，并督促他们也同样遵守。

第一时间为自己储蓄：就好比为生活必需品进行消费支出一般，在预算范围内进行储蓄。

开立储蓄账户：将每个月总收入中10%或以上进行储蓄。要求银行自动将指定金额从支票账户转账至储蓄账户。

持有充足的现金：根据自己的需求，现金持有量应覆盖3～6个月的基本生活开支。

将"每日财务目标声明"置于显眼位置：放在家里自己和家庭成

员能够经常看见的地方。

为专项支出储蓄：将这部分专项储蓄作为额外金额纳入总预算中，并且可以考虑为此开立一个独立的账户。

完成综合财富管理问卷：（见"序言"）帮助你形成自己的财务优先事项和财务目标。

第二章　如何理解税收影响

世界上最让人难以理解的就是所得税。

——阿尔伯特·爱因斯坦 现代物理学之父

税收是我们在这个社会生活需要支付的对价。政府在收取联邦所得税和州所得税后，将其用于提供公共品，包括公路、公立学校、公共图书馆、医院、国家公园、水库、美国军队，乃至包括美国总统在内的美国所有公务员工资支出。税收收入还被用于社会保障支出、医疗保险支出以及其他社会服务支出等。尽管大家对于这些服务有需求，也很认可，但很多人也担心大量的资金在政府管理中被挥霍，而老百姓得为此埋单。

事实上，每个家庭平均要将 1/3 的收入用于支付联邦、州及地方的所得税，如果算上财产税、消费税、销售税以及其他各种隐性税（如针对烟酒及特定奢侈品的专项税），那家庭的税收支出就更多了。这意味着平均每个人每周周一的一整天以及周二的大半天都是在为政府打工，剩下几天才是为自己工作。这是人们讨厌周一上班的另一个原因！换句话说，对每一个人来讲，税收支出是最大的个人消费。

为了抵达人生财富高点，理解税务体系非常重要。你必须非常小心谨慎、富有创造性地规划你的税收，这样你的个人税务负担不至于侵蚀你的收入，你才能快速安全地积累个人财富。税法是极其复杂的，你完全没有必要去读懂理解晦涩难懂的美国税法中的全部细节。大多数人为了采取有利的税收策略，也确实会向专业的税务顾问请求帮助。但是，你应该对税收和税务体系的基本知识要有足够的了解，这样你可以问对问题，以便从专家那里寻求最合适的帮助，满足你自己个性化的财务与税务需求。这就是本章想要做的，让你掌握你应该知道的基本知识，提高你的财务修养。

美国税务体系简介

本章将先简单介绍美国税收历史，以便为接下来的内容做好准备。我记得在我还是一个孩子的时候，我第一次上历史课，老师说"我们学习历史的原因，是因为历史始终押着同样的韵脚"。早在美利坚合众国还被称为"美国殖民地"之前，税收这一主题就已经是美国历史上的重要组成部分。任何一个上过学的孩子都记得1773年"波士顿倾茶事件"，波士顿市民乔装成印第安人的模样，将茶叶倾入波士顿湾，以反抗英国在殖民地对茶叶征收的不公平税收。这一反抗行动对于美国独立战争的爆发起到了重要作用。

实际上，自从第一个殖民者到达开始，税收就已经是美国殖民地政府的组成部分。除了英国征税外，每一个殖民地也会在当地征税。第一笔财产税早在1634年就已经对殖民地居民征收，而此时距清教徒在普里茅斯岩登陆尚不足15年。

然而，在美国建国的早年间，税收不是由联邦政府征收，而是由每个州各自征收。1776年，为了管理共同事务、维护共同利益，大陆会议起草了《美国联邦宪法》的前身——《联邦条例》（同年，大陆会议宣告13个殖民地从大不列颠帝国中独立）。《联邦条例》第八条规定了，基于共同财富形成的全部税收都必须分配给每一个州，分配比例根据建筑物和土地的预估价值，以及各州法律和权力机关的完善情况来确定。

1789年开始，《联邦条例》被《美国联邦宪法》所取代，后者确立了美国联邦政府的地位。《美国联邦宪法》第一条第二节将直接税分配给各州政府，并且明确众议院的代表人数基于各州人口总数来确定。除了对进口征收的关税外，几乎所有征税权全部落在州政府和地方政府手上，一直到 19 世纪中叶，财产税仍是很多州政府依赖的主要收入来源。

所得税与 1913 年第十六修正案

独立战争以后，一些州政府开始征收个人所得税，但税率很低。为了支付南北战争的费用，联邦所得税得以设立并首次被纳入 1861 年《税收法案》中，战争结束后联邦所得税被取消。然而，到了 19 世纪晚期，以公司股票为代表的无形财产的重要性日益突出，这促使州政府转向其他形式的税收。1913 年，美国联邦宪法第十六修正案正式生效，准许联邦政府直接向个人及公司征收所得税。

第十六修正案将收入定义为"从所有来源获得的金额款项"。1926 年，该修正案将所得税、消费税、捐赠税及其他税等纳入其中，被编撰成美国法典，也就是现在的美国《国内税收法》（Internal Revenue Code）。经过这么多年后，尤其是经过 1954 年和 1986 年的修法、扩展，该税法本质上还是与 100 年前保持一致。

自 1913 年推出以来，联邦所得税税率波动很大。1913 年，联邦税的支持者向市民保证，联邦所得税的税率将会很低，而反对者则极力主张第十六修正案至少应当有相关条款，将该税率上限定为不超过 10%。然而，1918 年当政府参加第一次世界大战缺钱时，联邦所得税的最高档税率一度被提至 77%。

过去这些年，政府基于减税有助于刺激经济增长的考虑，对联邦所得税有过几次大幅度的减税。其中，有一波连续减税发生于 20 世纪 20 年代，不幸的是，该轮减税的最后一次发生在 1928 年，紧接着就发生了 1929 年的股票市场暴跌，以及"大萧条"。在"大萧条"的后半段，政府再次开始加税，并且为了应对战争开支，税率一度在第二次世界大战期间触及94%的新高。在约翰逊总统（20世纪60年代）、尼克松总统（20世纪70年代早期）、里根总统（20世纪80年代）时期以及2001—2008年小布什总统执政期间，美国所得税税率又经历了大幅下降。尽管奥巴马总统在任期间又提高了税率，特朗普总统通过2018年全面税改——《减税与就业法案》再次将各项税率下调。图2.1显示了1913年以来所得税税率的大幅变化。

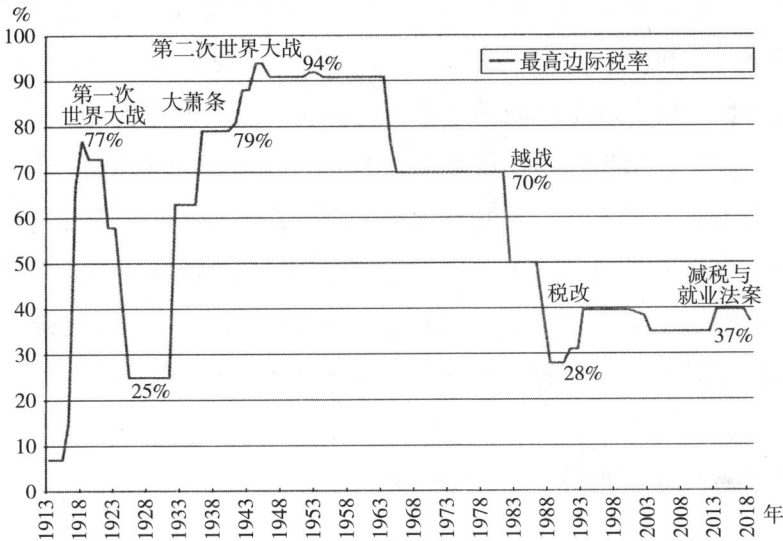

图2.1　1913～2018年美国所得税最高边际税率

州与地方所得税的出现

尽管一些单个的州政府早在美国联邦宪法产生以前就已经对个人征税，但大部分是基于财产的征税。一直到今天，很多州政府和一些地方市县级政府还是像依赖销售税一样高度依赖财产税。到20世纪20年代末期，与联邦所得税的概念和结构类似，很多州政府已经推出了针对个人和公司的所得税品种。这些州政府一般会对本州居民的所有收入（包括从其他州获得的收入）征税，也会对其他特定州的居民在本州取得的收入征税（例如，很多人在纽约取得收入，但他们生活在周边的新泽西州、康涅狄格州或是宾夕法尼亚州。根据规定，这些人需要向纽约州纳税）。

所得税税率现在所处的阶段

在过去数年中，联邦所得税税率一直在最低档 10% 和最高档 39.6% 之间徘徊（请参见图 2.1，该图展示了 1913—2018 年美国所得税税率）。随着特朗普总统在 2018 年推出综合性税改法案，我们看到几乎所有不同层次收入群体适用的所得税税率出现了全面下调。我对于未来美国税率的继续下降充满了希望，但是，新一届政府的上任或是国家危机的爆发都给税收法律带来巨大调整。因此，当你在制定节税策略时，一定要将未来税率上升的可能性考虑在内，这一点非常重要。如我反复说的，将你的最大一笔开支（税收支出）降到最低，这对于你的财富积累计划、走向人生财富巅峰至关重要。你可以翻到附录 C 参见关于美国不同类别税收的基本概念和定义。

保存好与税收相关的记录

与税收相关的记录不能随意放在抽屉里或是鞋柜里，到了每年缴税的时候才匆忙收集，而是应当以一整年为基础进行妥善保存。没有与税收相关的记录，你可能会因为忘记将一些项目纳入税收申报单而损失税收抵扣的收益，或是一些未经证实的项目会在审核过程中被驳回。

一般来讲，税收申报单在提交后审核时间可能长达 3 年，而如果美国国家税务局（IRS）发现有重大未报告的收入，审核时间可能长达 6 年。上述 3 年和 6 年的时间限制起始于税收申报单的提交时间，如果税收申报单一直没有提交，那么上述时间就一直不启动。换句话说，如果你没有提交税收申报单，你可能在任何时间点被要求审核和缴税。

重要的税收记录有哪些？

从税收角度考虑，以下记录应当保存：

- 收入所得的记录
- 可进行税收抵扣的支出项目
- 房屋装修、出售或是抵押再融资（针对潜在盈利在 25 万美元及以上的房屋）
- 投资产品的购买与出售信息
- 财产继承的记录文件
- 医疗费用支出
- 慈善捐款（记录根据捐赠的价值不同而有所不同）
- 利息支出和税收支出
- 个人退休账户存款中不可抵扣的相关记录

税收记录需要保存多长时间？

关于记录保存的时间需要多长，这部分是一个个人判断的问题，同时也需要结合联邦和州法律对于税收申报单审核时间的限制性规定。由于联邦税收申报单在完成提交后，审核时间可能高达 3 年（如果涉及漏报收入的情况，需要 6 年），建议在提交税收申报单后，将大部分的记录保存 6 年时间。

考虑到一些记录未来可能会用得上，又不占地方，这些记录是值得永久保存的。可以考虑将每年的税收申报单的复印件永久保存。合同、房地产买卖记录或是房屋装修记录等应当在房屋出售之后再保存 7 年。如果你在做生意，那你要保存记录的范围就更广。

随着越来越多的商业和个人转向无纸化系统，我们可以很简单地将记录保存更长时间。美国国家税务局认可数字化记录，得益于科技发展，现在税务文件已经可以永久地以电子形式存储。无纸化存储可以减少过去的杂乱无章，有利于保护环境，而且可以更快捷地找到文件。为了防止重要数据的丢失，可以准备一份备用的存储文件或是纸质版复印件。

税务申报服务

你现在显然已经知道，所得税的计算和支付是一个复杂的过程，加之每年税收法规变化会对税收产生影响，使得这项工作变得更加困难。牢牢记住，你是有法律义务提交你的税收申报单的，无论是你自己申报，还是雇他人帮你申报。你可以有以下几种选择。

内部税务服务

美国国家税务局是一种选择，它可以为你报税提供帮助。在特定情形下，如果你的税收申报单很简单而且不需要列出税收扣除项，美国国家税务局会帮你准备好联邦所得税的税收申报单。但是，我不推荐这种方式，因为美国国家税务局并没有义务给你提供避税的建议，而且国家税务局不会给你准备州及地方所得税的申报单。

如果你想要自己或是雇一位专业人士帮你报税，美国国家税务局也提供了很多这方面的资料，登录美国国家税务局网站（www. irs. gov）可以获得更多信息。

税务筹划和电子报税软件

一般来说，有两种与税务相关的软件可用：税务筹划软件和电子报税软件。

1. 税务筹划软件可以帮你在管理税务时深入研究不同的策略；

2. 电子报税软件（例如 TaxAct[①] 和 TurboTax ⑧）可以指引你完成

---

① HD Vest 金融服务公司和 TaxAct 公司是 Blucora 公司（纳斯达克股票名称：BCOR）的全资子公司。HD Vest 金融服务公司是由一批以 HD Vest 为名的提供金融服务公司组成的控股公司。

电子报税流程。

如果你的税收相对简单，这些软件可以帮你节省时间和金钱。但是，如果你经历了人生重大变化（结婚、离婚、重大遗产继承等）、投资股票市场或是创业，你需要专业税务人士的帮助。

聘用外部报税人员

大多数纳税人表示自己报税流程太复杂，而且浪费时间，他们转而向外部专业人士寻求帮助。专业的报税人员可以帮你准备最准确的税收申报单，让你免予承担责任。好的报税人员还能够帮你提供节税策略意见，助你处理复杂的税务问题。如果你雇的报税人员不能给你节省时间、帮你节税省下的钱都不够支付给他的工资，建议你换一个税务咨询师。

税务咨询师根据资格证书和专业能力的不同，分为不同类别。最常见的四种分别是：报税人员（或者称为非持牌税务服务人员）、注册代理人（EAs）、注册会计师（CPAs）和税务律师，下文将有详细介绍。附录A深度介绍了帮助你进行财富管理的各类专业人士。也可以登录美国国家税务局网站获得更多这类信息。

非持牌联邦及地方税务服务人士：这些报税人员可以在美国连锁税务服务供应商H&R Block以及独立的本地公司中找到。这些从业人员必须在美国国家税务局注册，并且通过考试，以证明他们具备上报税务申报单的最低执业能力。这类服务最适合那些税务申报单较为简单清晰的人。

注册代理人（EAs）：注册代理人必须要通过关于税收主题的考试，这项考试涉及税务问题的方方面面。注册代理人每年还要接受继续教育，确保满足继续教育的最低要求。注册代理人是持有证书的，如果纳税义务人要接受税务审核，注册代理人有权代表纳税义务人与美国税务局进行交涉。

　　注册会计师（CPAs）：注册会计师为了获得证书，必须要在会计、税务、审计、商法等诸多专业领域经受严格训练，通过多轮复杂考试。他们必须获得高学历，在会计和税务等方面学习大量专业课程。在被授予证书之前，他们必须确保在工作经验方面达到最低门槛，并且在取得证书之后仍需每年达到继续教育的最低要求。注册会计师也有权代表纳税义务人与美国税务局进行交涉，但他们必须履行对客户的受托责任。

　　税务律师：这些律师擅长税务筹划。特别是对于那些税务处理比较复杂、可能引致法律问题（如公司整体处置、离婚等）的人来说，建议向税务律师寻求专业帮助。

　　坦白讲，如果你下定决心走向人生财富巅峰，我强烈建议寻求外部的税务专业服务。当然，专业税务咨询师可以根据收入水平和税务处理的实际需要来适当遴选。此外，你应当在每年税季前后与税务专家至少安排一次会议，讨论所有的财务筹划、财务需求与目标。

通过税务筹划积累财富

　　如前所述，我们单项最大支出实际上是税务支出。如果考虑联邦所得税、州所得税、地方所得税、社会保障税及医疗税，按照当前税率，我们收入中缴税部分占到了35%以上的比例。再考虑到还有营业税、香烟税、燃油税、消费税、财产税、遗产及赠与税，税收支出占收入比重可轻易超过50%。

　　因此，如果我们单项最大的花费是税收，那么，在通往节约开支、积累财富之路上，税务筹划就成为最为重要的一步。政府要求你按照法律义务缴纳规定金额的税收，但事实上，大多数人因为没有花功夫理解税务筹划，导致实际纳税金额超出法定纳税金额。在你做重大财务决策时，例如购买住房或是为子女申请助学贷款，都应当考虑其税务影响。

避税不等于逃税！

"逃税"这个词让人后怕，我们大多数人都知道逃税（以非法手段逃避缴税的行为，例如故意少报收入、故意多报扣除项等）是十足的非法行为，很多人因为逃税行为而锒铛入狱。

相比而言，避税完全是合法行为。避税是合法利用税法条款，以符合自身最大利益。换句话说，你可以使用法律规定范围内的方式减少税收支出。

什么是税务筹划？

税务筹划就是合理避税的另一种说法，它通过帮你实现税务支出最小化，来实现财富积累最大化。税务筹划意味着在诸多方面加强自我教育，专注于避税方法，避免过度纳税。税务筹划相比其他财富积累的方法具有特殊优势，即在实现财富积累的同时并不会显著影响生活质量。

具体而言，税务筹划涉及在税法框架内实现每一项税务间接扣除、税额直接减免、税务递延等，以实现个人利益最大化。你务必在日常生活的点点滴滴中开展税务筹划，时刻提醒自己：面对当前的财务状况，我是在用最节税的方式进行处理吗？

如何学习税务筹划？

读完前面这几个段落，你可能已经茫然不知所措，甚至准备要狠狠地责备我：你本身就是注册会计师，并且是税务学的工商管理硕士，你自己当然了解税务！确实是这样，税务间接扣除、税额直接减免、税务递延等这些都是我最擅长的，学习税法和节税策略就是我每天的本职工作。大多数人对税收知识的掌握是非常有限的，普通人一般都是每年将各类收据交给自己的税务师，然后寄希望于税务师帮你把一切都处理好。无须害怕，这很正常。

其实，学习税务知识并没有想象中那么难，一旦你利用各种各样的税务减免真真切切地减少了税收支出，你立马会变得动力十足。实际上，在阅读本章内容时，你已经在学习之路上迈出了第一步。你也应当阅读其他书籍、刊物、文章，尤其是阅读那些能针对性解决你个人专业问题的内容。建议你访问一些专注个人财务的知名网站，例如福克斯商业（foxbusiness. com/category/personal – finance. html）、雅虎金融（finance. yahoo. com/personal – finance. ）。除此之外，咨询雇主单位人力资源部门，获取关于税收优惠的所有信息，并利用这些信息实施节税行动。最后，与税务师和财务顾问加强交流，在每年税季至少要与他们交流一次，尽管他们彼时可能会忙得不可开交。或者是在夏季时分进行预约，他们会有更多时间来聚焦你的需求，站在你的立场帮你解决问题。

同时，我在每章中总结了"节税超额收益策略（升级版）"，这些策略与各章中关于财富管理的主题内容相对应。我相信这部分内容对于你实现财富积累是最有价值的，建议你仔细阅读这部分内容，与你的税务顾问进行讨论，确保税收支付不超过法律规定的额度，哪怕是一分钱也不多付。

税收优惠

利用税收优惠，有助于减少税负。税务筹划的目标是选择并执行好那些最有价值的税收优惠。税收优惠是美国国会为了鼓励人们进行特定的财务决策而给予的税收奖励。例如，如果你将金钱投入退休账户［401（k）计划或个人退休账户］，在纳税时可以在总收入中将这部分进行扣除，进而适用的累进税率也会下降。这是国会为了鼓励你养老储蓄而提供的税收优惠。

所得税体系具有自愿性，你可以通过利用税收优惠自由安排你的财务事务。"自愿性"并不等于可以不适用税法，任何人都必须依法纳税。"自愿性"意味着你可以管理你的财务事项，实现少缴税的目的。

在解决具体的财务问题之前，你需要准确把握你的真实净资产图景，掌握在当前时点你的财富是源自哪里、流向何方，建立你的财务目标，开始为未来做预算。第三章"把握财务状况"将告诉你怎么做到这些。在你开始你的财务旅程之前，如果你不能准确定位你的起点，你也终将不能达到你的财富高点。

《2017 减税和就业法案》

2017 年 11 月 22 日，美国总统特朗普正式签署《2017 减税和就业法案》。作为过去三十多年里美国税收体系最重大的改革举措，这部法律对于个人和企业税法进行了大刀阔斧式改革。特朗普总统的这一项改革旨在降低最广大美国人的税务负担，刺激美国经济增长，为美国创造就业。我们已经看到了本轮税改的部分影响，一方面表现为从 2017 年以来的美国股市上涨；另一方面表现为美国人可以将更多辛苦赚取的钱留在自己口袋里。光是这两方面的影响，就足以加速你实现财务自由的步伐，让你离财富高点更近一步。

本书反映了《2017 减税和就业法案》下的最新税法改革，我将很多最新条款纳入了本书每章最后的"节税超额收益策略（升级版）"中。本书中列出了特朗普总统税法改革中的很多条款，如无特别说明，这些条款的有效期是 2018 年 1 月 1 日至 2025 年 12 月 31 日。2025 年以后，除了一些特例外，条款将恢复至 2017 年税法的情形，这被称为"日落条款"（sunset provision）。但是，大家普遍预期这些条款会在到期日前被调整为永久性条款。有一个重要的点值得注意，第十一章里讲到的企业税务改革的内容，不属于"日落条款"的内容，而是已经被确定为永久性条款。

　　以下是可能会显著影响个人和家庭的税改重点内容。想要进一步了解具体情况，可以在本文后续财富管理章节的"节税超额收益策略（升级版）"中获取。《2017 减税和就业法案》包括：

- 降低个人所得税税率，税率分别设定为：10%、12%、22%、24%、32%、35% 和 37%

- 标准的税务扣除金额几近翻倍

- 取消个人免税额

- 将个人的州和地方的财产税、所得税、营业税扣除上限确定为 10 000 美元（已婚人士单独申报则为 5 000 美元）

- 将儿童税收抵免额增加至 2 000 美元（每个适龄儿童），可全额退还的额度提高至 1 400 美元

- 维持照顾子女及受抚养人税收抵免

- 维持领养税收抵免

- 取消离婚赡养费税收抵扣，自 2019 年 1 月 1 日起，因离婚或分居产生的赡养费将计入接收方的收入

- 取消搬迁费的税收抵扣

- 取消杂项扣除项，此前杂项扣除比例最低为 2%

- 限制意外损失税收抵扣的金额

- 慈善捐赠抵扣从总收入的 50% 扩大到 60%

- 维持劳动所得税减免

- 替代性最低税（AMT）几近取消

- 对抵押贷款利息抵扣加以限制，将税收优惠限定在当前及未来拥有住房者

- 扩大医疗费用抵扣适用范围，允许对超出经调整总收入 7.5% 的部分抵扣（此前为 10%）

- 于 2019 年开始取消奥巴马医改中的个人强制性税收

- 将529教育储蓄计划[①]适用于本科学校及研究生院以外的领域

- 继续保持当前的退休储蓄账户激励措施，这些措施通过雇主提供或是个人退休账户（IRAs）提供

- 遗产及赠与税豁免金额翻倍

- 对符合条件的营业收入允许20%的税收抵扣

对于上述重大调整，我十分鼓励你和税务专家一起讨论，理解税法具体会怎样影响你未来的财务情况。将这本书作为工具书使用，并提出议题，与你的财务顾问和税务专家进行讨论。

实现财富积累的"节税超额收益策略（升级版）"

这里包括了以指数速率积累财富、实现财务自由的税务策略。

- 最大化税收抵扣

- 充分利用每一项税收抵扣和税收抵免

- 如果可行，将收入和抵扣项转移到纳税最少的年份

- 如果可行，将收入在家庭成员之间进行分配，以适用最低税率

- 通过税收递延账户将税收推迟到未来年份缴纳

- 将总收入中无须课税的部分最大化

- 向雇主人力资源部门咨询，确保充分利用了所有可利用的免税福利

- 与税务及财务顾问交流，交流频率应为每季度一次，至少也要每半年一次，而不只是在税季交流

- 更新你的W－4申报表，及时调整由雇主代为划扣的税款，确保根据最新调整后的税率，你没有过度缴税或缴税不足。大多数人都希望在年底的时候获得一大笔税收返还，但这也只是说明你类似给政府

---

① 译者注：在美国，529计划是专为孩子上学进行储蓄的计划，税改前它是一个可以储蓄金钱以备支付大学或职业学校费用的户头，只要你是用它来支付小孩的大学学费、杂费、书籍费及食宿费用，资金账户所得之盈利不必付税。税改后范围扩大到私立学生和自学。

做了一笔免息贷款。最简单的方法就是及时利用税务减免，以提高现金流流入，确保每一笔收入都不过度缴税

● 定期参考本书及其他税务参考书籍，了解自身财务状况动态，确保正在采取相关的"节税超额收益策略（升级版）"

● 视税务筹划为生活的一部分。经常反思，用现有方法处理财务问题，是不是最节税的？税务筹划，就是在不显著改变生活质量的前提下，集腋成裘、积累财富的最有效方法。

理解税收之行动计划

1. 认真学习本章及附录 C 的内容。这有助于理解美国税收体系的基本知识及纳税流程。切记，缴税是所有支出中金额最大的一项，即使不能减少缴税金额，也要采取各种方法加以控制。

2. 掌控自己的税务事项。建立专门的文件夹，将税务相关纸质材料整理好。每个月对这些文件进行检查和更新，在准备申请缴税前再整体检查一遍。

3. 如果是自己准备纳税申报单，建议使用适当的税务申报软件。例如 TaxAct 或是 TurboTax ®，这些软件有助于引导你完成申报流程。

4. 如果是决定聘用专业的报税人员，建议找一个高素质、最契合个人需求的税务顾问（附录 A 介绍了各类专业人士之间的差异）。

5. 经常性地向税务顾问进行咨询。不要只是在准备税务申报单时才想起来咨询税务顾问，要经常性地向税务顾问咨询，以发现新的节税策略。

6. 熟悉本书每章结尾处提出的"节税超额收益策略（升级版）"。与税务顾问就这些策略加强讨论，将这些内容纳入整个财务规划中。

7. 将仔细审慎的税务筹划作为生活的一部分。这是积累财富、走向人生财富高点的最有效的办法之一。

第三章　如何掌握财务状况

财务预算会让你掌握花钱之道，而非终日困惑于钱之所向。

——Dave Ramsey

美国商人、作家、电台节目主持人

你已经在量入为出之路上迈步向前，又理解了税收是日常支出中的重中之重，那么，现在是时候了解你当前财务状况了。掌握年薪金额、清楚每次发薪日带回多少钱，这些都是把握财务状况的必要部分。但是，把握财务状况的含义远超于此。为了精打细算、量入为出地生活，你需要编制一份资产负债表，以精确掌握当前所持有资产、负债和净资产的情况。你还应当编制你的现金流量表，了解全部资金来源和花销，定期检查。最后，在仔细审视财务状况后，你应当确定未来的财务目标，目标期限可以是5年、10年乃至贯穿整个退休生涯。只有这样，你才能务实地安排财务预算，走向人生财富巅峰。

计算家庭净资产

只有知道财富起点，才能走向财富巅峰。为了把握起点，你需要精确计算出从财务角度看你值多少钱？计算净资产的过程，其实就是编制一份家庭资产负债表的过程。

如表3.1所示，我整理了一份资产负债表示例，以便教大家怎么编制。这份虚构的资产负债表是以一对夫妻（James Loomis 和 Patricia

Loomis，以下简称 Loomis 夫妇）的生活为基础编制的，James 和 Patricia 确实是虚构的，但实践中我有很多客户与他们二人很类似。本章接下来的大部分讨论将基于表 3.1 的信息进行。此外，我还提供了一份空白的表格（见表 3.2），以便你编制自己的个人资产负债表。

表 3.1　　　　　James 和 Patricia Loomis，资产负债表

James 和 Patricia Loomis
2017 年 12 月 31 日资产负债表

资产		负债和净资产	
现金/现金等价物		负债	
现金	$5 250		
货币市场工具	10 600	流动负债：	
储蓄存款	—	信用卡 1—丈夫（12% 利率）	$6 000
同业存单	10 000	信用卡 2—妻子（8% 利率）	—
总现金/现金等价物	$25 850	流动负债	$6 000
投资性资产—以公允价值计量		长期负债：	
持有商业资产	$100 000	信用卡 1—丈夫（12% 利率）	$28 000
办公楼（已支付 900 000）	750 000	信用卡 2—妻子（8% 利率）	22 000
证券组合（100% 股票）	42 000	汽车贷款 1—丈夫（10% 利率）	28 500
变额年金（100% 股票）	25 000	汽车贷款 2—妻子（0% 利率）	18 500
个人退休账户—丈夫（100% 股票）	5 500		
个人退休账户—妻子（100% 货币市场工具）	12 000	抵押贷款—办公楼—30 年期 9% 固息，利率 25 年	740 000
员工储蓄激励匹配计划—个人退休账户（100% 股票）	13 000	抵押贷款—自住房屋—30 年期 6.5% 固息，利率 20 年	460 000
529 教育储蓄账户	4 000		
人寿保险—丈夫（退保解约价值）	350	学生贷款 1—丈夫（3% 利率）	50 000
｛面值 $300 000｝		长期负债	$1 347 000
总投资	$951 850		
自用型资产公允价值			
自用房屋（已支付 $600 000）	$700 000	总负债	$1 353 000
私人财产及家具	20 000		
汽车 1	28 000	净资产	$392 700
汽车 2	20 000		
总自用资产	$768 000		
总资产	$1 745 700	总负债和净资产	$1 745 700

资产负债表注解：

H = 丈夫

W = 妻子

FMV = 以当前公允价值计量

表 3.2　　　　　　　　　　　　　　　　**财务状况表**

截至 20××年 12 月 31 日之财务状况表…

资产		负债和净资产	
现金/现金等价物		负债	
现金			
货币市场基金		流动负债:	
储蓄账户		信用卡贷款 1—丈夫（%）	
存单	_____	信用卡贷款 2—妻子（%）	_____
现金/现金等价物总计	_____	流动负债总计	
投资性资产—以公允价值计量		长期负债:	
私人持有商业		信用卡贷款 1—丈夫（%）	
办公楼		信用卡贷款 2—妻子（%）	
证券资产组合〔　〕		汽车贷款余额 1—丈夫（%）	
可变年金〔　〕		汽车贷款余额 2—妻子（%）	
个人退休金计划—丈夫〔　〕			
个人退休金计划—妻子〔　〕		抵押贷款—办公楼—固定利率%，剩余____年	
员工储蓄激励匹配计划—个人退休金计划—丈夫〔　〕			
529 大学储蓄计划		抵押贷款—首套住房—固定利率%，剩余____年	
寿险—丈夫（保单退保金额）			
面值	_____		
总投资	_____	学生贷款 1—丈夫（%）	_____
		长期债务总计	_____
自用资产—以公允价值计量			
主要房屋（支付价款）		总债务	_____
私人财产及家具			
汽车 1		净资产	
汽车 2	_____		
自用资产总计			
	_____		_____
总资产	_____	总债务和净资产	_____

财务报表附注:

H: 丈夫

W: 妻子

FMV = 以公允价值计量

案例：一对夫妻是怎么发现他们入不敷出的？

James 和 Patricia 年龄均不到 40 岁，他们是一对典型意义上的成功夫妇。他们结婚 12 年，育有一男一女两个小孩，男孩 10 岁，女孩 8 岁，一家人居住在美国俄亥俄州克利夫兰的高端郊区。James 在克利夫兰本地一家律师事务所当了 7 年律师后，于 5 年前成立了自己的律师事务所，目前业务开展比较成功。他花 90 万美元购置了一栋小办公楼来开展业务，目前还有 74 万美元抵押贷款未还清。由于过去数年来该地区房地产市场不景气、价格持续下滑，这栋办公楼市场价值降至 75 万美元。在当时看来，购楼比租楼貌似更划算。他的律师事务所是这栋楼的承租人，定期向 James 支付租金，James 用收取的租金支付抵押贷款。

Patricia 自从生完两个孩子后，她的主要任务就是照顾家庭，同时也是兼职作家。在生孩子之前，她在克利夫兰一家报社当了几年新闻记者。当她离开报社后，将 401（k）计划的资金转存到个人退休金账户（IRA）。现在，她是一个自由职业者——金融书籍作者，每年写书可获得 2.5 万美元收入。James 和 Patricia 在 10 年前花 60 万美元买了一套大房子，这对于他们来讲是财务上一笔很大的开支。这套房现在的市场价值是 70 万美元，抵押贷款还剩 46 万美元尚未还完。

关于其他已预期到的未来开支，他们知道现在就需要开始为孩子教育进行储蓄。小镇上的公立学校教育质量很高，因此，在中小学教育阶段，他们不需要为小孩花钱去上私立学校。但 James 和 Patricia 清楚在未来八年内需要送他们的两个孩子去上大学，两个孩子上大学至少得持续 6 年时间，其中有 2 年时间还得同时支付两个孩子的大学学费。由于他们的孩子们都非常优秀，很有可能需要 James 和 Patricia 提供资金资助来攻读研究生。

James 和 Patricia 不需要考虑将来赡养父母的情况，因为 Patricia 已经父母双亡，James 的父母有足够的长期护理保险，足以幸福地安度晚年。

在他们生命的当前时点，James 和 Patricia 感觉财务上是比较稳健的。但这种感觉对吗？资产负债表将清晰地展示他们净资产的真实图景。一些领域现在看来可能没有问题，但未来可能产生棘手的问题。

净资产的计算公式

个人资产负债表通过给个人的所有资产和负债赋值，对一个人的净资产进行度量。一旦你知道了你的资产和负债的具体金额，你用总资产减去总负债，就可以简单地得到净资产。用计算公式表示即为资产 – 负债 = 净资产。我们接下来具体分析这一过程。

资产的列示

首先需要识别出你拥有的每一项资产。资产，简单来说就是任何一件具备价值的物品，包括现金、证券投资、自住房屋（如有）、其他房地产和珠宝首饰等。识别出所持有的所有资产后，将它们归为三个类别：现金及现金等价物、证券投资资产和个人自用资产。参考表 3.1，接下来我们将详细介绍。

1. 现金及现金等价物，包括持有现金、银行存款（包括储蓄存款、支票）、货币市场工具、国库券。它们的特征是流动性很强，在紧急情况下可以随时变现使用。从资产负债表可以看到，James 和 Patricia 有 25 850 美元的现金及现金等价物。

2. 投资性资产，是指那些预期会产生收益的各类资产（由于这些资产可以"生钱"，因此也是实现财务自由过程中最重要的资产）。例如，私人持有的商业性资产、证券投资组合、退休金账户、固定及变额年金。在资产负债表上，James 和 Patricia 共持有 951 850 美元的投资性资产，它们以公允价值计量。

3. 自用型资产，是指那些可以衡量家庭生活水平的资产。自用型资产通常不产生收益，相反，还需要投入额外资源去维护和置换。自用型资产包括自住房屋、度假房屋、小汽车、家具、珠宝和艺术品等。James 和 Patricia 有 768 000 美元的自用型资产，在资产负债表中以公允价值计量。

值得一提的是，在 2008 年金融危机前的数十年里，很多人认为房屋是投资资产，而非自用资产。因为在这段时期内，美国房地产市场持续繁荣，很多人通过房地产购售制造了房地产泡沫。遗憾的是，泡沫最终还是破灭了，银行收回了房屋抵押品，那些没有偿付能力的人也失去了房子。而幸运的是，在过去几年里，美国房地产市场已经恢复，那些拼尽全力守住房屋的人，他们的财务状况现在已经好多了。教训是明显而深刻的：房地产价格会上涨，但也会下跌，自住房屋、度假房屋应当一直被认定为自用型资产，而非投资性资产。

负债的列示

负债包括任何当下及未来的财务支出责任。列示到个人资产负债表上的负债包括两大类：

1. 流动负债：一年之内需要完成偿付的负债（例如短期贷款）。

2. 长期负债：偿付责任在一年及以上的负债（例如学生贷款、商业贷款、住房抵押贷款和住房净值贷款）。

在列示负债项目时，确保既要列出负债余额，也要列出负债的相关条款。条款指利率、未来应偿付期数和提前偿付的罚金等（在评估债务时，知道并列示这些条款非常必要，这在第四章"如何管理家庭债务？"中会进一步讨论）。

从资产负债表看，James 和 Patricia 的流动负债是 6 000 美元，长期负债是 1 347 000 美元，总负债是 1 353 000 美元（严格来说，长期负债中未来 12 个月内到期的部分也应当被列为流动负债，但在这里为了简单起见，我没有做此区分，只将他们的 6 000 美元信用卡债务列为流动负债)。

计算净资产

在你已经列示完所有的资产和负债后，就可以计算净资产了。用总资产的金额减去总负债的金额，就可以得到你的个人净资产金额。编制资产负债表和计算净资产的过程，将会让你大开眼界，它可以展示你在财务方面的优势和劣势。对于一些人而言，这是一个乐观积极的过程，会让他们觉得财务上很安全稳健。而对于另一些人（甚至可能是绝大部分人），这一过程通常会识别出一些财务事项有待改善，乃至发现一些严重的财务问题。不过，发现问题并直面问题也是有助于解决问题的。

分析资产负债表

在 James 和 Patricia 的案例中，他们截至 2017 年 12 月 31 日的净资产规模为 392 700 美元。初看，这一净资产规模对于不满 40 岁的夫妇来说是非常有利的。事实上，尽管他们有大量的资产（私人持有的商业、办公楼和昂贵的住房等），但他们所感受到的财务安全不过是一种错觉，与真正实现财务自由尚相距甚远。

换句话说，如果夫妇二人变卖所有的资产、偿清所有的债务，他们的银行账户将只剩下 392 700 美元。如果 Loomise 夫妇将这笔钱审慎投资，假设投资收益率为 5%①，则每年税前的投资收益为 19 635 美元。而从后文中的表 3.3（现金流量表）可以看出，他们每年的收入是

---

　　① 这里的投资收益率纯粹是为了更好地论证说明而假设的，并非任何单一投资或组合投资的业绩，也并不用于预测未来投资业绩。在实践中，投资回报率随着时间会发生变化，而且高回报的投资品种可能蕴含着更高的风险。读者在开展投资决策前，应当咨询有关顾问。

216 876美元，这使他们可以维持现在的生活水平。我们发现，Loomise夫妇的每年收入要比净资产收益高出不止 10 倍！

显然，他们积累的投资性资产还不够，不足以让他们实现财务自由（第八章"如何规划退休生活？"中将会详细讨论 Loomise 夫妇应当如何在退休前通过填补缺口实现财务自由）。

在 James 和 Patricia 的资产负债表中，有一些科目是偏弱的。首先，如前所述，对于一对年近 40 岁的夫妇而言，392 700 美元的净资产不足以满足家庭长期的财务需求。其次，他们只有 25 850 美元的现金及现金等价物以备急用，这是不够的。他们持有的现金及现金等价物的金额，应不得低于三个月收入水平，即大约 54 000 美元。同时，他们投资性资产的金额还不够，或配置不够合理。在投资性资产中，James 的办公楼是在 2006 年花 90 万美元购置的，但在 2008 年以后的房地产市场下跌后，如今只值 75 万美元。尽管美国房地产市场整体上已经从低点恢复，但 James 所在小镇的办公楼价格仍处于艰难恢复中。进一步看 James 的证券投资组合，变额年金、个人退休账户都是 100% 投资于股票，这种不均衡的投资组合，让他承担了过多风险。相反，Patricia 将个人退休账户的资金 100% 投资于货币市场基金，货币市场基金当前收益仅为零！很显然，他们需要来自财务顾问的专业指导和专业管理，以帮助他们实现投资多元化，既能最小化风险，又能最大化收益[①]。

他们夫妇二人的退休金账户余额一共只有 55 500 美元，其中包括了变额年金和个人退休账户。他们总是可以找到借口不去补充退休金账户，而是把钱用来购置昂贵的住房、成立私人律师事务所和购买办公楼等。税务顾问每年都会鼓励他们补充退休金，但他们一直是拖延。这一点退休金对于一对年近四十岁的夫妇来讲是不够的，他们未来需要

---

① 分散化投资并不能保证会有更好的投资业绩，也不能消除投资的风险。

大量补充退休金账户，以便在六十多岁时可以安稳退休（阅读第八章"如何规划退休生活？"可获得更多信息）。

他们的第一个孩子在未来八年之内就要上大学，但给子女教育准备的资金只有 4 000 美元。考虑到当前大学教育的花费，他们需要开始补充孩子们的 529 教育储蓄账户，并增加其他教育储蓄账户（参见第七章"如何支付教育费用？"以获得更多信息）。

目前，James 的终身寿险保额只有 30 万美元，Patricia 则完全没有终身寿险的保障。从家庭需要看，他们的保险覆盖是严重不足的，一旦 James 出现意外，Patricia 是不能维持现有生活水平的。他们夫妇二人都应当增加寿险的保额（关于寿险选择的问题在第五章"如何保障生命健康？"中会有探讨）。

在负债方面，Loomise 夫妇也有一些财务问题亟待解决。信用卡债务方面，有 34 000 美元账单的年利率为 12%（其中 6 000 美元是流动性负债），有 22 000 美元账单的年利率为 8%。汽车贷款方面，有 28 500 美元贷款的年利率为 10%，另有 18 500 美元贷款的年利率为零。James 还有一笔学生贷款未还，余额为 50 000 美元，年利率为 3%。由于现金流流出持续超出现金流流入，他们被迫累积了大额信用卡账单，很显然，他们已经入不敷出了。不幸的是，对于那些喜欢跟左邻右舍比阔气的夫妇而言，这种情况是非常常见的。Loomise 夫妇需要将高息负债进行合并重整，不断降低总体利率水平和每月支付金额（年利率为零的汽车贷款是例外，对于这笔零息贷款，可以继续按期偿付）。

James 的办公楼还有 74 万美元抵押贷款没有偿付，未偿付贷款余额近似等于这栋楼的市场公允价值。由于这栋楼的债务资产比已经高到接近 100% 了，所以已经不能用这栋楼进行再抵押融资了。他们可以尝试着跟贷款方探讨一下修改贷款条款的事宜，但考虑到这栋楼已经减值，预计修改贷款条款的难度也会比较大。

与办公楼不同，当前正是 James 和 Patricia 将他们的自住房屋进行

再抵押融资的合适时机，这样做可以将贷款利率从 6.5% 降到现在 30
年期贷款利率 4.5%。他们可以从自住房屋的贷款净值中获得额外的 10
万美元贷款。特别重要的一点是，根据 2018 年新的税改法案，住房净
值贷款利息已经不再可以税前抵扣，可以利息抵扣的贷款金额以购房
贷款本金（acquisition indebtedness）为上限（第四章"如何管理家庭债
务？"中介绍了更多关于美国新税法的内容）。这新增的 10 万美元贷款
资金，应当用于将 56 000 美元信用卡债务全部偿清，以及偿付 James 的
28 500 美元的汽车贷款，合计偿还债务 84 500 美元，还剩下 15 500 美
元用于增加现金储备。而那些低息贷款则可以继续保留，按期偿付
（包括利率为零的汽车贷款和利率为 3% 的学生贷款）。

　　在完成上述再贷款操作后，新的抵押贷款为本金 56 万美元、利率
4.5%、期限 30 年，计算下来还贷金额为 34 049 美元/年（2 837.42 美
元/月）。相较而言，如果不做再贷款操作，旧的抵押贷款还贷金额为
37 920 美元/年（3 160 美元/月）。针对不同的抵押贷款选择，应当多
做场景分析，向住房抵押贷款专员咨询或者是用金融计算器计算一下，
分清孰优孰劣。

　　通过上述分析可知，再贷款操作可以给 Loomise 夫妇每年减少 3 871
美元的还贷压力，加上每年减少的 5 712 美元信用卡还款金额，以及
James 的 7 656 美元汽车贷款还款金额（参见表 3.3），每年合计可以给
Loomise 夫妇缓解 17 239 美元的流动性压力。

　　有的财务顾问认为不能用有抵押的债务（例如住房抵押贷款）置
换无抵押的债务（例如信用卡债务）。但我个人认为在适当的情况下，
这样的置换是完全正确的，Loomise 夫妇的案例显然证明了这一点。

迈出重要的第一步

　　分析家庭资产负债表，是建立财务目标、实施审慎策略、走向财
富高点的第一步，也是重要一步。在追求财务自由之路上，当前的净

资产金额是最重要、最值得关注的一项指标，你应该每年计算一次这项指标，以更好地评估自己离财务自由还有多远。就我个人而言，每年年末我都会更新并分析我的资产负债表，以便评估我下一年的财务目标，这已经成为我每年新年愿望的一部分。我强烈建议读者也这么做。

理解现金流

要想扩大个人净资产规模，就得在最小化负债的同时不断增加资产，尤其是增加投资性资产。因此，除了计算净资产，你还需要牢牢掌握你的钱来自哪里，以及更重要的是它将流向何处？换句话说，你需要编制一份详尽的个人现金流量表。

现金流量表展示了在指定时间内（通常为一年）你所有的现金流入和现金流出情况。在第一章中我们提到，实现财务自由的秘密就是量入为出，不断为家庭储蓄。如果现金流入超过现金流出，那这部分可自由支配的收入就可以用来增加储蓄、积累财富。

然而，如果现金流出超出了现金流入，就会出现入不敷出，必然会累积债务，严重降低实现财务自由的概率。参照资产负债表的模式，我也编制了一份现金流量表的示例（如表3.3所示）。现金流量表示例呈现的是James和Patricia当前的现金流变动情况，这张表也有助于你对照着识别自己的现金流问题。另外，我准备了一张现金流量表的空白表单给读者使用（见表3.4）。在你填写你自己的表单前，你需要将过去12个月所有付款账单的存根、所得税申报表、银行和信用卡账单都备好。

表 3.3　　James 和 Patricia 的现金流量表（调整前和调整后）

James 和 Patricia 的现金流量表 （调整前） 2017 年 1 月 1 日—2017 年 12 月 31 日		James 和 Patricia 的现金流量表 （调整后） 2017 年 1 月 1 日— 2017 年 12 月 31 日		净现金流 增加额
流入				
自雇收入—丈夫	—		—	
工资收入—丈夫	$190 000		$190 000	
自雇收入—妻子	25 000		25 000	
工资收入—妻子	—		—	
		$215 000		$215 000
股利收入		840		840
利息收入		280		280
净租金收入（78 000 美元租金收入减去办公室抵押贷款还款额 77 244 美元）		756		756
总流入		$216 876		$216 876
流出				
投资性资产（强制储蓄）				
员工储蓄激励匹配计划支出—丈夫	$5 000		$5 000	
个人退休账户—妻子	1 500		1 500	
股利再投资	840		840	
利息再投资	280		280	
投资性资产总流出		$7 620		$7 620
住房				
抵押房屋贷款	$37 920		$34 049	
租金	—		—	
有线电视	1 650		1 320	
手机	1 980		1 584	
清洁	4 800		2 400	
电费	1 950		1 950	
园节/铲雪工人	1 800		1 800	

续表

James 和 Patricia 的现金流量表（调整前）2017 年 1 月 1 日—2017 年 12 月 31 日			James 和 Patricia 的现金流量表（调整后）2017 年 1 月 1 日—2017 年 12 月 31 日			净现金流增加额
房屋保险	2 350			2 350		
燃气	1 220			1 220		
网络	540			540		
维修	1 200			1 200		
电话	480			—		
食品	640			640		
房产税	5 200			5 200		
水费	1 250			1 250		
住房总流出		$62 980			$55 503	$7 477
交通费						
公共汽车/出租车费	$840			$840		
加油费	6 230			6 230		
车险保费	2 800			2 380		
车牌费	90			90		
保养费	400			400		
通行费	310			310		
其他费	125			125		
总交通费现金流出		$10 795			$10 375	$420
家庭风险管理						
健康险	—			—		
寿险	1 400			1 400		
长期伤残险	1 200			1 200		
长期护理险	—			—		
其他	—			—		
家庭风险管理总流出		$2 600			$2 600	
食物						
食品	$4 545			$4 545		
外出就餐	10 400			5 200		

续表

James 和 Patricia 的现金流量表（调整前）2017 年 1 月 1 日—2017 年 12 月 31 日			James 和 Patricia 的现金流量表（调整后）2017 年 1 月 1 日—2017 年 12 月 31 日		净现金流增加额
其他	600			600	
食物总支出		15 545		10 345	$5 200
个人护理					
衣服	$2 200			$2 000	
干洗	850			850	
理发/修指甲	680			680	
健身	1 200			600	
医疗费—自付部分	5 000			3 000	
俱乐部会费	350			350	
其他	—			—	
个人护理总支出		$10 080		$7 480	$2 600
娱乐					
唱片	$520			$520	
演唱会	1 200			1 200	
现场戏剧	600			600	
电影	380			380	
运动赛事	500			500	
光盘	350			350	
其他	—			—	
娱乐开支总流出		$3 550		$3 550	
偿还贷款					
个人贷款	—			—	
学生贷款—丈夫	3 328			3 328	
学生贷款—妻子	—			—	
信用卡贷款—丈夫	3 792			—	
信用卡贷款—妻子	1 920			—	
汽车贷款—丈夫	7 656			—	
汽车贷款—妻子	4 625			4 625	

续表

James 和 Patricia 的现金流量表 （调整前） 2017 年 1 月 1 日—2017 年 12 月 31 日			James 和 Patricia 的现金流量表 （调整后） 2017 年 1 月 1 日— 2017 年 12 月 31 日			净现金流 增加额
偿还贷款总流出		$21 321			$7 953	$13 368
税收						
联邦所得税	$38 000			$38 000		
自雇所得税—丈夫 & 妻子	19 125			19 125		
联邦保险税/老年保健医疗税	—			—		
州所得税	9 400			9 400		
其他	235			235		
税收总流出		$66 760			$66 760	
礼物和捐助						
慈善捐助 1	$2 400			$2 400		
慈善捐助 2	1 200			1 200		
慈善捐助 3	500			500		
礼物和捐助总流出		$4 100			$4 100	
专家费和其他法定费						
会计和律师费	$600			$600		
生活费	—			—		
判决费	—			—		
其他	—			—		
专家和其他法定费流出		$600			$600	
子女养育及其他支出						
子女养育	$3 000			$2 400		
衣服	800			800		
家政，保姆	240			240		
午餐费	1 050			1 050		
医药费	250			250		
俱乐部会费	300			300		

续表

	James 和 Patricia 的现金流量表（调整前）2017 年 1 月 1 日—2017 年 12 月 31 日		James 和 Patricia 的现金流量表（调整后）2017 年 1 月 1 日—2017 年 12 月 31 日		净现金流增加额
学习用品	250		250		
学费	—		—		
玩具/游戏	600		600		
其他	200		200		
子女养育及其他支出总流出		$6 690		$6 090	$600
宠物养育及其它支出					
宠物食品					
宠物清洁	—		—		
宠物医疗	—		—		
宠物玩具	—		—		
其它	—		—		
宠物养育及其它支出		——		——	
个人支出					
现金支取	$1 200		$1 200		
会费/订阅费	600		600		
教育	—		—		
礼物（生日、节日等）	1 200		1 200		
休假/旅行	3 500		3 500		
其他	500		500		
个人支出的总现金流流出		7 000		7 000	
总现金流流出		219 641		189 976	$29 665
可自由支配现金流*		$(2 765)		$26 900	$29 665

*现金流流入减去现金流流出.

表 3.4　　　　　　　　　　　**现金流量表**

现金流量表 （从 20××年1月1日至 20××年12月31日）			现金流量表（经建议调整后） （从 20××年1月1日 至 20××年12月31日）			
现金流注入						
自雇收入—丈夫						
工资收入—丈夫						
自雇收入—妻子						
工资收入—妻子	___			___		
股息收入						
利息收入						
净房租收入		___			___	
总流入			___			___
现金流						
投资性资产（Pay Yourself First）						
员工储蓄激励匹配计划缴款—丈夫						
个人退休金计划缴款—妻子						
股息再投资						
利息再投资		___			___	
投资性资产总流出			___			___
住房						
抵押住房						
租金						
有线电视						
手机						
清洁						
用电						
园艺/铲雪						
住房保险						
燃气						
网络						
住房维护						

续表

	现金流量表 (从 20××年1月1日至 20××年12月31日)			现金流量表（经建议调整后） （从 20××年1月1日 至 20××年12月31日）			
固话						
补给						
房产税						
自来水费和污水处理费						
			——			
住房总支出			——		——	——
交通						
公共汽车/出租车费						
燃油						
保险						
牌照表						
保养费						
通行费						
其他		——			——	
交通费用总支出			——			——
家庭风险管理						
健康保险						
人寿保险						
长期残疾保险						
长期护理险						
其他		——			——	
家庭风险管理总支出			——		——	
食物						
食品						
外出就餐						
其他		——			——	
食物总支出			——		——	
个人用品						

续表

现金流量表 （从 20××年 1 月 1 日至 20××年 12 月 31 日）			现金流量表（经建议调整后） （从 20××年 1 月 1 日 至 20××年 12 月 31 日）		
衣服					
干洗					
理发/做指甲					
健身房					
医疗费					
组织年费					
其他	——		——		
个人用品总支出		——		——	
娱乐					
音乐光盘					
音乐会					
现场剧院					
电影					
体育赛事					
DVD/蓝光					
其他	——		——		
娱乐费用总支出		——		——	
贷款支出					
个人贷款					
学生贷款—丈夫					
学生贷款—妻子					
信用卡贷款—丈夫					
信用卡贷款—妻子					
汽车贷款—丈夫					
汽车贷款—妻子	——				
贷款总支出		——		——	
税收					
联邦所得税					

续表

现金流量表 （从 20××年 1 月 1 日至 20××年 12 月 31 日）			现金流量表（经建议调整后） （从 20××年 1 月 1 日 至 20××年 12 月 31 日）		
自雇税—丈夫 & 妻子					
联邦保险捐助条例税/联邦医疗税					
州所得税					
其他	＿＿		＿＿		
税收总支出		＿＿		＿＿	
捐赠					
慈善 1					
慈善 2					
慈善 3	＿＿		＿＿		
捐赠总支出		＿＿		＿＿	
专家费和法定支出					
审计费/律师费					
抚养费					
留置费或判决费					
其他	＿＿		＿＿		
专家费和法定总支出		＿＿		＿＿	
小孩抚养费					
小孩抚养					
衣服					
保姆					
午餐					
医疗					
机构会费					
学校生活费					
学费					
玩具/游戏					

	现金流量表 （从20××年1月1日至20××年12月31日）		现金流量表（经建议调整后） （从20××年1月1日 至20××年12月31日）		
其他		——		——	
小孩抚养费总支出			——		——
宠物费					
宠物食品					
梳洗					
兽医					
玩具					
其他		——		——	
宠物费总支出			——		——
私人支出					
现金取款费					
期刊/报纸订阅费					
教育费					
礼物（生日、节日等）					
度假/旅行					
其他		——		——	
私人支出总计			——		——
总支出金额			——		——
自由现金流*			══		══

注：＊现金流入减去现金流出。

识别现金流流入情况（收入来源）

将所有收入来源汇总，是编制现金流量表的第一步。收入来源包括每年的工资收入（如果不止一份工作或者夫妻二人都有工作，将所有的工资收入都算上）、自由职业收入、利息和分红收入、养老金收入、社会保障收入以及其他所有的收入。在识别现金流流入时，不能将 401（k）账户、个人退休账户和年金账户等税务递延账户的收入包括在内，因为这些收入还不能用来支付。但是，如果你收到了税务递延账户分配的现金，则可以将其作为现金流流入的一部分。最后，这些数字应当反映所有的薪金总额，也就是税前收入，要确保税收是列在现金流流出的项目下。

James 和 Patricia 的现金流流入包括 James 的 19 万美元工资收入（从自己的律师事务所预算中支取），Patricia 兼职的自由职业年收入为 2.5 万美元，证券投资组合的股利分红 280 美元，投资货币市场工具和同业存单的利息收入为 280 美元。最后，他们还是办公楼出租人，可以从办公楼出租中获取现金流。租金收入 78 000 美元在抵消掉每年的抵押贷款还款额 77 244 美元后，每年可以额外获得 756 美元。从现金流量表中可以看出，他们的总现金流入为 216 876 美元。

识别现金流流出情况（费用支出）

现金流支出包括必需项目，如衣、食、住、行等，也包括非必需项目，非必需项目基本上是一年当中所有其他需要花钱的项目。将所有这些基本项目作为副标题（如住房、实务、个人护理和娱乐等）列在现金流量表上，然后检查一遍支票簿、信用卡账单，将这些支出尽可能详细地总结出来（如果列得不够完美也不用担心，数据上的一般趋势很快就会显现出来）。一些项目会保持不变，例如抵押贷款还款额、汽车贷款还款额和学生贷款还款额等。其他的项目可能会波动，甚至会大幅攀升。

对于一些项目，我们很多人通常不认为是我们个人或家庭预算的一部分，但现金流出项目还是应将其包括在内。例如，本着持续储蓄的精神，现金流流出标题之下的第一个项目就应该是储蓄（占税前总收入10%或以上），包括401（k）账户缴费，或是其他股利分红收入再投资等。换句话说，这些资金应当被认为是现金流流出的必需项目，其重要性程度堪比缴纳租金、还贷、生活缴费和购买食品等支出。

同时，所有税务支出（甚至包括那些雇主代扣代缴的部分）都应高度重视，并将其纳入现金流流出的一部分，包括联邦所得税、联邦社会保险税（FICA）、医疗保险、州及市县级所得税等。

将必需项目和非必需项目二者进行分离

一旦已经将现金流流出项目尽可能详细地列出，可以花些工夫对现金流量表进行分析。看一看哪些项目是必需项目、哪些是非必需项目，哪些是必要、哪些只是想要。如果你是已婚，可以和你的伴侣一同检查现金流量表，甚至可以将这张表给年龄大一点的子女看看，尤其是那些已经步入青少年、正在攒钱买大件商品（如汽车、手机等）的孩子。

有一些项目初看是必需品，例如住房、食物、衣服、交通出行等，但是，如果仔细推敲，这些表面上明显是必需品的项目也会变得更像奢侈品。例如，花在住房上的钱可能会超出你收入的承受范围。当然，基本的抵押贷款还款自然是在你经济承受范围之内，但水电燃气费用、草坪花园维护、房地产税等加起来，可能会让住房开支直冲云霄。如果仔细分析一下住房方面的现金流流出，可能意味着搬到小房子或者是选择开销更小的社区才是更值的。

交通出行支出，更具体一点说就是小汽车的维护成本，也是一个在必需品和奢侈品之间边界很模糊的项目。拥有一辆5万美元的小汽车真的那么必要吗？对于一个子女也能开车的家庭来说，拥有两辆乃至三辆小汽车貌似有必要性，但成本不也上升了吗？就像住房一样，买车的成本可能并不是那么难以承受，但随之而来的汽油、车险、保养等会给家庭预算带来较大冲击。

　　仔细审视现金流量表，你会发现那些完全非必需的项目十分醒目。你还会突然发现，一些嗜好不仅开销过大，而且毫无意义，例如修指甲、看歌剧或是购买昂贵的生日礼物等。将这些支出哪怕减少一点点，时间长了就会积少成多，成为个人和家庭的一大笔储蓄。

　　在购物时，商家的要价有时过高，因此讨价还价也很重要。大部分经济实力较强的人，他们都把讨价还价视为一场博弈，并不认为有什么好丢脸的。即使像特朗普总统这样的亿万富翁也总是会讨价还价，他在《跟亿万富翁学思考》这本书里说过，"不要沉迷于此，但要反复核对自己的花销账单。对于要购买的商品和服务，要理所当然地讲价。我就经常这么做，你看，我已经是地球上最富有的人之一了"。

　　下面我将对 Loomise 夫妇的现金流量表进行分析，这也许会启发你如何压缩家庭开支。

分析现金流量表

James 和 Patricia 的现金流流出（策略调整前）项目的类别包括：

- 资产投资：7 620 美元
- 住房：62 980 美元
- 交通出行：10 795 美元
- 家庭风险管理和保险：2 600 美元
- 食物：15 545 美元
- 个人护理：10 080 美元
- 娱乐：3 550 美元
- 还贷：21 321 美元
- 税收：66 760 美元
- 礼物和捐赠：4 100 美元
- 专业服务费和律师费：600 美元
- 子女养育及其他：6 690 美元

- 其他个人支出：7 000 美元

Loomise 夫妇各项现金流流出加总是 219 641 美元，剩下可自由支配的现金流为 −2 765 美元（216 876 美元的现金流流入减去 219 641 美元的现金流流出）。

换言之，James 和 Patricia 每年花的要比挣的多出 2 765 美元，像其他很多人一样，他们是通过增加信用卡账单的方式为过度消费埋单。如果他们一如既往地这么做，那他们将永远也实现不了财务自由。他们显然需要调整现金流状况，通过储蓄增加投资性资产，将可自由支配的现金流由负转正，用这些超额可自由支配现金流偿还债务。

在前文分析资产负债表时，Loomise 夫妇在注册财务规划师的帮助下，实施了债务重整的策略，帮助他们每年减少 17 239 美元的现金流流出（包括 13 368 美元的信用卡和车贷还款支出、3 871 美元的住房抵押贷款还款支出）。仔细分析现金流量表，他们通过减少非必需品的消费支出，可以进一步完善现金流状况。最后，在税务顾问、财务规划师及保险经纪人的帮助下，他们可以找到更多有效方法，进一步节省税收支出及其他重大支出。

家庭的节俭之道

Loomise 夫妇组织召开了家庭会议（两个年龄尚幼的孩子也参加了会议），他们识别出哪些基本支出是绝对必需的，而哪些是非必需的。在合作与妥协下，他们进一步识别出哪些项目的支出是可以减少的，甚至是可以直接取消的（表3.3 详细列示了这些数据，在本章的讨论中参考这些数据有助于读者更好地理解）。

首先是住房支出，除了减少住房抵押贷款的月供外，他们还可以削减住房装修及维护费用。他们将家里的五个有线电视盒减少了两个，有线电视费可以每年减少 330 美元。所有家庭成员都一致承诺，使用手机通话的时间不超过家庭套餐内的通话总时间，这可以每年节省 396 美元。因为每个家庭成员都有手机，他们决定取消家里的固定电话，这每年又可以节省 480 美元。

就住房本身而言，关于要不要搬到一套面积更小、价格更便宜的房子，James 和 Patricia 讨论了可行性。他们承认现在住的房子是这个社区面积最大的，而且确实带来不必要的支出。但是，即使承认大房子不是那么必要，他们也不愿意在这个时候住进小房子。他们已经对这套房子有感情了，而且他们俩认为在这里最适合养育两个子女。他们也承诺，一旦子女去上大学了，他们就会重新审视这个问题，并且在那时再决定搬进面积更小的房子里。对于现在这套房子，大家一致同意要保持干净整洁，将过去每周一次的保洁服务改为每两周一次，每年可以省下 2 400 美元。综合所有对这些非必需品的牺牲，以及对债务进行合并重整，总的住房现金流流出每年可以减少 7 477 美元。

接下来在仔细检查交通出行支出后，Loomise 夫妇发现唯一能削减的支出就是车险支出。他们联系了保险经纪人，经纪人表示有一些方式可以使他们满足保费打折的资格，例如提高免赔额、参加防御性驾驶课程等。他们利用这些方式将车险保费降低了 15%，每年减少车险支出 420 美元。

他们仔细检查了其他保险支出（在表 3.3 的"家庭风险管理"项下列示），意识到这一部分的保险覆盖是不足的，无法削减支出，事实上，他们还需要增加这一方面的保险支出。James 和 Patricia 一致表示要跟他们寿险和重疾险保险经纪人聊聊，讨论一下需求，确保保险可以足额覆盖。

在食物支出项下，James 和 Patricia 诧异地发现平均每周外出用餐的花费达到 200 美元，这样算下来每年达到了惊人的 10 400 美元。他们同意不仅要重新评估餐馆类型，还要控制外出就餐数量，每个月外出就餐次数不得超过 2 次，每年外出就餐减少花销 5 200 美元。

在个人护理这一项下，James 已经有两年多没有去健身房锻炼了，他表示将取消每个月的健身俱乐部会员资格。虽然 Patricia 还会保留自己的会员资格，他们还是可以节省 600 美元/年。

在注册会计师的帮助下，他们对自费医疗费用支出进行了巧妙改变。他们的医疗保险计划是适格高免赔额健康计划（HDHP），因此可以设立一个可税前抵扣的健康储蓄账户，每年缴费 5 000 美元（2018 年缴费金额变为 6 900 美元），他们可以将该账户内的资金用于支付自费医疗（关于健康储蓄账户的更多内容，可以参见第五章"如何保障生命健康？"）。由于他们的边际税率为 40%，因此每年可以节省 2 000 美元的所得税支出，每年自费医疗费用节税后净额减少至 3 000 美元。

演唱会、话剧、体育赛事是 Loomise 夫妇和一家人最重要的家庭活动，因此娱乐方面的开支维持不变。

从表3.3可以看出，进行债务重组后，每年普通贷款（包括信用卡还款和车贷还款）的还贷支出减少 13 368 美元，抵押贷款还款减少 3 871 美元，二者给家庭可支配现金流贡献了 17 239 美元。他们与注册会计师进行了咨询，注册会计师在浏览现金流量表后，指出可以利用子女抚养支出进行避税。注册会计师告诉他们，基于他们调整后的总收入金额，每个小孩的抚养费支出可以享受 20% 的税收优惠（不高于 3 000 美元），两个及以上的小孩抚养费支出可以享受合计不低于 6 000 美元的税收优惠。由于他们总抚养支出为 3 000 美元，因此可以享受 20%（600 美元）的税收优惠。Loomise 夫妇是符合税收优惠资格的，因为他们二人都有工作，抚养孩子需要花销，而且两个孩子都未满 13 周岁。另外，由于他们以前也没有将这一笔费用做过税收抵扣，因此税务会计师对他们过去三年的税务申报单做了修改，这样就可以获得 1 800 美元的退税收入。在小孩满 13 周岁之前，这一笔税收抵扣可以每年为家庭贡献 600 美元的自由可支配现金流。

经过一番调整，James 和 Patricia 看着现金流情况从净流出 2 765 美元变成净流入 26 900 美元，两人都很吃惊，相当于可支配现金流共增加了 29 665 美元，接近他们年收入的 15%。他们决定将这部分多出来的钱用于补充 James 的员工储蓄激励匹配计划（SIMPLE）其中的个人退休账户（补充 7 500 美元），以及 Patricia 的个人退休账户（补充 4 000 美元）。而补充这些账户又可以进一步减轻税务负担，节税金额可以达到 4 600 美元（11 500 美元的个人退休账户缴税乘以 40% 的边际税率），他们的可支配现金流进一步改善。他们还打算每年为两个孩子的 529 教育储蓄账户补充 10 000 美元。

他们最后讨论了保险问题，打算购买适当规模的人寿保险（投保人包括夫妻二人）和长期重疾险（投保人为 James），保费金额为 5 000 美元/年。

在完成上述一系列必要的优化调整后，每年还剩下额外的 5 000 美元，他们决定将这笔钱用于提前偿付 James 的学生贷款，余额为 50 000 美元。如果每年多偿付这 5 000 美元，5 年之内预计可以将这笔贷款偿清。

最后，Loomise 夫妇还约定，除了年度一次的税季拜访外，每年与税务顾问会面一次，商议进一步的节税策略。他们相信除了已经发现的那些节税项目外，适当的税务筹划可以进一步减轻税务压力。通过诸多的节税努力，Loomise 一家逐步回到了走向人生财务自由的正确轨道。

要经常问问自己财务上都存在哪些问题、诚实地回答这些问题，你也可以像 Loomise 一家那样每月可以节省 15% 的开支，甚至可以节省更多。

积跬步以至千里

如果一个家庭总是能密切合作，发现生活中削减支出的项目，那么就能很轻易地每天节省 10 美元，甚至每天可节省 20 美元、30 美元。你想想，如果每天节省 20 美元，每周就是 140 美元，每个月就有大约 608 美元，每年就能节约 7 300 美元。如果你现在是 30 岁，你将每年节省的 7 300 美元进行投资，投资回报率为每年 8%，连续投资 35 年一直到 65 岁（大约退休年龄），届时这笔投资的总金额将达到 1 257 914 美元。如果你也想知道轻松省钱的方法，可以参见附录 B，"教你每周节省超过 20 美元的 101 种方法"。

明确财务目标

将现金流支出项目分为必需品和非必需品，有助于你更好地区分"需要"和"想要"。因此，你要明确自己想要过什么样的生活？现在正在过什么样的生活？为了实现财务自由而应该过什么样的生活？

定义你的生活方式——正确看待"财富"

在社会上，人们通常将财富和赚钱画上等号，人们希望赚得足够多的金钱、拥有大量投资性资产、置办豪宅及昂贵家具、驾驶奢华尊贵的高端汽车、享受度假村豪华奢侈的休假时光、购买一整柜的名牌衣饰等。即使是所谓的"中产阶级"也想要这样的生活，尽管可能层次略低一点，但追求物质生活的需求并无二致。

当然，上面提到的这些东西，即使是对于真正的有钱人来说也不是必需品，仅仅是人们所渴望的罢了。渴望却又负担不起，购买者就容易陷入债务泥潭，加重个人和家庭债务负担。当然，本书不讨论积累巨额财富过程中涉及的社会及精神挑战，如工作压力、婚姻关系紧张、子女陪伴不足、友谊破裂和个人失信等，本书只是涉及个人财务方面。我父母概念里的"美国梦"——为了给自己和子女提供安全幸福的生活而努力奋斗——在现实世界中已经变形。

事实上，财富不必非得是巨额金钱。对有些人而言，财富可能意味着生活在不那么富裕的社区、住在一套小房子里，确保可以送子女去最好的大学接受教育。对另一些人，财富意味着放弃奢侈的物质生活，选择低薪但有社会价值的工作，比如教育、社工、艺术等。

给"财富"下定义对你来说十分重要。换句话说，你需要非常清楚你想要追求什么样的生活方式，以及为实现此种生活方式该怎样进行财务安排。事实上，无论你做出何种选择，你始终能实现财务自由。如我之前所说，我有一些客户每年能赚数十万美元甚至上百万美元，但每个月还在为到期债务焦头烂额。而另一些客户收入平平，却已经在为保障退休生活未雨绸缪。

选择自己的财务目标

切记，这本书是教我们怎样实现财务自由的，届时，我们将不再为金钱服务，而是金钱开始为我们服务。对大多数人而言，财务自由意味着简单纯粹的退休，这很好理解，大多数中产阶级终其一生中的数十年积累财富，目标就是即便不再领取薪水也能生活得很好。另一些人则不同，舒舒服服的退休生活不是也不该是他们唯一的财务目标。他们储蓄不只是为了过好退休生活，他们或是还想要买房置业、教育子女、定期旅行和给家人举办昂贵婚礼等，或是还想要自己创业、收购专业公司等。还有一些人则肩负起抚养年老的父母、照顾残疾的孩子的责任。

总之，从定义看，你的财务目标除了实现财务自由还应有额外的项目，如同你的生活方式由你自己决定一样，只有你才能决定那些目标是什么。

实现你的财务目标——什么最重要？

尽管就你个人而言我不能确切告诉你什么最重要，但作为一个注册财务规划师，我想就一些财务决策的价值表达专业观点。完成本书前言中的"综合财富管理问答"后，你可以识别出重要的财务目标，然后将它们按照重要性排序。以下是我的思考和建议：

- 储蓄优先。就像我反复说的，除非你工作收入特别高，或是预期会继承一大笔财富，或是你敢肯定买的彩票会中奖。否则，你就必须要优先储蓄，可以设置关联账户，将一定比例的钱自动划转至储蓄账户。储蓄是未雨绸缪之举，在我看来，持有现金金额应当至少覆盖 3 ~ 6 个月生活开支。为了实现你的财务目标，你应当储蓄优先（参见第一章"如何做到量入为出？"）。

- 偿清债务。在认真储蓄之前，你应当尽快将大部分债务偿清，尤其是一些高息信用卡债务。如果偿清现有的坏账是你财务目标之一，可以参见第四章"如何管理家庭债务"。

- 规划退休。在人们二十多岁时，退休看似遥遥无期，尤其是在筹备婚礼、买房、生小孩的时候，人们不太会想到退休。但是，如果你想要实现财务自由，你现在就需要规划退休，并且现在就开始储蓄（本书第八章"如何更好地规划退休？"中对此进行了详细论述，并且在第十二章"把握资金的时间价值？"中提供了论据）。

- 置办房产。大多数人都急切想拥有属于自己的住房，这确实是一个好的财务决策，但要记住，房子是用来住的而不是用来炒的，是自住型资产而非投资性资产。拥有住房是一项长期事业，要有将住房持有超过 10 年的计划安排，确保能负担得起房贷支出和装修支出。如今，持有房地产是分散投资风险的重要手段，精心挑选的住房和其他不动产在未来数年内上涨的可能性是非常大的，但需要牢记，价格上涨是需要时间的。

- 创业置业。很多人梦想着自主创业，或是购置一家医疗诊所、牙科诊所或律师事务所等。创业置业所带来的财务影响比较复杂，拥有属于自己的独立事业是通往财务自由之路的捷径，但与巨大的收益相对应的是巨大的风险，以及需要投入大量的时间精力才能成功。在创业置业之前，你必须充分理解前方的这条路对自己意味着什么（详见第十一章"如何开创自己的事业？"）。

- 子女教育。对我来说，子女教育是优先级最高的。我坚信，良好的子女教育是保障他们未来财务状况的最优方法。并不是每一个孩子都需要上大学，获得大学学位。对于一些不是那么好学的孩子，他们的一些特殊技能和天赋可以在职业学校中获得。不要有"念了大学就会找到好工作"这样的误判。我们需要水管工人、花匠园丁、电力工人以及其他蓝领技术工人，而很多这类工人的收入水平比白领还要高。当今，上大学（甚至包括中小学）不仅超乎寻常得贵，而且充满了财务陷阱（第七章"如何支付教育费用？"做了更多分析）。

- 应对突发情况。一些人在生活中会遇到意外情况，例如抚养年老的父母、抚养残疾的孩子，这些在财务目标中都是优先级很高的，需要仔细规划。有很多方法是可以解决这些问题的（详见第五章"如何保障生命健康？"和第十章"如何传承家庭财产？"）。

- 特定支出。我们都有梦想，但无论是环游世界还是滑雪度假或是高档装修，大部分梦想的实现都需要花钱。不幸的是，在最近几十年，我们很多人都养成了负债消费的习惯。在以前，如果人们想要新车、婚礼、旅行或是装修时，他们会先存钱。但现如今，人们为了上述开支经常刷信用卡或向银行贷款，高息举债，这是严重错误的！我们需要的是储蓄。

选择值得信赖的专家顾问

人们的财务需求多种多样，专业性很强，为有效满足多样化财务需求，他们非常需要专业人士的帮助，包括财务顾问、税务顾问、律师和保险顾问等。附录A"如何选择一个值得信赖的顾问？"相关内容有助于你评估顾问的专业资格，让你找到最适合你的顾问。选择可信赖的顾问将是指引你走向财务自由的最重要决策之一。

如果你对于你自己的税收支出不上心，就可能出现实际缴税多于法定缴税的情况。因此，你务必将税务筹划当作总体财富积累策略的组成部分，想方设法利用好"节税超额收益策略（升级版）"，进而最优化你的财务状况。

掌握财务状况的"节税超额收益策略（升级版）"

当你在编制资产负债表、现金流量表时，当你在确定后续的财务目标时，将税务问题纳入考量是十分重要的。本文将列出一些税务策略将加速实现你的财富积累目标，助你实现财富自由。

为了让读者可以更方便参阅，本章的"节税超额收益策略（升级版）"部分是按照美国国家税务局1040表格（Form 1040）进行分类的。

报税身份和免税情形

● 每个申报联邦所得税的人都必须选择适用于自己情况的报税身份。选对报税身份是很重要的，因为这会决定你的标准抵扣额、应纳税所得额的适用税率。如果你符合户主身份，就要利用好这一报税身份来降低税额。

● 如果你找专业报税人员来帮你申报所得税，那他们需要对你进行尽职调查，对你的户主身份、美国机会税收抵免、所得税抵免、儿童税收抵免等资格进行核实。不然，每违反一次他们将面临500美元罚款。

● 如果你父母中有至少一人符合被扶养人的资格，即使他们并不同你一起居住，你也可以要求获得户主身份，但你需要至少承担父母一半的家庭开支。

● 自2018年1月1日开始，纳税人、夫妻一方、被扶养人的每人4 150美元个人免税额度已经取消，这对大家庭的影响会比较大。

所得税节税策略

● 给受抚养的子女找一份工作，帮助他们自食其力。2018年，每个小孩收入所得在12 000美元内都完全不需要缴纳联邦所得税。

● 2018年，如果你所在的公司在收养小孩方面的花费不超过

13 840 美元，在计算联邦所得税时你可以将这部分费用税前扣除。对于符合条件的收养小孩开支，可以适用同等金额（13 840 美元）的税收减免。但是，对于一笔收养开支，上述税收抵扣和税收抵免二者不可兼得。

- 如果你在外国生活工作，或者符合亲身居住测试（physical pres-ence test）的条件，或者符合真正居民测试（bona fide resident）的条件，那么 2018 年开始你可以将海外收入（打工收入或创业收入）中不超过 104 100 美元的部分进行税前抵扣。如果基于上述测试你满足外国收入所得税收抵扣的资格，你可以将住房支出中超过 16 656 美元的部分从联邦应纳税所得中扣除。根据你海外收入所得、海外住所的情况，一些特殊的条款和限制也适用。

- 你可以将不超过 5 000 美元的收入税前存入"可自由支出抚养费账户（FSA）"，减轻抚养子女的压力。父母可以利用 FSA 账户的节税便利和子女抚养税减免，这二者都是可用的，但对于同一笔抚养费支出，两项便利不可兼得。

- 住宅出售的利得也是有税收优惠的，但需满足以下条件：住宅出售前 5 年内持有并居住该住宅的时间不低于 2 年。对于单身人士，住宅出售利得税收抵扣金额为 250 000 美元，对于已婚人士联合报税的，住宅出售利得税收抵扣金额为 500 000 美元。这一免税收入是人们持有住房最重要的原因。

对总收入的调整

自 2018 年开始，在计算所得税时，搬迁费用将不再可以从收入中扣除，除非这一笔搬迁费用与现役美国军队的指令相关。

美国税改法案取消了生活费（离婚或分居后在诉讼期间由一方支付给另一方）支付方的税前抵扣，并取消了将这一部分费用纳入接收方收入中的规定。对于 2018 年 12 月 31 日之后生效的离婚协议或分手协议，美国新税法规定相关的分手费不能从支付一方的收入中抵扣。同时，新规也废止了关于将这些分手费作为接收方应税收入的条款。为了在2018年年底前尽快完成分手或离婚、获得税收优惠，预计2018年会迎来一波离婚潮。

2019年1月1日之前完结的离婚可以不受新税法管辖，即分手费可以继续税前扣除，同时也应当被计入接收方的应税收入。值得注意的是，如果对分手协议/离婚协议进行任何修改，就要受新税法管辖了。因此，在修改之前拟定好的分手协议/离婚协议之前，要加倍小心。

在新税法下，250美元的教育工作者税收抵扣继续保留下来，并且每年会根据通货膨胀进行调整。在每周工作超过900小时的基础上，中小学及学前教育的教师、导师、顾问、校长、教学助手等人士均满足抵扣资格，可抵扣的费用支出项目包括购买书本、教案、硬件设备、软件、专业进修等与教学工作相关的内容。

个税分项抵扣

- 《减税和就业法案》下，个税标准抵扣额几乎较此前增长1倍。对单身人士报税或是已婚人士分别报税，标准抵扣金额增至每人12 000美元；对于家庭户主，标准抵扣金额增至18 000美元；对于已婚人士联合报税，标准抵扣金额增至24 000美元。盲人以及65岁及以上的纳税人可以每人额外多获得1 300美元标准抵扣额度（单身人士为1 600美元）。由于标准抵扣额度大幅提高，自2018年起很少人愿意进行分项抵扣了。

- 慈善捐赠抵扣额度占调整后总收入的比重从50%扩大为60%。因此，如果你符合分项扣除条件的话，就能够在慈善捐赠这一项获得更大的税收抵扣优惠。

- 如果你打算对一家合格慈善机构进行大额捐赠，你可以考虑以财产捐赠的方式，例如市值大涨的股票、债券、共同基金、房地产，而不是进行现金捐赠。如果你持有这些财产超过一年，则这些财产捐赠将按照公允价值计算捐赠额，资产利得不需要纳税。这样，你不仅增加了慈善捐赠抵扣的金额，还避免缴纳了资产利得税。

● 如果你选择分项抵扣，并且希望本年边际税率高于下一年，可以考虑将下一年1月的抵押贷款还款提前到本年12月偿还。这样不仅仅有助于你在本年的报税单上享受到税收优惠，而且下一年有更低的边际税率，可以享受到更大的税收优惠。尤其是如果预计下一年会有一笔大额奖金或佣金收入，或是因财产出售会有一大笔利得收入，这种方式将是明智之选。

● 确保所在工作单位对你的商务因公支出（符合工作单位和美国国家税务局的有关规定）进行了报销，有助于增加免税收入。例如，商务出差、娱乐宴请、商务车和继续教育等。这一点在当前十分重要，因为自2018年开始，与工作相关的支出如果没有工作单位的报销，是不可以作为分项抵扣的抵扣项目的。

● 只要分项抵扣金额超过标准抵扣金额，在博彩获利金额内，你可以注销因博彩产生的损失。自2018年开始，除了博彩损失，你还可以将博彩费用进行注销，包括差旅费等，注销额度应控制在博彩盈利金额的范围内。

● 自2018年开始，你将不能再将物品毁坏、盗窃等造成的损失进行分项抵扣，除非它们属于与联邦公布的灾难相关。

● 自2018年开始，你将不再能与个人投资相关的支出进行分项抵扣，例如因报税产生的费用、购买保险箱的费用等，也不能将其他一些杂项（过去是在不超过调整后总收入2%的比例内可以抵扣）进行分项抵扣。

● 因公支出未报销的部分，可以通过要求工作单位设立"责任计划"来进行补偿，即使这意味着一定程度降低工资。因为这些因公支出项目已经不能再进行分项抵扣了，所以这样做很有必要，有助于你将这些因公支出的费用转为税前支出。

● 将因报税产生的费用项目分配至个人税收申报表中，例如个体经营的 C 表、财产租赁的 E 表等。相关费用在 C 表和 E 表下是可以抵扣的，但不能在 A 表下作为个人分项抵扣项进行抵扣。

● 你应当直接从个人退休金账户支付所有的个人退休金，因为在 A 表下这些费用都不再可以进行分项抵扣。

● 自 2018 年开始，由于分项抵扣的总限额被取消，高收入纳税人将因此而获益。在 2017 年，对于单身纳税人调整后总收入超过 261 500 美元、已婚纳税人调整后总收入超过 313 800 美元的，分项抵扣的总额度下降了 3%。

● 税改法案最有争议的方面来自纳税人与州及地方税有关的分项抵扣。自 2018 年开始，州及地方的所得税、销售税以及房地产税的总分项抵扣额度被设置了上限，上限额度为 10 000 美元（如果已婚人士分别报税则为 5 000 美元/每人）。很多高所得税的州会受此负面影响较大，包括加利福尼亚州、俄勒冈州、明尼苏达州、爱荷华州、新泽西州、佛蒙特州、哥伦比亚特区以及纽约州等。

● 如果你拥有未开垦的投资性土地、或是不产生收益的土地，新税法下可根据 266 章内容选择税务处理。你可以将房地产税、土地成本的利息支出资本化，而不是在当年进行税前抵扣，你也可以选择将这些支出的一项或多项资本化。如果根据新税法要求不满足当年抵扣条件，你可以在将这些土地出售的时候将这些支出作为总支出的一部分进行抵扣。这一选择必须是以一年为基础进行选择，并且要求在报税单上附一份声明。

● 居住在高税收地区的个人现在有更强的动力搬至低税收地区，如得克萨斯州或者佛罗里达州。搬至低税收地区并获得当地居民资格，你不仅可以避免高税收地区的州及地方所得税，也不用承受税收抵扣减少带来的损失。

● 由于以上描述的这些重大变化，我相信数以百万计的纳税人将不再能享受分项抵扣带来的好处。此前很多可以抵扣的项目都被取消了，标准抵扣会成为大多数人的选择。随着税收抵扣朝着更加简单的方向发展，你准备报税单也变得更加简单，也减少了美国国家税务局税收审计的概率。

税收和税收减免

● 《减税和就业法案》降低了个人所得税税率，并且将税率设定为10%、12%、22%、24%、32%、35%和37%，让美国人能获得更多税后收入。自2018年2月开始，大多数的美国人都会从收入中发现减税带来的变化。

● 绝大多数过去缴纳替代性最低税的纳税人感受将更加明显。过去，在州及地方所得税、销售税、房地产税和其他杂项税收抵扣时，替代性最低税计算中通常需要反向添加项目。随着一些抵扣项目被缩减和取消，反向添加项目几乎没有了，这使得只有极少数纳税人需要在未来进行税收反向添加。这些改变显著简化了美国税收体系。

● 税改法案将永久性地调整替代性最低税针对通货膨胀的豁免金额，自2018年开始，豁免金额将显著提高，单身人士和家庭户主的豁免金额为70 300美元，已婚人士联合报税的豁免金额为109 400美元，已婚人士分别报税的豁免金额为54 700美元。

● 替代性最低税豁免额度分阶段豁免的收入门槛也大幅提高，个人是50 000美元，共同申报是1 000 000美元。

● 如果你收养了小孩并且在年终前支付了满足条件的收养费，你可能会符合收养税收减免的资格。例如，2018年最大收养税收减免额度是13 840美元（不可返还，每年根据通货通胀浮动）。在2018年，这一税收额度可以从调整后总收入207 580美元开始逐步减免，并在调整后总收入达到247 580美元（每年根据通货膨胀浮动）时完成减免。

● 2018年开始，你可以在每年年底之前对每一个年龄在17周岁以下的符合条件的子女申请2 000美元的儿童税收减免。可返还税收减免的最高额度为1 400美元。这一税收减免开始执行的最低收入门槛大幅提升至 400 000 美元（对于已婚纳税人联合报税）和 200 000 美元（对于其他纳税人）。

● 自 2018 年开始，对被赡养人的支出可以享受额外的 500 美元不可返还税收减免（被赡养人为子女的除外）。

● 如果你的子女已经达到 17 岁及以上，想要赡养年老的亲人，那么你可以在新的税改法案下申请 500 美元的不可返还税收减免。

● 照顾子女及受抚养人税收减免在新的税改法案下依然保留了，这有助于父母将抚养子女费用进行抵扣。这一减免额度扩大至 13 周岁以下的每个小孩 1 050 美元（3 000 美元乘以 35%），或是每两个小孩 2 100 美元。这一减免额度会随着收入的增加而下降，收入超过 15 000 美元部分，每超过 2 000 美元减免额度下降 1%，一直到你的收入达到 43 000 美元。对于调整后收入达到 43 000 美元或更高的，纳税人可以获得最高每个小孩 600 美元（3 000 美元乘以 20%）税收减免，或是最高每两个小孩 1 200 美元（6 000 美元乘以 20%）税收减免。

● 如果你有符合条件的残疾人需要抚养，且该残疾人已经和纳税人共同居住超过半年，纳税人也可以因抚养该残疾人而获得税收减免。

● 除极高的收入情形外，因结婚而导致对丈夫、妻子收入造成的惩罚性税率在新税法下被取消。例如，如果两位单身人士每人税前年收入为 80 000 美元，则在旧的税收体系下，两位的边际税率均为 25%。但是，如果他们在 2017 年 12 月 31 日结婚，则他们合计收入变为 160 000 美元，则在旧的税收规定下，他们的边际税率达到 28%，税率的变化导致他们结婚后的税收支出相较单身时期的总税收支出要高。但在新税法下，无论他们结婚与否，其边际税率均为 22%，不再会因为结婚而增加额外税收支出，当然如果二人收入合计超过 600 000 美元的情形除外。

● 自 2018 年 1 月 1 日生效之日起，新税法对"儿童税"做了调整，孩子获得净投资收入的一般投资所得税税率和利得税适用信托税率和房地产税率。小孩首个 1 050 美元投资收入免税，下一个 1 050 美元投资收入适用单一税率，对于超出 2 100 美元的部分适用信托税率和房地产税率。对于与工资性收入相关的应税收入应当根据单身人士纳税人的税率执行。一个小孩的税收不会受到小孩父母税收状况和其他兄弟姐妹的税收状况的影响。"儿童税"适用于 18 周岁以下小孩获得非工资性收入应缴纳的税收，同时也适用于那些年底前不满 18 周岁的小孩，以及年龄在 19～23 周岁、但工资性收入不足其所获得资助性收入一半的全日制学生。

税收缴纳

● 不要把政府当作银行。当你的现金流很紧张时，可能会有各种各样的诱惑，让你先支付其他账单后再缴税，但千万不要这样做。政府部门会对你施加严厉的惩戒措施以及延期利息，因此你应当把政府部门当作最后一根稻草。

● 如果你发现有一些本该有资格享有的一些税收抵扣、税收减免，在实际上没有享受到，你可以申报一份修改后的报税单、要求额外的税收返还。通常来讲，你申报后的报税单法定有效期为三年，因此，如果你发现了存在追溯性错误，可以申请要求对过去三年报税单的税收返还。这是一种改善流动性的重要方式，这也是你为什么需要与税务顾问经常见面的原因。

● 如果你有符合特定条件的子女，你就符合工资性收入减税的资格。在一些特定情形下，即使你没有子女，也有获得税收减免的资格。例如，在 2018 年，对于有 3 个及以上子女的纳税人来说，最高的工资性收入税收减免金额为 6 444 美元，而对于没有符合资格的子女，最高的工资性收入税收减免金额为 520 美元。具体税收减免的金额，与你的收入水平、子女数量有关。如果你处于低收入阶层，这些税收减免是绝对值得考虑的。

如何掌握财务状况之行动计划

现在，你已经理解了编制财务状况表、计算真实净资产和现金流的重要性。在实现个人财富目标的过程中，你更应当把握机遇、稳步前行。以下是你如何把握个人财务状况的行动计划。

1. 编制你个人的财务状况表。为了解你的真实净资产，你需要编制这份财务报表，并且每年更新一次。你可以使用表3.2的工作表来帮你编制。

2. 编制你个人的现金流量表，越详细越好。与你的丈夫（妻子）、孩子共同合作，尽可能地将一些非必需的支出项目识别出来，舍弃掉。你可以使用表3.4的工作表来帮你编制。

3. 第一时间为自己储蓄。用定期、定量储蓄的钱降低债务，增加投资性资产。

4. 定义自己的生活方式。仔细思考财富对自己到底意味着什么，然后思考你应该怎么进行财务规划，以支持这种生活方式。当然，无论选择何种生活方式，都需要严格约束自己和家庭成员，确保量入为出。

5. 找一个靠谱优质、最适合自己需求的税务顾问，与税务顾问一起努力，发现额外的节税省钱之道。

6. 熟悉上一节把握财务状况的"节税超额收益策略（升级版）"税法内容和节税策略。经常与税务顾问讨论，将节税策略纳入家庭的整个财务决策中。

7. 设立长期目标。每年都要设立目标，未来一年、五年、退休前在财务上分别都需要实现什么目标。每年重新回顾目标，确保始终在实现目标的正确轨道中。

第四章 如何管理家庭债务

债务是自由的奴隶。

——普布里亚斯·赛勒斯，拉丁格言作家，曾是奴隶

案例研究：两位医生是如何在短短几年内破产的——教你什么事情不该做

2006 年 3 月，在一个我组织的研讨会上，我遇见了来自巴尔的摩市的一对新婚夫妇：Peter 和 Suzanne。他们二位都是医生，刚刚完成实习期，准备在职业上大展宏图。Peter 是内科医生，Suzanne 是妇科和儿科医生。当我们认识时，Peter 和 Suzanne 都已经在诊所谋得职位，虽然不再是实习岗位，但他们的职级序列还很低，就像大多数年轻的职业人士一样，还需要大量学习。不过，他们的梦想之一就是成立一个全套服务的家庭诊所，这样他们能够在一起工作，他们希望这个梦想能够尽快实现。

Peter 和 Suzanne 迫切地找我请教。他们有些许恐惧，因为在职业生涯和婚姻生活一开始，二人就背负了超过 500 000 美元的学生贷款。这确实是一大笔资金，但我并不十分担心。他们都还只有 30 岁，我相信医生这一职业将会给他们带来超出平均水平的收入。当然，我建议他们慢慢来，为大额支出进行储蓄（包括成立诊所、买房等），尽量避免信用卡贷款及其他形式的负债。

尽管我的建议恳切，但他们从一开始就做了错误的决策。换一种说

法就是，Peter 和 Suzanne 几乎犯了可以想象的所有错误。或者更公平一些说，他们经常被银行家和抵押贷款放贷机构误导从事。在我看来，这已经触碰到犯罪的边界了。

他们并没有在别的诊所工作 4～5 年（学习医生的日常工作以及诊所的日常运营）并储蓄，而是立即借了超过 400 000 美元成立了自己的诊所。Perter 和 Suzanne 的现实情况是：没有资金、没有耐心、完全没有诊所运营的经验、500 000 美元的学生贷款债务。银行并不会基于这一现实给他们房贷，而是基于他们潜在收入（未来现金流）来放贷。Perter 和 Suzanne 被一种成功、有钱的感觉蒙蔽了双眼，那些所谓的银行的转嫁并没有提示他们可能只是活在空幻的梦想中，甚至是财务噩梦之中。

更糟糕的是，他们取得商业贷款后，租了两辆车：一辆奔驰、一辆宝马。他们将此作为在医疗学院辛苦工作的回报，同时也是作为自己已经或马上要成功的身份象征。每个月的租车费看起来还可以承受，那些放贷公司当然十分愿意提供这一笔贷款资金。

Peter 和 Suzanne 找到了一处可以成立诊所的新址，他们想要租这一片区域，但这片区域需要进一步翻修才能使用。他们预计翻修时间耗时 3～4 个月，因此先继续在诊所上班。由于他们既要在诊所全职上班，又要劳心诊所翻修的事情，结果很快就遇到了麻烦。翻修工程多次延期，从最开始的 4 个月一直延期到 11 个月，远超此前的乐观预期，而这又影响到了之前的贷款偿付。贷款银行慷慨地对他们的贷款做了展期，但展期操作进一步增加了贷款本金。以原来设立诊所的 400 000 美元借款本金为基础，由于 11 个月的展期，又增加了 40 000 美元的利息，这笔利息成为未来要偿付的本金。

在等待诊所修建的日子里，他们决定要买一套房子，因为他们认为现在在巴尔的摩市中心租的这套一居室有点拥挤。他们与一个房地产经纪人进行了会面，根据他的推荐认识了一家房地产抵押贷款经纪商。

很快他们就拥有了梦想中的房子（五间卧室、五个浴缸、漂亮的庭院、室内游泳池等），而这套房子售价"仅" 1 400 000 美元。但他们还是没有首付、付不起手续费，他们每个月在诊所工作的收入仅能勉强维持每月日常花费。但让人惊讶的是，这家经纪商与银行合作通过一些创新的金融产品，给他们提供了这笔资金。

　　根据融资方案，房屋卖家在售房合同上报价时故意比正常定价高一些，银行可以承诺提供按照这一报价的 80% 提供给 Peter 和 Suzanne 贷款，然后房屋卖家再将这一部分高报的价格进行减价。本质上，房屋卖家同意人为故意虚增合同价格，以便 Peter 和 Suzanne 可以获得更多贷款（对于这一类贷款，在房屋成交时，卖家同意降低价格，最终借款人可以借到超过房屋总价 80% 的银行贷款。在 2008 年次贷危机爆发之前，这种方式非常常见。银行、律师、政府监管部门对于这种操作非常清楚，并鼓励人们拥有房产）。银行则非常"善意"地提供了负本金摊还、"只付息"的贷款，即 Peter 和 Suzanne 只需要支付一部分利息，同时本金每个月会累加。这种方式使得短期偿债压力没那么大。经纪商还提供了一种称为"组合贷款"的产品，允许他们做房屋净值贷款，以支付房价另外 20% 的金额。

　　Peter 和 Suzanne 大喜过望，他们的美国梦看起来很快就要实现了（两个成功的医生，一所合开的诊所，住在一套漂亮的房子里），而且看起来似乎不需支付一分一毫。看起来确实是如此，至少短期内是这样的。他们搬进了漂亮的大新房，彻底装修，大部分的购买都是刷信用卡，银行和其他金融机构乐于提供他们这些贷款。

　　等到他们的诊所正式完成翻修，他们已经出现支出压力：每个月的房贷支出、租车费用、信用卡账单以及商业贷款及其他费用。同时，Peter 从外部诊所辞职，并全职成立自家诊所。Suzanne 还在原诊所工作，因为他们觉得这样至少有一份稳定的收入来源。

　　生活总是充满了戏剧性，一些未预期之事接踵而至。在诊所装修好并开始运营后，他们发现 Suzanne 已经怀孕了。他们越来越担心家庭的财务问题，一个孩子的出生必然会给家庭带来更大负担。更严重的是，在 Suzanne 怀孕 6 个月的时候，由于一些医疗问题不得不停止工作，只得赋闲在家休息。漂亮健康的宝宝出生后，Suzanne 坚持要留在家再照顾宝宝 6 个月。

在这一过程中，Peter 并不能从新成立的诊所中提取工资，事实上，为了维持家庭支出和诊所开支，他用个人信用卡又借了 150 000 美元的账单。在 2008 年下半年，不仅仅是 Peter 和 Suzanne 的财富状况在持续恶化，整个国家和国际经济情况也陷入了严重的衰退。

人们不到万不得已不愿意消费，Peter 的新诊所的获客能力下降。银行不愿意给他们贷款，除非他们能证明自己可以偿付。过去 Peter 和 Suzanne 从 B 银行借款偿还 A 银行，又从 C 银行借款偿还 B 银行的常用模式已经不能奏效。信用卡公司降低了他们的信贷额度，并且开始要求他们偿还超出额度上限部分的贷款。房地产市场价格大幅下挫，他们两年前花 140 万美元买的房子现在只值 80 万美元。如果他们卖掉这套房子偿债，那么还会剩下 60 万美元的债务，而这是他们无力偿还的。

尽管 Peter 已经可以在诊所获得少量收入，Suzanne 也已经回到原来的岗位全职上班，但他们的债务规模超过资产 150 万美元以上，现金流流出金额远超现金流流入。没有办法下，他们不得不申请破产保护。

事到如今，他们已经开始在黑暗摸索的尽头逐渐看到光明。他们不得不在很短时间内卖掉房子，放弃豪华的座驾，并最终在最近实现了收支相抵。破产免除了他们所有的信用卡债务，他们可以和银行重新协商商业贷款的条款，这些条款保证了他们每个月有能力进行偿还。他们的行为对自己信用的损害需要花费 7 年的时间来恢复，更不用讲需要花费多少年来慢慢减轻生活压力。

管理家庭债务的基本原则

Peter 和 Suzanne 的故事听起来令人毛骨悚然，但这不仅仅是真实发生的，而且是与数以千计入不敷出的美国人生活经历惊人相似的。在过去十二年中，因为国内经济衰退及国际经济危机的原因，很多人经历了严重的财务困境。尽管经济在过去数年已经开始改善，但很多人还是处于失业和艰难找工作的过程中，并因此深陷债务困境。

然而，对另外一些人而言，他们的财务危机是不负责任的资金借贷行为所造成的。错误行为与个人相关，也与金融机构行为相关，以及政府部门的监管不力有关，这些原因共同激励了上述不负责任的行为。尽管历史总是押着相同的韵脚反复发生，但我依然希望本章的学习可以使得这些事情避免发生在你身上。

Peter 和 Suzanne 如果认真听取了我的忠告（本章以下内容），他们的故事原本可以有一个完全不一样的结局。

理解财务责任的内涵

做一个有财务责任担当的人，意味着具备个人财务教养的基础：计算个人净资产、计算并监测个人现金流以及学习其他有助于你财物安全的财务工具。在 Peter 和 Suzanne 的案例中，他们在致力于开立诊所的努力中，对个人财务状况没有起码的认识，这其实是需要大量专业金融技能的商业性业务（详见第十一章"如何开创自己的事业"）。他们并没有就个人及商业的财务安排实践进行学习，而等想要学习的时候则为时已晚。

讽刺的是，如果 Peter 和 Suzanne 可以遵循本书第十一章内容的指导，他们本可以避免依据美国破产法第十一章进行的破产。

始终量入为出并第一时间储蓄

Peter 和 Suzanne 是以一大笔负净资产的财务状况开始独立生活的，他们的未偿付学生贷款超过 500 000 美元。如果他们能在诊所踏实工作，认真计算作为诊所医生的收入水平，评估个人净资产，形成与自身情况相符的务实的现金流安排，最重要的是如果能进行储蓄，他们可以以预期的生活方式朝着他们的美国梦稳步而快速地前行。

明白"想要"和"需要"的区别

Peter 和 Suzanne "想要"共同成立经营一家成功的诊所，但他们"需要"更多地了解一个医生的现实生活，并且为了这个目标而存钱。他们"想要"一套豪华漂亮的住宅，但他们"需要"先找个地方安顿下来。他们"想要"开豪华的汽车，以及拥有其他象征成功人士的物品，但他们"需要"为应对不时之需（如生小孩）的代步车、家具和储蓄。即使学生贷款还没偿完，他们也可以买一套小房子，简单装修，并且开始为成立诊所而努力攒钱。他们甚至可以卖一套大一点的房子，既用来居住，又用来办公。在上述任何一种情况下，他们并不是在现在就需要全部。

学会说不

他们应该在最开始的时候就对很多事情说"不"。我不是说要剥夺他们买任何一件奢侈品的权利，而是套用一句陈词滥调的话说就是：如果一件事情看起来太好以至于不太真实，那这件事可能确实不是真的。例如，他们可以轻松地同时获得一大笔商业贷款和房屋抵押贷款，这应该对他们是一个警醒，要知道，在刚开始的时候，仅仅一笔学生助学贷款就已经让他们寝食难安。在完全准备好之前，他们应该对成立一家自己的诊所说"不"；在有一套普通的房子可以安家的时候，他们应该对购买一套豪华昂贵的房子说"不"；在有两辆普通的小汽车可以开的时候，他们应该对驾驶两辆昂贵的汽车说"不"；在需要刷爆信用卡才能完成支付的时候，他们应该对购买其他的物品说"不"。

尽管我有很多客户都面临债务管理的障碍，但 Peter 和 Suzanne 的故事是我所见过的关于债务管理失败方面比较极端的例子了。如果想要实现财务自由，那么管理好债务十分重要。然而，就像 Peter 和 Suzanne 的案例所展示的那样，债务管理既复杂又困难，即使对于聪明善良之人，也很容易失去控制、造成灾难。

为了实现财务自由，你首先必须充分理解债务的概念，然后你必须确保你的个人债务可控。

好的债务与坏的债务

"债务"一词让我很容易联想到狄更斯笔下伦敦后街阴冷潮湿的监狱：因为欠了屠户、面包店和蜡烛制造商的钱，一家人在监狱里咳嗽、挨饿。债务人监狱，诸如此类的广为人知的地方，是指专门收押那些不能偿付债务的人或其家庭成员的。尽管在 19 世纪晚期，将无力偿付债务的人收监的行为被宣布为不合法，但时至今日，在以破产这种相对较轻的处理方式盛行的社会中，很多专家建议将欠债不还之人收监的规定予以恢复。我虽然不同意这种观点，但我相信，现在对那些欠债不还的人太宽容了，他们很容易地从过去不负责任的行为中走出来。作为一个社会，我们应当远离这种"惩善扬恶"的行为。

恰恰相反，对于很多人而言，债务是一个很恐怖的概念，这本可不必如此。事实上，不是所有的债务都是坏的债务，一些债务不仅很好，而且对于建立良好信用记录大有裨益，是积累财务、走向财务自由的重要因素。在任何情况下，理解好的债务和坏的债务之间的区别对于掌握财务技能、实现财务自由都是至关重要的。

一般来讲，好的债务是指人们借钱用于购买商品或其他用途，从长远看有助于帮助他们积累财富、最终实现财务自由。好的债务的例子包括学生贷款、商业贷款、用于进行特定资产投资的贷款以及一些自用资产的贷款（例如经济承受范围内的房屋抵押贷款）。

相反，坏的贷款是指人们借钱（通常为信用卡贷款）用于非必需品购买支出，以及购买大量自用资产（回忆一下第三章中提到的自用型资产是指用于定义生活方式的资产，包括房屋、汽车、轮船、珠宝首饰、艺术品等）。这些物品有价值，但还需要额外的维护成本，对于某些物品（例如汽车或轮船），它们的价值会随时间贬值。因此，一种区分好的债务和坏的债务的方法，就是去看负债购买的这件物品是必需品还是非必需品，是"需要"还是"想要"。

例如，如果你想成为一名医生，你可能"需要"借助学生助学贷款来支付学费。但最终你有能力用你所接受的教育来赚得一份超出平均水平的收入，因此，这就是好的债务。然而，如果在你获得医学学位后，你想要购买所有可以标榜成功或是富足生活方式的物件，如高档汽车或是豪华大房子，你可能就会如 Peter 和 Suzanne 那样，陷入严重的财务危机中。这当然就是坏的债务。

如果你不能正确地运用债务，你就可能遭遇巨大的财务困难，在实现财务自由之路上阻力重重。当你在财富积累之路上正确运用债务杠杆，它也可能成为一个强大的工具。

信用卡贷款

消费型债务最常见的形式就是信用卡贷款。在我们的世界中，我们能用信用卡支付任何消费开支，从购买一支牙膏，到去亚得里亚海进行为期三周的旅游。然而，如果在收到信用卡账单后没有及时偿还，用信用卡消费的金额就变成了债务。信用卡债务就像癌症，如果你不能很好地控制它，它就会杀死你。

最完美的情况下，你应当仅仅把信用卡作为方便支付的一种支付形式，这种支付形式比现金支付更加安全。不过，你应当在每个月的信用卡还款日前及时偿还，如若不能，不管你买的是毛衣还是沙发，这些花费都将转为债务。不仅如此，你还要为此支付利息，利息有时是非常高的，所以这些消费实际上比你预想的昂贵多了。

一般来说，当你出现信用卡账单未全部偿付的情况时，这一定程度上显示出你不能完全负担你的消费。换句话说，这些消费很有可能是非必需品，是"想要"而非"需要"。当你对真正的必需品的消费（如食物、药品、婴儿尿布）都不能在信用卡还款日完成还款时，你可能已经到了财务危机的边缘。

无法满足的信用卡消费

信用卡公司有时提供零优惠利率，诱惑人们使用信用卡，并将信用卡贷款余额延续数月。不要掉入这种圈套：这是一个陷阱，它引诱你进行超出承受能力的消费，等优惠利率结束后，会要求你一个两位数的利率。同样地，一些零售商店也对使用信用卡的用户提供10%、15%乃至25%的商品折扣，除非能按时偿还信用卡账单，否则不要被这些把戏俘获。再强调一下，这种方式只会让你产生你能购买得起非必需品的错觉。信用卡简直可以生吞活剥一个人。

为了让你理解信用卡背后的贪婪本质，理解这一本质将会对你未来的财务人生会产生什么影响，你可以考虑以下场景。夏末假期周即将到来，你此时还尚无休假计划。在你浏览报纸旅游专栏或是上网的时候，发现有一个适合你和你另一半一起去加拿大魁北克省旅游的项目，你刚好一直"想要"去魁北克省，而打包价只要1 750美元。你预订了这一行程，打算享受一周美妙的假期，并预定了一些其他项目、纪念品等，发现这趟行程最终花费接近2 500美元。到了月末，你收到了一些其他项目的银行账单，这样就没有现金去支付旅游的费用了，于是刷了信用卡。

在接下来的 4 个月中，一些老朋友从远方来看你，你决定带他们参加一些娱乐项目，包括去昂贵的餐厅、百老汇演出、观看体育赛事等，一不小心又增加了 1 500 美元的账单。

现在冬天马上就要到来，你"需要"一件新的冬天穿的外套，在逛街时看中了几件性价比很高的毛衣，又看中了一双很贵的靴子，这又给信用卡账单增加了 1 500 美元。

接着就要到圣诞节了，你意识到还没给亲戚朋友买圣诞礼物呢。其实你身上也没有什么现金，但是还好有信用卡，于是信用卡账单又新增 2 500 美元。

还没来得及细想太多，几个月时间你光是买那些非必需品就已经花了 8 000 美元，这些东西都是"想要"而非"必要"。你甚至还在脑海里为自己辩解：我每个月最低还款额只有 150 美元，这个金额我还是负担得起的。

我们来详细分析一下上述场景。你现在已经有 8 000 美元待偿付信用卡余额，信用卡贷款利率为 22%（这并不稀奇），每个月偿付 150 美元。事实上，如果你每个月只偿付最低还款额，你需要 18 年才能偿付完这笔信用卡账单，更严重的是，你最后仅利息就得付 23 430 美元。换句话说，这 18 年里你为了那些非必需品实际上一共付了 31 430 美元，而不是最初认为的 8 000 美元，实际价格四倍于预计价格。在迈向财务自由之路上，这些本该属于你储蓄的 31 430 美元，被这些不必要的消费加上缺乏自律的财务规划洗劫一空。

每次当你用信用卡为那些非必需品埋单而到月底又支付不起时，你都是在损害自己将来的财务状况。金钱，如果被储蓄下来，是可以实现快速积累的，甚至是指数型增长，就像有魔力一般。复利的力量可能成为你的朋友，也可能成为你的敌人，这取决于你是做一个储蓄者还是耗费者（参见第十二章"金钱的时间价值"进一步了解复利的力量）。但是，如果你借很多钱、积累大量的信用卡账单，则这一强大的工具就会产生反作用。债务会像储蓄一样快速积累，如有魔法一般。信用卡借款余额总是还不完，是很难实现财富积累的。

偿还信用卡债务

当我评估客户的财务状况表时，我经常发现客户存在信用卡借款，并支付着利率超过20%的利息，同时又还持有一些现金，这些现金投资了收益率远低于信用卡贷款利率的理财产品。在这种情况下，建议客户用这些现金偿还掉信用卡贷款是明智的选择。

我们设想一下，如果你的信用卡贷款余额为5 000美元，信用卡贷款利率为20%。与此同时，你的储蓄账户里有12 000美元、存款利率为1%，还有20 000美元放在激进的共同基金账户中，预期长期可以获得9%的收益，但要承担较高风险。如果你有以下三种选择，你会选哪个呢？

1. 你想要将钱放在税前1%收益的储蓄账户（获得联邦存款保险公司保障）中吗？

2. 你想要通过激进地投资共同基金，在承担较高风险的情况下获得税前9%（征收利得税）的收益吗？

3. 你想要偿还信用卡贷款，为5 000美元债务确定性省下20%免税利息支出吗？

答案是显而易见的，你肯定会选择3，节省下20%免税利息的支出。因此，若你有很高的信用卡贷款，最好的投资选择就是偿还掉这些债务（告诫：不要为了偿还掉信用卡债务而借更多的信用卡债务，否则迟早会发现金钱捉襟见肘，陷入更加恶劣的财务境地）。

其他削减债务的资源

如果你不想用储蓄或货币市场基金账户里的钱用来偿还债务，你可以考虑使用其他资源，尽早将信用卡债务回归可控。以下是一些建议。

房屋净值贷款　　如果你拥有一套房子，并且房屋净值较高，你可以考虑做房屋净值贷款，用来偿还信用卡贷款。房屋净值贷款用处很大，首先，用房屋净值贷款替换信用卡贷款，相当于将18%～20%利率的债务（信用卡贷款）替换为4%～5%利率的债务（房屋净值贷款）。其次，房屋净值贷款将债务分摊至很多年，可以帮助你改善每个月的现金流状况。尽管从2018年1月1日起房屋净值贷款的利息支出不能税前抵扣，但仍能降低融资成本，减轻每个月还款压力。要知道，信用卡贷款是无抵押的信用贷款，而房屋净值贷款是用你的房子做抵押的。换句话说，债务人在进行房屋净值贷款时，是将房屋抵押给了债权人的。

用人寿保险保单借款　　如果你购买了终身人寿保险，你可以此为质押进行借款，并用借到的钱偿还信用卡债务。但是，这笔借的钱一定要还！如果债务人在这笔基于人寿保单借的钱偿付之前死亡，则借款金额和利息将从保单保额中扣除，你的受益人将为此付出一定代价。

用401（k）账户借款　　如果你拥有一个良好的401（k）账户，你可以从该账户中借款，最大借款金额为账户价值的50%或50 000美元（孰低）。借款利率会低于信用卡贷款利率，而且用401（k）账户借款是自己向自己借款，而不是向银行或抵押贷款人借款。

切记，用401（k）账户借款有几个比较大的缺点，包括：

- 贷款本金和利息的偿付都是用税后资金，因而不能抵税；

- 五年之内必须偿清；

- 如果在偿清之前离职，你需要立即全部偿清余额。如果没有偿清，这部分未偿清余额会被视为养老金分配，应当按要求纳税，还可能被美国国家税务局要求额外10%的惩罚性税率（豁免情形除外）。

我并不十分支持用401（k）账户借款，但我认为这总比信用卡贷款要强。

找亲人或是朋友借款　　如果你发现自己已经深深陷入信用卡债务的泥潭中，你可以考虑找父母、姐妹、亲戚或是最好的朋友借钱，来摆脱信用卡贷款这种高息嗜血状况。但是，要做好尽快还款的安排，最好要支付利息，这不仅是为了维护自己和亲戚朋友之间的关系，也能表明你把这类借款交易当作商业行为，而非免费捐赠。

用传统方式减轻信用卡债务

如果你没有多余现金，401（k）账户并不宽裕，房屋净值很低，也没有人寿保险，甚至亲戚朋友也并不富裕，但你的信用卡贷款余额有10 000美元，15 000美元，20 000美元乃至更多，那该怎么办呢？面对这种状况你可能会十分焦虑和害怕（如果你没有这种情绪，那么你该反思了）。但这并非无药可救，你还有最后一招，也是传统的一招：自己还！我列举了一些具有建设性的行动方案，以助你在面对信用卡贷款压力时重新回归良性的财务轨道。

- 停止使用信用卡。从花钱的角度上讲，持有1～2张常用信用卡是明智的，但在将信用卡账单还完之前，建议停止使用信用卡，不要再用它来购买非必需品。（注意：不要将所有信用卡都注销，因为注销信用卡会对你的信用积分产生负面影响。在选择保留和使用哪张信用卡时，建议你使用那张使用时间最长的信用卡，这会帮你维持一个更高的信用积分。本章最后介绍了关于信用积分的更多信息。）

- 考虑使用预付卡或借记卡。Visa和万事达等卡组织提供了不同种类的银行卡。预付卡是指先充钱后使用，可以重新充钱的银行卡。只要可以使用信用卡的地方就可以使用预付卡，预付卡还可以在ATM上使用。借记卡与你的银行账户相连接，通过向指定银行账户转接信号就可以取款。你可以像使用现金和支票一样使用借记卡。

- 了解自己的敌人。偿还信用卡是一场大战！你需要了解你自己爱买非必需品的软肋，你还需要了解和理解你一直所滥用的信用卡的详细情况。你一共有多少张信用卡？所有信用卡债务一共多大金额？信用卡贷款的利率是多少？你大约多长时间可以偿付？

● 降低利率。如果你的信用资质优良（有时候也不一定要那么优良），很多金融机构都会降低你的贷款利率。联系你的信用卡发卡机构，把自己的情况介绍清楚，用低利率的信用卡贷款置换高利率的信用卡贷款。

● 为偿还债务设置最后期限。就像是做一个长期项目一样，设置最后期限有助于你稳步完成目标。根据你信用卡贷款的金额，给自己设置一个最终偿清所有债务的日期，每个月检查，确保取得阶段性进展。

● 给自己放松一下。偿还信用卡债务是值得赞赏的，也是有益于自己的，但它就像节食一样，需要勇气和自律，并且偶尔也需要饱食一顿。当然这不意味着你要用好不容易快还完的信用卡去巴黎旅游刷卡，而要尽量避免使用信用卡。但也许可以用现金给自己买一件衣服，或者看个话剧。换句话说，可以花一点钱，但不要用信用卡刷卡消费。

汽车贷款

买车通常是我们每个人的第一项大件消费。除非你已经 17 岁，并且通过当球童攒够了小费可以买一辆三手老爷车，或者说你有足够多可自由处置的现金存款，否则你买新车的话是很有可能需要用到汽车贷款的。很多人经常买车（美国人平均每四年就买一辆新车），很多家庭有多辆车，有时每个家庭成员人手一辆车。当今社会汽车比较昂贵，买车几乎跟买房一样复杂艰难，更不用说像雷克萨斯、奔驰这种豪车了。另外，买车可能会显著增加你的个人债务，成为你走向财务自由的绊脚石。

像所有的大件物品购买一样，在选车之前，需要彻底研究清楚汽车市场，了解最适合自己需求的金融服务。就像买房和租房的选择一样，你需要决定是想租车还是想买车，如果是买车，贷款还完你就拥有了汽车的所有权，如果是租车，租约到期就需要将车还回去。你还需要决定，是想买一辆二手车，还是买一辆新车。

　　对很多人来说，他们能承担得起的汽车价格，取决于每个月需要在预算中拿出多少来偿还汽车按揭贷款。我的建议是，每个月的汽车贷款还款额不要超过到手收入的 15%。你可以在 www. calcxml. com/do/aut06 网站上用计算器计算一下你可以负担得起多少价位的汽车。

　　另一个抉择是，租车还是买车对你来讲最合适？尽管租车在近些年越来越流行，但实际上租车可能并没有看起来那么有吸引力。如果你想要拥有一辆车 5 年或以上，一般来讲，买车从长期来看比租车要更加划算。在汽车贷款还完后，你就拥有了这辆车的全部产权。你可以在 www. calcxml. com/calculators/should – i – lease – or – purchase – an – auto 网站上使用计算器计算到底是租车合适还是买车合适。

　　此外，除了汽车贷款支出或是汽车租赁费用支出外，你还必须要考虑到汽车维护成本，维护成本可能会比较昂贵，有一些成本是必需的，包括车险、年检费、汽油等。

　　考虑到汽车的高购置成本和高维护成本，汽车消费可能是所有消费里最具有潜在危险性的，不仅仅是财务上的危险，还有心理上的危险。对很多人来说，汽车是身份和地位的象征，你是梅赛德斯奔驰派还是福特金牛座派？想要买一辆奔驰并没有错，但如果你的财务承担能力只能买到一辆福特金牛座，但却买一辆奔驰，这就有问题了。

　　我们大多数人都认为汽车是必需品，汽车消费是必需品消费，是"需要"而非"想要"。然而，在很多有关买车的决定中，很多人将买车作为了昂贵的"想要"（如一辆新的奔驰），而非经济的"需要"（一辆二手的福特）。如果你生活在城市里，尽管偶尔也需要打出租车或是优步打车，实际上公共交通将会是更加经济的选择。

学生贷款

无论在什么时候，只要你想要投资你自己，或是投资于有着美好生活和更高收入的未来，那么为了投资而借的钱就是好的债务。因此，如果你为了念大学追求更高学历、获得专业资格证书而进行贷款，你应当认为这是好的债务。尽管如此，你还是需要小心不要听信那些所谓的"每个人都需要上大学"的观念。牢记于心，如果你不能获得高分，你可能很难找到高收入工作，好的债务也可能转变为坏的债务。这在第七章中有进一步讨论。

如果你借了低息学生贷款，要确保每期都要按时偿还，这有助于提高信用积分，但也不用着急一下子给它还清（关于信用积分的更多信息参见本章最后一节内容）。另外，学生贷款是允许进行税务抵扣的。如果你的收入符合一定条件，你可以从应税收入中最多扣除 2 500 美元的学生贷款利息支出。2018 年开始，如果纳税人调整后的总收入低于 65 000 美元（针对单身人士或家庭户主）或是低于 135 000 美元（针对已婚人士联合报税），学生贷款利息支出可以最多税前扣除 2 500 美元。学生贷款利息抵扣根据调整后总收入的增长而逐步减少，一直到调整后总收入达到 80 000 美元（针对单身人士或家庭户主）或是 165 000 美元（针对已婚人士联合报税）就不能抵扣了。虽然学生贷款利息被认为是消费性债务，但如果运用得当，投资收益可能会超过利息成本。换句话说，这笔贷款也就是好的债务。

住房抵押贷款

从美国范围乃至全世界范围来看，我们仍然在从 20 世纪 30 年代的大萧条后最严重的金融危机中逐步走出。而这场危机中很严重（我认为严重到了犯罪的程度）的一个问题就是与房屋抵押贷款的错误管理有关。

在美国 2008 年金融危机的前些年中，银行借款给房屋购买人有时都不核查债务人的收入情况（这种贷款被称为"无须核查收入的贷款"），也不需要核查他偿还贷款的能力。如果银行认为有人负担不起贷款月供，就会调整贷款的条款，提供"仅支付利息的贷款""利息调整贷款""气球膨胀式贷款"及其他形式的各种创新融资方式，让房屋购买者能够从"美国梦"的实现中分得一杯羹。

一些银行甚至允许房屋卖主参与共谋，故意虚增房屋价格，以便买方可以在银行获得 100% 的住房抵押贷款融资（这种操作在现在还是合法的，简直不可思议）。买房之人甚至连中介服务费和税费都不需要考虑，银行把这部分资金也纳入贷款中了。在一些情况下，房屋买主两手空空来买房，买完房之后还带着钱离开。更严重的是，这段时期极度宽松的信贷政策人为增加了房屋的价格（房屋需求大大高于房屋供给），给人们造成了一种"应得权利心态"，将他们不可持续的生活水平合理化。

正如我们都知道的，最终房地产市场出现了雪崩，这可能需要花费几十年时间来为过去不负责任的行为买单。联邦政府作为监管部门、银行作为放贷者、房屋购买者作为债务人，这些参与者都有责任。银行家在酒驾，购房者沿途搭车，政府部门还在给喝酒之人添酒，这个故事一直在发生，直到 2008 年经济陷入危机。

金融危机爆发至今已经 12 年了，这有点让人难以置信。尽管很多激进的借贷计划和操作已经被叫停，但还有很多计划仍在继续，包括联邦赞助下的联邦住宅管理局（FHA），州赞助下的纽约州住房抵押贷款局（SONYMA）等。这些赞助计划允许信用积分在 580 分及以上的购房者可以以 3.5% 的首付比例购房，希望历史不要重演。

拥有一套住房：并不一定是好的债务

长期以来，拥有一套房子一直是美国梦的重要方面。自第二次世界大战以来的经济繁荣期开始，美国人相信拥有一套住房是一种权利。他们还想当然地认为，有一套房子从财务上讲也是很有价值的，这大多因为在数十年里美国房地产一直在快速上涨。

2008 年金融危机的一个重要教训是房屋的价值实际上是可以快速大幅下滑的，买一套房子然后坐等升值在短期内并不是必然发生的。购房可能会是一个好的决定，房地产抵押贷款也可能是好的债务，但首先必须满足一定的标准。

你在最喜欢的社区精挑细选房屋之前，你首先需要明确知道自己是否可以承担得起。为了帮你更好地选择，你可以登录 www. calcxml. com/calculators/home – affordability，用计算器计算一下你能承担得起多贵的房子。

例如，如果你现在全部年收入是 80 000 美元，每个月汽车贷款月供为 300 美元，信用卡每月最低还款额为 250 美元，每个月要还的学生贷款为 300 美元，那么你能担负得起多贵的房子呢？在回答这个问题之前，我们再做一些假设。假设按揭贷款期限为 30 年，贷款利率为 4%，手头上的首付款为 70 000 美元。基于这些假设条件以及我设置的住房承担能力指标，你能承担的购房价格为 329 732 美元，抵押贷款规模为 259 732 美元，月供为 1 240 美元。上述计算没有考虑房地产税和保险费用，有时这些税费支出直接算进贷款规模由银行直接支付了。

花旗银行住房贷款部经理 Doreen Vento 指出，"决定每个月花多少钱在月供上这件事情，最好要从抵押贷款提供者，也就是银行的角度进行观察。银行在判断房屋购买者的月供偿付能力时，一般用两个比率作为指导原则：一是前端债务收入比，是指住房抵押贷款的本金、利息、房地产税和住房保险费等支出占总收入的比重。这个比例不能超过

28%。二是后端债务收入比，是指住房抵押贷款的本金、利息、房地产税、住房保险费以及其他所有的债务偿付支出（包括信用卡还款、车贷月供或租车租金、学生贷款还款额等）占总收入的比重。这个比例不能超过43%。这些比例会根据你的信用积分而波动很大"。

在我看来，在你购房之前，你应当储蓄房屋总价20%比例的资金作为首付，并且将相关税费准备好。最后，在你购买之前，你要慎重比较租房和购房的成本，如果你支付不起月供和房屋维护费用，你可以选择租房而不是买房，或者将你所谓的"想要"往回收一收。

另外，考虑到购房（以及售房）的高成本特点，建议你在这套房子里最少居住10年，耐心等待房屋升值。此外，你要将房屋日常维护成本记录下来：房地产税、房东保险、水电燃暖等。最后，你还需要考虑房屋的维修，包括刷墙、翻修等。注意：我没有提及那些华而不实的装饰（"想要"的非必需品），像新家具、漂亮的装饰、地下室翻新、室内游泳馆等。

房屋应当用来满足你的基本生活标准（需要）而非基于你的自尊心的需求（想要）。当然，如果你长期多年持有一套房屋，房屋的价格会增值，帮助你提升你的财务状况。

为什么可以认为住房抵押贷款是好的债务？

住房抵押贷款可以被认为是好的债务，因为从你买房的那一刻开始，你就在享有了财务上的优惠与杠杆带来的好处。对于刚买房的人来说，住房抵押贷款利息是可以税前抵扣的，但最高抵扣额从2018年以前的100万美元降至2018年以后的75万美元，即2017年12月15日以后进行的住房抵押贷款，利息最高抵扣额为75万美元，在此之前的签署的住房抵押贷款还是享受100万美元的抵扣额度。住房净值贷款利息是不能税前抵扣的，自新税法生效后，所有住房净值贷款利息的税前抵扣被全部取消，这同样适用于税改前发生的住房净值抵押贷款。因此，如果你的边际税率是40%，住房抵押贷款利率为6%，则税后利率实际为3.6%，也就是6%减去比例为40%的税收抵扣。请注意，房地产税也是可以税前抵扣的。自2018年1月1日开始，房地产税、州及地方所得税和销售税对大多数纳税人的最高抵扣额为1万美元（如果是已婚人士分别报税，则为每人5 000美元）。

在你买房经过一些年、房屋有净值后，你就可以用这项净值进一步加杠杆，为其他消费需求进行融资。

在比较购房还是买房的成本时，要将税收节约因素考虑在内。房租支出是不能税前抵扣的，因此不能提供像房贷支出类似的抵税优势。此外，在某些情况下，尤其是如果你想在一套房子里多住些年，你支付房租的费用都够攒一套房子的净值了，这就是为什么房屋抵押贷款是好的债务。

置换住房抵押贷款

过去二十多年，在利率处于历史低位时，不少美国家庭选择对住房抵押贷款进行置换。这种做法的最终目的还是在降低家庭贷款利息的总支出，进而提升现金流状况，早日实现财务自由。

在做出是否要对原有的住房抵押贷款进行置换的决策前，你需要先做一个盈亏平衡分析。非常简单，你需要计算你多长时间省下的利息才够弥补上再融资所花费的成本，这个时间就是你决定是否要更新住房贷款的盈亏平衡时间。

总体看来，如果你的房屋计划居住时间大于你这个盈亏平衡时间，那么更新住房抵押贷款就是明智之举。对于盈亏平衡分析并不是完全由新贷款带来的利息节约决定的，尽管银行的客户经理常常告诉用省下的利息作为对标进行比较，但是真实情况远比这个要复杂。

更新住房抵押贷款是用一个新的住房贷款来对一个或者多个已存在的抵押贷款进行置换，这是一项复杂并且可能实际上昂贵的债务转换过程。因此，在你付诸行动之前，你需要弄清楚你的过户结算成本、新贷款的利率水平以及相关的一些细节。过户成本包括贷款开户费、房屋评估费、律师法务费用、抵押登记税等。在某些情况下，这些成本甚至达到贷款总额的2%。

不论怎样，如果盈亏平衡算的准确，每个超过盈亏平衡时间的居住对你来说都意味着节省开支。在某些情况下，你可以通过一些办法来实现不增加每月还款的情况下来减少债务的期限。这些可以成为你在考虑更新住房抵押贷款时的假设参考方案。你也可登录www. calcxml. com/calculators/refinance - calculator，用计算器帮助做出是否更新贷款的决策。

为了更直观地来说明盈亏平衡分析，使用以下案例进行详细解释说明。假定目前你的住房抵押贷款是20万美元，贷款利率6%，还剩20年。假定现在你面临新的贷款优惠是4%并且还是20年偿还期限，假设新贷款的各种费用是3 000美元，那么多长时间后产生的利息节约可以覆盖新贷款的各种结算费用，进而帮你实现真的省钱？

将上述案例中数字输入到推荐的计算器网站，我们可以得出这个时间是14个月。因此，如果你打算持有你的房屋时间超过14个月，更新住房抵押贷款就是一个划算的选择。每个月的贷款支付会从1 433美元降到1 212美元，你每个月就节约了221美元，在20年的贷款期限内总共节约了53 016美元的利息支出。

你可以参照上例，根据自己的实际情况来测算自己的盈亏平衡分析。

获得专业意见

对于大多数人来说，买房是他们一生中最重要的决定。买房不能靠直觉或者是冲动的决定，要充分考虑到各种财务因素后再做出重要决定。

　　另外，也不能过于依赖你的房屋经纪人和银行贷款客户经理，因为他们可能并不会总是站在你的利益角度考虑问题。因此在做出买房的决定之前，最好多咨询你的税务和财务顾问。

商业贷款和投资性贷款

　　最好的投资，是投资你自己。对某些人而言，这意味着继续教育（参见第七章"如何支付教育学费"），对另一些人而言，这意味着自己创业（参见第十一章"如何创立自己的事业"），而另一些人则二者兼而有之。

　　自己创业可能是你所有所作决定中最值得、最有回报的那一个，但也可能是你人生中代价最大的那一个。如果在创业一开始就没有思考成功概率，没有合理预期需要投入的时间和金钱，那就千万不要跳进创业的大坑。根据我30多年的经验，我用亲身经历告诉你实现财务自由最快的方法，就是创业。但可悲的是，这也是最快走向财务毁灭之路的方法。如果你没有审慎研究、理解其中风险，好的债务很容易就转变为坏的债务。

　　如果你相信这是一个好的商业计划，很大概率会成功和盈利，投资收益率较高，且高于融资成本，那么这可以被认为是好的债务。每次在你评估一个商业机会或是投资时，你不仅必须尽力考量各种硬成本和软成本，还要考虑机会成本。机会成本是指如果你将这一部分资金投入其他项目可以获得的回报。

　　最好的投资是投资自己，但如果没有进行认真研究分析，不要轻易进行任何形式的商业贷款。多咨询一下有类似创业经验人士的意见，对相关文献进行研究，与税务顾问和财务顾问讨论财务细节。这些建议对于投资性贷款也同样适用。

理解"信用"的内涵

什么是信用？信用就是借款并承诺在未来某个时间前予以偿还的行为。事实上，信用听起来像极了债务，包括我们刚才讨论的各种形式的债务，包括汽车贷款、学生贷款、住房抵押贷款、商业性贷款乃至信用卡贷款等。确实，建立良好信用的过程通常也就伴随着举借各类债务的过程。

在举债过程中，有信用良好和信用不良之分。信用良好，意味着你可以及时偿付，而信用不良则意味着你有未及时偿付的历史记录、积累高息复利的债务（通常是信用卡债务）。良好信用为你铺就财务自由之路，而不良信用终将成为你走向财务自由的绊脚石。

解读"信用空白"

信用空白是指一个人从未从商业借贷机构借过钱，也没有任何的还款记录。

很多在校学生或者是大学生在刚开始的时候是信用空白，但信用卡公司和零售商店很快就行动起来，招揽这些学生客户，帮他们"建立信用"。只要这些学生及时偿还债务，那这对于他们建立信用无疑是很有帮助的。但如果这些学生办了一堆信用卡、透支了一堆账单，不负责任地把这些债务留给自己父母偿还，这对于建立信用就是灾难性的了，可能还没走向工作岗位就已经负债累累、信用状况劣迹斑斑了。

现实情况中，有一些人更希望保留传统信用之外的信用历史，如果你也属于这类，请务必及时支付房租、电话账单、医药费、公共设施费等，并且将这些收据保留3年。只有这样，当你想要申请任何形式的贷款时（例如汽车贷款或是住房抵押贷款），你才能用这些数据来证明你的信用。

建立良好信用并持续保持

建立并保持良好信用的方法非常简单，在最基础的层面，你需要：

- 开立一个支票账户
- 申请一张低息信用卡
- 确保信用卡贷款余额处于很低水平
- 最后，每月偿还信用卡账单，一次也不要遗漏

除了这些基本要求外，你可能还有大件购买需求，比如说买车、购房等。如何处理车贷和房贷会显著影响你的信用状况，反过来，你现在的信用状况也将决定你能不能获得这些贷款。

建立并维持良好的信用需要你在财务上量入为出，甚至是强制储蓄。为了实现这一目标，你需要给每一笔支出建立预算，坚持在预算内消费（如有必要可重新回顾一下第一章和第三章）。

你只有理解自己真实的（而非臆想的）财务情况，才能制定适合自己财务状况的预算，并确保不超出预算。理解自己的财务情况，不仅需要你直面自身消费习惯、知道自己大部分钱都花在哪里了（将消费凭证都保存好，每个月研究一下消费账单），还需要为大额购买消费（包括购房首付、度假、购置新家具等）提前储蓄，除非能保证每个月按时还款，否则尽量不要用信用卡透支购买。将消费支出控制在预算内不仅可以保证你获得良好信用，也能保证你行进在财务自由之路上。

信用报告和信用积分

信用报告就像是你的学业报告单，而信用积分则代表着评估你是否守信的成绩。在你追求财务自由、保持财务独立的漫漫人生中，知道怎样获得信用包括学会如何提升信用积分至关重要。

什么是信用报告？

一个人只要使用过信用卡或是做过贷款，就会有信用报告。信用报告就像学生的学业报告单一样，是一份汇总了个人信用信息的正式报告，包括及时还款信息、未及时还款信息、持有的信用卡数量等。一个人的信用报告决定着他的信用状况是否良好。

信用报告由三家主要的信用报告机构制定，它们拥有你的信用历史信息。这三家机构分别是：

1. Equifax 信用信息服务公司

   邮政信箱号：740241

   地址：佐治亚州亚特兰大，30374

   电话：1 – 866 – 349 – 5191

   网址：www. equifax. com

2. Experian 征信公司（前身叫 TRW 征信公司）

   邮政信箱号：4500

   地址：得克萨斯州艾伦城，75013

   电话：1 – 888 – 397 – 3742

   网址：www. experian. com

3. TransUnion（环联个人信贷资讯）

   邮政信箱号：1000

   地址：宾夕法尼亚州彻斯特县，19016

   电话：1 – 800 – 888 – 4213

   网址：www. transunion. com

贷款人、雇主、房东以及其他服务提供商购买信用报告以获得你的信用信息，并帮助他们决策是否准许你的各项申请，包括贷款申请、信用卡申请、求职申请、租房申请等，或者是用来判断是否准许以优惠价格提供服务。

信用报告的内容

上述三家公司提供的信用报告包括以下信息：

个人信息：这部分信息从你过往填写的信用申请表中整理获得，通常包括姓名、当前住址、社保账号、出生日期、当前及前任雇主、就业信息等。

信用历史：个人名下开立的详尽信用账号，或者是作为被授权使用者可以使用的账户（如丈夫/妻子的信用卡）。账户的详细情况（由开立账户的债权人提供），包括账户开立日期、贷款额度、偿付条款、贷款余额、信用偿付历史等。已经注销或是不活跃的账户会自最后一次使用之日起在信用报告中留存 7～11 年，具体时间取决于你的使用行为。

信用报告查看：信用报告机构每一次将信用报告出具给另一方，如贷款人、服务提供商、房东、保险公司等，都会将查看记录予以记录。查看记录会在信用报告上保存长达两年。

公共部门记录信息：从政府部门获取的公共信息记录会出现在你的信用报告上，例如与司法相关的资产被留置、个人破产、抚养费逾期未交等。大多数公共部门记录信息会在信用报告上留存长达数年。

哪些信息不会出现在信用报告中？

Equifax，Experian 和 TransUnion 三家信用机构出具的信用报告不会包括以下信息：支票账户或银行储蓄账户信息、时间超过 10 年的破产信息、时间超过 7 年的债务坏账信息、性别、民族、政治派别、就诊历史以及犯罪记录等信息。此外，信用积分（下节将详细描述）是基于信用报告的信息而产生，但信用积分本身并非信用报告的一部分。

检查信用报告

由于信用报告和信用积分总是处于变化中，建议你定期检查信用报告，至少1年1次，最好可以1年2~3次。根据法律规定，上述三家信用报告机构应当根据个人请求每年提供一份免费的个人信用报告。可以通过电话1-877-322-8228或登录www.annualcreditreport.com免费预约信用报告。

你应当自己审查这些信用报告，确保它们准确、完整。如果你发现有错误，或是发现有一些不认识的账户，应当立即通知相应信用报告机构。这些问题可能会影响信用积分，也可能意味着个人身份信息被盗窃（本章下一节有详细讨论）。

什么是信用积分？

信用积分又称FICO信用分（以美国费埃哲公司命名），是基于信用报告的数据而用数学模型计算的分值，用于预测信用风险。从效果来看，信用积分是信用信息的总结。贷款人会根据借款人的信用报告和信用积分情况来决定是否提供授信，以及确定具体条款。较高的信用积分意味着你的风险较低，贷款人则更可能给你提供优惠贷款利率。

影响信用积分的因素包括：

未偿清贷款的笔数：包括房屋抵押贷款、汽车贷款、学生贷款、商场信用卡贷款和银行信用卡贷款。

贷款类型：债主通常更喜欢债务人有多元化的贷款种类，包括抵押贷款、汽车贷款和商场贷款等。

偿付历史：信用积分会考虑你过去是否定期按时偿付了贷款。

公共部门记录信息：例如，是否申请破产？赡养费或抚养费是否未按期支付？如果是，则会对信用积分产生负面影响。

新账户：是否新开立了借款账户？如果是，新开立了几个？持有信用卡尽量不要超过3张或4张，如果信用卡过多预示着高风险，进而影响FICO信用分。

信用记录查询次数：是否有贷款人请求查询你的信用信息？美国费

埃哲公司的研究表明，短期内开立数个信用账户可能意味着较高的信用风险。

由于信用报告中的信息时刻在变，信用积分的数值也会经常变化。例如，如果最近一段时间发生了影响信用的事件，一个月之内信用积分就会发生变化。

信用积分是债权人决定你信用风险水平的最重要的考量因素。信用积分在 280 ~ 850 分变化，信用积分越高意味着风险越低。换句话说，信用积分越高，就越容易获得信用贷款。信用积分的中位数在 690 ~ 720 分。较低的信用积分（低于 600 分）将使人很难获得额外的贷款、保险、公共设施服务（如电话、用电等）、租房甚至是就业。相反，较高的信用积分（720 分及以上）将提高获得贷款的机会，并且可能获得优惠利率及其他贷款条件。这当然也有助于你朝着财务自由的正确方向努力。

如何提高信用积分？

如果你想要提高信用积分，我的建议如下：

监测债务比例：确保各项债务支出（包括所有的账单和贷款）低于全年总收入的 36%。

信用账户要经常但保守地使用：每个月都要按时定期偿还信用卡账单。

及时支付各类账单：账单支付越早越好。

减少欠款金额：尽快偿还信用卡贷款和其他贷款，越快越好（参见本章前文"偿还信用卡债务"）。

将长期持有的信用卡予以保留：如果你有商场信用账户或是信用卡账户，账户开立时间已有多年，建议你继续使用这些账户。但确保保守使用，每个月月末要偿清账单。债权人希望看到你积累了长期的信用。

舍弃新办的信用卡：对于过去 6 个月新办的信用卡，除非是用低息信用卡贷款替换高息信用卡贷款，否则建议你予以注销。在旧信用卡贷款余额偿清之前不要再申请新卡。

避免新申请贷款：债权人希望债务人能处理好不同类型的贷款，包括汽车贷款、房屋抵押贷款、学生贷款等。然而，不要为了提高信用积分而过度申请贷款，过度贷款也会给信用积分产生负面影响。

定期检查信用报告：你每年可以免费获得一次信用报告，但建议你每年最好多检查几次信用报告。

尽早解决欠款纠纷：不要让欠款纠纷拖 30 天以上或是进入清缴程序。

防止身份信息被盗

在你遵循上述原则，支付所有账单，获得较高的 FICO 信用分后，你必须采取必要的措施来保护信用积分。身份信息盗窃已经成为美国的全国性问题，即一些人盗窃你的（财务）身份信息，并以你的名义借钱、申请信用卡、开立银行账户、报税乃至在函件上签名。

那些盗贼盗窃身份信息只需要一些个人基本信息，像姓名、当前住址、社保账号、出生日期、母亲的娘家姓氏等。如果盗贼获得了你的信用卡、驾驶证、出生证明，那你就很容易成为信息窃取的受害者。这些犯罪分子通过在住宅或写字楼翻垃圾桶，每年可以获得数以百万计的个人身份信息。他们会以政府部门或金融机构的名义给你打电话或者发邮件，他们会以你的名义填报地址变更申请单并获得你的水电账单信息。他们会将你的信用卡账号复制下来，并用之购物。现如今，很多个人身份信息的泄露都是源于网络盗窃，犯罪分子黑入政府部门、商业机构及其他可能保存个人信息的机构，然后获得个人信息。2017 年 Equifax 盗窃案是最著名的信息盗窃案，我们下一节将进行介绍。犯罪分子会盗取他们目之所及的任何个人记录信息。

始终保持警备，不要成为信息盗取的受害者。除非知道对方是谁，否则绝不能将个人信息提供给对方。为保护自己免受信息盗窃的损害，必须要时刻防守、主动出击，并采取以下 12 个措施。

1. 定期、不定期核查信用报告。

2. 如果感觉自己电脑被黑客攻击了，应当立即关机，并拔掉所有设备。

3. 购买一台好的碎纸机，在处理涉及个人敏感信息文件时可以使用。

4. 如果发现个人财务信息遗失或是被盗，及时向警方报案。

5. 对于在自己不知情的情况下被登录过的银行或证券账户，应立即关闭。

6. 如果认为自己已经成为身份信息盗窃的受害者，向三家信用报告机构提请将信用报告置于欺诈预警类别。

7. 绝对不要在个人支票和商业支票上打印或签写个人电话号码、驾照号码或是社保账号。

8. 不要在信用卡背面签名，也千万不要留白，而要写在"须附照片证件"区域。

9. 始终将密码置于安全的地方。

10. 在付款时，不要将信用卡账号和供应商账户留存在账单上。

11. 将钱包里所有证件、卡片都留一份复印件，锁在一个安全的地方。如果钱包丢失或被盗，则银行账号等信息还在，可以及时打电话挂失。

12. 将个人身份信息被盗情况向美国联邦贸易委员会报告。特别地，如果你觉得身份信息盗窃已经影响到报税、有人以你的名义申请退税，你可以填写并提交美国国家税务总局 14039 号表格，即身份信息盗窃证词。

Equifax 盗窃案

2017 年 9 月 7 日，作为美国三大全国性信用报告机构之一，Equi-fax 宣布了一起可能牵涉 1.43 亿美国人的网络安全事件。2017 年 10 月 2 日，该事件牵涉人数进一步增加 250 万，成为美国历史上最大数据泄露案之一。他们的网站随后公布了该事件的更多细节。

近一半美国人的个人信息被盗，包括姓名、出生日期、社保账号、驾驶证号等。Equifax 仍在这一灾难性事件中加强整理，努力识别出都有哪些数据被公开暴露。

不要等着别人告诉你，你的信息是不是在信息泄露的名单里，而是应当登录 Equifax 的网站 www. equifaxsecurity2017. com，输入你的姓氏和社保账号后六位。网站将会显示你的信息是否大概率被泄露，并且将你列入后续观察名单中。你也可以报名申请一年免费的信用信息监测。

如果最后发现你的个人信息被泄露，你应当立即采取以下四项措施。

检查信用报告，查找三家信用报告机构所出具报告中的可疑项目，例如是否有自己不知道的新开户、新贷款等。

进行信用冻结，阻止别人在你名下开立新的账户。你申请信用贷款时或者是向新雇主展示信用历史时，需要重新进行信用解冻，因此信用冻结实际上会给你带来诸多不便，即便如此，这也是值得的。

检查信用卡结算单。要特别关注你不常用的信用卡，信息泄露初步报告指出，黑客通常用别人不常用的信用卡消费。

及时提交报税单，如果你认为你是身份信息盗窃案的受害者，还应及时通知美国国家税务总局。美国商业改进局指出，2016 年最常见的网络诈骗就是以别人的身份提交虚假报税单向政府部门申请退税。

分析债务

在家庭债务管理中，起步阶段必不可少的就是分析债务。为了分析债务，有必要再回顾一下资产负债表（见第三章表3.2），个人资产负债表是在一个时点上个人财务状况的概览。

正如第三章所言，债务是指所有的金融义务，或者说是所有你必须在近期（一年以内）或长期（一年及以上）的对外支出责任。将所有债务的支持性文件都搜集好，并且检查这些债务条款（包括债务余额、每月偿付金额、利率、债务偿付期数和提前偿付罚金等）。

检查一下为了维持生活共借了多少债，并且持续不断地减少这类债务。如果你的消费性债务余额过高，就需要启动实施债务管理计划。一项适当的债务管理计划可以让你知道应当先偿还哪笔债务，并采取必要的措施以轻易地解决每个月的月供偿还问题。债务管理计划中摆在第一位的，是要在定期偿付月供的前提下尽快替换掉高息债务。如果有更便宜的选择，例如用低息信用卡替换高息信用卡，那么一定要千方百计地把握好这个选择。我的很多客户有这方面的实践经验，他们到处寻找可以办低息信用卡的机会，一旦找到，就跟现在持有的高息信用卡发卡机构进行协商，希望降低利息率。千万不要认为你现在持有的信用卡利息已经是最低了，要协商、协商再协商，这对长期来讲是有益无害的。只要能够降低债务的整体利率，应当考虑将债务进行整合。

作为债务分析的一部分，你还应该评估房产价值，采取前文已经讨论过的房屋抵押再融资原则。在进行盈亏平衡分析后，如果能够找到一个合适的盈亏平衡点，就应当利用好这个降低利率的机会。无论是房屋抵押再融资还是消费性债务整合（包括信用卡贷款、汽车贷款等），你都需要在事前仔细分析收益和成本。

在陷入财务困境后，非担保消费性债务的债权人不太可能因为债务人不能偿付而占用其个人财产。更常出现的情况是，债权人和债务人重新协商债务条款，或者是请求获得债务减免。如果债务人的财务状况堪忧、债务超过了资产，那么在申请破产前，债务减免就可能成为一个选项。

相反，如果债务人财务状况较好、资产显著超过负债，债务人可以进行债务整合，将高息消费性债务整合进房屋抵押贷款。债务人不仅可以降低利息成本，还能将利息注销直至只涉及房屋贷款利息。记住，这一部分新增的债务利息支出可以税前抵扣，但不能超过原有水平。这种债务整合的方法，我只推荐给那些已经积累了较多财富、不会债务违约的人。

在此声明，如果资产负债表上还有未偿清的债务，那么在通往财富自由之路上肯定不会那么高效和舒坦。最小化债务、压缩融资成本将有助于你通过投资性资产快速积累更多财富。

在管理债务过程中，要特别注意税务影响，否则你实际缴费金额可能会显著多于应当缴费金额。因此，必须将税务筹划作为整体债务管理策略的一部分。在财务规划时，要利用好"税务筹划超额收益策略"，不断增强自己减少债务、积累财富的能力。

如何管理家庭债务的"节税超额收益策略（升级版）"

本章以下列出了有助于你快速实现财富积累、通往财富自由之路的节税策略。

首套房和二套房的住房抵押贷款利息抵扣的债务上限水平从税前的 100 万美元减少为 75 万美元。对于已婚人士各自报税的，单人利息抵扣的债务上限从 50 万美元减少为 37.5 万美元。上述信贷税收要求适用于 2017 年 12 月 15 日以后的住房抵押贷款，此前发生的住房抵押贷款不受新规限制，其利息抵扣的债务上限水平仍为 100 万美元。

新税法下，住房净值贷款利息全部不能税前抵扣。此前，住房净值贷款可以在 10 万美元的额度内进行税前抵扣，这一抵扣在新税法下被全部取消，即使是新税法出台前发生的住房净值贷款也应适用新的规定，即利息不能税前抵扣。考虑到新规出台后以前发生的住房净值贷款的利息也不能税前抵扣，预计很多人会开始提前偿还这一贷款。

在 2017 年新税法下，房屋抵押贷款的税务抵扣仅限于"获得性债务"。"获得性债务"是指以符合条件的房屋为抵押，因购买、建设或大规模装修该房屋而产生的债务。"获得性债务"还包括以符合条件的房屋为抵押，用于偿付满足前述条件的获得性债务而形成的新的债务。但是，新的债务规模不能超过原有债务的金额。

如果贷款利息超过了"获得性债务"的利息金额，超过部分是不能税前抵扣的，而只能被认定为私人利息。如果你能够通过详细核查资金流水（追踪资金流水），证明这一超出部分被用于商业性或是投资性用途，那么根据其他相关规则，这一部分利息支出也是可以税前抵扣的。根据上述原则，如果选择了 10-T 条例规定，那么房屋抵押贷款用于商业性用途或是投资性用途的，贷款利息也是可以税前抵扣的。这要求纳税人去追踪贷款用途，确保资金确实用于了上述用途。在借款当年及后续税收抵扣的年份中，一定要将选择 10-T 的相关信息附于报税单上一并提交。

借款人以预付利息的方式向银行还款的，利息支付可以在贷款存续期内税前抵扣。而如果预付利息是在家庭主要居住房屋购房或是装修的时候支付的，就应当在支付当年进行抵扣。

如果用贷款资金进行投资，则贷款利息是可以税前抵扣的，抵扣额不超过投资净收益金额。如果没有投资收益，则贷款利息支出不能抵扣。贷款利息超出净投资收益的部分可以递延抵扣，即可以在未来有净投资收益的年份再进行抵扣。如果将贷款资金用于投资免税证券，则贷款利息支出不能享受税前抵扣。

对于非商业性坏账，可以作为短期资本损失而抵扣。例如，如果你向家庭成员或朋友做了一笔私人贷款，你希望对方会偿还，却又不是一般的商业性贷款。你可以将这一笔贷款在个税申报单上认定为损失。当然，你需要证明这是一笔真实合法的贷款，需要有白纸黑字和明确的贷款条款。

一般来讲，一笔债务被取消或减免，从税收角度考虑该笔金额应当被计入总收入中。但是，如果在债务减免前，债务人已经失去偿付能力，或者是满足联邦破产法第十一章的要求，则因这一笔债务减免所造成的收入增加通常无须缴税。

在收入水平低于一定门槛的条件下，学生贷款利息在 2 500 美元的额度范围内是可以税前抵扣的。对于调整后的总收入低于 65 000 美元的单身人士或家庭户主，或是调整后总收入低于 135 000 美元的联合报税的已婚人士，其学生贷款利息可以在 2 500 美元的额度内税前抵扣。税前抵扣金额将随着调整后总收入水平的上升而逐步减少，一直到调整后总收入达到 80 000 美元（单身人士或家庭户主）和 165 000 美元（联合报税的已婚人士），学生贷款利息的税前抵扣金额减少至零。

2017 年 12 月 31 日开始，因债务人死亡或永久性残疾导致的学生贷款减免，可以享受所得税减免。

如何管理家庭债务之行动计划

1. 充分理解"好的债务"和"坏的债务"之间的区别，坏的债务很有可能是信用卡债务，好的债务通常是住房抵押贷款、学生贷款、商业性贷款等。

2. 如果信用卡贷款余额较高，想尽一切办法进行偿付，确保信用卡贷款余额维持在零。

3. 如果信用卡贷款利率很高，可以考虑用银行储蓄资金或者是投资性资金将其偿还。或者是考虑采取其他措施来减少高息信用卡债务，例如用 401（k）账户借钱偿还。偿还债务很重要，但如果是借新还旧，那么对于新的借钱渠道也要十分小心。

4. 信用卡偿清后，不要再举借信用卡债务。

5. 如果没有信用卡债务，请仔细检查个人信用报告和信用积分。应该经常性地、审慎性地使用信用卡，确保信用积分处于健康安全区间。

6. 如果有汽车贷款或是汽车租赁，请对相关信息进行仔细检查。相关费用和成本与家庭预算相匹配吗？能否缩减汽车维护成本？如果有不止一辆汽车需要付月供或租金，可以问问自己，是不是可以减少一辆或多辆车？

7. 如果有学生贷款没偿还完，要定期、及时偿还，确保维持良好信用水平。确认一下自己是不是符合学生贷款利息税前抵扣的条件。

8. 避免将商业性贷款用于初创企业，除非已经对商业模式进行了充分研究论证（详见第十一章"如何开创自己的事业"）。要与税务咨询师、财务规划师详尽讨论自己的商业构想。

9. 如果考虑买房，需要精确计算现实条件下能买得起多贵的房子。不要忘了，买房是要用现金来支付房价20%（我的个人建议）作为首付的，以及一些其他的初始费用。在买房决策前请咨询财务专家。

10. 信用报告。每年至少一次找美国三大信用报告机构索取自己的个人信用报告复印件（法律规定每人每年可以从三大机构中各获得一份信用报告）。当然，最好可以花一些费用每年对自己的个人信用报告检查2~3次。

11. 信用积分。如果信用积分低于720分，需要采取措施提升信用积分。

12. 身份信息泄露。采取措施避免个人身份信息被盗窃。如果担心自己已经成为信息泄露的受害者，应立即向三大信用报告机构和美国社会保障欺诈管理局报告。

13. Equifax 数据泄露案。访问 Equifax 的网站 www. Equifaxsecurity2017. com，确认自己是否是受害者之一。如果确认是潜在受害者，应当遵循前文提到的 4 个步骤予以应对。

第五章　如何保障生命健康

聪明之人总是会为最坏的情况做准备。

——乔治·华盛顿，美国第一任总统

如果对不可预见的健康或生命问题缺乏适当准备，那么即使投资策略再稳健、再细致，也可能会失效。家庭成员尤其是赚钱维持生计的家庭成员，如果陷入长期疾病、严重受伤、身体残疾甚至是死亡，则精心筹划的财务计划就会立即分崩离析。

意外发生之时，如果购买了健康和人寿保险，那么这份保险就会让家庭成员更加安心，保障家庭资产和财富不会因意外事件而缩水。

在人生合适阶段购买合适的健康和人寿保险，跟保险本身同样重要。在人生不同阶段，所需要的保险类别和额度是不同的。健康和生命的风险管理，对年轻夫妇和老年夫妇的重要性程度大相径庭。例如，一对年轻夫妇可能需要健康保险来覆盖孕期护理，还需要人寿保险来防止大人在孩子成人之前去世可能给家庭造成的财务负担。相反，已退休的年老家庭对人寿保险的需求很小，他们更希望获得长期护理保障，因此更倾向于考虑投资长期护理保险。

健康和生命风险管理的保险包括：

健康（或医疗）保险

残疾保险

长期护理保险

人寿保险

上述类型的保险会在本章中进行讨论。个人可以根据自己的特殊情况来决定需要什么样的保险，哪些保险最适合自己，以及需要多大金额的保额。

选择健康保险计划

无论个人状况如何，即无论年轻或年老、无论单身或已婚、无论有无小孩，健康保险都很重要。如果没有购买适当的健康保险，在家庭成员面临严重疾病或其他意外时，长期积累的财富可能被耗尽，乃至破产。考虑到现如今健康医疗费用高昂，财富耗尽速度可能会非常快。

不过，美国疾病控制预防中心报告指出，尽管美国拥有政府强制性医保制度，但截至 2017 年年初，仍有近 2 900 万美国人没有被医疗保险所覆盖，其中包括 360 万个小孩。这是一个让人震惊又害怕的数据。奥巴马医保方案确实扩大了美国医疗保险的覆盖面，显然对过去没有医保的人带来了诸多益处。但不幸的是，这大大增加了已经有了健康保险那些人的成本，这本身就是一个零和博弈。给数以百万计的老百姓提供免费健康保险，最后，这一费用总是需要有人承担的。这一负担最后落在了辛苦工作的美国中产阶级肩上，他们为健康保险花费更多。尽管这些支出压力最终传递给了中产阶级的雇主，但本质上，奥巴马医改方案出台后，也使得中产阶级到手薪水下降了。

我经常遇到一些人告诉我他没有健康保险。这些认为自己不需要健康保险的人通常是年轻人，他们通常没有长期稳定的工作，或是还在辛苦创业阶段艰难地维持生计。他们的理由一般是他们承担不起高额的保费开支。对于这种理由，我的回答是"没有健康保险才恰恰是你无法承受的"。只需要生一场病或是遇到一次意外，过去积累的财富便可以被洗劫一空。在医院待上一两周就要花费成百上千美元。将这些不可预见的支出添加到你的家庭财务开支中，这可能成为你实现财务自由的重要阻力。如果你确实买不起健康保险，可以看看自己是不是符合公费医疗或是其他政府赞助健康医疗计划的资格。如果不符合，那你就没有其他选择，只能购买其他类型的健康保险，可以先购买仅覆盖特别严重疾病和重大意外的保单。在我看来，健康保险不是一个选择，而是一个必须得有的必需品。生命是一连串关于选择的集合，舍弃一些所谓的"我想要的东西"，代之以"必需得有的东西"。

如果你没有买过保险，那么在你购买保险之前，你可能需要知道一些专有概念。这些概念对于理解本章接下来的内容以及第六章"如何保障财产安全？"也很有用。

保费，是指被保险人为确保保险继续有效，义务定期缴纳给保险公司的金额。保费的全部或部分可以由雇主、工会或是保险计划赞助人支付。

免赔额，是指在保险公司开始赔付之前，需要由被保险人自己花费的金额。一些基本项目和预防性项目在个人花费之前也是受到保险保护的，这取决于不同保险计划的具体安排。

自付额，是指每次获得医疗服务后，被保险人自己需要支付的一部分固定开支。根据具体保险计划和接受的医疗服务类别，自付额也会有所不同。

共同保险，是指在超过免赔额后，被保险人需要和保险公司按比例支付医疗费用，个人支付一部分比例，剩下的由保险公司支付。

在决定哪种保险最适合之前，需要先做适当的研究，并好好考虑一下自己的个人健康状况、财务状况和具体需求。

首先，需要理解不同类型的保单。思考以下问题：

你是否已经通过单位或工会买了一些团体性质的保险？自己必须要购买保险吗？

如果已经买了团体保险，这份保险是不是足够？你能够承担得起免赔额和自付额吗？保险额度的上限是多少？

保险是不是覆盖了个人或家庭成员可能遭遇的特殊状况？核实一下保单，确保保单没有将一些重要的医疗状况排除在外，尤其是不能将历史上家庭成员曾经犯过的疾病排除在外。

你经常就医且信任的医生是不是已经列入了保险计划中？

保险计划是不是足够灵活，允许将保险公司网络外的医疗机构列入保险计划？

你未来有什么健康保障需求，例如怀孕检查或是慢性疾病护理，像哮喘、糖尿病、关节炎、高血压等？

你能支付得起多高的保费？在决定保费额度之前，可以先分析一下现金流量表，摒弃那些非必需品消费，代之以基本的必需品消费。

你可以支付得起多高的免赔额？免赔额越高，保费越低，所以一般来讲如果你可以确保在免赔额范围内保障好自己的健康，那么高免赔额、低保费将是一个明智的选择。尤其是你现在身体健康，保险主要以保障重大疾病，而非保障日常小病的情况下，提高免赔额是合适的。

如果选择了高免赔额的保险计划，你可以确认一下是否符合开立健康储蓄计划（HSA）的条件？是不是符合向 HSA 账户付款的条件？HSA 账户是一种有助于降低健康保险成本，帮被保险人省钱的极佳方式。在 HSA 账户不仅可以享受首笔付款的利息抵扣，用 HSA 账户的钱偿付医疗开支还是免费的。本章 HSA 账户一节将对个人开立 HSA 账户的资格进行介绍。

数十年来，大多数美国人通过雇主获得健康保险，当今社会依然如此。这些保险机构通常是私人公司（信诺集团、安泰保险、联合健康等都是非常著名的保险公司），公司、工会和其他组织可以帮助雇员或会员与这些公司谈判，因为是大客户，所以一般可以获得更优惠的参保价格。在这些保险计划下，雇主和雇员分别税前缴纳一部分保费。

尽管雇主会帮雇员缴纳一部分保费，但大多数雇员仍然需要承担家庭健康保险计划31%的成本，比五年前28%的比例有所提高。凯泽家族基金会和美国健康研究和教育信托基金的最新研究表明，这一增长趋势仍在延续。美国联邦基金会发现，工资收入并没有与大幅上涨的保费支出相匹配，导致大多数美国人的保费和免赔额支出超过了工资收入的10%，比10年前上升了近一倍。正因为如此，在选择最佳保险计划时，务必考虑保费成本。

按服务收费保险计划

按服务收费的保险计划是健康保险计划的传统存在形式，很多公司现在还为雇员提供这类保险计划。在按服务收费保险计划下，保险机构要么向服务提供者付费（医生），要么在病人垫付诊治费用后直接支付给病人。大多数该类保险计划要求被保险人每年支付一定数额的免赔额，然后由保险公司偿付一定比例的医疗费用。

管控型医疗保险计划

在过去20年中，由于医疗费用和保险成本高企，很多雇主选择了管控型医疗保险计划。在管控型医疗保险计划下，医疗服务使用者与医疗服务提供者签署合同，并每个月直接向医疗服务提供者付费（在某些情况下，保险公司不牵涉进来。但大多数的公司会同时提供按服务收费保险计划和管控型医疗保险计划）。

在管控型医疗保险计划下，被保险人为看病和诊治支付或共同支付费用，最基本的医疗服务和预防性诊疗服务是被保险所覆盖的。为了控制成本，管控型医疗保险机构会控制医疗诊治的成本。例如，他们可能会限制病人去接受某些医生的诊疗，要求病人看专家医生需要得到基础保健医生（Primary Care Physician）的转送引荐（例如心脏病手术或是皮肤病专家），并且要求专家医生接受保险公司的费用安排。

管控型医疗保险计划的四种主要类型包括健康维护组织（HMOs）、优选医疗机构保险（PPOs）、指定医疗服务机构（EPO）以及定点服务组织（POS）。

健康维护组织（HMOs）是指集合一系列医院、医生和其他医疗服务提供者，为会员提供医疗服务的组织。HMOs 有两类：

团体型健康维护组织，一批医生在一处集中的设施（一般是医院）提供医疗服务。

独立执业型组织，医生在自己办公室执业，或是在与独立执业型组织关联的社区医院执业，这也是最常见的类型。

基础的健康维护组织是医疗保险最便宜的形式。自付额即使有通常也很低，预防性医疗服务几乎实现了全覆盖。作为交换条件，病人必须去看特定许可的医生，在看专家医生或是接受 HMOs 范围外的诊治前，必须得到基础保健医生的同意（独立执业型组织会稍灵活一点）。

优选医疗机构保险（PPOs）兼具独立执业型组织和传统按服务付费保险计划的特征。保险公司与医生、医院签署合同，为被保险人提供医疗服务，医疗服务费提前可以协商好。与传统健康维护组织（HMOs）不同，优选医疗机构保险的保障范围还覆盖了非 PPO 网络成员医院提供的医疗服务，因此你可以自由选择去其他医院或找其他医生看病，当然，你需要支付的费用也会高一些。此外，参保 PPOs 后，你去其他医院或找其他医生看病之前，无须提前获得他人同意。

指定医疗服务机构（EPOs）与健康维护组织（HMOs）类似，保险公司与各类医疗服务提供者签署合约，以低成本为加入 EPO 的成员提供医疗服务。除紧急情况外，EPO 成员只有在上述已签约的医疗服务提供者那里使用服务，才能获得保险公司的报销。如果你想要去看指定网络内的专家医生，但又没有基础保健医生的推荐，那么 EPO 将会是比较好的选择。

定点服务组织（POS）鼓励人们接受定点网络内的医疗服务提供者的诊治，但也允许人们选择网络外的医疗服务，但计划外的服务免赔额或自付比例更高，而且接受专家诊治需要有基础保健医生推荐。之所以叫定点服务组织，是因为在接受服务前，需要决定所接受的医疗服务是像 HMO 一样局限在定点网络内，还是像 PPO 一样可突破定点网络的范围。

重大疾病保险计划

按服务收费保险计划和管控型医疗保险计划覆盖了大多数类型的医疗支出，但对某些人来说，这些健康保险计划的成本过高。如果确实预算有限，也许可以考虑购买重大疾病保险计划。重大疾病保险只有在被保险人发生严重疾病或受伤时理赔，保险公司预先支付住院和医疗费用，可覆盖主要医疗费用。如果选择重大疾病保险，你最好有身体健康的好运气，对于发生一些非重大的预防性疾病，自己需要有能力支付相关医疗费用。与此同时，如果发生大额的住院和医疗费用开支，重大疾病保险就能防止你陷入财务危机。由于挂号、轻度病症等一般性开支都是自掏腰包，而且如果住院的话会有一个很高的免赔额，因此，重大疾病保险计划的保费通常相对较低。试着签一份合适的、保证续保的、除去免赔额外医疗费用至少覆盖70%、保额超过100万美元的保单。

老年保健医疗制度

老年保健医疗制度是美国政府推出的健康保险计划，由美国社会保障局管理，资金一部分来自美国社保和自雇税（self - employment tax），另一部分来自老年保健医疗保费收入。老年保健医疗制度主要为年龄超过 65 岁的老年人提供医疗保险，也为年龄不足 65 岁但接受美国社保伤残救济金超过 24 个月的人、终末期肾功能衰竭者、接受过肾移植或需要日常护理的永久性肾衰竭者提供医疗保险。

年龄达到65 岁的人会自动符合老年保健医疗保险的资格，但需要在65 周岁生日之前花 1 ~ 3 个月的时间进行申请。如果在 65 周岁之后

申请，这份保险保障就会被延期。在完成申请后，保险保障在年满 65
周岁当月的第一天正式生效。登录 www. medicare. gov 或是拨打 1 -
800 - 633 - 4227，可以了解更多信息。

老年保健医疗制度保障了健康医疗的三个基本组成部分：住院保
险、补充医疗保险、处方药保险，以及由私人保险公司提供的可选保障
计划。老年保健医疗制度只对极少数的长期护理需求予以保障（本章
后文"长期护理保险"一节中有详细介绍）。老年保健医疗 A 部分和 B
部分又被称为原始老年保健医疗制度。

老年保健医疗 A 部分：可以保障住院费、康复设施费、私立疗养
院护理费、临终安养费、家庭保健服务费等。这些服务通常只在一定时
间内、确实有诊疗需要的情况下才能得到保障。

只要自己或配偶缴纳老年保健医疗税超过 12 年，就可以免费享受
老年保健医疗 A 部分。对于不符合免费享受老年保健医疗 A 部分资格
的人，一般可以选择每个月支付保费，同时购买 A 部分和 B 部分。

自 2018 年起，老年保健医疗 A 部分要求给付期间的免赔额为 1 340
美元。另外，对于给付期间住院超过 60 天的，每天共同保险自付部分
的金额在 335 ~ 670 美元的，才可以适用老年保健医疗 A 部分。

老年保健医疗 B 部分：可以保障医治所必需的预防性医疗服务，
例如临床研究、救护车服务、耐用医疗设备、心理健康服务、术前再次
诊断服务和特定门诊处方药等。

与 A 部分通常是免费的不同，B 部分每个月会从个人社保账户中扣
除一部分钱作为保费缴纳。从 2018 年起，老年保健医疗 B 部分标准保
费为 134 美元，根据年收入的不同，最高可以达到 429 美元。B 部分也
有较低的免赔额（2018 年是 183 美元），以及对于特许服务需要支付
20% 的分摊付款额。因此，很多人也会再买一份老年保健补充医疗
保险。

如果你参与了老年保健医疗 A 部分，也会有人提示你是否想参与

老年保健医疗 B 部分。若所在单位或配偶所在单位的保险已经覆盖了 B 部分，那你可以不用签署老年保健医疗 B 部分。注意，除非你或配偶工作稳定、长期有保险保障，否则还是需要 B 部分的。如果你在 65 岁的时候没有参与 B 部分，或是在没有工作且没有参与商业健康保险，你会被要求对参保时间不足的部分每年额外增加 10% 的保费。

老年保健医疗 C 部分：又称为医疗保险优惠计划（Medicare Advantage，MA），是经过政府特许的保险公司为联邦医保受益人设计的保险计划，包括健康维护组织（HMOs）和优选医疗机构（PPOs）。C 部分允许受益人获得 A 部分和 B 部分下医疗服务的保险，多数也包含 D 部分（处方药）保险，有些保险计划包含其他额外的医疗保障。在选择医疗保险优惠计划时，首先要确保该计划的医生覆盖面广，所有处方药都可以报销，而不要被低至零的自付比例所引诱。

老年保健医疗 D 部分：是品牌处方药和普通处方药的保障计划，所有老年保健医疗计划的参与者都有资格获得这一保障，并且像 B 部分和 C 部分一样，D 部分也是自愿参与的。

D 部分要求参与者每个月缴纳保费，保费金额在不同的保险计划中会有所差别。D 计划的保费会根据参保人月收入变化而调整。根据上一阶段工资水平的差别，2018 年附加保费金额在 15～75 美元不等。

D 部分 2018 年的免赔额为 405 美元，再次提醒，在选择保险计划时要货比三家，确保所有处方药都被纳入了保障范围，同时自负比例不能过高。

在初始参保时间结束后持续 63 天（含）以上没有获得老年保障医疗认可的处方药保险保障的，需要缴纳延迟参保罚金。老年保障医疗认可的处方药保险保障包括处方药保险计划、医疗保险优惠计划、其他提供处方药保险的健康保险计划和其他可信的处方药保险计划等。因此，如果你认为将来用得上处方药保险，那么你在符合参保条件后应当尽快参与处方药保险。可以先买一份最基本的、便宜的保险先把位置占着。已符合资格且超过 63 天仍没有参保的，保费罚金将以每个月 D 部分保费为基础进行计算，罚金为参保时间不足月份数乘以保险计划成本的 1%，罚金上涨速度很快。

商业补充医疗保险（Medigap）是指用于弥补基本老年保健医疗自付部分的商业性医疗保险，包括自付免赔额（deductibles）、定额自付部分（copayments）、共同保险中自付比例部分（coinsurance）等。如果你同时参保了老年保健医疗保险和商业补充医疗保险，那前者会报销老年保健医疗许可范围内的部分医疗花费，而后者报销剩下的医疗花费。

商业补充医疗保险与医疗保险优惠计划不同，后者可以替换老年保健医疗 A 部分和 B 部分、通常还可能提供额外收益，而前者仅仅是基本老年保健医疗的补充，商业补充医疗保险和医疗保险优惠计划不能同时拥有。

在不同的联邦和州法律下，商业补充医疗保险种类繁多，内容和价格都有所差别，具体可登录 www. medicare. gov 网站查询，或是电话咨询 1 - 800 - 633 - 4227。

医疗补助计划（Medicaid）

医疗补助计划由联邦和州共同管理，主要用于帮助近 7 000 万符合条件的低收入人群（一般介于联邦贫困线 100% ~ 133%，部分州的低收入条件可能更高）降低就医成本。例如，在 2017 年对于美国一个四口之家而言，联邦贫困线 100% 水平的收入金额为 24 600 美元。除了收入这一条件外，享受医疗补助计划可能还需要满足其他条件，个人应该查看本州医疗补助计划申请条件的相关规定，以便了解更多信息。

医疗补助计划于 1965 年推出，资金来源是美国政府。自 2014 年开始，大多数州的医疗补助计划已经实现了对年龄低于 65 周岁、收入低于美国贫困线 133% 以下居民的全覆盖。这意味着医疗补助计划参与群体不断扩大，给本就亏空的医保体系带来沉重负担。2018 年，特朗普政府发布相关规定，允许各州严格医疗补助计划参与条件，在现在仅依据贫困线条件的基础上增加工作年限的条件。

　　医疗补助计划大多数费用由联邦政府和州政府承担，根据当前规定，州政府有权要求参与人支付一定金额的保费、参与费、共付费、定额自付费、共同保险自付费、免赔额等。不同的州会给医疗补助计划参与人提供不同的福利，例如医生就诊、急救护理、住院护理、接种疫苗、开处方药、眼科治疗、预防性诊治等。登录 www. medicaid. gov 可以了解更多信息。

儿童医疗保险计划（CHIP）

　　对于 19 岁以下的儿童，他们所在家庭的收入水平较高、不满足医疗补助计划条件的，儿童医疗保险计划为其提供了优惠低成本的健康保险保障。根据各州的情况，儿童医疗保险计划保障了例行检查、免疫、住院诊治、牙齿保护、实验室检测和 X 光等针对儿童的综合性医疗服务。预防性诊治对儿童是免费的，但对于一些特定的服务可能需要收取低额费用。每个州有自己的针对儿童医疗保险计划的规定，登录 www. medicaid. gov 可以了解更多信息。

美国统一综合预算协调法案（COBRA）

　　统一综合预算协调法案要求超过 20（包含 20）名员工的公司应当在雇员停职期间提供不超过 18 个月的延续性团体健康保险，但相关费用由雇员自己支付。COBRA 申请资格在以下事件发生时生效：
　　自愿或非自愿的离职、兼职工作
　　配偶去世，配偶为家庭主要被保险人
　　离婚，配偶为家庭主要被保险人
　　满足上述条件之一的，雇员仍然享受健康保险的所有保障（失能收入保险除外），同时向雇主缴纳保费，金额为保险成本的 102%。在一些特殊情况下，COBRA 提供的保障能够延长至 36 个月，例如离婚或是雇员死亡等。如果你是符合老年保健医疗（Medicare）资格，但配偶不符合相关资格，则你配偶可以将 COBRA 保障延长至 36 个月或是直到他/她符合上述资格为止（按孰先原则）。

工伤补偿保险

工伤补偿保险是指在员工因工受伤、或因与工作相关的原因生病不能按期获得酬劳的情况下，保险公司对员工的补偿。各州分别管理本州的工伤补偿保险计划，各州具体要求差别较大。但是，一般性保障范围通常包括医疗康复费、伤残收入、因致死或重疾产生一次性支付等。根据各州规定，工伤补偿保险是大多数甚至所有雇主都会给员工提供的。

患者保护与平价医疗法案

2010 年 3 月 23 日，时任总统奥巴马签署了《2010 年患者保护与平价医疗法案》，该法案成为推动美国医保体系大变革的核心法律。一周后的 3 月 30 日，奥巴马总统又签署了《2010 年卫生保健和教育协调法案》，这一份相对简短的法案对一周前平价医疗法案进行了少许修订。这两份法案合在一起被大家称为"奥巴马医改法案（Obamacare）"。奥巴马医改法案对美国医保体系进行了大刀阔斧的改革，医改法案的实施需要 4 370 亿美元额外税费的资金投入。美国通过立法的方式扩大医保覆盖范围，期望大幅减少未被医保覆盖的人群。医改立法还包括一些与医保实质相关性较弱的其他内容。2012 年 7 月，美国最高法案确认 2010 年医保法案符合宪法。

以下是已经生效的医保改革法案的部分条款（其中一些条款与医保无关），也包括了一些 2018 年适用的相关规定：

　　大龄儿童保险：26 周岁以下的儿童可以与父母共用一份健康保险计划。

　　先前存在疾病情况下的保险：保险公司不能因为参保人先前存在的疾病而拒绝承保，这一规定从 2014 年 1 月 1 日起生效。

　　领养费用税收抵免：领养小孩费用支出税收抵免在 2018 年增加至 13 840 美元，是非退税性质的。这一税收抵免金额根据通胀情况每年变化，现在已经实现了永久性增长。

　　小企业提供医保享受税收抵免：小企业（以及免税机构）雇员数量不超过 25 人，且在小企业健康医疗保险计划下给雇员购买保险的，相关保费支出可以享受税收抵免。一般来说，上述税收抵免资格条件包括全职雇员数量和雇员平均年收入水平。雇主还必须以单一价格支付至少 50% 比例的健康保险费用才能满足税收抵免条件。自 2014 年起，企业最高税收抵免额为保费支出的 50%，免税机构最高税收抵免额为保费支出的 35%。那些全职雇员不足 10 人、平均年薪不超过 25 000 美元（考虑通胀因素）的雇主可以获得最多的税收抵免。对于平均年薪在 25 000 ~ 50 000 美元（考虑通胀因素）、全职雇佣人数在 10 ~ 25 人的企业，可获得的税收抵免随着平均年薪和全职雇佣人数的上升而逐步下降。税收抵免优惠可以在连续两年内使用。

　　医保药品保障：如果处方药报销有一定额度限制，而你当前自付部分尚未达到该额度，你就处于处方药保险的优惠区。老年保健医疗 D 部分（及处方药保险）处于保险优惠区的，法律规定品牌处方药应当有 65% 的折扣，一般性药品应有 56% 的折扣。在保险优惠区，你买药不得不自付一部分钱，直到自付金额达到一定的金额上限。在现行税法下，一般药品自付比例会逐年减少，一直到 2020 年会减少至 25%，届时保险优惠区会被取消。

　　医疗保险报告要求：2012 年开始，大部分雇主必须每年通过 W - 2 表报告雇员医疗保险保障的价值。在美国国家税务局新的正式规定出来之前，只有每年提交 250 份以上 W－2 表格的雇主需要报告上述的医疗保险具体保障范围。

医疗储蓄账户：除非是专业医师开药，否则一般的柜台药品都不得用医疗储蓄账户里的钱购买，包括健康储蓄账户（HSA）、弹性支出账户（FSA）、健康补偿账户（HRA）等。

因储蓄账户非正常支取而支付的附加税：健康储蓄账户非正常支取的附加税从 10% 增至 20%，而阿彻医疗储蓄账户（Archer MSA）非正常支取的附加税从 15% 增至 20%。因残疾、死亡或者年龄达到 65 周岁而导致的非正常支取可以豁免上述惩罚性附加税。

药品行业费：对药品制造商进行评估，以确定每年的药品行业费规模。2011 年这一收费规模为 25 亿美元，此后逐年上升，2018 年升至 41 亿美元。

弹性支出账户限额：2018 年，向弹性支付账户缴纳的金额被限定在 2 650 美元/年，并根据通胀因素每年调整。

医疗费用税收抵扣：自 2017 年纳税年度开始，每个人不论年龄都可以在年收入 7.5% 的额度内对未报销的医疗费用进行税收抵扣。自 2019 年开始，7.5% 的比例调整至 10%。

高级管理人员保险支出的税收抵扣限额：2018 年开始，对高级管理人员的特定保险支出，税收抵扣将被限制在 100 万美元/年。

对收入征收附加医疗税：雇员需要就收入所得缴纳 1.45% 医疗税，自雇人士则对自雇的收入所得缴纳 2.9% 医疗税。对于已婚人士夫妻二人联合报税的，收入超过 25 万美元的部分需要缴纳额外的 0.9% 医疗税；已婚人士分别报税的，收入超过 12.5 万美元部分需要缴纳 0.9% 医疗税；而对于其他独立纳税人，收入超过 20 万美元的部分需要缴纳 0.9% 医疗税。上述收入限额不会根据通胀进行调整。

净投资收入税：净投资收入（包括利息、股利、土地使用费、租金和资本利得等）需要缴纳 3.8% 的医疗税，纳税基础额度按照净投资收入和经调整总收入超出限额部分二者孰低原则进行确定。其中，限额部分按照以下原则进行确定：对于已婚人士夫妻二人联合纳税的，限额为 25 万美元；对于已婚人士夫妻分别纳税的，限额为 12.5 万美元；对于单身或者是户主，限额为 20 万美元。

医疗器械税：《平价医疗法案》规定，对特定的医疗器械销售收入征收 2.3% 的营业税。这一规定很有可能会导致慢性病患者或重疾患者的医疗费用负担加重，甚至因价格原因根本得不到治疗。2018 年 1 月 22 日，特朗普总统签署法案，将这一税收规定推迟至 2020 年执行。这一税收规定未来是否还会继续推迟执行，目前尚不得而知。

医保强制执行令及其他重点问题

2014 年开始，医保法案的核心内容，即所谓的医保强制执行令，正式生效。强制执行令要求所有美国人必须以适当形式参与医疗保险。对于没有参与老年保健医疗、医疗补助计划或是其他政府医疗保险计划的，必须参与其他形式的医疗保险，否则需要支付罚金。罚金金额通常按纳税人收入的一定比例缴纳，或是按固定金额缴纳。政府通过补贴或者是税收减免来帮助低收入纳税人参保。此外，其他相关规定也陆续生效，包括：

健康保险交易所：很多州建立了健康保险交易所，为人们购买保险时货比三家提供便利。在其他州，联邦政府建立的健康保险交易所也发挥着同样的作用。

大型雇主提供保险：大型雇主或大型企业（50 名雇员及以上）必须为员工提供保险，否则将面临罚款。

小企业税收减免：对于符合条件的小型企业，如果为员工提供了保险，则最高可以享受保费支出额 50% 的税收减免。对于非营利机构，税收减免可以达到 35%。

健康行业费：对健康保险行业进行评估，以确定每年的健康行业费规模，其中 2018 年的健康行业费为 143 亿美元。

"奢侈保险计划"附加税：2022 年，对于年度保费超过个人或家庭保费限额的保险产品，保险公司应当缴纳 40% 的营业税，上述限额将在未来进行确定。这一税收规定未来是否还会继续推迟执行，目前尚不得而知。

根据 2017 年税改法案，个人医保强制执行令及相关惩罚性规定将于 2019 年被取消。保险交易所将继续营业，对低收入人群的补贴仍会保留。有一种担心认为，一旦上述惩罚性规定被取消，那些既不符合补贴资格又没有雇主提供保险的低收入人群，可能会不参保，因而得不到任何保险保障。由于此前没参保的人获得保障，因此会导致保费增加，这又会促使那些身体健康的人退保，导致保费进一步增加。随着特朗普政府对奥巴马法案的反对，《平价医疗法案》的未来充满了不确定性。不远的将来，如果你看到新版医疗改革方案推出，也丝毫不用感到意外。

健康储蓄账户（HSA）

健康储蓄账户是一种免税储蓄型账户，于 2003 年设立，由雇主和雇员共同出资以支付日常的医疗开支。一般而言，健康储蓄账户主要提供给参保了高自付健康计划（HDHPs），但未参保其他保险计划的人。健康储蓄账户提供了非常有利的税收减免，因此，如果你符合资格，强烈推荐你使用。

并非所有参保高自付健康计划的人都符合开立健康储蓄账户的条件，因此在选择高自付健康计划之前，应当确保它在健康储蓄账户的特定制定名单里，或是符合健康储蓄账户规定的具体要求。如果高自付健康计划比平均个人健康保险计划有更高的自付金额，且在自付金额的额度内保险公司无须赔付，则参保该高自付健康计划通常被认为是符合开立健康储蓄账户资格的。美国国家税务局每年会为所有符合资格的保险计划确定个人和家庭的自付限额。

即使你持有了符合开立健康储蓄账户的保单，你在往健康储蓄账户里存钱的时候也存在诸多限制。首先，你不能参保其他健康保险，当然一些补充保险除外，如意外险、伤残险、牙科险、视力险或长期护理保险等。其次，如果你参保了医疗补助计划或你当年共用其他人的报税单，则不能往健康储蓄账户里存钱。

事实上，即使能往健康储蓄账户里存钱，每年也都是存在金额限制的。2018 年，个人每一份单人保险可以往健康储蓄账户存钱上限为 3 450 美元，每一份家庭保险的上限则为 6 900 美元。如果你年龄是 55 周岁及以上，则上限可以额外增加 1 000 美元。每年健康储蓄账户存钱上限取决于当年参保高自付健康计划的时间。每一年，向健康储蓄账户存钱的截止时间和个人退休账户相同，通常情况下是下一年的 4 月 15 日。因此，好消息是，即使当年已经过完了，第二年的 4 月 15 日之前向健康储蓄账户存钱仍然是可以享受税收抵扣的。在这段时间，你既能享受健康储蓄账户存钱的税收抵扣，又能享受到医疗费用的税收减免。

阿彻医疗储蓄账户（Archer MSA）跟健康储蓄账户类似，参与者必须参保一项符合资格的高自付健康计划，这一计划可以由员工数量低于 50 人的小型雇主提供。

长期护理保险

如果你或你的家人不幸患有长期身体疾病、身体残疾或是认知功能障碍，这就需要某种形式的长期护理。很多长期护理提供商可以为患有慢性疾病的人提供服务，帮助他们克服困难、独立生活。

长期护理与传统的医疗诊治很类似，区别只在于前者需要进行长期的医疗保健治疗。长期护理保障帮助人们在现有状况下改善生活质量，但一般不能改善身体状况。长期护理服务可以包括以下内容：

日常生活活动

家庭保健

为老人和病人提供的短期护理

临终关怀护理

成人日托服务

养老院护理

辅助生活护理

一定要注意，这几类长期医疗护理项目并不在健康保险计划的保险范围（医疗补助计划除外）。

不要成为长期护理成本的牺牲品

Richard 和 Nicholas 是我的两个客户，我认识他们二十多年了。他们二人是双胞胎兄弟，生活在纽约布鲁克林一个中档社区，相邻而住。尽管他们是双胞胎，但二人性格迥异。Richard 是一个工作努力、性情保守的人，总是第一时间储蓄，及时支付账单，当然也拥有优秀的信用积分。等到他退休时，已经积累了 150 万美元投资性资产，并且能保证在 65 岁退休后和妻子的生活方式不会相较过去发生改变。他们有两个孩子已经成年，并且有三个孙子（孙女），正准备迈入舒适的退休生活。

相反，Richard 的双胞胎兄弟 Nicholas 总是在艰难地工作着，生活一直在快车道前进而对后果不管不顾。他从不存钱，更严重的是他不断举债生活，等他到 65 岁时，负债金额比资产还要高，换句话说，他已经破产了。他没有选择，只得继续工作，一直到年龄状况和身体状况使得他无法工作为止。

最后，Nicholas 已经不再有能力照顾自己了，但幸运的是，Richard 和他妻子在纽约史丹顿岛帮他找了一家私人养老院，为他提供老年护理服务。因为 Nicholas 只能依赖很低的社保退休金生活，因此他是符合医疗补助计划资格的。他可以在养老院接受护理服务，而他和他家里不需要为此花一分钱。养老院接管了他每个月的养老金账户，医疗补助计划帮助他解决了养老问题。

在 Nicholas 进入养老院六个月后，Richard 经历了一次严重的中风，虽然他在这次中风中保住了性命，但不能行走，没有妻子的帮助自己不能进食也不能穿衣。随着他身体状况的恶化，妻子已经不可能独自照顾他了。妻子和子女们做了一个艰难的决定，由养老院来照顾 Richard，帮助他更好地生活。

Richard 的家人将他送到了他兄弟 Nicholas 所在的养老院，他们又成为室友，在一系列命运的安排下，两人最终一起走向生命的尽头。然而，他们两人的财务命运可是大相径庭的。

如前所述，由于 Nicholas 没有资产，只能由医疗补助计划来支付他的养老费用。但 Richard 一直是负责任地在储蓄，积累了充足的资产，足以保障家庭未来的生活，当然，他也不满足医疗补助计划的资格。因此，Richard 一家需要自掏腰包支付养老院的费用，费用为每年超过 12 万美元。他们觉得除了掏钱支付这一笔费用之外，也没有其他选择，毕竟没有其他更好的办法照顾 Richard。Richard 此后又活了 11 年，这十一年的养老院护理费的支出，几乎把他们此前辛辛苦苦数十年积累的全部掏空了。

很不幸，医疗补助计划体系有时候就是奖恶惩善，这是一个很经典的例子。Richard 的养老护理费支出花光了他一辈子的积蓄，他的妻子和孩子们也否定了他穷其一生的劳动和牺牲。同时，Nicholas 和 Richard 同居一室，享受同样的服务，但却无须为此花一分钱。在我看来，这本该是一个财务成功的励志故事，但最终却有了一个充满悲剧的结尾。

一旦你已经实现财务自由，也许最重要的事情就是要思考怎么保护好已经积累的财富。很明显，如果你实现了财务自由却不去捍卫它，这就跟当初不追求财务自由一样的不负责任。这也就是为什么经常与财务规划师会面、与老年护理律师讨论十分重要。

Richard 本应该提前采取措施，保护他辛辛苦苦积累的财富，因为家庭健康风险是一个家庭承受不起的风险。人们必须采取审慎的措施，确保一辈子的辛苦工作和财富得到保障，不会因为一场大病的发生而消耗殆尽。有很多各式各样的方法用来保护财富不被侵蚀，但是获得一份长期护理保险可能是最简单的方法。

在医疗补助计划的保护下，还有很多其他的财务规划的选择，包括医疗补助计划信托、获得终身财产权和直接财产转让等，这一领域的规则和监管十分复杂，并且各州之间存在差异。因此，我给每一个家庭的建议就是，去找有相关资质的老年护理规划律师，获得他们的专业意见和指导。这一规划必须提前进行，而不能等到真正有养老护理需求的时候才进行。如果你或者是你的家人需要获得长期护理，但又还没有提前规划，你应该及时与老年护理规划律师进行会面，听取他们的专业意见，将你"辛苦钱"的损失降到最小。关于这一话题，可以参考第十章"如何传承家庭财产？"中的"资产保障与长期护理"一节。

长期护理的费用

长期护理的费用是非常高昂的，长期护理费用主要取决于护理的服务数量、服务类型、服务地点和服务方式。例如，在美国 50 个州中，纽约州使用长期护理设施的费用是最高的。根据通用金融公司（Genworth Financial）2017 年的调查统计，纽约养老院一个房间的平均费用是 140 416 美元/年，聘用一名家庭护理师的平均费用为 54 340 美元/年。长期护理成本不仅州与州之间差别甚大，在同一州的县与县之间差别也很大。如果你想要了解你所在州不同长期护理的成本，可以登录通用金融公司的网站：www. genworth. com，这个网站可以帮助你全面了解长期护理的成本。

对于大多数人而言，长期护理的支出将使得长年积蓄在数年之内被耗光。家庭健康风险管理需要提前准备，这对于维持家庭的财务自由十分关键。

支付长期护理费用的方式有多种，其中包括用家庭储蓄支付、购买长期护理保险或是通过医疗补助计划的赞助（这需要符合相关资格）。

本章前文指出，医疗补助计划是专门针对无资产、低收入人群养老保障的政府资助计划。为了获得医疗补助计划的资助，申请人必须满足联邦和州关于收入、资产等的规定。很多人开始的时候是用自己的储蓄支付长期护理费用，一直到他们储蓄不断下降，满足医疗补助计划的条件为止，这时医疗补助计划可以帮他们支付部分或全部的养老护理费用。在获得医疗补助计划的资助之前，你可能不得不在医疗保健上耗光大部分家庭积蓄。你基本上要达到破产的状态才能满足相关资格，因为医疗补助计划是政府援助形式的一种。

对于申请医疗补助计划的最低储蓄和资产要求，不同的州法律的规定存在差异（一些资产，比如说房屋，在评估是否满足医疗补助计划的资格时是不会被计算在内的）。然而，联邦法律要求，州要通过你的住房收回因支付医疗护理费用而产生的成本。你可以联系所在州的医疗补助计划办公室，或者是所在州的社会服务部门，以进一步了解本州的相关规定。

上面提到的仅仅是一些最基本的情况，关于如何满足申请医疗补助计划的条件，相关的规定是很多的，但一个基本的情况就是，对于单身或者丧偶人士，他们为了满足医疗补助计划资格、获得养老护理资助，不得不放弃他们常年工作所积累的几乎全部财富。无论是否结婚，你都需要听取法律专业人士的意见，保障自己的资产安全。这是一个非常热门的话题，相关的法律也在处于持续变化中。

对于已婚人士的规定也是州与州之间差异较大。例如，在夫妻共有财产的州，夫妻任何一方所有来源的收入，都是在夫妻之间平均分配的。而在其他州，在评估是否符合医疗补助计划资格时，只有你自己收到的收入才会被纳入计算范围。

在大多数州，如果养老护理费用高于人们的收入水平，人们就可以满足医疗补助计划养老护理基金使用的资格。因为每个州确定这一资格的计算公式不一样，你可以找一个养老护理律师获得专业意见。养老护理专家会帮助你计算你赋闲在家的配偶存多少钱仍能满足申请医疗补助计划的资格。

在进行收入资格测试后，你还需要通过资产合格性测试。房屋、汽车和私人财产一般用来为你健康的另一半提供保护，相关测试不会予以考虑。已婚夫妇也可以用一些钱做投资，或是持有一些现金。但为了确保符合医疗补助计划资格，你不得不放弃大多数其他资产。通过对住进养老院的人进行调查发现，享受医疗补助计划资助的人当中有一半在进养老院之前都并不贫穷，在医疗补助计划接管他们的生活之前，他们不得不将所有资产全部耗光。

如果你的配偶还住在自有住房里，州政府不会试图接管住房。一旦配偶过世，这一套住房将留给遗产继承人时，州政府可能会试图通过医疗补助计划留置权要求接管住房。大约有 30 个州制定了所谓的"孝顺责任法（filial responsibility laws）"，允许护理提供方向护理接受方的子女索取相关支出费用。尽管这在实践中经常得不到强制执行，但确实实是存在的。

运用保险支付长期护理费用

长期护理保险是支付长期护理费用的另一种途径，这类保险可以支付长期护理的部分甚至全部费用。

1996 年颁布的《健康保险携带和责任法案（HIPAA）》是一部联邦层面的法律，明确了购买特定长期护理保险可以享受联邦税优惠。这些保单被称为符合税收优惠条件的长期护理保险合约，简称为税收优惠保险。很多州都为长期护理保险费支出提供税收优惠，其中包括因缴纳保险费而提供的税收抵扣、税收减免等。如果你购买了长期护理保险，要告诉你的税务筹划师，并让你的税务筹划师按照本州的税收规定获得最佳的税收减免或税收抵扣。

2018 年，税收优惠保险的保费开支可以作为医疗费用进行税收抵扣，抵扣限额与年龄挂钩（不到 40 岁的，限额为 420 美元；41~50 岁的，限额为 780 美元；51~60 岁的，限额为 1 560 美元；61~70 岁的，限额为 4 160 美元；超过 70 岁的，限额为 5 200 美元）。

你应该买长期护理保险吗？

是否买长期护理保险主要取决于你的年龄、健康状况、退休目标、收入水平和资产状况等。例如，如果你所有的收入全部来源于社会保障收入或是补充保障收入（SSI），并且净资产金额很低，你可能不需要购买长期护理保险，因为你可能支付不起保费，但你也许可以满足医疗补助计划申请资格。

相反，如果你有大量资产，但不希望将这些资产用于支付长期护理费用，你可能需要购买一份长期护理保险。很多人购买长期护理保险，主要是因为他们想要独立于政府资助和家庭援助，不想要因为他人照顾自己而增加他们的负担。

如果你满足以下条件，可以考虑购买长期护理保险：

- 有大规模的资产和高收入；
- 想要保障自己的资产和收入不会因年老重疾而遭受损失；
- 有能力支付保费，包括潜在的保费提高也不会导致财务困难；
- 不想要获得别人的资助；
- 你希望有选择的灵活性，选择自己感兴趣的长期护理方案。

私人保险公司会提供长期护理保险产品。你可以从一个经纪人那里或是通过邮件购买个人保单，也可以通过雇主或是以协会会员身份购买团体保险。联邦政府和一些州政府为他们的员工、退休人员和家人提供了长期护理保险。这种保险计划是自愿参与的，保费也是由参与者自己缴纳。你也可以在购买人寿保险时增加一份长期护理保险。

接下来的内容将主要介绍长期护理保险产品的具体条款，以评估你是否具备偿付资格。当比较保险产品时，重点关注这些保险产品是如何定义这些条款的。

日常生活活动：没有能力开展日常生活活动，是保险公司用于判断是否进行偿付的最常用的标准。大部分保险公司对日常生活活动界定为：淋浴、自控、穿衣、进食、如厕和翻身等。一般来讲，如果无法做到特定数量的日常生活活动（如上述 6 项中有 2 项或 3 项做不到），保险公司就会选择赔付。

免责期：对很多保险产品而言，并非你走进养老院或是享受家庭护理的第一天保险公司就会赔付。大多数保单都会有免责期，或者说是等待期。这意味着，只有在你获得长期护理服务或发生伤残的第 0 天、20 天、30 天、60 天、90 天或 100 天，保险公司才会赔付。具体免责期多长，这取决于你在购买保险时自己的选择。你当然可以选择免责期为 0 天的保单，但那肯定会贵得多。

抵抗通胀：能够抵抗通胀是在选择长期护理保险产品时的重要考量因素，尽管它可能会增加保费。如果你的保额不随时间增长，多年以后，你就会发现保额已经不能覆盖持续增长的长期护理费用了。你在购买长期护理保险时越年轻，你就越是需要考虑增加抗通胀条款。不然，当你真正需要长期护理时，这份保单就只能解决你的部分问题了。

核保：保险公司出售保险产品时，会从医疗方面就保险覆盖的范围对被保险人进行核保。他们会看你的健康状况、家庭病史，并最终决定出售保险。如果通过雇主或是其他团体购买团体保险，也许可以免去核保流程，或是核保流程相对更加宽松。

保证续保保险：在美国大多数州，如今在售的长期护理保险产品都必须是保证续保的，这意味着保险公司不能因为被保险人健康或是年龄的变化，而取消保险保障，或是不再续保。只要保费没有断缴，且保险保额尚未全部赔付，保险保障就继续有效。然而，这不意味着保险公司保证用同样的保费给你续保，保费可能会在未来涨价。你应该咨询专长于长期护理保险的保险经纪人或代理人，确保购买的保险产品能满足自己的特殊偏好。

合作型保险产品：很多州提供了"合作型"长期护理保险产品，如果你购买了符合本州合作型保险计划规定的保险产品，你可以防止为了满足医疗补助计划资格而耗尽家产的情况，对家庭财产形成保护。这意味着，如果长期护理保险的赔付金额已经花完，你不用花光所有的家庭财产以满足医疗补助计划的申请资格。对于家庭财产保护的额度，不同的州各有差异，一些州的额度以你所购买的保险保额为上限，而另一些州则对你全部的家庭财产提供保护。并不是所有州都会接受其他州的合作型保险产品，如果你计划退休后到另一个州去生活，你更是需要知道这一点。

混合型保险产品：根据 HD 投资财务服务公司保险专家、注册理财规划师 Jonathan Dodd 的说法，"保险行业的新趋势是混合型保险产品，最常见的是人寿保险和长期护理保险的结合。这种产品很具有吸引力，它的特征是保费大多是提前确定的。这意味着只要提前商量好了，保单的保费不会随着时间变动。然而，大多数这类保险产品不符合税收抵扣要求，或是不满足合作型保险产品的资格，这是它相对传统型保险产品的劣势。"

千万不要让长期护理保障费用成为你家庭财富消耗殆尽的罪魁祸首！

伤残保险

如果人们身体残疾并且不能工作，那么在重新工作之前，他是否有足够的储蓄来应对家庭日常开支呢？很不幸，对大多数人来说，这个答案是否定的，这也意味着很多家庭都没有充分准备好。

"伤残"通常被定义为是因为生病或受伤，给身体或精神上造成的缺陷。伤残既有可能是不完全伤残，也可能是完全伤残，前者意味着不能从事特定工作或发挥特定功能，后者则是完全不能工作。

根据美国伤残委员会的数据，每10个参加工作的人当中，有3个在退休前会发生伤残，每7个人中有1个人在退休前伤残持续时间会达到5年及以上。关于伤残，一个普遍的误解是伤残基本上都是因为意外或受伤而导致的。很多人认为因为他们并不从事危险性工作，并不开展危险性活动，所以他们不需要伤残保障。然而，美国伤残委员会的报告指出，只有10%的伤残是由意外事件或受伤造成的，其他90%都是由于严重疾病造成的。这项惊人的统计数据告诉我们，短期和长期的伤残保障是必要的，尤其是如果一个人是家里的顶梁柱，家庭亟须他的收入进行日常开支时，伤残保障必要性就更强了。

大多数雇主都被法律要求为雇员提供适当形式的短期伤残保险或补偿，这类由雇主提供的伤残保障覆盖程度非常有限，且期限很短。如果因为任何原因受伤或生病，且持续时间较短，则短期伤残险可以进行赔付，以弥补工资收入的下降，且这一补偿只适用于在工作期间导致的伤残。一定要知道，很少有雇主会为员工提供长期伤残险保障，因此伤残保障的任务就落在你自己的肩上了。

根据你所在州的法律规定和雇主给你提供的伤残保险情况，你可能会发现伤残保险保额不足以覆盖家庭基本开支，而且根据各州情况，雇主是否会提供短期伤残保险也是各不相同。

纽约州要求雇主为员工在工作时间外的伤残或重疾提供短期伤残险保障。以纽约州为例，短期伤残保险赔付金额只有170美元/周或雇员工资收入的50%（按照孰低原则进行确定）。自伤残之日起，伤残保险开始赔付，但赔付在26周之后停止。如果6个月内这笔伤残赔付金不足以支持日常生活，那么就得早做准备了。

社会保障伤残赔付

社会保障管理部门对于伤残的认定标准，与一般意义上的伤残定义和保险公司的伤残定义都有所区别。社会保障管理部门只对完全伤残进行赔付，而对于不完全伤残和短期伤残均不进行赔付。

在社会保障体系下，认定伤残主要基于是否有能力工作，只有满足以下条件他们才会认定为伤残：

- 没有能力从事以前从事的工作；
- 社会保障管理部门认为其因为健康状况无法胜任其他工作岗位；
- 伤残已经持续或预期持续时间为至少 1 年，或可能导致死亡。

从以上可以看出，社会保障管理部门在认定是否符合伤残标准时用了更严格的标准。在这一体系下，社会保障相关规定事实上是假定工人的家庭已通过其他渠道获得短期伤残保障，包括家庭储蓄、雇主补偿和短期伤残保险等。

为满足社会保障伤残赔付标准，需要通过两项测试：第一项测试是"近期工作年限"测试。这项测试以伤残时的年龄为基础，测试最近几年的工作时间。例如，如果伤残时不足 24 岁，那么在过去 3 年内至少应该工作 1.5 年；如果伤残时超过 30 岁，那么在过去 10 年内应当至少工作 5 年。

第二项测试是"工作持续时间"测试。这项测试主要是评估被测试人的工作总时间。一般来说，42 岁以下的人，只要通过了"近期工作年限"测试，就可以通过"工作持续时间"测试；而一旦过了 42 岁，如果想要通过"工作持续时间"测试，则每过一年就要增加一个季度的工作时间。例如，为了通过"工作持续时间"测试，46 岁的受益人自 21 岁起必须至少工作 6 年，而 50 岁的受益人则必须至少工作 7 年，其中必须至少有 5 年是伤残发生之日的前 10 年内获得的。

社会保障管理部门使用一个四等分系统（quarter system）来计算工

作时间，且以个人年收入为基础来进行计算。在 2018 年，每赚得 1 320 美元就计 1 分，如果赚够了 5 280 美元，就可以获得当年的全部 4 分。

由于商业性保险公司会制定自己的伤残认定标准，所以完全可能出现商业性保险公司认定为伤残，但社会保障管理部门不认定为伤残的情形。想要获得社会保障的赔付，社会保障管理部门要求申请人满足没有能力从事几乎所有工作的苛刻条件，而保险公司可能只需要申请人满足没有能力从事特定类型或专业工作的资格即可。

社会保障管理部门对退休人员、伤残人士、生还幸存者和被扶养人的赔付，初衷都只是搭建一个安全网，用于弥补收入下降带来的部分损失。仅依赖社保伤残保障是远远不够的，这也是为什么通过保险公司购买一份长期伤残保险非常重要的原因。

长期伤残保险

如果人们发生重大疾病或严重受伤，长期伤残保险可以一定程度上保障因为收入下降带来的风险。对很多人来说，伤残发生后，伤残保险赔付可以确保他们的收入水平不会发生显著变化，这一点确实十分有必要。如果没有适当的保险保障，长期伤残可能会使家庭财富被洗劫一空，财务自由也变得遥不可及。你需要考虑，如果没有你的工资收入，你和家人能否还能照旧生活得体面。如果答案是否定的，那么你即刻需要找到适当的保险保障，这是家庭健康风险管理解决方案的不二之选，这显然是"必需品"而不是"非必需品"。

当发生意外事件导致人们不能工作，如果保险公司赔付额最高可以达到收入的 60%，这是最理想的，这可以在伤残或意外发生后对生活质量形成保障。

你购买的保险保障的应该是"既有职业"而非"所有职业"，这也是市场在售的商业保险保障和社保管理部门提供的保障之间最大的区别。在"既有职业"下，如果不幸发生伤残事件，并且不能从事当前这份职业，商业保险公司不会考虑其能否从事其他职业，就会直接选择赔付。而在"所有职业"下，只有当伤残人士不能从事所有职业时，保险公司才会选择赔付。

在考虑长期伤残保险时，应当购买经保证的、不可取消的、可续保的产品，否则，保险公司是可以取消保单的。如果购买的是经保证的、不可取消的、可续保的产品，即使是被保险人发生伤残的概率明显上升，保险公司也不得增加保费或改变保障条款，保险公司还不得找理由取消保单，当然，被保险人断缴保费的情况除外。

此外，长期伤残保险还应包括剩余赔付（residual benefit）条款，即保险公司会保证按照伤残发生前工作收入的一部分比例进行赔付。生活水平调整条款在长期伤残保险中也十分重要，这可以通过附加条款的方式加在保单中，通常也意味着需要多付一些成本。这一条款规定在不需要进行额外身体检查的前提下，未来的赔付额将根据通货膨胀的变化进行定期调整，进而提高保障程度。

免责期条款，是指在保险生效后的一段时间内，被保险人受到了伤害或发生了严重疾病，但保险公司可以无须赔付。60天的免责期是比较理想的，但你也可以选择90天的免责期，这样保费会更低一些。我建议只有家庭储蓄足以支持正常生活90天以上的人使用90天免责期条款，这也是为什么我在本书第一章中建议，为应对紧急突发情况，家庭的流动性现金保有量至少应能应付3~6个月的日常开支。

本质上，现金储备就是对短期伤残可能性的一种自我保障。如果你现在还没有这些紧急现金作为储备，那你应该朝着这个方向努力，确保有充足的现金储备给个人和家庭提供足够保障。

人寿保险

人寿保险就是为年轻人提供的必要保障，以防止家庭支柱过早身故。随着人们年纪变大，退休金已经备好，孩子逐步长大成人，就不再需要人寿保险的保障了，人寿保险保单就可以取消。我相信，对很多人来说，这就是人寿保险在现如今社会中发挥的功能所在。在我看来，大多数人不应将人寿保险作为储蓄策略，如果你是单身并且没有需要扶养的人，根本就没有必要买寿险。

在决定是不是要买寿险之前，要问自己四个问题：

1. 我真的需要吗？

2. 我需要多高的保障额度？

3. 我需要的保障期限是多长？

4. 什么类型的寿险保单最契合我的需求？

先看一下自己的现金流量表（本书第三章中已有介绍），然后想象一下，如果发生变故导致家里某个或全部赚钱的人身故，他们的收入中断了，家庭现金流量表会发生什么变化呢？其他家庭成员的收入能否支付家庭债务，能否按照过去的规划正常生活呢，例如支付子女学费？如果其他家庭成员有足够的钱维持正常生活水平，那么你就不需要购买寿险。相反，如果其他家人的收入不足以维持正常生活水平，你就需要通过购买适当类型和金额的寿险，来弥补这一不足。

实事求是地讲，寿险其实应该被称为"收入替代保险"更合适，毕竟寿险保单不能让死人复生，它只能用于弥补因人身故导致的收入下降。一般而言，很多寿险公司顾问会建议寿险保额至少为年收入的10倍，这样被保险人发生身故时，其他家庭成员可以使用这一笔钱进行正常生活。寿险保额多少合适，这取决于几个因素，包括：

被保险人当前收入是多少？

被保险人身故后其他家庭成员每年生活需要多少钱？

其他家庭成员对这一笔钱的需求，需要持续多少年？

在这一段持续的时间内，预期通货膨胀率是多少？

家庭成员获得这笔寿险赔付金后，每年的投资收益率为多高？

在被保险人身故之时，家庭成员有哪些一次性支出？

为了让你更好地确定寿险保额，可以参考以下例子。假设被保险人当前收入为税前 10 万美元/年，如果被保险人身故，家属每年需要 75 000 美元以维持正常生活水准。我们假设家属需要这笔钱的持续期限是 15 年，因为届时住房抵押贷款就已经还完并且子女已经大学毕业，长大成人。假设家人投资这笔钱的年化收益为 5%，还假设被保险人已经预备了办葬礼等开支，为了简单起见，不考虑通货膨胀的影响。在上述变量确定的基础上，我建议你用金融计算器计算一下理想的寿险保额，计算过程如下：

上述假想的情境也可以这么来描述，为了保证未来 15 年每年都有 75 000 美元的资金收入，且投资回报率为 5%，现在需要投入多少钱？这是一个年金现值因子计算问题，本书第十二章的表 12.5 中有教你如何进行计算。

第一步，先输入 5%；第二步，输入 15 年；第三步，在 5% 那一列的第 15 年那一行找到年金现值因子，为 10.37966；第四步，在年度现金收入中输入 75 000 美元。然后，用 75 000 美元乘以年金现值因子 10.37966。

根据得到的结果，被保险人近似需要 778 475 美元寿险保额，因为前文计算出来的结果仅仅是基于非常粗略的估算，建议将这一数值四舍五入至 800 000 美元。

有很多种方法可以用来估算家庭所需的寿险保额，而且在估算的时候，还有很多其他因素也需要被考虑进去。金融计算器有助于帮你进行更加复杂的计算，例如，你可以在 www.calcxml.com/calculators/life – insurance – calculator 上使用金融计算器，该网址包含了很多"如果怎样，将会怎样"的场景分析。这个网上计算器会给你提供一个寿险保额的合理估算。购买寿险产品实际上给个人和家庭提供了重要而充足的安全保障，如果你购买的是定期寿险，你会惊讶地发现，即使是一份大额保单，价格也是在可承受范围内的。

定期寿险

我坚信，对于绝大部分群体来说，定期寿险是最好的寿险产品，它与终身寿险相比确确实实是更加便宜。定期寿险可以在可承受的价格范围内给被保险人提供最高额度的保障，是保障家庭生活非常有效的方法。

在人们不幸身故后，总是希望家人能够有足够的收入来源，来进行正常生活。如果一个人储蓄了足够多的钱，他也就不需要购买寿险了。所以说，在没有去见医生或者是做身体检查之前，不要轻易取消寿险保单或者是修改寿险条款，因为身体状况会影响寿险赔付的概率，也是影响人们是否继续持有寿险保单的重要因素。等到你已经实现财务自由、并且准备退休了，你也就没有购买寿险，支付寿险保费的需求了。

定期寿险主要在特定年限提供人寿保障，通常是 1～20 年，一旦寿险保单已经过期，投保人可以不需要证明自己的保险资格，直接续保，不过续保保费通常更高。如果被保险人在有效期内身故，保险公司会将寿险保费支付给受益人。被保险人年龄越大，定期寿险保费越高。等到 70 岁的时候，定期寿险的保费将会升值到非常高的水平，如果规划得当，人们一般也就不再需要寿险了。根据个人具体情况和自身需求，可以选择持平型、每年保证可续期型、缩减型或增长型定期保险保单。

持平型寿险保单是指在被保险人选择的期限内，保费会保持不变，通常期限为 5 年、10 年、15 年或 20 年。

每年保证可续期型寿险保单，是指每年年末进行保单续期时，保费会根据年龄情况进行调整。

缩减型寿险保单是指逐年减少寿险保额。在家庭的经济支柱过世后，只要住房按揭贷款可以被偿清就足够了，随着住房抵押贷款余额逐年减少，缩减型寿险保单就可以让家庭成员感到心安。有时缩减型寿险又被称为"按揭型保险（mortgage insurance）"，但它确实是定期寿险。这种类型的保单刚开始有一个特定的寿险赔付金额，此后随着保单到期，赔付金额会逐年下降，这也是跟住房抵押贷款余额同步下降的。

增长型寿险保单是指寿险保额逐年上升的保单，如果有这方面的需求，也可以选择购买。

在寿险保单的期限选择方面，要确保在被保险人身故后，保单期限足以覆盖家庭成员的正常生活保障。

终身寿险

如果你不想购买定期寿险，那么终身寿险可能更符合你的需求。终身寿险包括三类：终身险、万能险和变额险。其中，对于终身险和万能险，保险公司对保单的现金价值进行投资，被保险人会获得一定收益。相反，变额险保单会提供类似于共同基金的多种投资选择，被保险人可以从中选择一种，对保单的现金价值进行投资。

这些保单的最大优势，就是被保险人购买具有现金价值的保单，保单价值会逐年增长，并且是税收递延的，这与固定或可变年金很类似。

终身险：现金价值保单，也被称为终身险保单，是一种可以覆盖整个生命周期的终身寿险。终身险的保费定价会根据具体情况而定，因为寿险公司知道他们迟早会赔付（除非被保险人不缴纳保费而让保单自动失效）。这类保单是有现金价值的，即保险公司每年收到保费收入后，扣除掉管理费、利润和赔付成本后，将剩下的部分存入储蓄账户中的这一部分价值。所以，终身险本质上就是一份不会过期的定期寿险，并额外附加一份储蓄计划。终身险只是一种成本较高、可以税收递延、有时还能享受免税优惠的储蓄账户。

万能险：这是终身险的变种，它与终身险的区别在于保费投资收益没有稳定保障，而是浮动的。像终身险一样，保险公司主要负责进行投资决策。

因为终身险保单和万能险保单都有时间价值，所以，如果被保险人决定退保或者是在身故前临时突发需要用钱，都可以提取现金。但是，如果购买寿险的目标仅仅是为了储蓄，那其实你有很多更好的其他投资选择。

变额险：变额险是过去数年迅速发展起来的险种。经验告诉我，这种类型的保险只适用于一小部分的客户。尽管变额险能让一些客户受益，但也要重点关注变额险保单中拼凑起来的各种条款，在购买变额险之前，要确保自己充分理解这一产品的成本和收益①。

定期寿险和终身寿险的比较：在大多数情况下，最有效的策略就是买一份定期寿险，寿险的期限一直持续至退休年龄。如果你不打算买更昂贵的终身寿险（无论是终身险、万能险还是变额险），你就可以把省下来的钱存起来，等退休了再用于消费。如果你将这部分省下来的钱用于为雇主提供的养老金计划缴费，或者是存入个人退休账户，那么这笔钱就是税前储蓄，可以享受税收递延收益。这会极大地缩短你实现财务自由的时间（本书第八章"如何规划退休生活"中有详细介绍）。

第二生命寿险

第二生命寿险也被称为生存者寿险，该保险产品对两个人进行保障（通常是夫妻），一直到两位被保险人都身故，保险公司才会赔付。如果你拥有大规模的财产，而财产继承会产生高额的遗产税，那么这类保险品种就很值得考虑了。最常见的第二生命寿险产品类型是万能险，也就是终身寿险的一种。你也可以购买10年、20年或30年期限的可转换为终身险的第二生命定期寿险，这有助于减轻保费缴纳压力。记住，这类保险的首要目的是为了进行财产规划，因此，没有被保险人希

---

① 在投资之前，你应当考虑变额险的风险和收益，该保险品种会涉及注册费、维护费、管理费、退保费、死亡风险费和可选赔付费。跟其他投资类似，在投资变额险计划前要充分考虑其目标、风险、费用、支出等因素。

望活得比寿险的期限还长。第二生命终身寿险产品也就是因为这个目的而开发出来的。

如果你将一份定期寿险保单转换为终身寿险保单，这一策略刚开始保费是更低的，但一旦行使转换权，保费就会上升，你最后支付的保费甚至会多于直接购买终身寿险，只有在不行使转换权的情况下，保费才会更低。如果你想要走"定期寿险转终身寿险"这一条路径，那么你必须购买一份不会限制你行使转换权的保单。很多保险公司只允许你转换成该公司更昂贵的保险产品，进一步加重了行使转换权的费用负担，他们这样做主要是因为那些行使转换权的人，通常是因为身体突然发生了意外状况。

联邦税法允许人们在去世时将任意规模的钱留给自己的另一半，当另一半去世时，他们的遗产就要被征收联邦税，而且必须是在另一半去世之日起 9 个月内完成缴纳。第二生命寿险理论上可以用于弥补这一部分遗产税支出。

如果你有大规模的净资产，并且相信这一笔财产将来会被征收高额遗产税，那么终身寿险产品就是你的正确选择。尽管大多数人只需要定期寿险，但高净值人士通常会利用终身寿险来避税。使用终身寿险和不可撤销人寿保险信托（ILIT），你就可以最大限度地保护家庭财产（第十章"如何传承家庭财产？"中对如何利用寿险进行财产规划进行了详细介绍）。

根据前文介绍你会发现，在人生的不同阶段购买合适的寿险产品，是高质高效开展财务规划的重要组成部分，正确的选择会让你加速实现财务自由。你必须始终记着区分"需要"和"想要"，人寿保险也许是人一生中最无私的"需要"，因为你自己个人并不会从中得到任何好处，而主要是为了让所爱之人活得更好。

购买保险产品

在购买保险之前，要有充分的研究和了解，比较不同保险公司和不同保单，确保你买的保险产品确实符合自己的需求，并且价格合理。本书第六章"如何保障财产安全"中对如何购买保险产品进行了专门介绍，可以参考该节内容了解更多详细信息。

如果你在用保险保障自己的健康和人身的时候，没有关注税收后果，那你可能交的税会比税收法律要求的还要多，这就是为什么你需要将税务筹划作为整体保险策略的一部分。在运用财务规划方法时，利用好"节税超额收益策略（升级版）"，通过适当的风险管理措施实现财富最大化。

如何保障生命健康之节税超额收益策略（升级版）

以下税务策略有助于帮你实现财富积累的指数化增长，最终让你实现财务自由。

充分利用雇主替你缴纳的医疗保险保费，这是一种免税的额外福利，这些医疗保险保费100%由雇主扣除，并且对你来讲是免税的。而保险公司的医疗费用赔付对你来说也是免税的。

在新的税改法案下，2017年和2018年医疗费用税收抵扣增加了。2017年开始，调整后总收入超过7.5%的部分可以进行税收抵扣，而2019年开始，这一比例提高到10%。这就是为什么利用雇主提供的医疗保险和健康储蓄账户如此重要，因为你可以税前支付这些医疗费用。

医疗费用分项扣除的门槛从调整后总收入的10%降至7.5%，例如，如果你的调整后总收入为8万美元，医疗费用超过6 000美元的部分可以抵扣，而在旧的税法下，超过8 000美元的部分可以抵扣。这是新税法下少数效力可追溯至2017年的条款之一。

奥巴马医改法案的处罚条款将被取消，生效日期为 2019 年 1 月 1 日。新税改法案废除了个人必须购买健康保险否则将面临税务处罚的强制令，遗憾的是，奥巴马医改法案的处罚条款如果在 2018 年年底之前没有被彻底废除，则还需要在 2018 年年底前进行再次评估。

如果你购买的健康保险是符合开立健康储蓄账户的高自付计划，你应当开立健康储蓄账户，并且将可税前抵扣的资金存足，为未来的医疗开支做准备。2018 年，个人每购买一份保单可以在健康储蓄账户存 3 450 美元，一个家庭则可以存 6 900 美元。如果你和你的另一半已经 55 岁及以上，则每人可以在健康储蓄账户中存入 1 000 美元可税前抵扣的钱。

长期护理保险产品的保费可以部分或全部税前抵扣，这主要是考虑被保险人年龄以及调整后总收入限额（该限额与医疗支出的限额类似）。将符合条件的长期护理保险保单赔付额用于弥补特定支出的，这笔赔付额可以不计入收入，因而可以享受税收减免。2018 年，符合条件的长期护理保险保费可以作为医疗费用予以税前抵扣，抵扣上限与年龄相关（不足 40 岁的，抵扣上限为 420 美元；41～50 岁的，抵扣上限为 780 美元；51～60 岁的，抵扣上限为 1 560 美元；61～70 岁的，抵扣上限为 4 160 美元；超过 70 岁的，抵扣上限为 5 200 美元）。

2018 年，符合条件的长期护理保险给个人受伤、生病的赔付，每天最多可以有 360 美元可以不计入上述抵扣的额度内。

对因工作原因导致受伤或生病的，员工赔偿收入免税。

在满足一定条件的基础上，你可以免税地进行特定保单交易（这就是美国税收法典第 1035 章所讲的免税交易）。一般来说，你可以用一份寿险保单与另一份寿险保单进行交易，也可以与养老保险保单、年金保单等进行交易。你还可以用一份养老保险保单与另一份养老保险保单或年金保单进行交易，或者是在同一受益人的条件下用一份年金保单与另一份年金保单交易。你可以咨询保险顾问了解更多详细信息。

在被保险人去世后，受益人获得的寿险赔付通常是免所得税的。但是，如果没有精心安排，寿险赔付金额可能会被征收遗产税（40%的税率），受益人收到的赔付额只能是税后金额。通过设立不可撤销人寿保险信托（ILIT）可以解决这个问题（详见第十章"如何传承家庭财产"）。

如果你在寿险保单的末期生病了，你也许可以从寿险保单中支取现金来支付医疗费用及生活费。如果你的保单没有加速赔付条款，你可以将保单卖给保单贴现公司而无须纳税。保单贴现业务是指被保险人将保单卖给保单贴现公司，从而在活着的时候就可以获得一部分寿险赔付金额。在被保险人去世时，保单贴现公司获得寿险赔付。

如何保障生命健康之行动计划

1. 如果你的雇主为你提供了健康保险，确保你了解这一保险计划的全部情况。如果你对这一保险计划的详情不完全了解，可以和人力资源部门的同事聊一聊，让他给你做详细介绍。

2. 如果你的雇主为你提供健康保险，确保保险赔付金额足以充分覆盖个人和家庭的医保需求。如果不足以覆盖的话，建议购买补充医疗保险或其他保险。

3. 熟悉不同类型的健康保险计划：服务收费保险计划、管控型医疗保险计划、健康折扣保险计划和政府部门保险计划等。

4. 如果你快满65岁了，要加强对老年保健医疗的了解。至少要在满65岁前提前1个月申请老年保健医疗，这样你就可以在65岁生日当月的第一天就可以享受到老年保健医疗的保障。一旦申请，你就自动享受老年保健医疗A部分的保障了，但你也要明确是否想要获得老年保健医疗B部分和D部分的保障。

5. 查看雇主是否提供了长期伤残保险，作为给员工的福利，因为团体保费是显著低于个人保费的。

6. 如果你必须自己购买长期伤残险（通常很昂贵），可以考虑先买一份小额保单，并且在未来增加附加险。

7. 在购买长期伤残险时，有一些降低保费的方法，例如，保险期限只覆盖到 65 岁而不是终身，预付保费或是将一些需要治疗但不会造成永久性伤残的慢性病排除在外等。

8. 如果你已经年过 50 岁，或者有父母需要照顾，或者有大额资产需要保障，那你一定要考虑购买长期护理险。

9. 仔细分析你是不是有购买寿险的需求。

10. 理解几种最基本寿险产品的优势和劣势（包括万能险、终身险和定期寿险等）。

11. 如果你在保险购买的选择上遇到困惑，可以考虑向保险经纪人或保险顾问进行咨询。

12. 一定要在旧保单失效之前购买新的保单，不要有保障空窗期的存在。

第六章　如何保障财产安全

获得财产是每个人的天赋权利；保护已获得的财产是每个人的社会权利。

——詹姆斯·麦迪逊
美国第四任总统

为自己的房屋、汽车买上一份保险不仅是必要的选择，而且在某些情况下也是法律强制要求的。这一章内容将会帮助你分析保险需求，以确保获得足额的保险保障。通过一些合理的风险管理策略来保障财产安全对于实现财务自由非常重要。在人的一生中，所处不同阶段所积累的财产类型和财富积累水平会有差异，对保险种类和保障水平的需求也各不相同。

三大类主要保险包括：

1. 房屋保险

2. 汽车保险

3. 伞式责任保险

每个人的状况不同，所适合的保险品种不同，对应的保险条款不同，以及所需要的保险保障程度也不相同。首先，你需要在保险经纪人的协助下，充分评估个人需求，以充分认识个人所需要的保险保障程度。值得注意的是，你应该确保新的保险条款在旧保险失效前生效，以免因为操作问题而让自己暴露在没有保险保障的情形。

保险可以在意外发生时保护你和家人。按时缴纳保费也是在不断给你吃定心丸：如果意外或者疾病袭来，你的财产和家人都会在保险的保障之下。

下面我将分享一个故事，这个故事恰好说明了财产险和意外险有多重要。这也是本书中最悲惨的故事，但是我觉得对于你理解保险的重要性，非常有必要一读。

案例：不购买保险导致一辈子的积蓄很快耗尽

故事的主角是我的一位客户，她是一位医学博士，一直在从事儿童癌症方面的工作。同时，她也是我认识的人当中最乐于助人、富有爱心的。她把儿科疾病当作一生的事业，没有结婚也没有生育。年近 50 岁，她觉得生命中仿佛缺少了点什么，于是她做出收养一个孩子的大胆决定。下文我将用大心脏博士来代指这位客户。

大心脏博士开始了漫长、曲折的收养之路。在经历几次失败之后，她终于找到了一位心仪的小姑娘，这个三岁的小姑娘叫塔妮娅（Tania），生活在俄罗斯的一家孤儿院。塔妮娅是一位非常漂亮的小姑娘，棕色的头发、蓝色眼睛。这个瘦弱的小姑娘穿着破旧的衣服，泪眼汪汪。不过她第一次看到大心脏博士努力挤出了笑容，大心脏博士也留下了激动的眼泪，因为她一看到塔妮娅就知道，这就是她想要找的孩子。

大心脏博士告诉工作人员她想收养塔妮娅的想法，但是被告知完成收养的流程至少需要 6 个月时间。同一天，大心脏博士也发现小塔妮娅对一位叫约书亚（Joshua）的 2 岁男孩非常亲近，这个男孩是塔妮娅的弟弟。第二天，大心脏博士实在不忍心分开两个孩子，留下小约书亚孤苦伶仃。于是，大心脏博士决定申请同时收养这两个孩子，并完成了相关申请流程。

事情缓缓推进，整个流程在 6 个多月后终于完成，在此过程中，大心脏博士为此事 6 次往返俄罗斯，每次都没能成功带回两个孩子。最终，大心脏博士终于如愿以偿挽着两个孩子坐上了从莫斯科回美国的飞机。大心脏博士表示，这一天是她人生中最重要的一天。

大心脏博士看着孩子们一天天长大，也经历着为人母的种种幸福和烦恼。不过这些让她感受到了人生的意义，实现了人生的完满：一面是儿童癌症工作，一面是她的家庭生活，都让她感受到生活的幸福。

在塔妮娅 17 岁的生日那天，大心脏博士送给女儿一辆新车作为礼物。塔妮娅也考了驾照，成为一名合格的司机。6 个月后，塔妮娅和男朋友闹矛盾了，男朋友提出和她分手。塔妮娅心烦意乱，开着她的新车在路上超速行驶。恰巧路边一位男士下车，塔妮娅的车旋转失控，撞死了这位男士。塔妮娅的车也在剧烈的碰撞中翻车，塔妮娅在这场意外中当场死亡。

大心脏博士得到这个噩耗后，迅速赶往医院。当急救医生告诉她塔妮娅的不幸，大心脏博士的精神彻底崩溃，然后止不住地大哭。由于过度悲伤，大心脏博士当场窒息，必须在医院接受观察。她刚经历了所有家长的噩梦，白发人送黑发人。这个意外给她们的家庭带来沉重的打击：约书亚永远失去了他的姐姐，大心脏博士失去了女儿。大心脏博士经历了巨大的悲痛，眼神和表情里都写满了失去亲人的悲怆。

就在她女儿去世一个月后，大心脏博士收到了事故中丧生的那位男士家庭的起诉。诉讼要求大心脏博士为不幸丧生的男士家庭支付 500 万美元赔偿费。这时，大心脏博士找到我寻求建议，我向她询问了汽车保险以及其他人生意外险的一些条款情况。真是祸不单行，大心脏博士并没有足额的保险覆盖，她仅有一个基础的汽车险，而这个保险只能有 30 万美元的人生意外保障。我问她是否购买针对个人的伞式责任保险，大心脏博士说从没有买过这类保险。

我担心的情况还是发生了，汽车保险公司看了大心脏博士的理赔申诉后，告诉她：保险公司只能支付已全额覆盖的 30 万美元，其他部分无能为力。大心脏博士不得不额外支付费用聘请一位律师来帮助她应对 500 万美元赔偿的官司。

这场事故不仅夺走了她的女儿，留给她无限悲伤，而且现在她还得应对这场可能将她一生储蓄席卷一空的官司。这场官司持续了 2 年，最终她支付了 8 万美元的律师费并向诉讼家庭支付 80 万美元和解费，这其中保险公司只能覆盖其中的 30 万美元。万万没想到，在 67 岁的时候，她不得不从自己的养老金储蓄中取出 58 万美元。大心脏博士说，这还并不是最糟糕的，此后每天都要面对不堪重负的生活压力。大心脏博士现在已经 70 多岁了，依然承担着各种兼职工作。因为她的退休金已经被这场事故耗费殆尽，大心脏博士再也无法享受正常的退休生活。

关于财产保险和人身保险的重要性，无论如何强调都是不为过的。你应当现在就联系你的保险经纪人，如果你还没有购买合适的伞式责任保险，必须立马行动起来。风险管理是实现财务自由的重要的前提。下面我将就三大类主要风险管理产品进行阐述。

房屋保险

房屋保险需要能够覆盖火灾、风暴、盗窃以及其他意外造成的重建或者修缮费用。标准条款可以覆盖房屋本身以及房屋室内物品（家具、衣物等）的价值，后者通常是前者保额的 50% ~70%。因此，如果你给房屋买了 30 万美元的保险，那么就需要额外为你的室内物品增加一份 15 万 ~21 万美元的保险。

房屋保险还可以覆盖室内和室外发生的一些财产损失或者人身伤害。

财产险

现金价值保单是指对损失财产原值减去折旧部分进行补偿；置换

成本保单是指保险公司必须对损失或者破坏的财产的置换价值进行补偿。例如，如果你的一个房间着火了并且这个房间里的所有家具也都烧毁的情况下，保险公司首先会了解当初购买这些家具花了多少钱。假如当时你购买家具花费 5 000 美元，家具使用了 10 年，在现金价值保单的保险条款下，保险公司可能对这些家具的现值估算是 2 000 美元，也就是保险公司对你的补偿只有 2 000 美元，因为毕竟这些家具已经使用 10 年了。

相反，如果当初你签订的置换成本保单，保险公司至少赔偿你 5 000 美元，甚至考虑到通货膨胀、价格上涨等因素可能会赔偿金额更多，赔偿金额很有可能会达到 7 500 美元。一个是 2 000 美元的赔偿，另一个是 7 500 美元的赔偿，所以你是愿意获得哪个呢？

当然，你也需要考虑到置换成本保单的保费要高于现金价值保单，但是保费的微小差异对于发生损失时所获得的全额赔付来说是绝对值得的。在我看来，你应该尽量优先选择置换成本保单，因为这样的条款才能对你的损失有更充分的补偿覆盖。

如果你的房屋损毁并且不能居住，保险还会对房屋修缮期间的临时居住（旅馆或者短期出租）等费用进行覆盖。值得注意的是，洪水保险需要额外签订相关条款，因为该项不在标准保险条款覆盖范围。

多数房屋保险条款都是在 HO - 3 合同表格下。HO - 3 合同是一份标准保险合同，你在任何一家保险公司购买该保险，保险合同都一样的。具体来看，HO - 3 的保险保障范围如下：

- 房屋保险：覆盖大多数情况下的房屋损坏，个别条款规定除外；
- 对个人财产造成损失的"指定险种"：仅针对保险合同条款中规定的风险事故造成的个人财产损失进行补偿。例如，你居住地不是地震活跃区域，但是你担心火灾、偷盗、洪水，以及冰雹等灾害带来损失，你就可以选择对这些自然灾害的风险事故进行投保，而将地震排除在保障范围之外。

● 珠宝偷窃保险：不同州的情况不同，一般保额为 500 ~ 2 000 美元。主要的保险产品通常不保障珠宝丢失所造成的损失。通常只有在发生入室抢劫的情况下，房屋保险才会对这部分损失进行补偿。

通过保险批单（endorsement）增加额外保障　如果你希望提高保险对个人财产的保障程度，以及防止个人身份信息被盗取，保险批单可以助你提高额外保障。你可以提高对珠宝、皮草、黄金、银器以及枪支等物品的保险保障程度。

正确选择免赔额和立案要求　普通的房屋保险只能对常见的大部分意外进行保障（具体在本章开篇已经介绍），对于一些像玻璃被邻居家小孩踢球砸碎的小事故，则并不在保险申诉立案的范畴。当然，你也可以尝试对这些小事故向保险公司进行理赔，通常理赔一件并不会提高保费，或者被保险公司拒绝。但是，如果你多次申请，哪怕只是两次都有可能导致保险公司下一年上涨保费，甚至对你的房屋保险进行拒保。最好的办法是你可以对不超过一定金额的财产损失设定免赔额，免赔额越高，你的保费也会越低。当然，对于不超过免赔额的损失你需要独自承担。一般来说，标准条款下免费额是 1 000 美元，我建议你可以提高至 2 000 ~ 5 000 美元，甚至你可以根据自己可以负担的情况提高到更高水平。反正你本来就不太可能在一般保险条款中对小额损失申请理赔，为何不主动增加免赔额条款来节省保费呢？省下的保费都可以覆盖小额损失了。

责任保险

责任保险保障的范围，是当你对他人的人身或者财产造成意外伤害或者损害，面临受害人的追偿时，保险可以代你进行一定额度内的偿付。例如，你是一位非常勤劳并且对房屋周边环境有着很高要求的人，每逢下雪你都是第一个出门铲雪、融雪、保持周边道路清洁的好邻居。但是某一年的感恩节，在暴风雪来临时你们全家却出远门旅行；当然，当你不在家时，是没有办法再清扫房前屋后的积雪，并继续为小区服务的。恰巧这个时候，有一位老人经过你家附近不小心摔倒了，并且摔伤了腿骨，需要立刻手术和治疗。面对这种情形，如果没有责任保险，你需要对这位老人的摔伤负责，将会面临承担几千美元的医疗费。

此外，你还需要对家庭访客购买责任保险。例如，你的孩子邀请小伙伴在家里一起玩，其中有一位小朋友不慎摔倒并且摔断了胳膊。那么你有责任承担对这个孩子的治疗费，否则将面临受伤孩子家长的起诉。

如果你的家庭财产存在"幸福的烦恼"特点，例如游泳池、热水浴池，或者可能给他人造成伤害的宠物等，你可以增加保险额度。

责任保险覆盖的保障条款和排除条款　　大多数房屋保险保障的范围如下：

* 访客的意外受伤，例如跌倒、摔伤等：如果受伤人向你提出赔偿，并且能够证明是非人为蓄意行为，你的投保公司都会对受伤人的损失以及医疗进行赔付。

* 由于你本人、家庭成员、宠物（包括你不在家时）对别人造成的伤害或者损失。

房屋保险一般不能保障的情形如下：

* 蓄意行为造成的损失：蓄意行为是典型的不能被保险覆盖的范围。例如，你的邻居把车停在你的门口，然后你很生气要教训一下邻居，用棒球棒将其打伤。类似这种蓄意暴力造成的伤害是不在保险范围的。

* 已知风险：由于没有采取合理的预防措施来维修、改正，以至于造成的损失，这是不能被保险保障的。保证有足额的房屋保险覆盖对于财务管理来说非常重要。如果没有保险保障，可能造成重大资产损失并且损失可能无法挽回。更有甚者，如果由于你个人的一些过失对他人造成伤害并且被受害人起诉，那么很有可能给你带来破产的命运。

汽车保险

汽车保险是一种强制险，并且会根据你所在州的政策不同，各州对具体汽车险种的保障程度要求不同。一份汽车保险保单通常有 7 种不同的风险保障类型，每种对应的投保定价也不相同。一般来说，这些风险的投保价格会由于你的一些个人情况差异而价格有所差别，这些因素包括你的居住地、汽车种类或者型号、驾驶记录（例如是否有过车祸记录或者吃过警察的罚单），以及个人的信用记录等。要想准确了解个人的汽车保险的投保价格，只能根据个人情况咨询报价。货比三家不吃亏，我建议你在买汽车保险前，至少要询问两家以上的保险公司获取报价。

1. 身体伤害责任险　保障的范围包括投保人在开车时对他人造成的人身伤害或者死亡。同时，还包括在事故中第三方对投保人发起的索赔诉讼。为保证你的个人财产安全，通过保险来免受车祸对个人责任的追究非常重要。值得注意的是，身体伤害险只对人身伤害进行补偿，并不会对车辆损失、维修费用等负责。通常，你会对你的所有爱车投保相同金额的保险保额。

2. 无过失司乘险　是指对投保车辆中的司机和所有乘客的医疗费用进行覆盖，不论事故中是否是过错方。

3. 未保险驾驶人保险　保障范围是事故责任方的车辆没有保险保障，或者出现司机肇事逃逸的情况下，给个人造成的人身伤害。在一些州，未保险驾驶人保险还会对你的车辆造成的损失进行赔付。即使你已经购买了无过失司乘险，再加上一份未保险驾驶人保险也非常有必要。你知道路上行驶的车辆中有多少是没有购买任何保险的吗？你知道后一定会非常惊讶！根据美国保险研究委员会近期报告数据显示，美国马路上有 13% 的车辆是在没有保险的非法状态下行驶！

4. 全车综合损失险　是保障车辆在被偷，或者在洪水、火灾、动物攻击等外部因素造成的损失，但是碰撞造成的损失不在保障范围。降低此项保费的策略是设置一个相对较高的免赔额，自己承担小额的损失。

5. 碰撞险　保障的范围包括投保车辆与其他车辆（或物品）撞击或者被撞造成的损失。根据经验来看，每年碰撞险的保费支出最多为车辆价值的10%。如果保费超过了这个数值，建议减少碰撞险的支出。同样地，如果你手里有足够的现金对碰撞导致的车损进行维修，你可以自己承担一个相对较高的免赔额。

6. 财产损失责任险　保障的范围为投保车辆对别人财产造成的损失，同时还包括面临的法律诉讼等。例如，如果你在家门口倒车时不小心把油门踩成刹车，结果撞进了邻居家的卧室，财产损失责任险就可以覆盖这些财产损失。

7. 租车补偿保险　是指你在租车时，投保人的车辆因发生前述全车综合损失、碰撞等事件而不能使用了，保险公司可以对此进行赔付。

保险行业使用速记法来记录每种保险的保障。例如，30/50/20的意思是：

- 3万美元/人的人身意外险
- 5万美元/次的人身意外险
- 2万美元的财产损失险

然而，对于标准的汽车保险最好不要低于100/300/50：

- 10万美元/人的人身意外险
- 30万美元/次的人身意外险
- 5万美元的财产损失险

美国大多数州都在使用无过失汽车保险制度，其他少部分州则是通过第三方制度来解决理赔。被保险人可以通过联系保险经纪人或者前往保险信息网站进行查询（www. iii. org），了解所在州使用的是哪个系统。这个网站建立的初衷就是为了提高大众的保险意识和认知，介绍保险是什么，如何运作等。采用无过失汽车保险制度的州要求不管被保险司机是否是过错方，保险公司先赔付：这也是为什么会被叫做无过失汽车保险。

即使你生活在适用无过失汽车保险制度的州，你最好还是为自己购买人身意外险，因为如果对他人造成的意外损失超过一定的保险额度，受害人就会起诉你赔偿差额部分。如果没有足额的意外险保障，突如其来的事故可能会导致你自掏腰包进行赔付。想想在本章开始介绍的大心脏博士的悲惨经历，足额保险是非常必要的。

如果你的孩子准备开车，一定要给他/她购买保险。保险公司了解年轻司机都是马路杀手，所以保险公司对年轻司机的保险费率较高。一旦你的孩子拿到驾照，你就可以向保险经纪人咨询相应的保险价格。如果早一点知道了年轻司机保险费的昂贵，你就可以选择等孩子长大一些再去考取驾照。

如果你执拗不过孩子们，他们还是要考驾照，那么你可以不给他们买车，因此你可以节省一笔保险费开支。如果你一定要给孩子买一辆自己的车，也可以考虑买二手车，因为让年轻的新手开价格更便宜的二手车会是更明智的选择。当然，如果你已经有了一辆旧车，也要确保车辆不能因为过于老旧而出现安全性问题，毕竟家庭成员的人身安全比省钱更为重要。

确保你已经向保险经纪人了解清楚了所有的保险优惠。对良好驾驶记录的保险费折扣，是年轻司机最容易拿到的；对低里程的保险费折扣，对于不经常开车的投保人来说也是非常重要的；此外，对司机的教育程度的保险费折扣也是对于少年和成年司机都适用。

保费金额，是保险公司基于统计数据以及你个人的数据共同来确定的。这些因素包括你的年龄、性别、居住地、汽车的品牌和型号、驾驶记录、信用记录等。尽管这些因素对于投保人来说是完全的外生变量，在买车之前你依然可以通过仔细分析来确定一些能够控制的因素。

例如，一辆红色雪佛兰的保费远高于一辆白色道奇小型货车。八缸汽车的保费必然要比六缸的要高，因为气缸的数量多决定了速度要更快。当你在为自己或者家人做分析来决定购买哪种汽车时，记得向保险公司咨询不同汽车的保费水平，这样可以帮助你做出更明智的购买决定，为你省钱。

我在第一章"如何做到量入为出"里提出的基本规则无论对于购买汽车保险还是购买汽车都是同样适用的。要经常审视自己：买下这辆车是因为"需要"还是仅仅因为"想要"？如果确实是"需求"，有没有价格更便宜的可以选择？一定要货比三家，挑选价格最合适的。

伞式责任保险

房屋保险、汽车保险以及船舶保险可以在一定额度范围内提供一定保障，但是在面临大额索赔时可能这些保障就不够了。一项突如其来的大额索赔不仅可能包括巨额的法律诉讼费用，还有最终的判决赔偿费用，这些将超过你的积蓄所能承受的范围。伞式责任保险就是一种可以在超过这些专项保险之外提供的第二层保护，一般伞式责任险会在房屋保险、汽车保险以及船舶保险已经赔付到最大限额并且依然不足支付的情况下启动使用。

例如，前面提到的大心脏博士，在面临巨额赔付时，她的保险就显得微不足道。在她女儿车祸中，被撞丧生男士的家庭提出索赔500万美元，但是大心脏博士的保险赔付上限只有30万美元。因为大心脏博士没有购买伞式责任保险，所以在面临巨额索赔她没有任何资源可以寻求帮助。

伞式责任保险就像是在第一个降落伞失效时的备用降落伞。伞式责任险可以在标准保险条款之外提供更多保障，以保证在意外发生后应对高额损失或赔偿。伞式责任保险的保额和保障的种类会根据不同

的政策条款设计、不同保险公司而各不相同。你需要在购买保险前确保
已经明确知晓哪些情况在保障范围，哪些不在保障范围。

　　个人的房屋保险、车船险以及责任险的保额加总至少应该不低于
个人的净资产总额。我认为，伞式责任保险是必须要购买的，我建议你
也购买一份，以确保得到足额保障。伞式责任保险的保额从100万美元
到500万美元不等，在某些情况下可获得更多赔付。而且，伞式责任险
的保费又很低，你可能一年花费100~300美元的成本就可以购买到100
万美元的保额，保额每增加100万美元保费增加的成本也仅在50~75
美元/年。

　　多数保险公司会要求你在购买超额责任保险前，已经有一定额度
的基础保险。因此，通常你需要升级原有的房屋险、车船险。多数的超
额险需要至少以下水平的保险覆盖：

　　● 汽车保险：每人30万美元、单次30万美元（人身伤害）、10万
美元财产保额

　　● 房屋保险：30万美元

　　● 船只保险（若适用）：①26英尺（7.92米）、发动机马力在50
以下，需10万美元保额的责任险；②26英尺（7.92米）、发动机马力
在50以上，需30万美元保额的责任险；

　　下面将为你介绍典型的伞式责任险的保障条款。仔细阅读并对比这些
条款，这对于投保人了解哪些在保险范围、哪些不在保险范围非常重要。

　　人身伤害险　　包括对他人人身造成的伤害，例如由以下情形造成
的医药费支出：

　　● 投保人作为过错方在车祸中对他人造成的人身伤害

　　● 投保人家里的客人受到人身伤害

　　● 投保人孩子的朋友在投保人的家里或草坪玩耍时不小心造成的
跌落、人身伤害等

　　● 投保人饲养的狗对他人造成的伤害

财产损失责任险　包括对他人财产造成的损坏或者损失，例如有以下相关的损失：

- 投保人作为过错方在车祸中对他人车辆造成的损坏
- 投保人的家人在意外中对公共财产或者他人财产造成的损失
- 投保人饲养的狗等宠物对邻居家沙发等家具造成的破坏或者损失

租赁财产保险　当你出租某项财产时，作为业主或房东，你可能面临的下列情况索赔：

- 有人在你出租房的门前冰面上滑倒受伤
- 有人被你的租客的狗咬伤

责任险覆盖的范围可以衍生以下索赔或者诉讼：

- 诽谤，或者中伤性的言论
- 恶意诬告
- 非法居留或者逮捕
- 其他

责任险常常被家庭忽视，其重要原因是人们忽略了孩子可能给家庭带来的影响。回想一下本章开始介绍的大心脏博士和她女儿的悲惨案例，作为家长，你需要对年幼不成熟的孩子的所有行为负责，而一旦年幼的孩子闯下祸事，遭遇意外或者死亡等事件，将会给一个家庭的财务状况带来毁灭性打击。孩子一旦成年，也就意味着在法律意义上不再是个孩子了，美国不同的州成年年龄界定不同，多数是 18 岁，也有少数几个州是 19 岁到 21 岁不等。

目前，平均每天美国有 1 万人进入 65 岁行列，数百万的美国人正即将步入退休年纪。他们有些已经实现了本书中描绘的财务自由的生活。然而，随便一项突如其来的诉讼都有可能将他们毕生的积蓄扫荡一空，正如大心脏博士的遭遇那样。

正如前文提到的，100 万美元保额责任险的保费仅需要每年 150 ~

300 美元，每增加 100 万美元保额增加的成本不过 50～75 美元/年。我认为这个保费的支出对于带来的保障和心安是相当划算的。

选购合适的保险产品

在你购买保险产品之前，一定要做足功课，要经常留意并对比不同的保险产品以确保可以以最优惠的价格下手。在货比三家的时候，一定要比较不同的保险条款的覆盖范围和局限性，对比一下这些保险产品的覆盖范围是否是一样，不同保单的免赔额是否一样。一般来说，保障范围越窄的保险产品对应的价格越低。当然，买保险也不能仅仅比较价格，低价的保险产品可能无法满足你的需求。一定要明确自己的需求，每年重新评估自己的需求，确保购买的保险产品依然还能满足你的需求。

通常来说，你可能会对比两家或者以上的保险公司来为购买保险做准备。你可能会考虑增加保险的免赔额来降低保费。如果你可以接受按年而不是按月或者按季度缴纳保费，许多保险公司会提供一些保费优惠。如果你能够在一家保险公司购买多项保险产品（例如汽车保险、房屋险以及责任险等），你会获得更多的保费减免优惠。

当你在考虑购买一份新保单时，可以向从该经纪人购买过保险的家人和朋友咨询索赔的经验。如果一项保险产品的理赔很慢，那么即使保费相对便宜也不是一个明智选择。

当你在选择保险公司时，你一定希望保险公司的经济实力很强、能够在不幸发生时就能随时对你的申请理赔做出回应。每家保险公司的情况都不一样，通常你会对比发现经济实力较差的保险公司的保费相对更便宜。通过下面四家评级机构可以帮助对比不同保险公司的经济实力，在签下保单之前可以自行查阅，并根据评级情况选择是否在这家保险公司购买：

- 贝氏公司（www. ambest. com）
- 穆迪（www. moodys. com）
- 标普（www. standardandpoors. com）
- 达夫菲尔普斯（www. duffandphelps. com）

在一家保险公司购买保险之前，要确保该保险公司的信用评级至少为穆迪、标准普尔或者达夫菲尔普斯"AA"及以上评级。如果你是通过贝氏公司查询的评级，至少也应该在"A－"及以上。

在通往财务自由之路上，你永远无法预期到每一个可能遇到的风险，风险管理问题对于我们每个人都非常重要。如果购买了合适的房屋保险、车船险，以及责任险，这会让你的内心很踏实，你会明确地知道你的人身和财产都是在保险保障之下，哪怕遇到一些意外也并不能彻底剥夺你或者你家庭实现财富自由的可能。

在用保险保障家庭财产安全的过程中，如果没有注意到税收的影响，你可能会因此多交很多税。这也是为什么你需要在保险决策中增加税收筹划的考虑。你应当采用财务筹划的方法，并且充分实施"节税超额收益策略（升级版）"，实现财产保值增值的最佳目标。

如何保障财产安全之"节税超额收益策略（升级版）"

以下是一些节税策略，可以帮助你以指数形式增加财富，快速实现你的财务自由。

- 通常，房屋险、车船险，以及责任险的保费支出都不能在税前抵扣，但发生损失后的保险赔付往往是免税的。如果你收到的保险赔偿超过你的损失，超出的部分将体现为你的应税收入，除非你选择置换财产进而推迟这部分超额收益的实现。
- 如果你的某项财产正在对外出租，这项资产相关的支出，包括火灾或者责任险相关的保费支出均可以进行税前抵扣。
- 在使用过程中因受到毁坏或者遭遇偷盗而造成的财产损失，可以享受部分税收抵扣。在 2018 年生效的《减税和就业法案》中，这些减免是非常有限的。目前纳税人只有在非人为自然灾害下造成的损失才可以纳入税前抵扣范围。例如，一场飓风摧毁了你的房屋、而你的房屋刚好坐落在飓风发生的区域，那么这一损失是可以在税前抵扣的。这项抵扣包含在所得税报税单的附表 A 中，但是需要在满足《美国国内税收法典》规定的限制条件下进行申请。在财产毁坏或者盗窃等损失既定的情况下（损失金额小于赔付金额），任何的抵扣限额都会影响损失金额税前抵扣的效果。

● 像伊玛（Irma）飓风这类由总统宣布的意外自然灾害所带来的损失，都可以通过提交修订后的报税单来完成对上一年的税收抵扣。这样做可以有助于资金早点到达受害人的手里。例如在伊玛飓风爆发后，既可以通过提交修订后的报税单在 2016 年将损失金额进行税前抵扣，也可以直接在 2017 年进行税收抵扣，应当比较一下，确保选择税收抵扣效果最好的年份进行抵扣。当然，我希望你永远也不会遭遇这种不幸的灾难，但是万一遇到了，你应该知道采用哪种策略才是财务效率最高的。

● 合适的财产保险产品，是可以给你提供一份免税的赔付金额的。

● 灾难发生后，一些保险产品会对由于灾难发生所造成的生活成本增加进行赔付，这一赔付金额并不会对财产损失金额产生影响。保险公司对生活成本上升的赔付不会被课税，而且与对财产损失的赔付是完全独立的。

● 法律规定，保险对因身体伤害以及疾病治疗的赔付是免税的。例如，如果在车祸中受伤，受害人由于背部疼痛而向肇事者索赔 10 万美元，这些是不用被课税的。然而，那些非身体的伤害赔偿是需要缴税的，例如歧视、拖欠工资、非法解雇，或者名誉受损等。所以如果你因为非法解雇而起诉前雇主，并且最后法院判决你胜诉获得 100 万美元的赔偿，那么在获得 100 万美元的同时需要为这部分收入纳税。

如何保障财产安全之行动计划

1. 向财产保险经纪人或代理人进行咨询，充分评估你的房屋保险需求，确保对这些保险需求有适当的保障。

2. 在旧的保单失效之前，确保新的保单要生效。绝对不能在两份保单之间留有空档，这个空档期是缺乏任何保障的。

3. 在购买房屋保险时，选择一份置换成本保单（而非现金价值保单），因为在发生财产损失时，置换成本保单给你的赔付金额足够抵消掉你的损失。

4. 确保房屋保险既覆盖了责任保险，又包括了对客人的医疗保障，以防止他人在你的房屋里被伤害而对你提出起诉。

5. 记住，美国所有州都要求购买汽车保险。任何拥有房屋的人，拥有大额财产的人，都应当考虑最低购买一份 100/300/50 的保险保障：10 万美元/人的人身意外险、30 万美元/次的人身意外险、5 万美元的财产损失险。全车综合损失险和碰撞险都是汽车保险里的可选险种。

6. 确保孩子和其他家庭成员都在汽车保险的保障范围内（不同州的规定差别很大，建议提前与汽车保险公司进行核实）。另外，记住，相比开一辆又新又贵的车而言，如果你的孩子开一辆二手车，你可以节省一笔保费开支。

7. 考虑购买一份伞式责任保险保单，该保单可以在其他保单的正常保障限额之外提供第二层的保险保障。每年只需要花 50 美元保费，如果发生理赔事件，你就可以获得 100 万美元的赔付额。

8. 在选择一家保险公司的时候，到主要的保险评级机构的网站去看看保险公司的信用评级，了解保险公司的信用资质。你需要确信，当意外事件发生，在你需要保险公司给你提供保障的时候，这家保险公司仍然还在持续经营，并且有足够的财务实力进行赔付。

第七章　如何支付教育费用

在知识上的投资是回报率最高的投资。

——本杰明·富兰克林　美国国父

很多父母在进行财务需求的评估和决策时都曾面临挣扎。这本书将讨论我们这一生中会遇到的各种财务目标，包括增加家庭储蓄、最小化债务、购买生命和健康保险、保障家庭财产安全以及进行养老储蓄等。因为手中资源有限，每次我们只关注和实现其中一个目标，而需要牺牲其他的目标。因此，父母关于子女教育支出的决策是非常重要的。我在本章中提供的信息将帮助你进行决策，应对财务目标方面的棘手挑战。

事实上，特许财务规划师（Certified Financial Planner）工作最令人满意的一方面就是我有机会遇到非常优秀的人，并参与到他们的生活中去。没有什么比帮助客户和他们的孩子实现财务目标，实现梦想更令人开心的了。

大学是你和孩子的最佳选择吗？

在我说到如何最好地计划、储蓄，并且支付大学费用之前，首先得确定大学对你和孩子来说是否是最佳选择。如果你的孩子不是高中班级里前二十五名，很可能在大学里他/她的表现也还是一般。四年后取得本科学位并不能保证他/她一定能找到收入可观的工作，或是与四年高等教育匹配的工作。实际上，很多大学毕业生从事着高中毕业也能找到的工作。而大学生与高中生之间的主要区别，是这些大学生或者他们的家庭必须拿出 10 万 ~20 万美元学费，大学毕业生可能因此背上需要数十年才能还清的助学贷款。因此坦白说，在送孩子踏上这一昂贵的"旅途"之前，家长需要艰难抉择并从实际出发考虑孩子是不是上大学的料。

现在，大学文凭在某种程度上成为必需品，实际上很多情况下大学文凭成为家长或孩子希望拥有的东西。国内外大学有很好的招生和宣传推广部门，向家长和孩子许诺无限的可能。事实上，这些大学不应该再继续这样的承诺，因为学生入学并不意味着一定能毕业。即使你的孩子以全 A 的成绩毕业，也不表明他们/她们能实现所有的梦想。大学常常做出极具误导性的声明、亦假亦真的谎言，比如：你的孩子如果没有大学文凭就无法获得高薪工作。这些说法是不符合事实的。

实际上，社会上最聪明和成功的人很多都从大学中途辍学。坦白说，高等教育对他们来说是乏味、不具挑战性的，因此转而追求他们自己觉得富有激情的目标。以下是令人大开眼界的一些辍学后成为亿万富翁的企业家[1]名单：

• 迈克尔·戴尔（Michael Dell），戴尔创始人，19 岁时从大学退学。

• 史蒂夫·乔布斯（Steve Jobs），苹果创始人，19 岁时从大学退学。

• 比尔·盖茨（Bill Gates），微软创始人，20 岁时从大学退学。

• 马克·扎克伯格（Mark·Zuckerberg），脸书创始人，20 岁从大学退学。

我知道看了上面名单你会想：这些人都是上帝的宠儿、是天才，但

---

[1] Abigail Hess，"10 名超级成功的百万富翁和辍学的亿万富翁"，CNBC. com，2017 年 5 月 10 日。

我的孩子不是。而我想告诉大家，从我与小企业共事的30年经验来看，他们之中很多最成功的人从未踏进过大学校园，甚至有些人高中都没读完，但他们富有激情、动力十足并永不懈怠地追求自己企业的发展。所以，与其投入10万美元或20万美元，花上4年或更多的时间去读大学，不如在小企业身上投入些时间和资金效果会更好些（详见第十一章"如何创立自己的事业"）。

现在你可能又会想，自己的孩子可能对当企业家，自己创业并没有足够的激情，或者也不具备必要的技能。这种情况下，他们/她们应该考虑去找面向高中生，薪水尽可能高的工作。这些蓝领工作对社会同样重要。如果没有屠宰师、烘焙师、水管工、木工、电工或公务员这些岗位，我们的社会不可能正常运转。

市场观察（MarketWatch）上的一篇文章列出了下面五种年薪在10万美元[①]或以上的蓝领工作。

1. 酒吧招待员：根据美国劳工统计局（Bureau of Labor Statistics）的数据，主要城市的高消费酒吧的招待平均年薪（含小费）在4.5万美元到7.3万美元之间。酒吧及餐馆位置好的话，招待员的年薪可能达到10万美元以上。

2. 承包商和建筑经理：劳工统计局数据显示，承包商和建筑经理的年薪可达到8.279万美元到14.452万美元之间。

3. 农民和牧场主：根据劳工统计局数据，加利福尼亚州农民的年收入是美国所有州当中最高的，平均年收入约达9.363万美元。根据所在的州和种植作物差异，农民有时一年能收入12万美元。

4. 石油钻井工头/经理和一线钻井工人：这些工作中有些不要求大学文凭，工资因专业技能不同而各异，年薪可达10万美元以上。

5. 警察：根据级别及工龄的差异，纽约警署的职工年薪最高可达

① Quentin Fottrell，"5个年薪十万美元以上的蓝领工种"，市场观察，2018年11月18日。

13.1 万美元，还有非常好的福利体系（仅需要 60 学分以及两年全日制的军校学习）。

年轻人实现财务自由的路径各不相同。很多人在这一过程中会面临挫折、重新振作，甚至可能在实现自己潜能之前要重新定义自己。对我来说阐明这一点最好的方式可能是和读者分享我自己年轻时挣扎、奋斗的经历。

第二次世界大战后我的父亲从意大利移民到美国，当时他只读到了八年级并且几乎不会说英文。我的父母有非常高的职业道德，并且常常鼓励我们努力工作、获得更好的教育。然而我并非一个总是乖乖听话的孩子。

我 16 岁那年就已经开始送报纸、去屠宰店做学徒、去杂货店打工。我当时脑袋里想的全是赚钱，找朋友们玩，以及有足够的钱给我开了 7 年的 1972 年款凯德拉克车加油。尽管我自认为非常聪明，但那时我对读书、考试完全没兴趣。实际上，我高中辍学后就去做了全日制司机，每天赚 100 美元，那时候 100 美元对我来说是一笔不小的数目。

我的父母和兄弟姐妹对我辍学感到不满，一直鼓励我回去读书。尽管我觉得卡车司机是令人尊敬的职业，最终我意识到这不是我这辈子想一直从事的工作。

在姐姐持续的鼓励和坚持下，我参加了通识教育发展（General Educational Development）考试，并在 19 岁时完成了高中同等学历证书。后来我参加了布鲁克林国王社区大学的两年本科项目，这是我命运的转折点，是生活赋予我的第二次选择机会。秉承父母职业道德精神，我投入到大学的学习中，把自己变成全 A 学生，并且直到今天我都没有停止学习以及进一步加强教育。你可以阅读本书"关于作者"部分了解我后来取得的一些成绩。

每个人实现财务自由的路径是不相同的。不管你的孩子采取什么方式，父母应该抱有希望并且鼓励孩子去做最优秀的自己。读完高中之后休息两年再去读大学对我来说是正确的选择。如果我高中毕业后直接去读大学，我不确定自己会对学习有那时的热情和激情，我可能永远不会自己从商、创办企业。我并不是鼓励大家和我一样，重点在于每个人需要自己创造通向成功的道路。

没人比父母更了解自己的孩子，所以父母需要对自己诚实并且聆听子女的意见。如果你们认为上大学并不是正确的选择，不想因为学费和时间让自己和子女增加负担，那么你们大可不必继续阅读本章剩下的内容。如果你们始终认为上大学对于孩子而言是正确的选择，请继续读下去。

大学费用和预期支出

大多数父母的最大担忧之一是"在孩子到了上大学的年纪，如何才能负担得起教育费用?"。一些父母希望孩子能够获得学术或体育奖学金。但对大多数家长来说，事实上他们需要动用储蓄来支付大学大部分费用，或者更糟糕的是可能因此而负债。

此外，就读大学的费用正在飙升。根据美国大学委员会（College Board）统计，2007—2017 年，剔除一般通胀因素，州内四年制公立学校的学费和杂费平均每年以 3.2% 的速度增长，这一数据在 1997—2007 年大约是 4.4%。尽管过去十年与上一个十年相比增速下降了 1.2%，但这一增速仍超过一般通胀率。大学董事会同时引用了私立四年制大学的学费和开支（2017—2018 学年）情况，每年人均费用达 3.474 万美元，四年合计约 13.896 万美元。如果把住宿费用纳入进来，每年人均达 4.695 万美元，四年共计约 18.78 万美元（更多关于大学费用的信息，建议读者可在 www. collegeboard. org 点击学校网站查询）。

图 7.1 展示了 2011—2035 年四年制大学费用增长的预测情况，2035 年正好是 2017 年做父母的人要送孩子读大学的时间。从下图中可

以看到，大学的成本预测将以惊人的速度增长，远超通胀率增长的速度。如果你是家长，必须要找到为孩子教育储蓄的方法，并且能够与成本增长的速度相匹配。

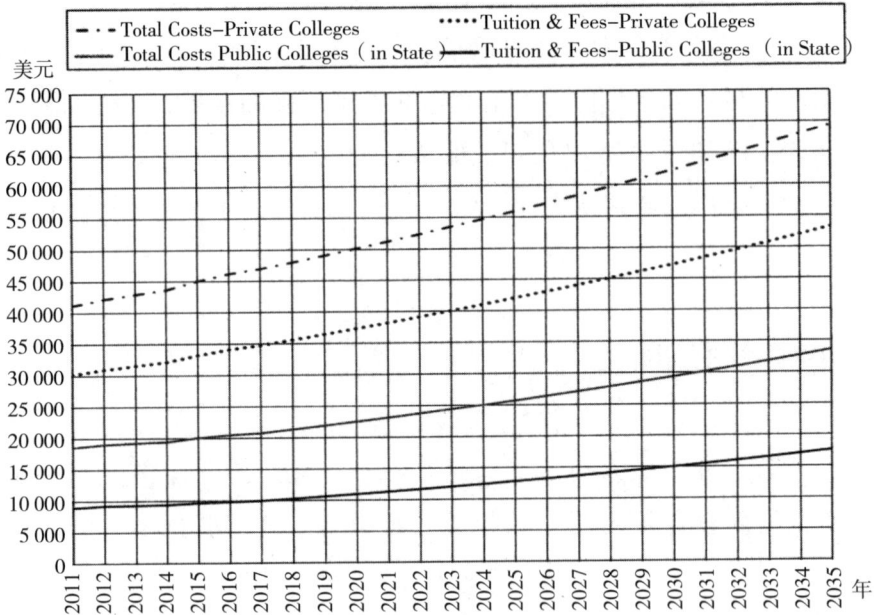

图 7.1　2011—2035 年四年制大学年均费用预测（2017 年美元不变价格）

　　为实现这一财务目标，你需要避免很多家长会犯的财务错误。实现目标的关键是理解支付大学教育费用的主要组成要素。这些要素通常包括个人储蓄、529 大学储蓄计划①、Coverdell 教育储蓄计划、储蓄债券（savings bonds）、财务援助（如联邦助学款、贷款和奖学金）以及教育税收抵减。接下来跟大家分享几则客户的故事之后我会跟大家逐

----

　　①　529 大学储蓄计划有一定的限制条件。投资居住所在州以外的计划可能导致损失可获得的州内税收优惠。529 计划需缴纳开户、维护、管理费用和支出。如果因任何其他原因撤资，撤回的收益部分需缴纳州和联邦收入税以及 10% 的联邦税收罚款。与很多投资一样，投资 529 计划前应充分考虑到计划的目标、风险、费用和支出。529 计划的投资选择单位是市政债，因此会受市场价值浮动的影响。在投资各州具体的 529 大学储蓄计划时，你应当将所在州的合格学费项目和其他州的税收或其他优势进行比较。

个分享上述的要素。为解释下面的例子我们使用 2018 年的税法，但故事发生期间并不一定适用。这样做的目的是简化事实并在现行税收体系下使读者感到与自己息息相关。

案例：不为孩子的教育储蓄是怎样摧毁一个家庭财务状况的

大约三十年前，有一对年轻的夫妇 Kathy 和 Bill，他们来我的办公室让我帮他们编制个人所得税申报表。在交谈期间，我问他们是否有抚养的子女可以申报。他们相视一笑后同时告诉我："我们正在期待着宝宝的到来。"Kathy 当时已怀孕四个月了。我立刻送上了祝福并告诉他们，从现在开始就要开始为孩子的大学教育储蓄。他们对我的建议一笑置之，认为我在开玩笑。我告诉他们什么时候开始为孩子的教育储蓄都不算早，并建议他们在当年末加入 529 大学储蓄计划。他们都在纽约市生活、工作，符合纽约州 529 教育储蓄计划的条件。二人在纽约州每人可享受五千美元的应税收入扣除，这样两人加起来就有一万美元的纽约州和市的税收扣除，这样州和市个人所得税加起来至少能少缴纳1 200美元的（基于 12% 的税率）税收。因此，实际上税后储蓄 8 800 美元就等于为孩子教育储蓄一万美元。联邦 529 大学储蓄计划以税后美元计算。我进一步向他们解释了 529 计划的整个分布，包括他们在接下来十八年或更长时间内能够从 529 大学储蓄计划获得的收益，这些收益如果用于支付合格的高等教育支出是免税的。事先把钱存入 529 计划不仅享受获得税收减免，取款支付大学费用时又可以免收个人所得税。然而，尽管非常感谢我的建议，他们仍觉得那时开始储蓄过早，他们说需要钱来装饰宝宝的屋子、购买衣服和其他物件。总而言之，他们认为当年无法开始存钱，会从下一年开始。

Kathy 是一名教师，薪资水平中等，但学校福利很好并且有很长的假期。Bill 是电器销售员，工资主要取决于销售所得的佣金。Bill 的收入每年波动较大，且员工福利不多。

　　每年报税季（tax season）时，我会和他们见面并再次提醒他们为孩子大学教育计划和储蓄的好处，他们每年都有无法储蓄的理由，尽管很多本来可获得的好处逐渐消失，他们也不在意。他们总是根据当下对他们来说最重要的事情来设定优先事项，总是选择满足"即期的想要（immediate want）"而不是为"未来的需要（future need）"储蓄。每年 Bill 获得丰厚的奖金时，这些钱都花在度假、买新车、家具、重新装修家以及在后院建一个室内泳池这类事情上。花钱带来的即期享受成为他们的理由。

　　就这样一天天、一月月、一年年过去了，很快他们的儿子 Billy 到了关注和考察大学的年纪。Billy 刚满 16 岁，开始准备 SAT 考试并且十分期待读大学。Billy 对医学很感兴趣并和父母说自己想当一名医生，父母对此也感到很欣慰，他们从未发现自己的儿子竟然如此上进和好学。他们一家三口花了一下午时间在网上搜索读哪些大学对成为一名医生最有帮助。当看到平均费用时他们感到十分震惊：私立学校每年平均费用 3.2 万 ~5.2 万美元，州内公立学校每年平均费用在 1.5 万 ~2.5 万美元。尽管 Kathy 和 Bill 内心对此感到困扰，但他们不想让 Billy 知道他们的担忧。

　　接下来两年 Billy 勤学苦读，把平均绩点从 82 分提高到 87 分，并坚持不懈地为 SAT 考试努力准备，并且考了 1 900 分。他申请了一些自认为有机会被录取的学校，包括私立和公立学校。他并不想申请本地院校，而是非常想去外地读大学。从 11 月到次年 4 月，Billy 每天放学后首先检查自己的邮箱，看是否收到大学的录取通知书。

　　在他申请的 12 所院校中，6 所拒绝了他、4 所同意了他的申请，还有 2 所将他放在候选名单上。在所有参观的学校中，Billy 最喜欢康涅狄格州奎尼匹克大学（Quinnipiac University），但奎尼匹克就是两所把他放在候选名单上的学校之一。Billy 和父母去参观了这些学校，进一步考察了录取他的六所院校的情况。其中两所是公立学校，一所在新泽西，学费和住宿费每年约 2.5 万美元。另一个纽约州立大学（State University of New York，SUNY）年均费用达 7 000 美元。

尽管这些学校都能提供高水平的教育，Billy 和父母都不是十分满意。他们更倾向于私立学校的小班教学、美丽的校园以及舒适的宿舍。其他录取 Billy 的两所私立学校年均费用达 4 万美元，并且提供 1.5 万美元的优秀学生奖学金（Merit Scholarship）；尽管如此每年他们仍需支付 2.5 万美元的费用。

4 月 28 日那天，离最终做决定仅有两天时间。就在那天奎尼匹克大学来信告诉 Billy 他被列入了录取名单。Billy 非常高兴，等不及要告诉父母这个好消息了，唯一的问题是奎尼匹克大学的年均费用约 5 万美元，并且学校来信中也没提到奖学金。

Billy 的父母看到孩子如此高兴，也感到由衷的喜悦。Billy 说："我要读奎尼匹克大学，这一直是我的首选"，他父母也感到十分高兴，但脑海中却在想"我们究竟怎么才能支付这些费用呢?"

当天晚上，Kathy 和 Bill 躺在床上讨论困扰他们的问题：如何才能支付教育费用。Bill 意识到他们目前肯定是不满足学费补助（financial aid）的条件，因为他们的收入合计刚超过 10 万美元。Kathy 看着他们的存款，意识到自己甚至没有足够的钱缴纳第一学年的费用。那个时候两人都认识到 18 年前 Billy 还未出生时就应该听从我的建议开始存钱。但现在为时已晚，他们必须做出艰难的抉择：是否要拒绝孩子的第一选择，让他去读学费仅是奎尼匹克大学一部分的公立大学? 最后他们决定尊重孩子的选择，尽管这不是他们能负担得起的院校。

Kathy 能够从工作单位的 401（k）计划获得 5 万美元的贷款，Bill 说这至少可以先帮他们支付第一学年的费用，接下来他们再考虑如何支付第二学年的费用。

第二学年开始的时候，他们必须将信用额度提升至最高限额才能支付学费。支付账单对他们来说变得非常困难，信用卡和401（k）计划仅能支付最低还款额。他们不想让 Billy 背负学生贷款，也未申请任何政府资助的学生贷款项目。他们不明白这些贷款的运作规则，所以选择忽略所有的选项。

审视家庭财务状况时，他们意识到自己的主要资产是房屋，相当于超过25万美元净值的不动产。他们立刻申请了住房净值贷款（home - equity loan），获得了15万美元的贷款。他们用这笔钱缴纳了 Billy 剩下两学年的费用并补缴了拖欠的账单。更糟糕的是，Billy 大四时 Kathy 出现了精神紊乱并决定辞去全职工作。

Kathy 单位的人事部门告诉她，需要在最后一个工作日的三十天之内还清五万美元的401（k）计划贷款，否则将被视为提前支配资金。Kathy 和 Bill 夫妇两人没钱还贷款也没有能借钱的渠道。报税季来临的时候，他们需要交税2万美元以及因退出计划向 IRS 交纳5 000美元罚金。雪上加霜的是，这一切发生在2009年房地产市场崩盘的时候。

Billy 大学毕业了，但分数未达到申请条件因而未能如愿以偿去读医学院。经历六个月的面试之后，他获得了在当地一家医院行政部门做简单入门级工作的职位。

同时，经济衰退持续给这一家人的财务造成压力，因为销量低迷 Bill 已经两年没有领到奖金了。Bill 和 Kathy 的财务状况已经一团糟，他们知道理顺家庭财务需要做出重大决定，才能将生活压力降到最小。所以他们做出十分艰难但认为有必要的决定：卖房子。尽管经济危机期间房产价值下跌，他们还是靠变卖房屋还清了所有债务，手中还有两万美元的现金盈余。

他们搬到一个小的出租公寓，家庭月开支极大地减少了，能够靠 Bill 和 Kathy 的薪水勉强生活。

如果他们早期就开始大学储蓄计划、并在很多错误财务决策前咨询我的建议，事情的结局可能会好很多。Kathy 和 Bill 在 Billy 前 22 年中几乎犯了所有可能的财务错误。维持财务独立需要放弃短期的欲望，为家庭长期的需求做准备。

不要犯和这些家长同样的错误，尽快开始子女教育的储蓄计划，应当让孩子知晓家庭的财务决策以及这些决策会对家庭未来产生何种影响。一个家庭的财务状况不是需要保密的话题，相反所有家庭成员都应当分享、理解家庭财务状况。你、配偶和孩子应该共同参与并理解家庭的"需要"和"想要"之间的差别。做出正确的决策并完全清楚决策带来的后果是必不可少的。利用大学教育储蓄计划能够帮助你更轻松地渡过这些难关。理解奖学金、政府资助、学生贷款对你有何帮助也十分重要。利用特殊的税收减免和优惠来补贴大学教育支出也是必需的。本章将向大家介绍你、配偶和孩子如何不被大学教育费用所拖累。

为孩子的大学教育开展"需求分析"

计划教育费用的起点是开展教育"需求分析"。在建立教育基金计划之前，你必须预估需求。对每一个预期将会接受高等教育的孩子，你需要预估他/她的教育支出。预估应包含学费、费用、书本费、供给、设备、辅导、交通以及可能的课外活动费用。如果你觉得孩子会去异地求学，你可能还需要考虑额外的住宿、吃饭和往返学校和家的费用。一旦预估完成每年将会花费的现值美元价格，你需要根据预期的教育通胀率（education inflation rate）调整后决定每年上大学的支出。

如果你和大多数父母一样，为孩子教育储蓄实际上应该是家庭财务的担忧，尤其是现在一些四年制大学教育的费用已经达到六位数，且实际支出很可能比预期还高。我建议使用 http：//calcxml. com/english. htm 网站上提供的各种各样的大学基金计算器来计算。

例如，如果你点击"我应该为大学教育储蓄多少？"，需要回答下列的问题：

- 今年孩子的年龄？
- 你预期孩子将会在多少岁开始读大学？
- 你预期孩子将会读几年大学？
- 你孩子选择的大学目前每年的费用是多少？
- 大学成本的预期通胀率是多少？
- 这期间你投资的税前收益预计是多少？
- 边际税率是多少？
- 你预计每年收入增加的百分比？

在大学基金计算器输入个人信息后，你将能够决定每月需要储蓄多少钱（或你现在需要的总数）来覆盖子女未来大学教育的总支出。

举一个例子，我们如下回答上文的问题：

- 今年孩子的年龄？（6 岁）
- 你预期孩子将会在多少岁开始读大学？（18 岁）
- 你预期孩子将会读几年大学？（4 年）
- 你孩子选择的大学目前每年的费用是多少？（1.7 万美元）
- 大学成本的预期通胀率是多少？（5%）
- 目前你为大学专门的储蓄是多少？（1 万美元）
- 这期间你投资的税前收益预计是多少？（8%）[①]
- 边际税率是多少？（24%）
- 你预计每年收入增加的百分比？（0%）

---

① 这里提到的回报率仅为假设，并不代表任何个人投资或投资组合的收益表现。仅在本文中用作解释目的，不应当被用来预测未来产品的表现。具体的回报率，尤其是延期（extended time periods）产品的回报率随时间的变动而变化。回报率较高的投资也伴随更高的风险。应当在做任何投资决策前咨询你的顾问。

输入了上述所有信息之后，点击计算会得到以下结果：

- 孩子到了上大学的年纪时，你的储蓄额需要达到 13.1586 万美元。

- 为实现这一目标，你可以现在一次性投资 4.932 万美元或每月储蓄和投资 385 美元。

以上还仅仅是一个孩子上大学的情况。

值得庆幸的是，越早开始储蓄，这一财务目标越可控。对很多人来说，这种计算是对实际情况的比照，是无情的警醒（rude awakening）。不幸的是，在这一天来临的时候大多数父母都没有准备好，从而让自己和孩子进入负债状态（就像本章开头提到的 Kathy 和 Bill）。如果申请到本章讨论的教育支持计划，你们能够为孩子教育费用做好充分的准备而不会重蹈他们的覆辙。

充分利用 529 "合格大学教育投资计划" 节省的税收、Coverdell 教育储蓄账户和储蓄债券，你将更快、更可能存到需要的资金。了解所有可获得的政府资助和贷款以及如何能符合条件来帮助你降低支出。如果孩子在高中表现优秀，那么他可能获得优等生奖学金和其他奖项。最后，如果符合条件，孩子上大学时你可以获得税收减免和抵免。

因此，你可以使用很多策略让自己能够负担这项支出。你应当认真考虑州立、市内大学，这些大学通常以更合理的费用提供了高质量教育。

大学教育非常重要，但一定要充分权衡它的收益与成本。正如我在本书中反复提及的，你必须始终能够区分自己的 "需要" 和 "想要"。很多人将大学教育视为自己的 "需要"，那么你要问问自己是否有可选择的成本较低的大学。恰当地计划如何支付孩子的教育费用是实现和保持财务自由的关键之一。

表 7.1 教育储蓄对比：纳税递延，免税和应税计

性质	529 计划条款①	UGMA/UTMA	Coverdell 教育储蓄账户	美国储蓄债券
联邦账户收益纳税	用作符合条件的教育支出（包括小学和中学教育，上限为每个孩子每年 1 万美元）可递延纳税后免税	每年应税	用作符合条件的教育支出（包括小学和中学教育）可递延纳税后免税	用作高等教育支出时免税
收入限制	无	无	单亲家庭申报、户主和已婚申请人分开申报的收入从 9.5 万～11 万美元，已婚夫妇合并申报的收入区间为 19 万～22 万美元	设立通胀调整后的收入限制。单亲、户主申报的收入区间为 7.97 万～9.47 万美元，已婚夫妇共同申报收入区间为 11.955 万～14.955 万美元
资产控制	账户所有人对资产有控制权，可选择变更受益人或通过限制条件外的撤出取消账户	托管人控制资产，直到受益人达到大多数年龄	账户上署名的责任个人控制资产，需要以指定未成年人的利益使用。30 岁时将资产转移到受益人名下	账户所有人有权控制资产，可以选择变更受益人或赎回债券
变更受益人能力	可以变更为现在受益人的合格家庭成员，不产生反向的联邦税收后果	否	如已在开户时确立变更受益人的权利，可变更为现有受益人的家庭成员	可变更为现有受益人的合格家庭成员，无联邦税务后果
不合条件取款的惩罚	需缴纳联邦所得税及 10% 的收益作为罚金，可能也需向州缴纳所得税	每年应缴纳联邦收入所得税。如果是子女使用，可以任何目的取出	需缴纳联邦所得税及 10% 的收益作为罚金，可能也需向州缴纳所得税	收益需缴纳联邦所得税，无处罚
赠与税待遇（2018 数量）	约 7.5 万美元（夫妻为 15 万美元）为联邦赠与税扣除金额，前提条件是受益人接下来五年内没有其他赠与	符合每年 1.5 万美元的赠与税扣除标准	符合每年 1.5 万美元的赠与税扣除标准	符合每年 1.5 万美元的赠与税扣除标准

① 529 大学储蓄计划有一定的限制条件。投资居住所在州以外的计划可能导致损失可获得的州内税收优惠。529 计划需缴纳开户、维护、管理费用和支出。如果因任何其他原因撤资，撤回的收益部分需缴纳州和联邦收入税以及 10% 的联邦税收罚款。与很多投资一样，投资 529 计划前应充分考虑到计划的目标、风险、费用和支出。529 计划的投资选择单位是市政债，因此会受市场价值浮动的影响。在投资各州具体的 529 大学储蓄计划时，你应当将所在州的合格学费项目和其他州的税收或其他优势进行比较。

大学教育储蓄策略

下面列了四种最常使用的大学教育储蓄策略：

1. 529 计划条款

2. 统一赠与未成年人财产法/统一转让未成年人财产法（UGMA/UTMA）账户

3. Coverdell 教育储蓄账户

4. 美国储蓄债券

每个策略都有各自独特的优势及劣势。理解每个教育储蓄计划的运行机制能够帮助你决定哪一个策略（或策略组合）最适合你的个人情况。表 7.1 根据 2018 年的税法详细对比了上述四种策略，下文则详细讨论了四种策略以及其他几种可供考虑的策略。

529 计划条款（合格大学教育投资计划[①]）

美国国家税务局 529 计划条款于 1996 年出台，当时通过了《小企业就业保护法案》，合格大学教育投资计划诞生，一般被人称作 529 计划。529 计划是专门针对父母为子女大学教育储蓄设立，享受联邦免税优惠，529 计划账户享受税收递延优惠。联邦 529 计划需使用税后美元注资，本金支取和累积收益如用于任何合格的美国高中教育（postsecondary）或职业机构教育支出都免收联邦所得税。如果你参与了某一州的 529 计划，该州出于州所得税的目的允许向该账户中缴纳资金可享受税收抵扣优惠。

---

① 529 大学储蓄计划有一定的限制条件。投资居住所在州以外的计划可能导致损失可获得的州内税收优惠。529 计划需缴纳开户、维护、管理费用和支出。如果因任何其他原因撤资，撤回的收益部分需缴纳州和联邦收入税以及 10% 的联邦税收罚款。与很多投资一样，投资 529 计划前应充分考虑到计划的目标、风险、费用和支出。529 计划的投资选择单位是市政债，因此会受市场价值浮动的影响。在投资各州具体的 529 大学储蓄计划时，你应当将所在州的合格学费项目和其他州的税收或其他优势进行比较。

符合资格的支出一般包括：

- 学费
- 住宿费
- 书本费和学习用品费（supplies）
- 与申请合格机构相关的特殊需要服务

截至 2018 年 1 月 1 日，新税法的修订扩展了 529 教育储蓄计划的可使用范围，将除大学外的其他水平教育纳入进来。这些教育储蓄计划现在也适用于幼儿园到高中的私立学校，每年每个学生有 1 万美元的限额，而不是基于账户设定限额，但这一限额不适用于研究生和本科学费。

如果使用 529 计划支付基础教育费用（K‒12），你需要向所在州确认相关资金的分配是否免税。很多州对于资金缴纳提供税前扣除（tax deduction）优惠的规则与联邦层面不一致。比如，已经有人向纽约州请愿，敦促纽约州在这一问题上与联邦标准保持一致。这本书出版的时候，529 计划资金分配在联邦层面是免税的，但资金分配需全额向纽约州缴纳所得税。因此，在纽约州与联邦标准统一之前，不应当选择符合纽约州条件的储蓄计划来覆盖基础教育，但仍可以使用这些计划支付高等教育费用。

你可以为子女、孙子孙女或任何一名美国公民或合法美国居民开立 529 合格大学教育投资计划账户。529 计划对受益人的年龄和血缘关系没有限制。实际上，你甚至可以把自己作为受益人开一个账户来支付自己的教育支出。

图 7.2 展示了免税收益如何增长，比较了在应税账户和免税账户分别投资 1 万美元并在接下来十八年每年初投资 1 万美元的区别。这个例子假设年回报率为 8%，边际税率为 40%[①]。此图展示了 529 计划随着

---

① 这里提到的回报率仅为假设，并不代表任何个人投资或投资组合的收益表现。仅在本文中用作解释目的，不应当被用来预测未来产品的表现。具体的回报率，尤其是延期（extended time periods）产品的回报率随时间的变动而变化。回报率较高的投资也伴随更高的风险。应当在做任何投资决策前咨询你的顾问。

时间推移免税收益可能达到的价值。从图中可以看到，对于同样金额的两笔投资，投资免税的 529 计划可能让你在 18 年后多赚近 10 万美元。

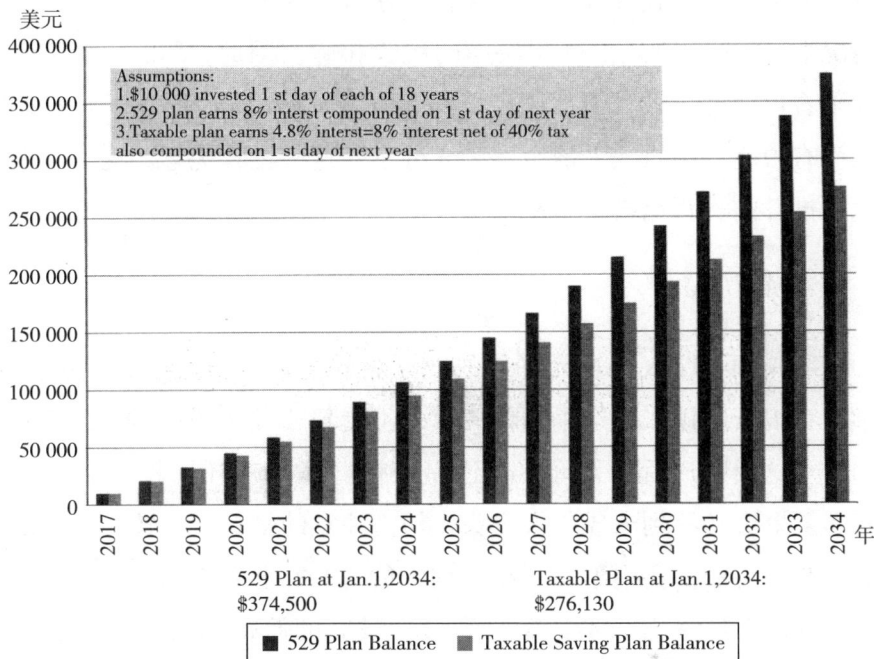

美元

Assumptions:
1.$10 000 invested 1 st day of each of 18 years
2.529 plan earns 8% interst compounded on 1 st day of next year
3.Taxable plan earns 4.8% interst=8% interest net of 40% tax
also compounded on 1 st day of next year

529 Plan at Jan.1,2034: $374,500

Taxable Plan at Jan.1,2034: $276,130

■ 529 Plan Balance　　■ Taxable Saving Plan Balance

图 7.2　投资免税的 529 计划与应税储蓄账户的储蓄增长①

在评估各种大学储蓄计划时，应当考虑每种计划的限制以及税收优势，比如：

● 控制权：529 计划中账户控制人有权决定谁是这些基金的最终受益人，也可以终止账户。因此，如果你的第一个孩子决定不去上大学但你已经以他的名义投资了 529 计划，你可以将这笔基金转入第二个孩子名下或终止这一计划。如果你不想让最终受益人对这笔资产有控制权，

---

① 这里提到的回报率仅为假设，并不代表任何个人投资或投资组合的收益表现。仅在本文中用作解释目的，不应当被用来预测未来产品的表现。具体的回报率，尤其是延期（extended time periods）产品的回报率随时间的变动而变化。回报率较高的投资也伴随更高的风险。应当在做任何投资决策前咨询你的顾问。

529 计划具有一定的灵活性，可能是比较适合你的选择。

● 税收优势：529 计划具有各种税收优势，比如针对收益不征收所得税，用于合格的教育性支出时免税，还有联邦赠与税、遗产税，在一些情况下，529 计划还享受州层面的税收扣除。因此，529 计划从纳税角度来看可能是为教育储蓄最经济的策略之一。529 计划对于开户人的收入没有限制。高收入人群也可以充分享受这些税收优惠，这一计划是我优先推荐的教育储蓄计划①。

UGMA/UTMA②

UGMA 和 UTMA 账户允许你的孩子将资金存在他们自己账户进行大学教育投资。该账户产生的任何收入不受新"儿童税"规则约束。

开立这类账户后，父母无须建立信托（因为信托比较昂贵）就可以将名下资产转移到未成年人户头。但需注意的是，资产转移会被视为完成赠与，可能需要捐赠者（赠与他人的人）申报赠与税。

UGMA/UTMA 账户不是专门为大学设立的储蓄工具，但很多父母将它用作这一目的，主要是因为这些资产在未成年人刚上大学（early years of college）时使用。

UGMA/UTMA 账户由托管人管理，通常是父母、祖父母、亲戚或

---

① 529 大学储蓄计划有一定的限制条件。投资居住所在州以外的计划可能导致损失可获得的州内税收优惠。529 计划需缴纳开户、维护、管理费用和支出。如果因任何其他原因撤资，撤回的收益部分需缴纳州和联邦收入税以及 10% 的联邦税收罚款。与很多投资一样，投资 529 计划前应充分考虑到计划的目标、风险、费用和支出。529 计划的投资选择单位是市政债，因此会受市场价值浮动的影响。在投资各州具体的 529 大学储蓄计划时，你应当将所在州的合格学费项目和其他州的税收或其他优势进行比较。

② 529 大学储蓄计划有一定的限制条件。投资居住所在州以外的计划可能导致损失可获得的州内税收优惠。529 计划需缴纳开户、维护、管理费用和支出。如果因任何其他原因撤资，撤回的收益部分需缴纳州和联邦收入税以及 10% 的联邦税收罚款。与很多投资一样，投资 529 计划前应充分考虑到计划的目标、风险、费用和支出。529 计划的投资选择单位是市政债，因此会受市场价值浮动的影响。在投资各州具体的 529 大学储蓄计划时，你应当将所在州的合格学费项目和其他州的税收或其他优势进行比较。

朋友担任。个人可向这些账户转移任何金额的资产作为对未成年人的赠与，这一转移不可撤销。假使托管人在未成年人成年之前（比如，达到州法定成年年龄，各州法定成年年龄 18 ~ 21 岁）去世，账户可能要纳入捐赠者（托管人）应税资产。

UGMA 和 UTMA 账户的主要区别是 UTMA 可纳入账户内的资产类型更灵活。UGMA 法律限制纳入账户内的投资类别，仅限于存款、证券（股票、债券、共同基金）和保险保单。

过去，将资产转移给孩子的最大所得税优势，在于投资所得缴税适用非常低的边际税率。然而，国税总局设立了"儿童税"，极大削减了 UGMA 和 UTMA 的税收优势。设立儿童税是为了弥补这一税收漏洞，遏制这一类节税策略。如果你的孩子有投资收入（如利息、分红和资本利得）就需要缴纳儿童税。

2017 年减税和就业法案（The Tax Cuts and Jobs Act of 2017）简化了儿童税，将信托和遗产适用的一般性收入和资本利得收入的税率同样适用于孩子非劳动净收入（net unearned income）。因此在现行法律下，与薪资相关的应税收入是根据未婚人士的税档和税率征税。非劳动收入的应税部分则根据信托和遗产的税档征税，一般性收入和优惠税率收入都适用。因此，在这一规定下，儿童税并不受父母或任何兄弟姐妹的非劳动性收入的影响。这使得 UGMA/UTMA 账户作为教育储蓄工具更具有吸引力。

儿童税不仅适用于未满 19 岁的孩子，也适用于年龄在 19 ~ 23 岁、收入未超过其获得资助额一半的的全日制学生。

这一类账户的另一个主要缺点是所有的资产转移在 UGMA 和 UT-MA 法律规定下代表不可撤回的赠与。达到了 UGMA 和 UTMA 规定的成年年龄后，资产控制权就转移到孩子手中，可以以孩子的意志使用这笔资金。例如，如果 Susie 决定在 18 岁生日那天跳上男朋友的摩托车后座去加利福尼亚展开新的生活，她可以带走这笔资金，因为这时她已经成年了。

UGMA 或 UTMA 账户另一个潜在的缺陷在于它们可能影响你孩子受到财务援助的金额，我们将在本章的政府资助和贷款中进一步讨论这一点。

总体来说，我不鼓励人们选择 UGMA 或 UTMA 账户为子女教育储蓄。这些账户能够享受的节税便利不足以弥补它们的缺陷。如果父母想掌握资产控制权，利用税收递延优惠和支取免税优惠，不对获得其他潜在的财务资助造成影响，那就应该尽量避免使用这一类账户。此时，可以使用本章提到的其他一个或多个教育储蓄工具。

如果你确实使用 UGMA 或 UTMA 账户，你应该认真考虑用账户中的资金来支付孩子的高中学费、电脑以及其他他们要求的费用（而不是从自己口袋中出钱）。这样你就可以有额外的资金来参加 529 计划。

Coverdell 教育储蓄账户

Coverdell 教育储蓄账户（ESA，此前叫做教育个人养老账户）是为鼓励为未来教育储蓄的享受税收优惠的教育储蓄账户。这些账户可以用来支付小学教育、初中教育以及大学教育的费用，比如学费、书本费、校服以及其他教育相关的支出。

Coverdell 教育储蓄账户的税收处理与 529 计划相似，但有一些不同。与 529 计划相似的是，Coverdell 教育储蓄账户允许投资收益税收递延，用于符合条件的教育支出的资金分配享受免税优惠。

Coverdell 教育储蓄账户对于 529 计划的一点补充是 Coverdell 也适用于私立小学、高中或大学教育支出。

Coverdell 教育储蓄账户的主要特征包含以下几点：

- 对捐赠者设置收入限制，可能影响对 Coverdell 教育储蓄账户的投资。如果是单身个人、户主或已婚夫妇分开申报，且收入低于 9.5 万美元，可以全额向 Coverdell 教育储蓄账户存入资金，随着收入上升可存入金额逐步下降，一直到收入为 11 万美元为止。已婚夫妇联合报税的情况下，如果收入水平在 19 万美元以下，可以全额存入资金，随着收入上升可存入金额逐步下降，一直到收入为 22 万美元为止。申请联邦助学贷款时，只要子女是受益人而不是户主，Coverdell 教育储蓄账户里的资金不被视为子女的资产。

● Coverdell 教育储蓄账户的托管人（父母）可变更指定受益人而无须缴纳税金或罚金，前提是新受益人是前受益人合格的家庭成员。

● Coverdell ESA 年度缴纳金额的上限为每个孩子 2 000 美元，因此使用 Coverdell 账户是存在限制的。2000 年的年度缴纳额度限制已在《2012 年美国纳税人救济法案》（*American Taxpayer Relief Act of* 2012）永久延期。

● Coverdell ESA 允许投资于各种类型的资产，包括股票、债券和共同基金。

● Coverdell 教育储蓄账户中的资金必须当指定受益人年满 30 岁时用于合格的教育支出，或者你可以将受益人变更为另一个低于 30 岁的家庭成员，来避免届时缴纳税收和罚金。

● 对于符合条件的小学和初中教育支出和大学院校支出，Coverdell 账户的资金分配是免税的。

● 如果从 Coverdell 教育储蓄账户中分配但不用于合格教育支出，任何从这些分配中获得的利得需要交纳联邦和州税以及向美国国家税务局缴纳 10% 的罚金。

你可以试着将 Coverdell 教育储蓄账户纳入你的整体教育储蓄规划中。如果你因收入限制没有能力向 ESA 账户存钱，但其他家庭成员符合条件的话，可以鼓励他们向该账户存钱。比如，假如你的孩子得到了一份暑期工作，你可以将他/她赚的钱投入 ESA 账户（基于孩子的收入水平）。尽管 ESA 教育税减免有限，但长期加总一定能发挥重要作用。

储蓄债券

美国储蓄债券是另一种受欢迎的教育储蓄方式。储蓄债券投资回报率低，但风险也很低。例如你购买 1 000 美元 EE 系列债券或 I 系列债券，期限为 2017 年 5 月 1 日至 10 月 31 日半年期，利率可能分别为 0.1% 和 1.96%。EE 债券一年后仅能赚 1 美元而 I 债券能收益 19.6 美元，这并不是有吸引力的回报，尤其是考虑到由于通胀造成的购买力的损失。

储蓄债券被视为安全投资，因为有美国政府的信用背书。储蓄债券的本金和利息一样安全，这意味着市场变化并不会给你带来任何损失，因为美国储蓄债券是不在市场上流通的证券。美国储蓄债券在美国财政部注册，因此如果储蓄债券丢失或被窃、摧毁，你可以轻易替换，这与不记名债券（bearer bond）是相反的，因为持有不记名债券不在某人名下注册，持有就代表享有债券的收益权，持有不记名债券近乎等于持有现金。任何持有银行不记名债券的个人，即使不走运债券被窃也能在任何时间将债券兑换为现金。

通过特殊的教育储蓄债券计划，用于支付合格高等教育支出的储蓄债券利息是免税的。美国符合免税条件的储蓄债券包括 1989 年 12 月 31 日之后发行的 EE 系列债券以及所有的 I 系列债券。

你必须非常谨慎，确保符合以下享受免税优惠的条件。

- 债券持有人在债券发行日时（购买债券当月的首日）必须年满 24 岁。
- 父母可以为孩子购买债券，但必须以父母的名义注册。
- 孩子不能被列为共同持有人，但孩子可以作为受益人。
- 也可以为自己的教育购买债券，债券需以自己的名义注册。

目前，每个社会保障号（Social Security Number）的 EE 系列债券年度购买限额为 1 万美元，I 系列债券购买限额也是 1 万美元。I 系列债券的购买限制不影响 EE 系列债券的购买，这些债券的购买限额相互独立。

当然，EE 系列债券和 I 系列储蓄债券既有优势也有劣势。首先我们来看优势：

● 你不需要在金融机构开户，因为储蓄债券由美国财政部发行，在财政部注册。你可以去美国几乎任何一家银行、信用社或贷款储蓄机构购买储蓄债券。现在也可以在 treasurydirectly. gov 网站上直接从美国财政部购买。

● 储蓄债券最低起购额是 25 美元，大多数人都负担得起。

● 储蓄债券的利息收入免缴州所得税和当地所得税，用于合格大学教育支出也免缴联邦所得税。

劣势包含以下方面：

● 将资金锁定在回报率低的投资，很可能赶不上通胀率增长的速度，EE 系列债券尤其如此。当利率处在历史低点时期，这些债券的回报率让其看起来不具有吸引力。这是最大的劣势，因此你需要权衡低回报率与投资的安全性。

● 使用储蓄债券支付教育支出时豁免联邦所得税的条件与其他选择相比更严格，EE 系列和 I 系列债券仅在用作学费时可豁免所得税，用于住宿或书本费时不能豁免。

● 如果想要将储蓄债券投资作为符合条件的教育支出而享受税收减免优惠，你的收入需要满足一定的条件。2018 年，如果你（作为持有债券的纳税人）作为单身或户主报税，总收入在 7. 97 万美元到 9. 47 万美元的区间内，你的税收减免优惠会随着总收入的增加而减少；已婚共同申报的，总收入在 11. 955 万美元到 14. 955 万美元的区间内，税收减免优惠会随着总收入的增加而减少。如果你在需要使用这笔储蓄资金时，收入水平超过了上述区间上限，那么储蓄债券的税收优势就完全不存在了。

综上所述，尽管储蓄债券是教育储蓄流行的方式，但并不是我喜欢的方式，对高收入人群来说尤其如此。

Roth 个人养老账户

我知道你在想：为什么要将 Roth IRA 列入本章作为教育储蓄的策略呢？原因是，虽然 Roth IRA 并不是作为一个教育储蓄工具而设立时，但如果正确使用，也可以满足这一目的。

假设你的儿子或女儿做兼职，每年赚 7 500 美元或以上。这笔钱怎么用才最好呢？你的孩子一定想买视频游戏机或设计师款牛仔裤。当然，这肯定不是这个问题的最佳答案。

这笔钱最好的用法就是把 5 500 美元投入 Roth 个人账户以及 2 000 美元投入 Coverdell 储蓄账户，如果你的收入水平不足以支持你自己投资这些账户，但孩子的收入水平却符合向这些账户缴费的条件时，就更有理由这样使用这笔钱。我已经解释了建立 Coverdell 教育储蓄账户的好处，接下来我们看一下 Roth IRA。

假设你的孩子过去五年来每年都能从收入中省下 5 500 美元并存入 Roth 账户，现在正在上大学三年级或四年级。我们假设 2.75 万美元（5 500×5）在好的投资决策下，现在价值 4.5 万①美元，你的孩子现在就可以从账户中分配这笔资金，用于支付研究生费用或大学费用。假设他一年内取完 4.5 万美元，那么其中只有 1.75 万美元（4.5 万 – 2.75 万美元）需要纳税。此外，这笔收入的税率适用孩子的低税率，如果设计合理的话，税率最低能达零（孩子必须自己缴纳 50% 以上的费用）。

尽管美国国家税务局对于 59.5 岁之前分配养老金账户内资金会处以

---

① 这里提到的回报率仅为假设，并不代表任何个人投资或投资组合的收益表现。仅在本文中用作解释目的，不应当被用来预测未来产品的表现。具体的回报率，尤其是延期（extended time periods）产品的回报率随时间的变动而变化。回报率较高的投资也伴随更高的风险。应当在做任何投资决策前咨询你的顾问。

10%的罚金，但分配资金用于支付符合条件的高等教育支出是被排除在外的。因此，这一部分钱不用缴纳罚金。尽管 Roth 账户设立不是为了支付高等教育费用，但显然可以将这一账户用作大学储蓄的额外策略。

此外，如果你孩子不需要这笔资金来支付大学费用，在孩子从大学毕业之前将资金投入到免税的养老账户中对你的孩子来说仍有好处，这笔资金将给予他/她实现自身财务自由的先发优势。我一直鼓励孩子和他们的父母尽早开始为养老储蓄。

政府资助与贷款

当你考虑各种教育储蓄的选择和机会时，政府资助和贷款可能是最模糊的一个选项。美国全国教育统计中心（US Department of Education's National Center for Education Statistics）每年进行一项研究，公布关于学生财务资助的一些发现。可以在 nces. ed. gov/programs. coe 下载完整报告，这些发现应该能够帮助你了解可获得的助学金的类型和来源。

很多家庭对财务资助期待过高。必须注意的是，只有一半的学生能获得资助和奖学金，仅有不到 0.3%的学生能靠资助和奖学金读完大学（free ride），所以不要期望不支付费用读完大学。

根据美国学生贷款公司 Sallie Mae 的报告，2016—2017 学年，只有 47%的家庭获得了基于需求的资助（needs – based grants），平均金额为 7 722 美元。平均来看，这些费用仅能够覆盖四年制私立学校 15%的费用，公立学校 13%的费用，以及两年制公立学校 23%的费用。

这份报告也指出 49%获得资助的家庭获得了优秀奖学金，平均金额为 9 712 美元，这些奖学金能够覆盖四年制私立学校 25%、公立学校 18%、两年制公立学校 12%的费用。

近期纽约州取得了一个非常振奋人心的进展，即纽约居民（New Yorkers）有机会免费读大学。实际上，将免费公立教育扩展至大学和高校，有望成为未来的一种新趋势。2017 年 4 月 8 日，Andrew M.

Cuomo州长优秀奖学金计划启动，是美国首个面向年收入 12.5 万美元以下的家庭提供纽约公立院校免学费的项目。这一计划有三个阶段，首先是面向 2017 年秋季家庭年收入不足 10 万美元的家庭，其次是 2018 年年收入不足 11 万美元的家庭，最后是 2019 年年收入不足 12.5 万美元的家庭。这一优惠政策仅适用于纽约居民身份的学生，同时他们有义务在毕业后维持纽约居民身份，维持时间应与 Excelsior 奖学金项目的资助期限相同。政府预算还花了 800 万美元为纽约州立大学和纽约市立大学的学生提供包括电子书在内的公共教育资源，来支付昂贵的教科书费用。这一项目的更多信息请访问 www. suny. edu. 你可以查询所在州教育网站，看未来是否有计划引进相似的项目。

理解联邦政府和机构计划每年以资助、贷款或勤工俭学（work study）等方式提供多大规模的资金给学生也非常重要。最重要的是，政府资助金额的计算金额会影响家庭支付的金额，这也被称作预期家庭支出额（expected family contribution）。如果教育费用和预期家庭支出额的费用之间存在缺口，学校可能会发放财务援助。

美国教育部规定，预期家庭支出额（EFC）不是家庭必须为上大学支付的金额，也不是联邦资助学生的金额，而是学生所在的学校用来计算根据法律学生有资格获得财务资助的金额。

对一名独立的学生来说，2018—2019 年 EFC 公式指南包括以下几项重要要素：

- 父母当下的收入
- 学生当下的收入
- 父母的财产
- 学生直接拥有的财产

Studentaid. edu. gov 网站上进一步给出了法律规定的 EFC 计算公式。家庭的应税和未纳税收入、资产和津贴（例如事业或社会保障津贴）、家庭人口数量以及当年将要上大学或职业学校的家庭成员数量等，这些都是计算的组成要素。

评估是否有条件接受资助最重要的因素是父母或孩子当前的收入，以及父母或孩子是否有可支配的资产。理解这些关键要素，对助学金申请意义非凡。你在选择使用大学储蓄工具时应该考虑这些因素，并计划如何掌握这些资产的所有权。

你的全部储蓄对获得助学金概率会产生重要影响，因而对你评估额外的财务需求也非常重要。财务资助包含联邦层面、州层面和机构层面等几种类型。联邦资助是大学生使用最广泛的资助工具，纳入联邦资助考虑对象的学生必须完成联邦学生助学金免费申请（Free Application for Federal Student Aid）表格。

表7.2 展示了用于计算每个学生年度预期家庭支出额（EFC）的要素，包括父母收入、学生收入、资产等。一旦 EFC 确定，院校和大学的财务资助官将这个金额从大学入学费用中扣除，便能算出年度财务资助的金额。表7.2 揭示了在计算 EFC 时，收入的影响显著大于资产，学生收入和资产的影响大于其父母的收入和资产。表7.2 也强调了一些常见的大学储蓄工具将对子女申请财务资助产生的影响。

表 7.2　　　　　　　　　财务援助年度 EFC 的计算要素

	父母	子女
收入	保障金额以上的调整后可支配收入（Adjusted Available Income）* 的 22% ~ 47%	保障金额 6 570 美元之外、可支配收入的 50%
资产	保障金额外资产的 0 ~ 5.64%： • 共同基金 • 证券 • 银行账户、存单 • 开户人是父母的 529 教育储蓄计划	以子女名义持有资产的 20%，包括： • 不在 529 计划下持有的 UGMA/UTMA 账户 • 不在 529 计划内持有的未成年人信托 • 储蓄债券（子女的名义持有）

*父母的保障金额由家庭规模和上大学的子女数量等因素决定。

资料来源：以上信息是基于 2018—2019 年美国教育部联邦助学金家庭贡献额公式指南（US Department of Education's Federal Student Aid Expected Family Contribution Formula Guide）整理。

以下资产在决定孩子财务需求时不被纳入考虑：

- 所有的养老账户
- 住宅资产
- 年金
- 人身保险的现金价值

很多父母认为为大学教育投资可能降低孩子获得助学金的机会。实际上，在计算助学金时家庭的收入比资产更重要。

然而，表7.2并未考虑从529计划中提取资金的因素，这将在确定预期家庭支出额时直接影响学生财务状况，进而将影响学生可获得的助学金情况。决定529计划提款影响差异的因素在于529计划是预付学费计划还是大学储蓄计划。

529预付学费计划通常允许你购买想申请的高校"单元（units）"或"信用（credits）"，这些"单元"或"信用"可以用于在未来支付学费。在一些情况下，还可以用来支付住宿费或食宿费。大部分提供这种计划的州都要求必须要本州居民才能申请。预付学费计划的投资有时也是由州政府所担保的。

529大学储蓄计划通常允许你为符合条件的教育支出设立受益人账户。账户持有人对529储蓄计划内的资金有不同的投资选择，通常包括股票、债券、共同基金和货币市场基金，一些529计划还可以投资基于年龄的投资组合（age - based portfolio）。529储蓄计划的资金分配通常可用于美国任何一所院校或大学，并且从2018年1月1日起，也可用于私立幼儿园至私立高中（有一定限制）。受益人可自由选择在任何州去读申请成功的院校或大学。要注意的是529储蓄计划的投资不由州政府担保。

预付型529计划与529储蓄计划不同，因为预付型计划被视为"资源"，而529储蓄计划被视作"资产"，理解它们之间的显著区别非常重要。尽管预付型529计划内的资产在计算联邦资助时不被纳入考虑，但资金的分配将降低申请助学金的金额（多分配一美元就少资助一美元，dollar – for – dollar）。这意味着预付型 529 计划的资金分配将直接造成财务资助金额的扣除。因此，当你确认孩子可能申请到助学金时，一定要避免投资预付型 529 计划，529 储蓄计划可能会是更好的选择。如果你家庭比较富裕，希望锁定未来大学学费的现值，保证你家孩子能够上大学，可能预付型 529 计划更加适合你。

　　529 储蓄计划中，资金分配如果是本金投入的回报部门，可以不被算作收入，因此不会影响获得联邦资助。此外，只要用于支付高等教育费用，资金分配如果是收益部分，可以不被算作受益人（孩子）或储蓄方（父母）的收入。关键的一点在于记住这些分配不会按 1:1 的比例（dollar – for – dollar）造成你孩子助学金金额减少。

　　本部分仅提供了计算联邦学生助学金的基本信息。想要了解更多财务资助过程、可供选择的不同财务援助以及个人具体的情况如何影响获得财务援助的机会等相关信息，请访问以下网站：

- www. finaid. org：有关学生财务援助最全面的信息来源之一
- www. ed. gov：美国教育部网站
- www. fafsa. ed. gov：教育部 FAFSA 的网站，包含联邦学生资助的全面信息，用户可以在线申报此类援助
- www. studentaid. ed. gov：教育部联邦学生助学金（department of education's federal student aid）项目网站
- www. collegeboard. org：美国大学理事会（college board）网站，全国非营利性会员制协会，逾 6 000 家学校、院校、大学和其他教育组织会员单位

　　政府资助和贷款项目的数量很多，需要自己进行研究并在规划教育储蓄时对这些选择非常熟悉。如果你认为自己能够申请到某些项目，你可以在做大学投资计划时将这些因素考虑进去。另外，如果你认为由于你的收入和资产情况，自己不符合申请这些项目的资格，显然你需要

将更多注意力集中在本章提到的其他大学储蓄计划。

体育奖学金

对于那些对孩子体育技能非常有自信的家长们来说，他们可能指望靠 Johnny 的足球技能或 Christine 的体操技能去上大学，父母需要仔细研究孩子能够获得体育奖学金的机会。

全国学院体育协会（National Collegiate Athletic Association）数据显示，仅有非常少的高中体育生可以获得体育奖学金。事实上，仅有 2% 的高中体育生获得某种形式的体育奖学金。更多信息可以在 NCAA 官网下载 NCAA 录取资料页。

教育税减免和优惠

在孩子上大学期间，可以通过教育税减免和税前抵扣节省税收。因为税收减免会对你的税收造成 1:1（减免 1 美元税收就可以多得 1 美元净收入）的正面影响，所以我主要介绍税收减免。高等教育两个主要税收减免为美国机会税减免（American Opportunity Tax Credit）和终身学习税减免（Lifetime Learning Credit）。

美国机会税减免

2018 年要获得美国机会税减免，家庭成员（学生）必须至少上高等教育前四年全职学生课业量一半的课程。以下条件可申请税收减免：

- 已婚夫妇经调节总收入在 16 万美元以下、共同申请时可享受完全税收减免
- 已婚夫妇经调节总收入在 16 万美元以上 18 万美元以下、共同申请时可享受部分税收减免
- 如果 2018 年最后一天你已经结婚了，必须与配偶共同申请税收

减免，已婚夫妇分开申请无效

- 如果个人经调节总收入在 8 万美元以下，其他申报条件可满足全额税收减免

- 经调节个人总收入在 8 万美元以上 9 万美元以下，其他申报条件可满足部分税收减免

- 税收减免适用于纳税人、配偶和/或受益人用于高等教育前四年的符合条件的学费，以及发生和支付的相关费用

美国机会税减免等于纳税年符合条件的前 2 000 美元支出的 100%，加上下一个 2 000 美元的 25%。因此，如果合格支出至少为 4 000 美元，任何年份最大的税收减免金额是每个学生 2 500 美元。家庭里每个符合条件的学生都有 2 500 美元税收减免。换句话说，如果符合税收减免条件，每个符合条件的孩子就和收到 2 500 美元免税奖学金一样。本质上，联邦政府这就是在对你送孩子（或其他家庭成员）上学进行补贴。即使超过你本年度税务责任，税收减免不超过 40%（1 000 美元）的部分是可退还的。必须注意的是，不要从 529 计划或 Coverdell 教育储蓄账户中支付这 4 000 美元。这 4 000 美元必须从其他储蓄或贷款中支付，因为你不能将此税收减免与符合条件的教育计划收到的资金和优惠合并。4 000 美元以上的金额可从你符合条件的教育储蓄计划中支付。

2015 年美国税收优惠法案（PATH Act）将美国机会税减免确定为永久有效。

终身学习税收减免

终身学习税收减免不要求你的孩子（或其他家庭成员）拥有特定的学历或工作要求。可申请符合条件的教育机构的一个或多个课程，这些课程要么是高等教育学历项目的一部分，或用来习得或提升工作技能的非学历项目。终身学习税收减免的申请没有期限限制。2018 年的

要求如下：

- 如果报税状态为已婚夫妇共同申请，经调节总收入为 11.4 万美元以下，可申请完全税收减免
- 如果报税状态为已婚夫妇共同申请，调节后总收入为 13.4 万美元以下，可申请部分税收减免
- 如果在 2018 年最后一天是为已婚状态，你必须联合申请税收减免，已婚人士分开申请不符合条件
- 如果个人经调节总收入在 5.7 万美元以下，其他申请条件可满足完全税收减免
- 如果个人经调节总收入在 6.7 万美元以下，其他申请条件可满足部分税收减免
- 税收减免对你、配偶或受益人的研究生、本科或职业学习项目的学费和入学费都可使用

终身学习税收减免为每个家庭每个纳税人的合格学费和相关支出提供每年 2 000 美元的补贴。这意味着如果为超过一个符合条件的学生支付教育费用，无论你家里有几位正在上学的孩子，整体可申请的税收减免为 2 000 美元，税收减免是基于符合条件的支出金额的 20%。因此，为获得 2 000 美元的税收减免，家庭里每个上学的孩子必须有至少 1 万美元的合格教育支出。这一税收减免是不可退还的，因此如果课税超过常规税务及替代性最低税（AMT）税务负担，你就无权获得这笔税收优惠。

必须注意的是，不要从 529 计划或 Coverdell 教育储蓄账户中支出这 1 万美元，需要从其他储蓄或贷款中使用 1 万美元，因为不能将税收减免与从合格教育计划中获得的资金和优惠结合。1 万美元以上的金额可从合格教育储蓄计划中使用。

如果某一年你有 1 名以上孩子上大学，你能够既使用美国机会税收减免，又享受终身学习税收减免，但不能在为某一个读大学的孩子同时

申请两项税收减免。

职工教育援助计划

职工教育援助计划下，雇主可以对员工研究生和本科的学费、入学费、书、供给和设备费用提供补偿。如果这些课程不满足雇主的最低教育标准，并且不满足让雇员进入新行业的资格，则这些支出可以享受免税的优惠。研究生和本科生课程都符合上述例外条件。

这些工作条件的边缘福利是在员工收入之外，约每年 5 250 美元。这是员工的一项免税福利（你和你的配偶），同时雇主也能享受足额（full）商业税扣减。

需要注意的是雇主或员工都不可以为同一笔费用申请教育税收减免。如果员工的支出超过 5 250 美元的雇主补偿，员工可为超过这一金额的支出申请美国机会税抵税或终身学习税抵税，当然员工需要满足一定的条件。2012 年纳税人救济法案规定雇主提供的教育资助永久有效。

支付大学费用时如不注重纳税结果，你可能会比法律规定的多付很多钱。因此，必须将税务计划纳入整体大学储蓄计划内，利用节税超额收益策略（升级版）列出的财务计划方法能使得教育储蓄目标最大化。

如何支付教育费用——节税超额收益策略（升级版）

这一部分列出了一些帮助你快速达成财富积累目标的一些税收策略，助你实现财务自由，走向人生财富巅峰。

● 如果孩子符合条件，为每个 18 岁以下的孩子每年存储 2 000 美元到 Coverdell 教育储蓄账户。尽管没有前置的税收抵扣，但未来该账户所有的收益和本金如果用于支付幼儿园至本科私立学校的费用都免税。

● 如果孩子的收入超过他们获得资助金额的一半，你可以将你原本打算转让以便用来支付教育支出的升值财产（如股票、债券和共同基金），转至年龄在19～23岁、或是全日制学生的子女名下。只要孩子的应税收入低于3.86万美元，孩子可将这些财产出售并以非常低（甚至零）的税率获得资本利得。他们可将这笔钱用于支付教育开支，你也可以避免为上述资本利得纳税。

● 记住如果你购买美国EE系列储蓄债券或I系列债券来覆盖大学教育支出，并递延上报利息收入，你在赎回债券时有资格申请从收入中扣除累计利息，从而少交税。

● 记住，如果学生获得了奖学金或助学金，则这些款项用于支付学费、费用、书本费、学习用品费和设备费是免税的。而用于支付住宿的部分，以及其他附加费用（incidentals）都需要纳税。

● 建议考虑建立529储蓄计划。尽管向529计划缴款并不会获得任何联邦层面的税收抵扣，但用于合格教育支出的资金分配通常是免税的。

● 529教育储蓄计划的一个主要变化在于自2018年1月1日起，529计划将大学教育以外的教育包含进去。如果孩子从幼儿园到十二年级上私立学校，你可以将这些资金用来支付费用。每年每个学生有1万美元限额，而账户并没有限额，而且上述限额不适用于本科和研究生教育的学费支出。

● 如果你所在州有州层面的529教育储蓄计划，你在每年末的任何缴款还能享受州层面的税收抵扣的额外福利。然而每个州的529计划规定不同，所以要提前与税务咨询师确认。

● 如果使用529计划来支付从幼儿园到十二年级的教育费用，你必须与所在州确认，保证529计划资金分配是免税的。很多在资金缴纳阶段提供税收抵扣优惠的州，在资金分配阶段的税收政策与联邦政府层面的税收政策会不一致。

● 如果你为一名学生支付大学或高等教育前四年的学费及其他费用，你可以符合申请美国机会税减免优惠的资格，每名学生最高可减免2 500美元。如果有特殊规定，这些减免对年收入在16万美元及以下的已婚夫妇共同申请，年收入为80 000美元及以下的单身人士单独申请都是可以全额享受的，但收入水平超过上述金额后，减免金额就开始逐渐减少。上述税收减免不要求取得学历，也不对学习课时做要求。只要参与学习的课程要么是高等教育学历项目的一部分，或用来习得或提升工作技能的非学历项目，就可以申请税收减免。税收减免不限于高等教育的前四年，对申请年限没有限制。2018年的减免规定为1万美元的20%，每个家庭最大减免金额为每年2 000美元。2018年已婚夫妇年收入在11.4万美元及以下合并申报、单身或户主单独申报年收入在5.7万美元及以下的，可以享受全额减免，收入超过以上水平的，税收减免会逐渐减少。

● 如果你因自己收入过高，或是孩子有自己的税收减免优惠，而导致无法获得教育税减税优惠时，你可以在进行税收申报时，放弃孩子作为报税单的抚养人豁免身份，这样可以使用孩子的报税单享受免税优惠。分别计算自己与孩子的税务账单，充分利用能给家庭带来最大节税优惠的措施。

● 如果为学生贷款支付利息，2018年申报税收时你有机会申请高达2 500美元的税收抵扣。对于已婚人士共同申报收入超过13.5万美元、个人或户主申报收入超过6.5万美元后，税收抵扣金额会逐步下降。如果已婚人士单独申请，无论收入水平如何，都将无法申请到税收抵扣。

支付教育费用的行动计划

1. 明确大学对于孩子而言是否是明智的选择，或者孩子是否更适合追求自己创业的梦想（见第十一章"如何创立自己的事业"）或是从事高薪蓝领工作。

2. 现在就计算孩子上大学可能花费的总费用，不管离他们上大学还需要多少年。不要等到孩子上高中再考虑这个问题，因为到那时储蓄为时已晚，你会后悔没早点开始储蓄。

3. 不要罔顾未来需求，将金钱浪费在自己的即期欲望上。无论你觉得你现在需要什么，是装饰孩子的屋子、或给天才宝宝买围棋或钢琴、或者买更大的房子让每个孩子都有自己房间，这些都比没有为孩子的教育储蓄重要。不要犯很多家长都犯的错误，现在就开始储蓄。

4. 登录 http：//www. calcxml. com/calculator/when－to－start－saving－for－college 网站，根据该网站上的"大学成本计算器"确定家庭的需求分析。输入孩子的年纪、目前的储蓄金额和其他的要素，便能计算你具体需要储蓄的金额。

5. 理解四种常用大学储蓄方法的不同：529 计划、UGMA/UTMA 账户、Coverdell 教育储蓄账户和美国储蓄债券。每一种储蓄方法的税收情况、收入限额、账户控制权等都不相同，所以要与税务顾问讨论哪一种更符合家庭的需求。

6. 记住，父母对 529 计划储蓄有最强的控制力，能享受最大的税收优惠。本章举例证明了，如果分别通过免税 529 计划和应税账户进行储蓄，随着时间推移可能产生 10 万美元以上的差别。做一个相似的对比，看看自己使用储蓄计划能多赚多少钱。

7. 了解预付型 529 计划和教育储蓄计划之间的差别。尽管在联邦学生助学金计算时不会考虑预付 529 计划账户资产这一因素，但从该账户中取款将按照 1:1 的比例直接影响财务资助的申请金额。这意味着取款会直接影响本可获得财务资助的金额，这就是为什么如果你认为孩子能够申请到财务资助，就应该避免使用预付型 529 计划储蓄。这种情况下，529 储蓄计划是更好的选择。

8. 如果使用 UGMA 和 UTMA 来转移资产给孩子做大学费用，孩子将会对这笔钱有完全控制权，他们可能最后决定不将这笔钱用于支付教育费用。你可以选择用其他方法为孩子的教育进行储蓄，因为 UGMA 和 UTMA 在新税法下在节税方面存在劣势。

9. 如果决定送孩子去私立学校，可以考虑通过 Coverdell 教育储蓄账户支付孩子的小学和初中及大学教育费用。

10. 尽管投资美国储蓄债券风险很低，但收益也非常低，很难满足孩子大学费用支出。

11. 如果孩子兼职工作，可以考虑以孩子名义建立 Roth IRA。尽管这是养老账户，但你的孩子可从中取钱支付大学费用，如果设计合理，这笔取款以儿童税的税率纳税，最低税率可达零（免税）。如果孩子决定不上大学或不将该笔费用用于上大学，那么他/她就已经开始为养老进行储蓄了！

12. 根据自己、配偶及孩子的收入和资产，尽可能多了解孩子可能申请的财务资助。见表 7.2 的 2018—2019 年指南。

13. 弄清楚自己是否满足两种主要税收减免的条件，即美国机会税收减免和终身学习税收减免。这取决于孩子在学校里上的课程，以及配偶的收入和你纳税申报的情况。如果你不确定自己是否符合条件，可以多与税务顾问和财务顾问交流。

第八章 如何规划退休生活

如果你不想工作，你必须努力赚到足够多的钱，这样，你才能不用被迫工作。

——美国诗人 奥格登·纳什

每个人，无论是老人还是年轻人，都应该做好退休后的财务规划。许多雇主不再保证员工的退休金，所以你退休后的财务需求可能完全需要依靠你自己。快到退休年龄的人们面临着二三十年前退休人士不曾遇到的问题。他们必须规划好自己的退休金，以便足够支持更长的寿命。人们必须认真思考他们退休时社会保障福利是否还可以依靠。

本章将帮助你确定与退休相关的财务需求，以及如何正确满足这一需求。我将和大家介绍，如何确定自己的个人财富巅峰即个人的财务自由。本章还介绍了税收的影响和可能危及你退休计划的其他风险，以及你需要怎么做才能过上财务有保障的退休生活。

案例研究：要不要为退休储蓄，这是 170 万美元的差别

在关于规划退休生活方面，我观察到大多数人通常会选择两种模式。一种是没有任何计划，另一种是有深思熟虑的退休计划。不幸的是，大多数人都属于前者，即没有任何有助于实现财务自由的退休计划。阅读完本章之后，问问自己你是会选择我的客户 Poorman 夫妇的计划，还是 Richman 夫妇的计划？为方便举例子，本章提到的税法均为当

前 2018 年适用的税法，不一定在故事发生时适用。这么做是为了简化事实，使用当前的税收体系可以让你感到与自己更加相关。

在和大家分享故事之前，我想提出以下四个极大影响你达成养老目标的关键性问题：

1. 你每年会将收入的多少比例存起来并进行投资？
2. 你愿意为养老储蓄多少年？
3. 你愿意使用哪种类型的投资来实现你的目标？
4. 你自律能力如何？是否能持之以恒？

我们首先来看我两名客户的故事，且称他们为 Poorman 夫妇。二十五年前，Poorman 夫妇第一次到我办公室来编制报税单。他们当时刚结婚，四年前毕业后开始从事第一份工作。在帮他们编制报税单时，我注意到他们并没有参与工作单位的 401（k）计划，也没有任何养老储蓄的计划。我和他们讨论了尽早开始储蓄的好处，也帮助他们计算了参加退休储蓄计划和不参加退休储蓄计划两种情况下的税收支出情况，告诉他们参加和不参加价值为 11 000 美元的个人退休金计划（IRA），他们的退休金差别能达到 3 850 美元。我还告诉他们，在个人退休金账户每存一千美元，就能获得 350 美元的额外收益（每一美元投入获得 35 美分）。通过 401（k）计划或个人退休金账户为养老储蓄能够带来的税收优惠使他们印象深刻。

尽管他们赞同为养老储蓄是明智的，但目前没有钱存起来养老。他们刚为婚礼和蜜月支付了一笔开支，没有多余的钱用来储蓄。尽管他们对未来感到担忧，但他们说第二年有额外的钱时一定会存起来。接下来三年，他们为房子首付存了一笔钱，但并没有进行养老储蓄。之后两年，他们又表示新房子需要装修，无法为养老储蓄。他们的生活就这样进行下去，第一个孩子和第二个孩子相继出生。在他们还没意识到之前，两个儿子都已经到了上大学的年纪，那时他们还是没有多余的钱存入养老账户中。

　　回顾他们的一生，你会发现他们总有不为未来储蓄的合理理由。他们没有认识到应该每年开始存钱（强制储蓄），再根据剩下的钱来安排生活。他们每年来看我的时候都跟我分享生活中正在发生的大事件，每次都下定决心手头的事情完成后开始储蓄养老。尽管他们似乎认识到为未来储蓄的重要性，但态度总是：我们明年会开始储蓄，再等一年没什么大不了。

　　此外，他们确实存到钱的那几年里却对多元化投资股票和债券共同基金组合的建议充耳不闻，而是把钱存在非退休账户中，这些账户仅有非常低甚至为零的利息。他们这么做是因为觉得不卷入自己不了解的股市和债市比较好。因为他们的父母在 1987 年经济危机中在股市损失了很大一笔钱，因此他们对股市有畏惧心理。尽管他们不了解投资的基础知识，却不愿意通过专业顾问来帮助他们进行投资。Poormans 夫妇并没有严格的退休储蓄计划，并且表现出来的样子是除了忽略和逃避之外并无其他选择。实际上，在 Poormans 夫妇一生中并没有实现财务自由、走向人生财富巅峰的计划。

　　25 年过去了，现在他们大约 50 岁出头，但还依靠着月工资维持现在的生活水平。实际上，他们刚把家里所有的股权卖出去，来支付两个孩子读私立大学前两年的费用。

　　你和 Poormans 夫妇的生活方式一样么？如果是，你必须立刻改变这一恶性循环。除非你愿意做出必要的改变，否则你无法绕过这一问题，因为它关乎到你的财务状况。

　　认识 Poormans 夫妇的那一年，我同时也认识了 Richmans 夫妇。他们的经历和 Poormans 夫妇惊人的相似，但他们的决定让最终结果与Poormans 夫妇大不相同。初次见到 Richmans 夫妇时他们刚刚结婚，但他们很早就下定决心要精打细算并且也认识到为以后储蓄的重要性。他们的婚礼比较简单，只邀请了亲近的朋友、家人，他们去巴哈马享受了一站式全包服务的蜜月周。他们初次见我时，不仅没有债务还有 1.8

万美元的存款。在帮他们编制报税单时，我注意到他们毕业后工作的第一个自然年之时已经开始向养老账户里存钱。

尽管他们不符合个人退休金账户缴款的税收抵扣条件，他们同意每年向个人退休金账户投入非税收抵扣资金。Richmans 夫妇很早就认识到什么对自己重要。第二年他们发现家里将迎来双胞胎孩子的时候，他们变得更加自律，对家庭财务更加谨慎。对他们来说财务安全是首要的，而不是物质性的商品和服务来衡量一个人的生活水平。他们总是来到我办公室和我开玩笑说要先强制为家庭储蓄，再决定如何使用剩下的钱生活。他们知道存下来的钱不应该花在不重要的事情上。

他们还认识到通过向养老账户存款，政府可以提供节税优惠的政策，使用税前收入进行储蓄，能够让他们存到更多的钱。从 401（k）养老储蓄计划中获得的 35% 的节税优惠就是他们每年能多存下来的钱。

Richmans 认识到了金钱的时间价值，他们从领到第一份工资起就开始存钱，并且很早就意识到年轻是他们最具价值的投资资产。他们认识到储蓄的时间越长，实现财务自由的可能性越高；用来储蓄和投资的时间积累价值比研究何时进入市场投资更重要。他们采取的是平均成本法（dollar – cost – averaging approach）来为未来储蓄、投资，每个月从工资中扣除一部分钱放到养老储蓄账户中。

尽管 Richmans 夫妇不在金融服务业工作，也不完全理解投资，他们向我寻求了建议。他们将很大一部分钱投入到股市和债券共同基金，将自己视作长期投资者因而对市场的波动并不十分担忧。他们的投资方法十分简单：在平衡的投资组合中进行多元化投资，成为很多优质企业的股东及债券持有人。每年我和他们交流，为他们报税时，我们也会一起看看他们的资产配置，并作出适当调整以平衡投资组合。过去 25年来，他们十分自律，重点进行高质量投资并且注意投资多样性，在市场情况不佳时坚持自己的投资选择并每年对投资组合进行调整①。

现在，Richmans 夫妇养老账户一共有逾170万美元存款，利用利率下降的机会，提前五年还清了住房贷款，存到了足够的钱来支付儿女大学四年的费用。

他们谈恋爱期间，甚至在结婚之前就对安度晚年，实现财务自由有着清晰的计划。如果你身体健康还有一份工作，简单地先强制给家庭储蓄，再用剩下的钱生活也可以让你实现财务自由。我父母是仅有微薄薪资的意大利移民，成功抚养四个孩子成人，你也能够做到。

听了上面的故事，你是愿意做 Richmans 夫妇还是 Poormans 夫妇呢？你愿意竭尽所能地像 Richmans 夫妇那样生活吗？如果答案是肯定的，恭喜你，因为你刚刚下定决心为一个舒适的晚年提前规划，为你和你家人的财务自由而提前计划。

退休公式：计算个人的财富巅峰值

很多人渴望、梦想实现财务自由。实现这一目标需要计划，不能靠运气。我认为财务自由是在维持目标生活水平的情况下，钱为你工作，而不是你为钱工作。

因为有很多变量需要纳入财富巅峰的计算中，因此这一金额对每个人来说各不相同。首先是要计算退休后你需要的收入水平是多少，然后检查现阶段的储蓄和投资计划是否能够给你提供理想的资产金额。这是退休计划的核心，进行必要的计算能使你清楚如何能实现目标。

表8.1展示了决定你人生财富巅峰的12个关键问题。尽管你有许多别的变量需要考虑，以下问题是决定你退休计划策略所需要分析和回答的根本性问题。

---

① 资产配置并不确保或保证更好的收益及并不能消除投资损失的风险。多元化投资也不保证更高的收益或消除投资损失的风险。

表 8.1　　　　　　　　　　**12 个分析退休需求的问题**

1. 现在的年龄？

2. 现在的收入？

3. 配偶的收入？（如适用）

4. 现在的退休储蓄金额？

5. 预期退休年龄？

6. 预计将需要多少年的退休收入？

7. 预期通胀率？

8. 退休后需要当下合并收入的比例是多少？

9. 退休前的预期投资回报是多少？

10. 退休后的预期投资回报是多少？

11. 预计是否能在退休后收到社会保障津贴？

12. 如果预期能收到社会保障津贴，以当下美元价值计算退休后每月能收到多少美元？

回答这些问题将帮助你计算退休后你需要多少钱。因为变量较多（包括现值和未来价值计算），计算中包含的数学算法非常复杂。因此最好是使用网上的退休计划计算器，网上有很多财务计算器，针对这些问题可能每个计算都包含不同的变量。因此，计算只是根据一系列的假设得出的你需要储蓄的金额。你可以从 www. calcxml. com/calculators/re-tirement – calculator/retirement – calculator 上任选一个计算器进行计算，回答"我需要为退休储蓄多少钱"需要你想象很多"假设"的场景。

这个练习能帮你进行情况检查，可能需要改变你的一些假设，但记住一定要谨慎、务实。如果最终计算出来的数字看起来不可能实现，你需要回到之前的步骤，对当下以及退休后的生活水平进行调整。不要忘记第一章学习到的"如何做到量入为出？"。

迟迟不进行退休储蓄的惨痛代价

问题是应该现在开始为退休储蓄还是过段时间再开始呢？拖延不

是应对生活中任何一个问题的答案，开始的最佳时间永远是现在！

几乎每个人都有为退休储蓄的想法，但很多人认为明年再开始储蓄会更容易，从而一再推迟储蓄计划。正如 Poormans 夫妇一样，我们总有今年不开始储蓄的理由，而落入这个陷阱将给你的财务安全造成严重不良影响。大多数人不知道应该什么时候开始储蓄，每年应该储蓄多少钱，其实很简单，你只需要立刻开始储蓄，最重要的是将每年总收入的 10% 存起来。

很多人延迟储蓄时的借口是安慰自己等到收入水平提高了再开始。不幸的是，大多数人工资增加只简单直接地提高了他们的生活水平，而并没有用于为退休储蓄。等待的时间越长，就越难积累到能让你实现财务自由的金额。记住，你最具投资价值的资产是时间：储蓄的时间越长，实现财务成功的可能性越大。

早年开始储蓄的财务回报远超过等待和将钱花在满足欲望上的成本。每个月开始存很少一部分钱，随着时间的推移都能够积累很大一笔退休金。目前最容易的方式是参加单位养老计划，如果没有的话可以向个人退休金账户存钱。每个月存特定金额美元，或薪资的特定比例（我建议至少 10%），这就是一个很好的退休储蓄计划。这样你是强制自己储蓄，把养老储蓄作为自己首要支出项。实际上，因为可投资资产增加，养老储蓄不是支出但仍要将其看作对你成功极其重要的一件事。

如果你不相信时间就是金钱，我想请你花些时间思考下面的例子。这个例子比较了两个对储蓄的时间价值持不同意见的人。

Melanie 在 25 岁开始储蓄，十年内每年都存 2 000 美元，接下来三十年储蓄继续增长。40 岁的时候，她的税收递延账户每年以 8% 的速度增长，账户总额达到 29. 1565 万美元[①]。

---

① 上文的回报率是完全假设回报率，仅用于解释例子的目的，不代表任何个人投资者组合的表现，不应该被用来预测产品的未来表现。特定回报率，尤其是长期限产品的回报率随时间变化。潜在回报率高的产品包含更高的投资风险。做任何投资决策前建议与你的顾问交流。

Brian 直到 35 岁才开始储蓄，十年内每年存 2 000 美元，接下来的二十年储蓄继续增长。30 年后，Brian 的税收递延账户的增长率为每年 8%①，账户总金额达到 13.5042 万美元。

图 8.1 展示了两个人储蓄增长的情况。

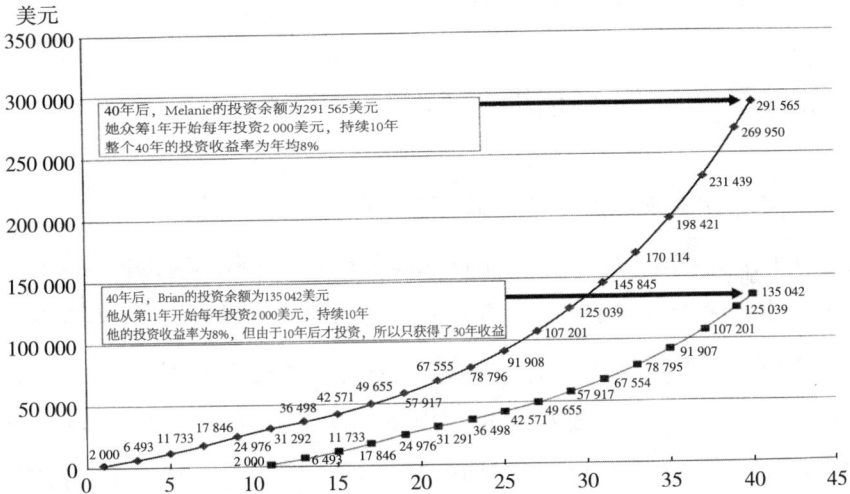

美元

40年后，Melanie的投资余额为291 565美元
她众筹第1年开始每年投资2 000美元，持续10年
整个40年的投资收益率为年均8%

40年后，Brian的投资余额为135 042美元
他从第11年开始每年投资2 000美元，持续10年
他的投资收益率为8%，但由于10年后才投资，所以只获得了30年收益

图 8.1

十年期间 Melanie 和 Brian 每人每年都存 2 000 美元，算下来每人存 2 万美元。但两人 65 岁时却得到金额相差很大的两笔钱，因为 Brian 比 Melanie 晚储蓄了十年，最终储蓄金额比 Melanie 少 15.6523 万美元。这个例子证明了时间就是金钱，你最重要的资产就是时间。尽早开始养老储蓄计划能够享受到复利增长的好处。

年度储蓄有一定的回报率，再投资收益也是如此。我们在表 12.1 的第 72 条法则中看到了复利的能量，这是财务自由的秘密武器，即让你的钱为你所用，最终你不再需要通过工作来维持你理想的生活水平。

---

① 上文的回报率是完全假设回报率，仅用于解释例子的目的，不代表任何个人投资者组合的表现，不应该被用来预测产品的未来表现。特定回报率，尤其是长期限产品的回报率随时间变化。潜在回报率高的产品包含更高的投资风险。做任何投资决策前建议与你的顾问交流。

如果你觉得自己很难定期存钱，下文将介绍的储蓄计划将直接从你的税前收入中扣除部分资金。参与雇主出资的退休计划，将有助于你建立一个系统性的策略，强迫你以节税的方式进行强制储蓄，或者是以平均成本法实施投资计划。

无论使用什么方法，重要的是现在就开始储蓄！

你对国家社保的预期有多高

我们中很多人把国家社会保障视为退休计划的组成部分。然而，医学的进步延长了预期寿命，已经超出社保体系建立时保险精算的假设条件。更长的预期寿命大大增加了享受社保福利人员的数量，当下的社会保障体系承受着巨大的压力，很多人担心自己退休时社保体系已无法运转。

2011 年 1 月 1 日，婴儿潮时期出生的第一批人——即在 1946 年到 1964 年之间出生的人，已经年满 65 岁。他们之中数百万人即将达到退休年龄，政府承诺通过社会保障赡养他们。目前，平均每天有一万名美国人达到 65 岁。美国人口普查局预测，至 2050 年，美国人口中有22.1%将是 65 岁或以上的老人，2015 年这一群体的比例仅占 14.9%，这已经并将继续给美国社会保障和医保体系造成压力。对已经破产的联邦政府及已经处在金融风暴边缘的国民经济而言，以上这些无疑是雪上加霜。图 8.2 展示了美国社会保障局发布的历史上及未来预测的投保人与受益人比率不断下降的趋势。投保人是指参加工作并向社保体系缴税的人，受益人是指领取社保福利、从社保体系中用钱的人。

1945 年，美国社保体系刚刚建立时，每名受益人领取社保福利的背后平均有 41.9 人缴税，而到 2035 年，根据预测，人们惊讶地看到每名受益人背后平均只有 2.1 人缴纳社保税。这一点非常容易理解，因为婴儿潮时期出生的人都到了退休年纪，而人口的预期寿命大大超出了人们的预期。

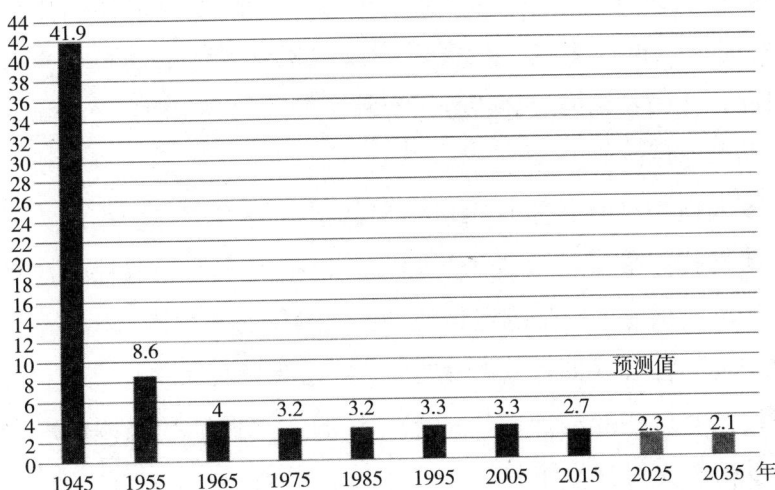

图 8.2① 　社会保障投保人与受益人比率随着时间的变化

除非社保体系进行重大调整，否则未来将面临极大的不确定性。

2003 年之前，65 岁时你可以享受全额的社保退休福利，而现在对 1960 年前出生的人来说，符合享受全额社保退休福利的年龄逐渐增长。到 2027 年，对所有退休的人来说符合享受全额社保退休福利的年龄将增加至 67 岁。为了社保体系不走向崩溃，我认为享受全额社保退休福利的合格年龄将继续增长。

2011 年社会保障受托人报告发出了警告，提醒社保体系未来面临的严峻挑战。受托人在报告中指出，2010 年，社保的成本（即支出的福利）首次超过非利息收入（社保薪酬税），并认为这一局势将持续。2017 年的社会保障信托报告显示，社会保障信托基金将在 2034 年用尽，到那时每缴款 1 美元，只能获得 77 美分的养老金。

很有可能很多人需要等更长的时间才能满足享受社保津贴的条件，

---

① 上文的回报率是完全假设回报率，仅用于解释例子的目的，不代表任何个人投资者组合的表现，不应该被用来预测产品的未来表现。特定回报率，尤其是长期限产品的回报率随时间变化。潜在回报率高的产品包含更高的投资风险。做任何投资决策前建议与你的顾问交流。

这些津贴相对退休前的替代率也会很低（退休金与退休前工资的比例）。对高收入群体来说，社会保障津贴相对退休前的替代率甚至更低。因此，在做长期的退休规划，计算所需退休收入时，不应放大社会保障津贴的作用。

很多人担心自己退休时社保津贴甚至已经不存在。我认为未来享受退休津贴的年龄要求会进一步提高，以推迟人们领取社保津贴的时间。此外，我认为无论是刚退休还是已经退休的人，他们能够享受到的社保津贴金额将会减少。最重要的是，社会保障税率将提高，税收起征点也将提高。这些变动加起来的唯一目的就是保证社保体系可持续运转，以及持续支付社保津贴。

制定自己的退休计划，第一步是估算自己退休后能领取到的社会保障津贴。美国社会保障管理局已经停止向居民邮寄年度估算津贴情况，需要访问 www. ssa. gov/estimator 获得这一信息。上面的退休计算器将基于你实际的社会保障收益估算退休后的社保津贴金额。SSA 网站和计算器页面会要求你提供以下信息：

- 姓名
- 社会保障号
- 出生日期和地点
- 母亲本来的姓氏
- 有关未来收益的额外信息
- 预计退休的年龄

基于以上信息以及 SSA 对你收入历史的掌握，退休计算器能估算出以下三种情况下你能收到的退休金额：

1. 62 岁退休（最早能享受退休津贴的年龄）；

2. 等到完全满足退休年龄（根据出生年份，完全退休年龄区间是65~67 岁）；

3. 直到 70 岁才享受社保津贴。

如果个人信息被屏蔽，退休计算器则无法使用，这种情况下你可以提出通过邮件收取上述信息。同时，如果你想知道享受津贴的大致金额，你可以使用 www. socialsecurity. gov/OACT/quickcal/index. html 网站上的"快速计算器"计算。然而，"快速计算器"计算得出的结果很可能与以社会保障表提供的信息不匹配。因此，仅推荐使用 SSA 快速计算器计算社保津贴的大概金额，即包括当下价值及未来通胀调整后的价值。

"快速计算器"通过三个简单的问题帮你计算出社保津贴。一定要既计算出现值，也计算出考虑通胀后的未来价值。因为后面计算达到个人财富巅峰点时需要用到这些信息。请记住，社保津贴的计算基于出生日期以及估算的收入历史。出于安全考虑，快速计算器不能够获取你的收入记录（每年申报税收时向美国政府提供的信息），因而是基于你提供的信息估算出来的收入。

合格养老金计划

假设政府有一个项目，能够为你提供无利息贷款，你可以将这笔钱用作长期投资以保障退休后的生活，你会参加这个项目么？再假设如果出现投资失利，你将不必向政府偿还这一部分款项，你会参与这一项目么？又假设该项目允许你在 70.5 岁之后的有生之年无利息逐年还款呢？

尽管这项目听起来很不真实，实际上它对美国每名劳动个体来说是开放的，然而很少人利用好这个项目。简单地说，这和你向退休账户里投钱并选择税收递延的结果一样。

税收递延是直到从税收递延账户取款时才缴纳收入所得税。政府通过《美国国内税收法典》来规范纳税人的行为，政府也希望每个人为未来进行长远打算，尤其是为将来更加安全、舒适、可持续的晚年进行储蓄。《美国国内税收法典》允许很多公民用多种方式利用税收递延，以鼓励和增加他们的退休储蓄。没有什么策略比利用税收优惠来实现财务自由更有效了。

比如，个人退休金账户和401（k）也允许税收递延。很多保险产品，比如固定和可变年金以及特定的保险合同等也都可以实现税收递延。

尽可能长时间递延纳税有很多好处，因为它可以让本金和利息在税收递延的基础上实现复利增长，长期来看会对你的养老储蓄产生巨大的积累效应。递延纳税基础上的复利增长，其好处在本章"迟迟不进行退休储蓄的惨痛代价"（见图8.1）一节中有重点强调，Melanie因为比Brian早十年储蓄（尽管他们每年储蓄的金额相同），Melanie比Brian多出15.6523万美元存款。显然，税收递延和复利的结合在长期内产生的影响是非常重大的。

很多人开始延期纳税的初始时期是高收入年份，那时他们的所得税税率较高。这一时期税收递延的额外好处是高收入年份的税率较高时可以延期纳税，并在税率较低的年份补缴。尽管不能保证退休时一定能享受低税档税率（未来新总统任期时，税率可能会增加），延期纳税对养老储蓄来说是非常强有力的工具。

相信你现在已经认可了税收递延的优惠是实现财务自由最有效的方式。那么我们来看看最受欢迎的一些养老储蓄计划。在税收递延的基础上进行退休储蓄有非常多的选择，这取决于你的个人情况。这些选择主要与工作单位相关：一些计划是由雇主出资，一些由个人部分出资，还有一些由个人全部出资。进一步说，雇主出资部分直接来源于雇主的基金而员工出资则是从个人工资中扣除。

符合条件的退休金计划需要符合《美国国内税收法典》的规定，从而符合特定税收补贴优惠条件，这对雇主来说是税收抵扣，对个人而言是税收递延。这些计划必须是专门针对员工或他们受益人而设定的。

现在有两种符合条件的退休金计划：固定收益养老金计划和固定缴款养老金计划。大多数情况下，除满足例外情形，59.5 岁之前从账户中取款需要缴纳 10% 的罚金。年满 70.5 岁时，不得晚于当年 4 月 1 日取款，大多数情况下需要缴纳所得税。

接下来的小节介绍了多种符合条件的退休计划。建议加强对各种符合条件的退休计划的了解，这将更有助于你实现财务自由。这些退休计划是积累财富最具节税特性的武器。你能够递延支付一大笔税收，相当于从政府得到一笔无息贷款。同时，这些基金可能会带来可观的回报率，不利用好这些优势就太可惜了。

固定收益养老金计划

这种计划下，雇主将在雇员退休时期，终身支付给雇员特定养老金。养老金金额一般基于员工的年龄、收入和在职年限来事先确定。固定收益养老金计划没有缴款限额，因为它需要基于退休期间确定的养老金分配金额进行计算。鉴于过去十年股票市场回报率很低，员工退休后的养老年限愈发增长，现在很少大型私企单位提供这种高成本的固定收益计划。这些计划主要由政府单位提供以及员工规模在 100 名及以下的小企业提供。

固定缴款养老金计划

与固定收益计划相反，特定缴款计划不承诺退休后支付特定金额给雇员，而多是雇主向你的账户以匹配缴款的形式缴款。作为员工，你可以在该计划内缴款。因此，从固定缴款计划里收到的养老金仅取决于你退休时的账户盈余。雇主提供最常见的特定缴款计划就是 401（k）计划。

401（k）计划

这是雇主建立的合格计划，符合条件的员工可以税后或税前以从工资中抵扣的形式缴款。提供401（k）计划的单位可以代表员工以匹配或非选择性（安全港）的形式向计划缴款。以税后工资缴款的计划也叫做 Roth 401（k）计划。

403（b）计划

403（b）计划与401（k）计划不同之处在于前者是面向免税机构的员工，一般对象是非营利组织、教堂或者学校。退休时员工可以选择收到一大笔款项或者按月收款。与401（k）计划相似之处在于403（b）可以用员工税前或税后工资缴款。这些计划一般由员工税收递延收入缴款，然而雇主也可以匹配或总款的形式缴款，尽管雇主缴款并不常见。

利润共享计划

利润共享计划由雇主出资，雇主有责任决定何时缴款以及向该计划缴款多少金额。雇主缴款可能取决于其利润水平，因此也决定了员工的养老金水平。雇员退休的时候，可以选择一次性收取所有的养老金，或者在一定期限内平均分配。401（k）具备利润共享计划的特征，如果利润分享计划包含401（k）特点，你可以从工资中额外缴款。

员工股权计划（ESOP）

员工股权计划下，雇主周期性地向员工退休计划中注资普通股。退休时，员工股权计划可以股份的方式分配收益。55岁时，如果参加员工股权计划已经10年或10年以上，单位会给你将 ESOP 价值的25%进行多元化投资的选择权。你可以选择投资其他股票、债券等，这样你就不仅仅投资该公司。多元化投资选择权直到60岁前都有效，而到60岁时，你有一次机会将 ESOP 总价值的50%进行多元化投资。

简化员工养老基金（Simplified Employee Pension）

这些计划主要是为了小企业员工和所有人的利益而设计。和个人退休金账户一样，SEP 计划允许参与计划的人退休时一次性领取退休金或者周期性提款。SEP 计划主要由雇主缴款，尽管 1997 年之前建立的一些计划也允许员工缴款。SEP 通常投资的账户与个人退休金账户相同。

员工储蓄激励匹配计划（Saving Incentive Match Plans for Employee，SIMPLE）

这些计划也是为小企业设计的，可以设计成 IRA 或者是 401（k）计划。员工以税前工资缴款，雇主需要进行匹配缴款。

有关这一类计划的更多信息请见第十一章"如何创立自己的事业"中的"为企业选适当的退休计划"小节。

传统 IRA 和 Roth IRA 的区别

个人退休金账户对不同收入水平的所有工薪族都适用，对不工作的配偶也同样适用。你和配偶向 IRA 缴款金额不可超过两人总收入。IRA 完全由个人缴款，这也是 IRA 为什么又叫"个人退休金账户"的由来。这些指定的退休账户需在银行、经纪公司、共同基金公司、保险公司或其他金融机构开户。一旦设立 IRA 账户后，你有一些投资选项，可以选择投资股票、债券、共同基金、ETFs、现金等价物、房地产和其他类型资产。你对自己的账户有完全控制权，退休后可以选择一次性提款或周期性取款。

你可以从两种不同类型的 IRA 选择，传统 IRA 或 Roth IRA。这两种类型账户仅是账户名称不同，以区别于非退休金账户。这些账户名称不代表任何投资标的，开立 IRA 账户以及何种类型的账户完全独立于资金的投资方式。更多投资选择请见第九章："如何开展个人投资"。

在满足一定的条件下，传统 IRA 账户缴款可以享受税收抵扣，取款行为发生当年，相关取款金额应缴纳所得税。因此，传统 IRA 账户使你在当下年份能享受税收抵扣以及所得税递延，但最终在取款时需要缴纳所得税。相反，Roth IRA 不享受税收抵扣，但符合条件的提款是享受免税优惠的。因此，Roth IRA 账户当年不享受税前抵扣，但最终符合条件的取款包括收益都将以免税的形式支付给你。

所以，选择传统 IRA 或 Roth IRA 账户时，真正的问题是更倾向于在当年获得税收抵扣优惠还是在退休后获得免税优惠。

传统 IRA 和 Roth IRA 都存在缴款上限，2018 年上限为 5 500 美元。尽管同一年可以同时向两个账户注资，但 5 500 美元上限同样适用。最大的总年度缴款金额是指个人每年向 IRA 和 Roth IRA 账户缴款金额的总数为 5 500 美元（截至 2018 年）。对于年龄为 50 岁或者以上的人群来说，IRA 或 Roth IRA 账户的年度合并缴款额增加 1 000 美元，为 6 500 美元每年。细节请见表8.2。

传统 IRA 账户

传统 IRA 账户是退休储蓄绝佳的方式。如果不参加雇主资助的退休计划或者你希望参加能比雇主提供计划储蓄更多的计划，那么传统 IRA 是非常好的选择。传统 IRA 是可以通过金融机构开立的简单税收递延储蓄账户。

传统 IRA 账户最大的优势在于缴款阶段税收抵扣的可能性。如果收入低于门槛值，或如果你和/或配偶的收入不被雇主任何养老金计划所覆盖，你便能享受缴款阶段的税前抵扣优惠。例如，如果你的边际所得税税率是40%并满足抵扣条件，向传统 IRA 账户注资 5 500 美元能帮助你节省 2 200 美元的所得税。向个人账户存 2 200 美元和把这笔钱缴税给政府，哪个更有吸引力呢？

表 8.2.1　2018 年在职退休计划覆盖情况下经调整总收入对传统 IRA 缴款的影响

申报状态	单身或户主或已婚分开申报并在一年任何时间不与伴侣同住	已婚共同申报或合格寡居者	已婚分开申报并在一年任何时间内与伴侣同住
传统 IRA 最大缴款额为：实际应税收入或以下金额（按照孰低原则）：			
50 岁以下	5 500 美元	5 500 美元	5 500 美元
50 岁或以上	6 500 美元	6 500 美元	6 500 美元
传统 IRA 缴款可全额抵扣对应的经调整总收入上限：			
	6 300 美元	101 000 美元	0
传统 IRA 缴款的税收抵扣额对高收入群体逐渐下降，并在以下经调整总收入水平时降至零：			
	7 300 美元	121 000 美元	10 000 美元

表 8.2.2　2018 年在职退休计划不覆盖情况下调整 AGI 对传统 IRA 注资的影响

申报状态	单身或户主或合格寡居者	已婚共同申报或分开申报且伴侣一方未参加单位养老计划	已婚共同申报且伴侣一方参加单位养老储蓄计划	已婚分开申报且一方伴侣参加单位养老储蓄计划
传统 IRA 最大缴款额为：实际应税收入或以下金额（按照孰低原则）：				
50 岁以下	5 500 美元	5 500 美元	5 500 美元	5 500 美元
50 岁或以上	6 500 美元	6 500 美元	6 500 美元	6 500 美元
传统 IRA 缴款可全额抵扣对应的经调整总收入上限：				
	无上限	无上限	189 000 美元	0
传统 IRA 缴款的税收抵扣额对高收入群体逐渐下降，并在以下经调整总收入水平时降至零：				
			199 000 美元	10 000 美元

表 8.2.3　2018 年调整后总收入对 Roth IRA 注资的影响

申报状态	单身、户主或已婚分开申请且全年不与伴侣同住	已婚共同申请或合格寡居者	已婚分开申报且全年与伴侣同住
Roth IRA 最大缴款额为：实际应税收入或以下金额（按照孰低原则）：			
50 岁以下	5 500 美元	5 500 美元	5 500 美元
50 岁及以上	6 500 美元	6 500 美元	6 500 美元
Roth IRA 缴款可全额抵扣对应的经调整总收入上限：			
	120 000 美元	189 000 美元	0
Roth IRA 缴款的税收抵扣额对高收入群体逐渐下降，并在以下经调整总收入水平时降至零：			
	135 000 美元	199 000 美元	10 000 美元

　　向传统 IRA 账户缴款必须从非退休账户转出，这样才能被视作当年缴款并得到税收抵扣。也可以离职或退休后从合格雇主缴款计划如 401（k）或 403（b）中转存资金到 IRA 账户。需要注意的是这些转存不被视作当年缴款而是从之前缴款的退休储蓄账户中简单的转账。从一个合格计划中进行免税转账不会影响你当年向 IRA 账户缴款。

　　并不是所有拥有传统 IRA 账户的人都能享受税收抵扣。如果你通过所在单位积极参与了合格退休计划［如 401（k）计划］，则 IRA 税收抵扣将基于调整的总收入减少或降为零。如果低于收入区间范围，可以享受全额抵扣；在区间范围内可以享受部分抵扣；而等于或高于区间范围上限，将无法享受任何税收抵扣。以下是基于 2018 年的收入区间范围：

　　● 单身纳税人并参加单位退休计划的，收入区间范围是 63 000 ~ 73 000 美元。

　　● 已婚夫妇合并申报，伴侣向 IRA 注资有单位退休计划覆盖，区间范围是 101 000 ~ 121 000 美元。

　　● 未参加单位退休计划、向 IRA 账户缴款的，夫妻双方收入在 189 000 ~ 199 000 美元的，税收抵扣将逐渐减少。

　　● 已婚个人分开申报退税且参加单位退休计划的区间范围不会根据年度生活成本调整，区间在 0 ~ 10 000 美元。

　　如果缴款无法满足税收抵扣的条件，你可以将赚得的收入进行全额非税收抵扣缴款。这需要你填写 IRS8606 表格来记录自己 IRA 账户基数，这一表格必须包含在个人报税文件内。在养老金开始分配时，非税收抵扣缴款的部分不需要缴税。我建议，只有在不符合 Roth IRA 缴款条件时，你才进行非税收抵扣缴款。

　　传统 IRA 账户在税收递延的基础上以复利形式增长，这意味着只有退休后开始领退休金后才开始纳税。很多退休人士在生命的这一阶段处于低税档。因此，缴款时的税率和总纳税额比退休后分配资金纳税数额大得多。尽管取款要和普通收入一样纳税，但很多州设有特殊条款使取款缴纳较少或不纳州税。

美国国家税务局给公众提供这些重大税收优惠政策，以鼓励我们对自己退休后的生活负责，为之存钱。然而，美国国家税务局针对59.5岁之前从退休账户中分配资金的情况征收罚款，这也是鼓励公众为养老负责任地储蓄（显然，如果在退休前从养老金账户中取款，本应在退休后使用的资金减少）。提前取款除了要缴纳所得税外，还要缴纳10%联邦惩罚税。

提前取款免收惩罚税的例外情况如下：

- 因为残障提前取款；
- 在失业时使用这笔钱支付医疗保险；
- 使用这笔钱支付高等教育费用。

一旦年满70.5岁，你必须在当年4月1日之前对传统IRA账户进行年度要求最低资金分配（required minimum distributions，RMDs）。如果不进行最低资金分配，对应提款项部分需缴纳50%的惩罚性所得税。最低资金分配是年度最低的取款额，基于前一年12月31日IRA账户余额以及IRS估算寿命的精算表得来。

Roth IRAs

Roths IRAs是另一种可以让个人以税收有效的方式进行养老储蓄的指定账户。向Roth IRA账户注资不能抵扣，然而符合条件的Roth IRA资金分配免征联邦、州和城市所得税，在你退休后不计入经调整的总收入（AGI）内。如果你预期退休后属于高税档人群，Roth IRA会是个好选择。

即使你预期退休后适用低税档，Roth IRA账户的额外好处在于，和传统IRA账户资金分配不同，其资金分配不计入调整总收入。当你的AGI达到特定水平，社会保障津贴的85%都可能变成应税收入。很多必须从传统IRA账户中进行最低资金分配的退休人士不得不就社保收入纳税，Roth IRA 可以避免这一额外费用。

Roth IRA 的价值在于你可以在 70.5 岁之后开始储蓄，前提是你那时还在工作并有收入。Roth IRAs 没有最低资金分配要求，因此不论什么年纪都不存在强制分配资金的情况。账户持有人去世之后将 Roth I-RAs 留给受益人，最低资金分配要求对受益人适用。

可以在任何时候以任何理由免税提取 Roth IRAs 中存款，但不能提取收益部分，取款不需要缴纳 10% 联邦惩罚性税收。然而，如在 59.5 岁之前提取收益，需要缴纳所得税以及美国国家税务局 10% 的罚金。如要免税、免罚金地使用收益，你的账户必须满足五年持有期要求且年满 59.5 岁或以上。例外情况与前文传统 IRA 的免税免罚金例外情况相同。

高收入纳税人群向 Roth IRA 账户缴款条件存在收入限制范围。传统 IRA 和 Roth IRA 适格性规则让人感到迷惑。大家可以访问 www. calcxml. com/calcultators/ira – calculator，这个计算器能计算出你是否满足两种 IRA 的条件。

我认为每个人都应该好好利用所在工作单位资助的退休计划带来的税收优势，每年根据自己的适格性向 IRA 账户注资，没有比利用税收优惠账户进行养老储蓄更加高效的方式了，这是政府送给我们的礼物，让我们加速储蓄。

因为设有严格的年度储蓄上限，很多高收入人群无法通过传统的储蓄账户存到足够的养老金。此外，很多人推迟了开始储蓄的时间，到退休时并没有存到足够的钱。建立年金是应对上述问题一个可能的解决方案。

固定年金和可变年金

年金，尤其是可变年金是目前最具争议的养老储蓄财务计划。很多财务顾问完全否定年金计划，认为年金计划并不适合他们的客户。还有一部分人则大力支持年金计划，认为应当成为个人养老计划的一部分。我认为这两种观点都有一定的道理，最终的答案在于客户个体的需求。我认为年金并不适用于所有人而是取决于个人情况。在考虑年金是否适合你之前，我们先看下什么是年金。

年金是由保险公司创设的一种投资工具，承诺在未来约定时间段内支付款项给客户。年金合同并不是符合条件的养老计划，但它和符合条件的养老计划一样能提供税收递延的复利增长。年金计划最大的优势在于其没有缴款限额，可以使个人为退休后储蓄一笔极其可观的养老金。在向工作单位的养老计划和 IRA 账户缴款达到上限后，年金是补充整体养老计划的潜在选项。

关于年金最大的争议在于它有合同限制、费用和佣金，包括账户费用、标的投资管理费用、行政管理费用以及针对各种其他可选收益的收费。如果你（合同所有者）在特定期限之前违反合同约定，大多数年金含有后期收费（毁约支出）。年金提取和普通收入一样需缴纳所得税，长期资本利得，合格分红的税收优势不适用于年金收益。59.5 岁之前提取年金的收入部分也需缴纳联邦税收罚金。

年金的所有担保由出具年金合同的保险公司基于其偿付能力提供。年金不享受联邦储蓄保险公司或其他任何政府机构的担保。

一些年金合同允许客户购买能够在特定期限支付客户的保险选项，比如终身或你和伴侣的一生。担保的退休收入或终身的收入可能帮你消除提前花光养老金的担忧。

固定和可变年金都有即期和递延年金。决定哪一种对你最为合适取决于你预期何时开始分配资金：

- 即期年金需要提前一次性付清保费。合同开始生效时就会得到支付，合同期内保持有效。该类型年金一般在退休之初购买，更适合接近退休的人士。

- 递延年金即可以一次付清或根据累积期限分期付清资金。累积期限内需支付保费购买年金。支付基于累积期的账户余额通常会推迟几年。收入支付金额取决于一些元素,例如初始投资金额、合同的实际回报率、合同持有人的年龄以及获得支付的年限。

固定年金

固定年金是与保险公司约定在合同期限内对你的资金承诺固定利率的合同。本质上,你将资金给保险公司,保险公司承诺按照约定利率偿还。固定年金是保守型投资,最大的风险来自保险公司的偿付能力。

在当前低利率的环境下,大多数固定年金回报率不佳。因此,固定年金不适合希望投资增长且回报跑赢通胀的客户。

递延年金

递延年金是专为退休设计的长期投资工具。递延年金也是一种合同(购买者为合同持有人),持有人同意一次付款或分期付款给保险公司来换取未来收入。保险公司通常会在客户退休后开始偿还,可以覆盖你的一生或你和伴侣的一生(单人或两人一起)。

在累积期,客户根据自身的风险容忍度、时间跨度及长期目标将资金投入各种各样的投资子账户。如果你购买终身收入年金或担保身故理赔金(guaranteed death benefits),因为获得保护力度较大的关系,你可能会承担一些额外的风险。你可以投资股票市场或其他选择。年金的未来价值以及退休后能收到的资金取决于这些投资的表现。这些投资可能会给你带来增长,增加你跑赢通胀的概率。

可变年金的实际账户盈余(包括投资本金和收入)不含担保。相反,账户盈余取决于可变年金子账户各种投资选择的表现。因此,如果你最终选择中止可变年金账户,账户盈余可能比你初始购买时金额更多,也可能更少。你可以额外购买一些担保,但通常不担保实际账户盈余,而是对终身现金流或身故理赔金进行担保。

可变年金也提供额外购买担保的选项。这些担保通过终身偿付选项，能帮助客户抵御投资股市的负面风险。一些年金合同提供担保的死亡理赔金，而不考虑账户余额的价值。在我看来，这种担保对很多人而言正是可变年金的价值所在。

一些财务分析师认为退休人士可以通过保险产品和共同基金①来提升财务安全，大多数人都认为抵御风险是最稳妥的选择。风险管理是我们日常生活的一部分，我们有健康险、人身险、长期残疾险、护理险、汽车保险、住宅保险等来保护我们生命和家庭的各个方面。因此，购买保险保证我们退休后的生活是自然而然的事情。向保险公司签订可变年金合同，可以让我们对此更加安心。这种形式的保险并不对所有人都是必须和合适的，但在大多数情况下，我认为应当把年金视作整体退休计划的工具之一。

finra. org/sites/default/files/InvestorDocument/p125846. pdf 网站上有 FINRA 发布的投资者教育系列资料。

养老融资：需求分析

计划退休的起点是进行需求分析。换句话说，你必须首先估算退休后剩下的生命时光需要多少钱，还需要估算从特定收益退休计划和社保中能收到多少津贴。接下来你需要看自己目前有什么可以在退休后使用的投资性资产。最后计算出能带来足够收入，支撑你退休后预期的生活成本所需要的资产金额。

我们回顾下第三章，用 James 和 Partricia Loomis 的养老计划需求作为例子来分析。我们此前已经拿到了 Loomises 夫妇的财务情况表（见表 3.2）和现金流量表（见表 3.3），因此需求分析最难的部分已经解

---

① 基于 2011 年 3 月 8 日《华尔街日报》文章 "Making the case to buy an Annuity"。

决了。

我们首先开始分析财务状况，尤其是投资性资产，因为这些资产是产生退休后必要收入的来源。截至 2017 年 12 月 31 日，他们投资资产的总价值为 951 850 美元。从他们的现金流量表（按照我的建议修改后）来判断维持目前生活水平的总资金流出量。Loomises 的总现金流出量是 189 976 美元。

为完成这一需求，我们将 Loomises 对十二个关键问题的答案以及图 8.1 的假设包含在内，展示在表 8.3 中。

James 目前 37 岁，Patricia 36 岁，截至 2017 年末，从现金流表来看，两人总收入为 216 876 美元。基于他们的财务情况分析（见表 3.1），总投资性资产为 951 850 美元。然而，我们需要扣除 4 000 美元的教育储蓄计划资金，因为这在他们退休后是无法使用的。他们目前的总投资性资产包括一幢价值 750 000 美元的大楼，抵押金额为 740 000 美元。因此，这部分抵押应当从投资资产中扣除，这样他们的总可投资退休储蓄资产为 207 850 美元（951 850 - 4 000 - 740 000）。

表 8.3　　　　　　　　　分析退休储蓄需求的答案模板

1. 现在年龄? 37 岁
2. 目前的收入? 191 876 美元
3. 伴侣的收入（如适用）? 25 000 美元
4. 目前退休储蓄金额? 207 850 美元
5. 预期退休年龄? 67 岁
6. 预期需要多少年的退休收入? 29 年
7. 预期通胀率是多少? 3%
8. 退休后需要当下合并收入的比例是多少? 62%
9. 预期退休前的投资回报率是多少? 7%
10. 预期退休后的投资回报率是多少? 5%
11. 你认为退休后能收到社保津贴吗? 是
12. 如果预期能收到社保津贴，用当下美元价值计算的每月金额是多少? 3 902 美元

尽管任何人都不能够准确预测退休前及期间的通胀率，但 Loomises 夫妇决定将通胀率预设为高于历史平均值的 3%。James 社保退休年龄为 67 岁，在 65 岁便能享受医疗保险。因此，Loomises 夫妇决定将 67 岁设定为实际退休年龄。

基于 James 家庭历史，他不认为自己能活到 90 岁以后，从 Patricia 家庭历史来看，她预期自己能活到 95 岁。目前他们两人身体状况都比较好，所以决定用 95 岁作为最终年龄，这样退休后要度过 29 年。

James 去社保网站上使用估算计算器：每年 James 预计收到 31 212 美元社保津贴，Patricia 预计每年收到 15 606 美元，总社保津贴为每年 46 818 美元，即每月有 3 902 美元津贴，占其目前收入的 21% 左右。

基于对现金流情况的详细分析，他们认为需要目前收入的 62% 来维持退休后的生活水平。以下是他们的计算方法：

• 他们截取了 2017 年 12 个月的现金流，约为 189 976 美元，减去 7 620 美元的现金流出加入到投资性资产中去。

• 从住房贷款中每年扣除 34 049 美元，因为 James 满 67 岁之前几个月时他们将还清抵押贷款。

• 他们进一步分析了现金流，发现不再需要每年支付 1 400 美元期限人身保险费用，以及 James 的 1 200 美元长期残障保险费用。

• 他们预期接下来五年内将付清学生贷款，便扣除了目前正在支付的 3 328 美元。

• 退休时不需要缴纳社保税，所以扣除了 19 125 美元社保税。

• 根据他们预期的退休收入制定了税收预测，得出联邦和州所得税将从目前 47 400 美元下降至 40 400 美元，从而现金流出减少 7 000 美元。

• 他们还可以扣除照顾子女的相关支出 6 090 美元，但他们决定不这么做，因为考虑到孙辈未来的支出。

基于这些计算，他们意识到需要 116 254 美元（189 976 – 7620 –

34 049 − 1 400 − 1 200 − 3 328 − 19 125 − 7 000）。此外，Loomises 夫妇计划退休后保持活跃，充分享受退休生活，因此每年留出 18 000 美元旅游和娱乐费用。

综上，他们的总现金流需求为 134 254 美元，约占其目前现金流的62%（134 254/216 876）。因此，他们需要在 James 达到预期 67 岁退休年龄时有足够的投资性资产来覆盖差额。

基于对上述问题的答案以及做出的假设，我们计算出 James 和 Patricia 的财务自由点，即为过上安逸的退休后生活和维持现在生活水平所需要的投资性资产金额。我们使用退休计算器，输入所有上述事实和假设，以便在退休后能够获得经通胀调整后的收入水平：

● 当 James 到 67 岁退休年龄时，将他们已经储蓄的金额包含在内，他们需要的总储蓄金额为 4 546 756 美元。

● 他们除了单位匹配提供的养老金缴费外，还应当每年储蓄年收入的 10. 5%。

我们在"退休需求分析"中的首要假设是社会保障体系那时仍能够兑现对 Loomises 夫妇的承诺。如果我们改变这一变量，不将社保津贴包含在内，我们分析的结果将是以下情况：

● 当 James 到 67 岁退休年龄时，将他们已经储蓄的金额包含在内，他们将需要的总储蓄金额为 6 976 006 美元。

● 他们除了单位匹配提供的养老金缴费外，还应当每年储蓄年收入的 19. 2%。

进一步的对比和分析显示出，如果社保体系在他们退休时不再发挥作用，将给 Loomises 夫妇带来潜在的影响。如果这引起他们的担忧，他们需要将年度储蓄比例提升至 19. 2% 或调整退休后的生活水平。

你可以去 www. calcxml. com/calculators/retirement − calculator 网站根据自己财务情况进行类似分析。你可以根据自身的情况做出各种假设的情景。

根据第三章我们为 Loomises 夫妇所做的分析，他们正走在实现财务自由的康庄大道上。采纳我们的现金流建议之前，他们每年储蓄金额为 7 620 美元。采纳第三章列出的现金流建议后，他们能够多储蓄 26 900美元。他们已经开始为 James 的 SIMPLE 计划储蓄 7 500 美元（其 2017 年最大值为 12 500 美元），Patricia 传统 IRA 账户储蓄 4 000 美元（其 2017 年最大值为 5 500 美元）。在进行退休需求分析后，他们同意 2017 年进一步向 James 的不可税前抵扣（因为他已经向 SIMPLE 计划足额缴款）IRA 账户缴款 5 500 美元。这样，从今年开始，他们总储蓄金额达到 24 620 美元，多于退休后①实现财务自由的当年应缴金额。他们在税收申报期限日之前就完成了这一分析，因此 2017 年他们就能够向这些养老金账户存钱了。

如果做退休计划时忽略税务因素，你可能缴纳比法律规定更多的税。这也是为什么你必须将税收计划纳入整体退休策略中。使用"节税超额收益策略（升级版）"，使你的财务积累目标最大化。

如何规划退休生活——节税超额收益策略（升级版）

以下是可以加速实现退休计划目标的节税策略，这将有助于你走上财务自由之路，迈向人生财富巅峰。

● 将传统 IRA 的优势与 Roth IRA 进行比较，并选择最符合你自身情况的账户。使用传统 IRA，你可能会得到缴款费用税前抵扣的优惠，并且实现基于税收递延的增长。Roth IRA 在缴款环节不会享受税收抵扣优惠，但在提款环节，如果符合条件是可以完全免税的。

● 使用 Roth IRA，70.5 岁时无须进行必要的最低资金分配（RMD），这还有助于降低你的经调整总收入水平，进而减少你退休之后的社保税支出。

---

① 更多关于投资相关的成本/费用和风险信息，请见第九章。

● 向传统或 Roth IRA 账户缴款的截止日期为 4 月 15 日，即常规提交所得税申报表的截止日期（无论是否延期申报）。

● 在每年结束之前，向雇主提供的退休计划足额缴纳资金。2018 年，401（k）的税收递延限额是 18 500 美元，SIMPLE 计划的税收递延限额是 12 500 美元。

● 年龄在 50 岁或以上的退休金计划参与者，可以利用额外的税收递延限额，追加 6 000 美元注资到 401（k）计划，以及追加 3 000 美元到 SIMPLE 计划。

● 如果符合条件，夫妇每人 2018 年可以向 Roth IRA 账户缴款 5 500 美元（50 岁或 50 岁以上注资 6 500 美元）。需要满足的条件为，已婚夫妇经调整总收入需在 189 000 美元以下，如果是部分缴款，经调整总收入不得超过 199 000 美元；单身人士经调整总收入必须在 120 000 美元以下，如果是部分缴款，经调整总收入不得超过 135 000 美元。如果你收入超过这些标准，可以建立传统的 IRA 账户，之后可以不受收入水平限制转成 Roth IRA 账户，但也会适用其他特定规则。

● 将传统 IRA 转换为 Roth IRA 没有收入限制。可以考虑将你的传统 IRA 账户部分或全部转换为 Roth IRA 账户，这样未来所有的收益都可以免税，这一点非常有用，尤其是你处于低税档的时候以及 IRA 账户价值开始下降的时候。然而，从传统 IRA 向 Roth IRA 转换是应当缴税的，需要将转换金额作为收入纳入当年的报税单。

● 如果为退休金计划（包括 IRA 或 Roth IRA）缴款，你可能满足"不可退税储蓄者（nonrefundable saver）"的税收优惠条件。对于低收入和中等收入的已婚夫妇共同申报的，收入上限为 63 000 美元；户主申报的，收入上限为 47 250 美元；单身人士申报的，收入上限为 31 500 美元。2018 年，这一税收优惠金额可以达到 2 000 美元养老金缴费额的 50%。这意味着注资 2 000 美元到养老金计划中就可以获得 1 000 美元储蓄信用额度，这对养老储蓄是多么大的激励措施啊！

● 如果你出于任何原因离开工作岗位，如下岗或退休，你有权从雇主退休计划中分配资金，但如果不妥善处理，这笔资金是需要纳税的。必须将其设置为免税转存，以便从一个合格的雇主退休计划中免税转移分配到另一个合格的计划或传统的 IRA。你应该指导你的雇主直接将资金转入传统的 IRA 账户或转到你的新单位。如果你选择直接将资金分配给自己，则你还有 60 天的时间自行免税转存。如果你不符合这些要求，则所有金额可能需要纳税并额外罚款 10%。

● 一般来说，59.5 岁之前合格储蓄计划中的应税资金分配需缴纳 10% 的罚款。如果符合以下条件之一，你可以避免缴纳 10% 的罚款：转存、残疾、55 岁或以上离开劳动力市场、医疗费用支出、至少五年的均等支出、成为已退出计划参与者的受益人、由美国国家税务局征收、或是符合条件的法院命令等。有关提前取款免收罚金的例外情况，请参阅美国国税局 5329 表格和说明，以便掌握更多详细信息。

● 除了上述例外情况，将传统 IRA 账户资金用来支付合格的高等教育费用，或用于首次购房达到 10 000 美元的情况也是免征罚金的。

● 应该避免为退休计划借钱，因为这会产生可怕的后果。例如，如果在还清贷款以前离开供职单位，雇主会将你既有退休金账户余额减去未偿还贷款金额，并将此贷款金额在你离职当年上报为应税分配。这笔钱不仅需要纳税，还要缴纳 10% 的罚款。

● 自 2018 年 1 月 1 日起，如果你有合格的退休计划贷款被视为应税的（taxable），你有超过 60 天的时间来将它免税转存进入另一个合格的退休金计划。在纳税年度，这一操作将被视作资金分配，直到提交联邦所得税申报表的截止日（包括延期）之前，都可以完成免税转存。如果你必须在报税截止日期前缴纳税款和罚款，仍然可以完成转存并避免同时支付税款和 10% 的罚款。

● 通过参与雇主提供的养老金计划，将工资收入中本该现在就应缴税的金额递延到退休后，等养老金分配时再缴纳，这有助于更好地积累收益。你必须充分利用雇主养老金计划允许的最长税收递延，如果无法做到最大化税收递延，则你应该至少以最低限额缴纳养老金，并最大限度地提高雇主的匹配缴款金额。

- 许多雇主提供的 401（k）计划允许员工像 Roth IRA 一样以税后收入缴款。如果参与 Roth 401（k）计划，你可以比参与 Roth IRA 缴纳更高的金额。向 Roth 账户的缴款是用的税后收入，所以不会在缴款环节获得税收优惠。

- 如果雇主养老金计划包括合格的 Roth 缴款计划，也可以从税前401（k）账户缴款至 Roth 401（k）账户。但这种转换是应纳税的，必须在纳税申报表上报告。

- 在转存的养老金分配时，如果先将资金分配给你，所在单位必须预扣20%。为了避免20%的预扣税，你应该让雇主直接转存到新雇主的养老金计划或个人 IRA 账户中。

- 如果你正在领取社会保障福利，高达85%的福利待遇须缴纳联邦所得税。如果单身人士临时收入在 25 000 美元或以下，已婚联合申请者临时收入在 32 000 美元或以下，可以避免缴纳上述所得税。建议在进行退休生活规划时，将养老金收入纳入免税收入（如参与 Roth IRA），这可以使得你的应税收入不超过上述限额，从而也不需要为社保收入缴税。

- 如果你年满 70.5 岁或以上，可以从个人退休金账户（IRA）中免税分配资金给一家或几家慈善机构。这样就可以满足 RMD（所需的最低分配量）而不增加经调整的总收入。这可以作为低收入纳税人避免缴纳社会保障福利税的一种策略，还可以帮助高收入纳税人避免缴纳净投资收入的3.8%医疗税。

- 2018 年，固定收益养老金计划每年最高支付给员工的退休金（在退休之后支付的养老金）上限为 220 000 美元（根据每年通货膨胀指数调整），每年缴款为（由雇主缴款到该计划中的金额）高达

270 000美元或以上。根据计划参与人年龄的不同，每年缴款金额也会变化，退休计划精算师需要对缴款金额进行精算。这些缴款金额商业实体可以税前进行扣除，并且代表员工缴纳的养老金无须缴纳社会保障税和医疗保险税。投资收益和未来的提款也不需缴纳社会保障税和医疗保险税。2013 年开始，这点变得更加重要，因为高收入人群工资和自雇人士收入需要缴纳的医疗保险税上涨了 0.9%，净投资收入则需要额外征收 3.8% 的附加税。

* 2018 年，员工向 401（k）和 403（b）等固定缴款养老金计划缴款时，可以用税前工资进行缴纳，可以享受多达 18 500 美元的税收递延。如果纳税人年满 50 岁或以上可以多缴款 6 000 美元。2018 年，雇主和员工合并最大缴款额为 55 000 美元（50 岁及以上为 61 000 美元）。应当注意，雇主所出资金不需缴纳社会保障税和医疗保险税。

* 2018 年，员工在向 SIMPLE（Saving Incentive Match Plans for Employees）退休计划缴款时，可以用税前工资进行缴款，可以享受 12 500 美元的税收递延。50 岁及以上员工可追加 3 000 美元所得税递延。在匹配 SIMPLE 计划中，雇主缴款应当为员工应税收入的 3% 减去实际所得税递延（该规定有例外情况）。

* Carol Ventura 是 HD 金融服务公司的注册理财规划师、特许人寿理财师、特许金融顾问，也是一名退休规划服务经理。他指出，2018 年，向 SEP IRA 和 Solo 401（k）缴款的最高收入限额为 275 000 美元。SEP 和 Solo 401（k）的缴款金额和税收抵扣限额进一步受到限制。一般来说，最大缴款金额不超过总收入的 25%，通常是根据 W-2 报税表计算的。对自雇人士来说，缴款占收入限额的比例从 25% 下降至 20%，因为缴款是来自自雇人士的经营收入。SEP 缴款上限为 55 000 美元，Solo 401（k）缴款上限为 55 000 美元，如果雇主年龄超过 50 岁，则401（k）的缴款上限为 61 000 美元。

如何规划退休生活——行动计划

1. 计算退休时需要多少钱。网上有很多退休计算器，www. cal-cxml. com /calculators/retirement－calculator 也有计算器。你将遇到无数个假设情景，一旦你知道你需要多少钱，就可以开始计划达到这个目标——你的个人财富巅峰。

2. 在你完成学业开始工作时，就要开始为退休储蓄和投资。你可能不相信，不管你认为这笔钱多么少，但工资的90%足够你生活。所以，至少留出你工资的10%，因为你越早开始，你将来的生活就越富足。你享有时间优势来使这笔钱增值。不要一直推迟退休储蓄，无论是到明年还是当你获得加薪、晋升或新工作时，请立即开始储蓄。

3. 了解各种退休计划之间的区别。然后找出可以最大限度缴款的计划。如果你对此不确定，请咨询财务顾问，他们可以帮你分析你的财务情况、帮助你更好规划未来。

4. 在公司允许的情况下，尽可能多地向雇主401（k）计划中缴款。你无须为这部分钱缴纳所得税，因为目前它还不是你的收入。此外，大多数雇主能按照员工缴款比例提供一定的匹配缴款。获得3%的雇主匹配缴款就像获得3%的加薪一样，雇主不提供匹配的缴款，就跟拒绝为你加薪没有两样。

5. 不要担心股市的日常起伏，记住你正在为你的退休储蓄。所以，如果你现在二十多岁，距离你退休至少还有40年。即使你现在已经年过半百，且认为自己70岁时仍能工作，退休前你至少还有10年的储蓄时间。所以股市今天发生了什么，对你未来退休需要多少钱并不重要。记住自己的长期目标，然后一直存钱、投资。

第九章 如何开展个人投资

20世纪，美国经历了两次世界大战以及其他诸多代价巨大的军事冲突、大萧条、十多次经济衰退和金融恐慌、石油危机、流感以及一位不光彩的总统黯然辞任，然而道琼斯指数仍从66点上涨到了11 497点。

——沃伦·巴菲特

20世纪最成功的投资者

本章提供处理投资的信息和指导，我们从各种投资工具最基本的定义开始：股票、债券、混合证券、共同基金和交易所交易基金（ETFs）。接下来还会介绍有关建立投资组合的流程，构建投资组合会将你的财务目标、生活水平、未来预期、通胀指数以及税收因素等考虑在内。我也会讨论如何根据财务目标变化调整投资组合。

本章的目的是让你理解投资，自学投资通常需要花费人们多年的时间。不幸的是，很多投资者都以无法挽回的损失为代价，才艰难学会投资这门学问。我们以史为鉴，并尽力不重复历史的错误。当投资者遵守投资纪律，投资高质量资产并且让资产自我增值，这种投资的回报是非常丰厚。伯克希尔·哈撒韦公司大股东，董事长兼首席执行官沃伦·巴菲特对这一点可能最有发言权，他被许多人认为是20世纪的成功投资者：

他汇总了一批多年来总体收益一直向上的公司组合，投资组合价值的价值也不断上升。

本章提供的投资信息和指导旨在帮助你坚持走向财务自由的道路，

实现人生财富巅峰。

分析你承担风险的能力和意愿

了解你承担风险的能力是最基本的，是实施任何投资战略之前必须迈出的心理上的第一步。请记住，你承担风险的能力与意愿可能是有差异的，这就是为什么我们需要分析这两方面。

从实际意义上说，投资者最大的风险就是未实现投资目标。例如，你知道你需要未来十年内实现8%的平均年回报率，但因为你害怕市场风险只投资了回报率仅为4%的固定收益产品。你一开始就要为失败做好准备。

话虽如此，你应该尽一切努力实现投资目标。例如，如果你下个月要下手买一套房，最好的做法将首付存在银行或货币市场基金中。购房失败的风险远远超过了更激进的投资策略所带来的收益。

除了投资目标，从投资角度来看，特别是在短期内，提及风险我们考虑的是损失的概率和规模。

你承担风险的能力可以通过净资产以及财务报表的资产和负债组成情况来量化。除此之外，你必须考虑其他因素，例如你的时间跨度（你将投资的年数）、人力资本（就业收入）和从投资中获得的预期收入等。

在评估承担风险的能力时，你还必须考虑你最终财务目标是什么，以及最终不能实现目标的风险，这有助于你清楚为实现目标所不得不承担的最低市场风险。时间跨度越短，你承担风险的能力也就越小。例如，一位18岁的投资者，距离退休还有49年，他/她在退休前可以承受的风险就远高于现在已经60岁，还有7年就要退休的投资者。

关于承担风险的意愿，每个投资者都有自己独特的见解，都清楚自己所能容忍的最大损失是多少，超过这个损失投资者可能出现情绪激动，导致更坏的投资决策。当然，更高的风险对应的投资回报率更高。如果你对投资风险的容忍非常简单，仅仅是长期内想获得最高的回报率，那么你只需要投资投机性产品。但事情并非那么简单，相反，你需要检查自己对风险的容忍度，这样最终选择的投资组合将更加持久，能经历市场的起伏。持久力是指无论情况多么糟糕，你不会情绪化地在市场低点做出糟糕的决策、过早转手或追逐其他投资产品。记住，你是个人投资者，必须拥有耐心，这是非常重要的。

在完美的情形下，承担风险的意愿将与实现理想投资目标的回报保持一致。不幸的是，人们在情绪化时承担风险的意愿有时会破坏他们的投资纪律，以下是常见情绪错误的例子：

- 价格低点时抛售：价格处于低点是进入市场的最佳时机，因为股票和债券有望上涨。显然，只要投资者有耐心就能从中获取收益。不幸的是，人类本性将情绪带入投资决策过程，情绪是有成本的。经济蓬勃发展和股票市场达到新高时，人们因为受到积极的新闻和情绪的影响，更有可能将他们手中的钱用于投资。当然，经济表现糟糕，世界充满负面新闻时，大多数投资者不愿意投资；事实上，很多投资者此时以较低的价格卖出手中产品。如果梅西百货商店里的每件商品都有50%的折扣，人们会急于去梅西百货，并购买一切他们能买的。相反，如果梅西百货商品在原价基础上价格上涨50%，很少有人会在他们的商店购物。然而，当谈到投资时，人性让我们与此反应大不相同，很多人都是高买低卖。这是错过反弹时机且成本巨大的组合决策。

- 过早转手：投资价值上涨时，缺乏纪律的投资者过早出售，以至于无法"获取大部分收益"。这意味着他们错过任何额外增长，且产生了交易费用，并可能产生税收成本。

- 推迟购买、追逐回报：投资者常常陷入去年最佳投资策略中，以追求高额投资回报。不幸的是，这通常是最糟糕的投资时间。已经经历显著上涨的资产类别，可能是定价过高，下一年很有可能表现不佳。

最糟糕的情况是，价格上涨创造了泡沫，泡沫破裂将带来重大损失。图9.3 展示了为什么追逐回报通常不会得到应有回报。

因此，选择一个投资模型，即使在最糟糕的市场中也让你愿意留下来，这是至关重要的。最适合你的投资计划应该是，长远来看在你风险承受能力范围内可以获得最高潜在回报率。

风险承受能力的部分决定因素，可以追溯到你的行为以及如何处理生活中的其他问题。例如，如果你是一个较为胆怯的人，倾向于沿着生活中的道路笔直走下去，那么你最有可能选择更保守的投资风险模型。相反，如果你无所畏惧，喜欢在快车道生活，那么你最有可能选择更积极的投资风险模型。

因为个人风险承受能力与人的行为和情绪息息相关，因而重要的是要理解自己的投资心理，我认为这也是投资者对自身风险承受能力的心理评估。有许多衡量风险承受能力的方法，包括许多投资网站上提供大量问卷调查。图9.1 提供了一个简化版问卷。请花点时间回答这些问题，以确定你的投资风险承受能力和得分。

图9.1 中问题的答案对应着一个衡量投资风险承受能力的分数。风险承受力测量是我们用来确定你愿意（心理上）承担风险的估算。得分越高，你愿意忍受的风险越大。了解你的风险承受能力是执行任何投资策略之前需要做的第二步。

如果你承担风险的能力和意愿结果相同，那么你已经准确地知道了合适的投资策略。通常，二者可能会显著不同。因此，具有高风险承担能力的投资者可能不愿意接受这种风险；相反也是如此。这种情况下，你可能需要在风险承受能力和意愿之间做出妥协，但最终你必须自己决定什么样的风险最适合你。

1. 您愿意持续投资多少年?
（1）5 年或更短
（2）5 ~ 10 年
（3）10 年或更长

2. 你通常认为投资最重要的是什么?
（1）保留你的本金
（2）保守增长，获得收益
（3）最大幅度的增长

3. 年投资 50 000 美元后，你的账户价值降至 40 000 美元，道琼斯工业平均指数也下跌了 20%。这会让你感觉如何，你会怎么做?
（1）非常不舒服：我会立即出售我的投资
（2）不舒服，但我愿意听取我的财务顾问的建议
（3）我认为这是一个购买机会，愿意在这时以较低的价格投入更多的钱

4. 以下哪些短语符合你对自己承担投资风险的看法?
（1）不愿承担风险
（2）愿意承担有限的风险
（3）愿意承担高风险

5. 如果你投资了 50 000 美元，一年内你最希望可能得到的结果区间是?
（1）价值波动为 48 500 ~ 551 500 美元（增加或减少 3%）
（2）价值波动为 46 500 ~ 53 500 美元（增加或减少 7%）
（3）价值波动为 45 000 ~ 555 000 美元（增加或减少 10%）

6. 以下哪项陈述最能说明你对生活的态度?
（1）慢慢地赢得比赛
（2）平衡生活，一切都适度
（3）风险越大，回报越高

现在你已经回答了上述 6 个问题，已经能计算出你的风险容忍度得分。简单将你对每个问题答案的选项序号相加。例如，如果每个问题都选择了第 2 项，那么总风险容忍度得分为 12 分，这样你对应下表中的保守增长投资者一类。

投资者风险容忍度情况	得分
保守收益	6 ~ 10 分
收益	8 ~ 10 分
保守增长	11 ~ 13 分
增长	14 ~ 16 分
最大化增长	17 ~ 18 分

图 9.1　评估投资风险承受能力情况和得分的 6 个问题

了解投资风险

现在你已经评估了自己的风险承受能力，接下来准确了解投资风险是什么也十分重要。这将帮助你做出更明智的投资决策，将各种资产进行投资组合，并管理你的投资。根据我的经验，我在下面列出了一些投资风险。最常见的包括通胀风险、利率风险、违约风险、市场风险、经济风险以及公司或行业特定的风险。

通胀风险是指投资回报没有跟上通货膨胀步伐的风险。例如，如果通货膨胀每年增加3%，但是你的投资只增长了1%，实际上你正在亏钱。这是因为商品和服务的一般价格涨幅超过你的投资，所以每年你的实际购买力下降了。为了使你的投资组合击败通胀，应当将以增长导向的股票、共同基金以及投资工具加入投资组合中。历史上，这些类型的投资长期内击败了通胀增长，当然，也不能保证未来一定能达到同样的回报率。

利率风险通常与债券和其他固定收益投资工具相关，这些工具对利率变化比较敏感。当利率上升时，这些投资的价值下降。相反，随着利率下降，这些投资的价值增加。当你认为利率会上升时，一种防范利率风险的方法是缩短债券持有久期（投资更接近到期日的债券）。

违约风险是与债券和其他固定收益投资工具相关的，因为发生了借贷行为而导致的风险。违约风险是指公司或其他债务发行人无法履行其义务按约定还款的风险。

市场风险是整个市场价格下跌的风险。它通常会同时拖累所有证券的价值。市场风险是市场动态加总的结果，可能与你的投资无关。市场风险几乎可以影响包括股票、债券、商品、房地产和很多其他任何类型的投资。

经济风险是经济经历整体下行的风险，如经济衰退。这些经济下行可能导致你投资的公司收益和利润下降。这将降低公司分红、支付债券利息的能力。需要注意的是，一些公司和行业可能对经济变化更敏感，例如，生产奢侈品的公司相较于生产生活必需品的公司对经济下行更敏感。

公司或行业特有风险是指事件仅影响特定的公司或行业，例如，在审计特定公司财务报表期间发现了财务报告违规行为，该公司的投资价值可能会下降。这些类型的事件可能会对公司价值以及投资者对公司管理的信心产生重大影响。这也是目前我们主张多元化投资组合，不应该把所有鸡蛋放在一个篮子里最有力的证据。

股票、债券、混合证券、共同基金和交易所交易基金（ETFs）

根据我多年的经验，最有效率和最受欢迎的投资方式是购买股票、债券、混合证券、共同基金和交易所交易基金。因此，我相信我必须向大家一一描述这些投资工具。

股票[1]

股票代表公司的部分所有者权益。当你投资公司时，你将成为公司的所有者之一，与其他股东共享公司的利润或损失。作为公司股东，你获得有限责任保护，能保证出现不利情况时，你所承担的责任不超过对该公司的投资。

当公司盈利时，你可能会获得分红作为回报。此外，如果公司收入和利润继续增长，你所持股票的价值也将增长。你可以通过卖出手中股份来将这些收益变现。

如果公司经营不好，你可能永远不会获得分红。事实上，你持有股

---

[1]　与其他投资相似，购买证券产生费用和支出。费用可能包括税收、佣金成本、中介费、账户转移费、管理和托管费等。

票的价值可能下降。投资股票的风险和潜在回报通常远高于其他投资工具。因此，投资股票应该做好面对波动的准备。

债券①

债券代表你向公司或政府实体提供的贷款，借款人承诺一定期限内还本付息作为回报。从本质上讲，你的角色是银行家（贷款人），债券发行人是借款人，这笔债权债务关系记录在借款实体发给你的债券凭证中。

债券发行人通常需要筹集资金以满足特定用途或推进某些项目。如果你决定投资债券，意味着你愿意用手中资金换取未来以特定利率还本付息的承诺。债券投资者通常会每六个月定期收到利息。债券的利息支付通常是固定的，是票面价值的一定比例。

债券投资伴随利率风险（如前所述）：债券的价值与利率方向反向相关。债券久期越长，对市场价格的波动越敏感。

当你以票面价值购买个人债券并持有到期，你将收到本金加上利息。当然，这是假设债券发行人不违约，最终还本付息的情况。

并非所有债券发行人都是资质相同的。资产负债表实力越强、信用评级越高的发行人，风险越低，反之亦然。因此，购买债券的风险越高，债券发行人自然应当提供更高回报率。债券通常被认为是安全的投资，但请记住，更高的回报率通常代表较高的潜在违约风险。

债券可分为三大类：美国国债，市政债券和公司债券。每个类别都有自己的特点，你应该在选择和评估债券的组成部分考虑到这些特点。

美国国债　美国政府发行的债券、短期国库券和票据也被称为国债，通常被认作为投资者提供的最优质的债券。但是，2011年8月，信用评级机构标准普尔（S&P）宣布首次降低美国的信用评级，这给整

---

① 与其他投资相似，购买证券产生费用和支出。费用可能包括税收、佣金成本、中介费、账户转移费、管理和托管费等。

个信贷市场带来了冲击。标准普尔称："关于美国债务问题的政治辩论，使美国政府管理其财政的能力更不稳定、效率更低、更不可预测"。2017 年 6 月 6 日，S&P 全球评级公司重新确认了其对美国的主动主权评级为长期 AA +（优秀）和短期 A – 1 +。

鉴于美国目前的政治鸿沟，以及截至 2017 年 12 月 31 日联邦债务接近 20.5 万亿美元的事实，短期内美国主权评级没有被上调至 AAA（极好）的迹象。

尽管如此，很多人仍然继续投资他们看来非常安全，让他们感到安心的美国国债。我对此持谨慎态度，因为美国国债收益率目前处于历史低点（但在上涨），并且低于预期通货膨胀率。看似安全和保守的投资仍有可能遭受损失。

美国国债由美国财政部发行，国债流动性极高，二级交易市场交易活跃。国债由美国政府提供充分的信用支持，被视为避风港，风险低于其他债券，在经济动荡期间更是如此。国债的利息收入在州和地方都是免税的。美国有四大类国债：

1. 国库券（T – bills）是短期债券，期限不超过一年。它们以票面价折价出售，并在到期前不支付利息。

2. 国库票据（T – notes），每六个月获得固定利率，期限从 1 年到 10 年不等。

3. 国债（T – bonds）的期限从 10 年到 30 年不等，与国库票据相似，国债也每六个月付息一次。

4. 国库通胀保护证券（Treasury Inflation – protected Securities，TIPS）是通货膨胀指数挂钩债券。TIPS 的本金根据消费物价指数（CPI）变化调整，期限从 5 年到 20 年不等。

市政债券　市政债券由州和地方政府发行。发行这些债券所筹集的资金通常用于建设公共服务项目，如建设公立学校、高速公路、低收入住房、下水道系统和其他市政项目。市政债券对居住在债券发行所在辖区内的投资者免联邦所得税、州和地方所得税，三重免税待遇使市政债对高收入纳税人来说吸引力非常大。图9.2比较了与市政债获得同等税后收益，公司债需要多高的回报率。例如，如果你边际税率是40%，你必须在公司债券上获得10%的收益，才能与投资市政债券6%的回报率有相同的税后收益。

州内市政债利率	不同边际联邦、州和地方税率情况下，公司债同等利率			
	10%	20%	30%	40%
1.00%	1.11%	1.25%	1.43%	1.67%
2.00%	2.22%	2.50%	2.86%	3.33%
3.00%	3.33%	3.75%	4.29%	5.00%
4.00%	4.44%	5.00%	5.71%	6.67%
5.00%	5.56%	6.25%	7.14%	8.33%
6.00%	6.67%	7.50%	8.57%	10.00%
7.00%	7.78%	8.75%	10.00%	11.67%
8.00%	8.89%	10.00%	11.43%	13.33%
9.00%	9.00%	11.25%	12.86%	15.00%
10.00%	11.11%	12.50%	14.29%	16.67%
如果一万美元投资 – 根据上表得出的年度回报金额				
$100	$111	$125	$143	$167
$200	$222	$250	$286	$333
$300	$333	$375	$429	$500
$400	$444	$500	$571	$667
$500	$556	$625	$714	$833
$600	$667	$750	$857	$1 000
$700	$778	$875	$1 000	$1 167
$800	$889	$1 000	$1 143	$1 333
$900	$1 000	$1 125	$1 286	$1 500
$1 000	$1 111	$1 250	$1 429	$1 667

This exhibit shows the equivalent full taxable interest rate at different marginal tax rates to result in the same affer tax rate for in – state municipal bonds.

图9.2　市政债 vs 公司债

州和当地政府发行的市政债有两大类：

1. 一般义务债券，享有发行人的全部信誉、信用担保，由发行人的征税机构支持。

2. 收入债券，和一般义务债券不同，由债券持有人和债券发行人签署的法律合同中规定的收入担保，这些收入用于偿还本金和利息。收入债券不享有市政信义、信用担保或征税机构支持；相反，收入债券完全依靠市政工程收入能力的支持，如桥梁收费或其他使用费用等。在某些情况下，收入债券可能需要缴纳联邦、州或地方替代最低税。

公司债券　由公司和其他营利性商业实体发行以筹集资金，满足扩张和其他运营需求。公司债券比政府债券的利息水平高，因为它们没有政府担保。资产负债表规模大、收益高、评级好的公司支付的利息低于财务状况不稳定的公司。当一个公司债券利率较高，这意味着债券的风险更大。最后，必须注意公司债券的利息收入需要按照普通税率缴纳所得税。

公司债券分为两类：投资级和高收益债。投资级债券表明违约风险低，公司有强大能力偿还债务。高收益债违约风险较高，因此信用评级较低。为补偿投资者承担的风险，高收益债收益率较高（每年2% ~4%）。

混合证券

在过去的20年里，包含股权和债券特点的混合证券越来越受到投资者青睐。下面是你应该考虑加入你投资组合的证券：

- 房地产投资信托（Real Estate Investment Trust，REIT）：房地产投资信托是一种投资房地产的工具。REITs 对可产生收入的财产和抵押物拥有所有权，REITs 的独特之处在于，只要将收入的90% 及以上进行分配，公司层面不需要纳税，这意味着投资者可以获得高额股息。

业主有限合伙（Master limited partnership，MLP）：MLP 是公开交易的有限合伙投资工具。MLP 结构在天然气管道工程建设中使用普遍。

商业发展公司（Business development corporation，BDC）：BDC 是一类为中小企业提供贷款的封闭式投资公司。

优先股：优先股也是所有权的一种，它对资产和收益的主张权利要优先于普通股。优先股的投资吸引力在于其拥有优先于普通股的股息分配。股息收益率通常高于公司的固定收益利息。

可转债：可转债是可以转换成公司普通股的一种债券。其吸引力在于投资者从固定收益中获益，如果股价上涨，投资者可以将债券转换为股票。

根据《减税和就业法案》的规定，"本国符合条件的公司所得" 如果来自穿透性实体（pass-through entity，包括个人、住宅、信托等），则可以享受最多 20% 的税前抵扣。第 199 条款规定的税收抵扣适用于纳税年度纳税人合格的 REIT 股息收入、合格公开交易的合伙企业收入，以及合格的合作股利收入。

共同基金[①]和 ETFs

特许金融分析师 James Hickey 是财富管理公司 HD Vest Financial Services 的首席投资战略师，他认为 "共同基金和 ETFs 已成为持有个股和债券两种最受欢迎的方式，这是因为它是一种更有效的多元化投资组合，而不是单独选择股票和债券的方式。一般来说，我鼓励投资者投资共同基金而不是单独选择证券进行投资。专业管理和多元化投资所带来的收益超过了其增加的成本。"

技术上来说，共同基金是一种投资证券，个人投资者将他们的资金汇集到专业管理的基金。共同基金也为投资者提供了把资金投入各个

---

① 和其他投资一样，购买共同基金会产生费用和支出。这些费用可能包括股东交易成本、投资顾问费用，营销和分销费用等。

产品的便利途径，而不管你的投资金额是多少。

投资共同基金时，你将成为共同基金的股东，将作为股东分享共同基金的利润，或是承担损失。投资共同资金类似于直接投资于有限责任公司，你的责任仅限于投资金额。

共同基金本身由一个或多个投资经理专业管理，由投资分析师团队协助决定在共同基金招股说明书框架内购买什么和何时购买。这些投资决策包括代表共同基金及其投资者交易证券、识别资本收益和损失以及产生利息和股息，共同基金的投资者按照持有比例获得上述投资收益。

同股票一样，标的证券分红派息和资本利得构成了投资收益，基金的价格基于标的证券的资产净值（NAV）在一天末确定。资产净值由所拥有证券的总值除以共同基金份额的数量。你还可以通过出售持有的份额，将共同基金的收益和损失进行变现。如果你以高于原来买入价的价格卖出共同基金股份，你可以实现资本收益，相反如果你以较低的价格出售，则出现资本损失。因此，共同基金提供了三种获得投资收益增长的机会：通过股息、资本利得分配（卖出底层资产）以及卖出基金份额实现资本利得。

投资共同基金时，你和许多其他投资者一起将资金汇集起来，投入到投资公司的共同控制和管理之下。共同基金公司是一家专业管理投资组合的投资公司。

每个共同基金公司都有各种不同目标的投资选择清单，每种产品的募集说明书都对投资目标等进行了介绍，你可以选择与自己长期目标最匹配的共同基金类型。

共同基金的缺点之一是不能够全天候交易，尽管一天任何时间都可以下交易指令，但只能在一天结束时，收盘价值确定后才能够执行交易指令。

共同基金的流行替代选择是交易所交易基金（ETF）。和共同基金一样，ETF 持有股票、债券或商品等资产。但是与共同基金不同、与股票相似的是，ETF 的价值每天都会波动，基础资产是直接透明的。很多 ETF 基于特定指数交易，如标准普尔 500 指数、道琼斯工业平均指数、黄金指数、公司债指数或医疗健康指数。投资者不能直接投资证券指数，大多数 ETF 都只是反映特定指数的投资，而不是主动管理型的。这使得消极策略的 ETF 对某些投资者更具吸引力，因为成本更低且大多数共同基金经理不能超越指数收益。

在投资领域，指数是资产类别的被动投资基准，是决定管理者专业技能的基础衡量指标。大家常用的指数包括：

道琼斯工业平均指数（道琼斯指数）：价格加权股票市场指数，包括 30 只活跃交易的蓝筹股票的价格加权平均（每股价格）。

标准普尔 500 指数：500 只标的股票价值的市值加权平均。

罗素 2000：由罗素 3000 指数中 2 000 家市值最小的股票组成，是大家常用于投资小企业的一种市值加权指数。

好的基金经理应该跑赢资产类别的被动指数，否则，还不如投资于以低成本复制指数的基金。

选择共同基金或 ETF 时，以下是主要的考虑因素：

投资策略：共同基金/ETF 策略和资产类别是否适合你的投资组合？

投资历史：共同基金是否能始终如一打败指数？

费用比率：其他条件相同的情况下，你应该选择一个成本较低的共同基金/ETF。

风险承受能力：资产类别和管理方法是否适合你的风险承受力？

如果你更喜欢投资于资产类别并且不太重视积极投资管理的价值，ETF 相较于共同基金可能更适合你投资。相反，如果你重视专业投资经理的决策能力，那么共同基金可能是你更好的选择。

最后，我们来介绍你可能想纳入投资组合中的主要资产类别：

固定收益（债券基金），主要投资于债券和其他债务工具。

免税债券基金（市政债券基金），主要投资于市政债（州、市政主体、郡或特殊目的区域发行的债券）。

货币市场基金，维持每份资产净值在 1 美元，超过 1 美元则为收益，主要投资于优质、高流动性债务和货币市场工具等短期证券。

美国股票，通常进一步分为大型股、中型股、小型股，基于公司的市值分类。

国际基金，投资于美国之外的国家证券，通常进一步分为发达国家和新兴国家。

实物资产基金，投资于房地产、基础设施和能源/业主有限合伙等实物资产。

这些大类别之下包含很多小类别，每年会有新的类别出现。因此，在投资任何基金或 ETF 前应该咨询你的投资顾问，并阅读招股说明书。

与生活中的所有决定一样，你必须权衡投资股票、债券、混合证券、共同基金或 ETFs 的利弊。对很多人来说，正确的选择可能是以上所有产品的投资组合。

分散化投资、资产配置和资产再平衡

管理风险最重要的工具是分散化投资[①]。如图 9.3 所示，各种资产类别的回报每年可能会波动。你的投资组合需要多个资产类别，以减轻任一资产类别达不到预期的财务影响，并在某一资产类别表现好的年份充分获取收益。例如 2006 年，REITs 是当年表现最好的资产类别，2017 年就变成了变现最差的资产类别，这是说明投资者无法追逐一种资产的回报。

图 9.3 列明了过去 12 年里八种资产类别表现最好、最差和平均的

[①]　多元化不等于或保证更好的表现，也不能消除投资损失的风险。

情况，这表明了你对投资组合持久力的重要性。某一资产类别某一年表现可能非常糟糕，可能来年就是非常好的一年。

因此，构建投资组合的第一步是资产类别分配。资产配置是一种基于你特定风险容忍程度和投资时间跨度，帮助你建立最有效的资产组合的系统性多元化的投资策略。资产配置通过多元化主要投资组合来控制投资风险。

每个资产类别都有不同的风险和潜在回报率。虽然一个资产类别价值可能增加，但另一个或多个资产类别价值可能正在下降。因此，资产配置和分散化投资可以帮投资者穿越市场周期和市场波动，防止你的投资组合因某一特定资产类别遭受重大损失而大幅下跌。资产配置还能市场大幅下跌之后给你提供定力，稳定你的情绪。此外，在某一特定的资产类别内也需要进行分散化投资，防止在该资产类别内单只证券价格下跌带来的冲击。这也是投资共同基金和 ETF 的主要理由之一，因为投资共同基金和 ETF 是在某一资产类别内实现分散化投资最有效的方式。

然而，了解资产配置和分散化投资不保证一定会免受损失，这只是帮助你实现财务自由，走向人生财富巅峰的策略。

在风险承受能力范围内找到最高潜在回报的资产组合最重要。图9.4 展示了六个资产配置模型样本，可以作为理论指南来与自己的风险承受水平进行匹配。这些是假设模型，并不代表任何实际的投资建议。当然，这些模型样本可以有无穷多种变化。

对于构建投资组合，我们将重点关注以下资产类别。我们假设你正在投资非应税账户（nontaxable account）。如果你是从应税账户（taxable account）进行投资，那么你可能想要将配置的固定收益产品部分（或全部）转换成市政债券基金。

2006 年	2007 年	2008 年	2009 年	2010 年	2011 年
房地产信托投资基金 35.1%	新兴市场股票 39.8%	高评级债券 5.2%	新兴市场股票 79.0%	房地产信托投资基金 28.0%	房地产信托投资基金 8.3%
新兴市场股票 32.6	发达国家股票 11.6%	现金 1.4%	高收益债券 57.5%	小公司股票 26.9%	高评级债券 7.8%
发达国家股票 26.9%	高评级债券 7.0%	高收益债券 -26.4%	发达国家股票 32.5%	新兴市场股票 19.2%	高收益债券 4.4%
小公司股票 18.4%	大公司股票 5.5%	小公司股票 -33.8%	房地产信托投资基金 28.0%	高收益债券 15.2%	大公司股票 2.1%
大公司股票 15.8%	现金 4.4%	大公司股票 -37.0%	小公司股票 27.2%	大公司股票 15.1%	现金 0.1%
高收益债券 11.8%	高收益债券 2.2%	房地产信托投资基金 -37.7%	大公司股票 26.5%	发达国家股票 8.2%	小公司股票 -4.2%
现金 4.7%	小公司股票 -1.6%	发达国家股票 -43.1%	高评级债券 5.9%	高评级债券 6.5%	发达国家股票 -11.7%
高评级债券 4.3%	房地产信托投资基金 -15.7%	新兴市场股票 -53.2%	现金 0.2%	现金 0.2%	新兴市场股票 -18.2%

图 9.3　过去 12 年八大资产类别的年回报率，从高到低

2012 年	2013 年	2014 年	2015 年	2016 年	2017 年
房地产信托投资基金 19.7%	小公司股票 38.8%	房地产信托投资基金 28.0%	房地产信托投资基金 2.8%	小公司股票 21.3%	新兴市场股票 37.8%
新兴市场股票 18.6%	大公司股票 32.4%	大公司股票 13.7%	大公司股票 1.4%	高收益债券 17.5%	发达国家股票 25.6%
发达国家股票 17.9%	发达国家股票 23.3%	高评级债券 6.0%	高评级债券 0.6%	大公司股票 12.0%	大公司股票 21.8%
小公司股票 16.4%	高收益债券 7.4%	小公司股票 4.9%	现金 0.1%	新兴市场股票 11.6%	小公司股票 14.7%
大公司股票 16.0%	房地产信托投资基金 2.9%	高收益债券 2.5%	发达国家股票 −0.4%	房地产信托投资基金 8.6%	房地产信托投资基金 8.7%
高收益债券 15.6%	现金 0.1%	现金 0.0%	小公司股票 −4.4%	高评级债券 2.7%	高收益债券 7.5%
高评级债券 4.2%	高评级债券 −2.0%	新兴市场股票 −1.8%	高收益债券 −4.6%	发达国家股票 1.5%	高评级债券 3.5%
现金 0.1%	新兴市场股票 −2.3%	发达国家股票 −4.5%	新兴市场股票 −14.6%	现金 0.3%	现金 1.0%

资产类别	指数	12 年		
		平均	最好	最坏
房地产信托投资基金	富时 NAREIT 指数	9.7%	35.1%	−37.7%
新兴市场股票	MSCI 新兴市场指数	12.4%	79.0%	−53.2%
发达国家股票	MSCI EAFE 指数	7.3%	32.5%	−43.1%
小公司股票	罗素 2000 指数	10.4%	38.8%	−33.8%
大公司股票	标普 500 指数	10.4%	32.4%	−37.0%
高收益债券	BofAML 美国高收益债指数	9.2%	57.5%	−26.4%
现金	3 个月国库券收益率	1.1%	4.7%	0.0%
高评级债券	巴克莱美国综合债券指数	4.3%	7.8%	−2.0%

图 9.3　过去 12 年八大资产类别的年回报率，从高到低（续）

现金和现金等价物包括货币、硬币、支票账户、储蓄账户，货币市场账户、存单。

固定收益（债券基金）主要投资于债券和其他债务工具。

美国股票，通过投资美国公司的股票，拥有对公司实体的所有者权益。

大型基金，或高市值基金一般投资于市值超过 100 亿美元或以上公司的证券。

中型基金或中型市值基金投资于市值在 20 亿～100 亿美元的公司证券。

小型基金或小市值基金投资于市值在 3 亿～20 亿美元的公司证券。

国际基金

发达市场基金投资于经济和资本市场发达（除美国外）的国家的证券。

新兴市场基金投资于单个发展中国家或一组国家，一般在东欧、非洲、拉美和亚洲。

实物资产投资于类似于房地产、业主有限合伙的实物资产。

值得强调的是，这些模型隐含着一个假设：固定收益的风险低于其他资产类别。在某些经济和市场中，例如出现利率快速上升的环境，这一假设是不成立的。此外，要记住风险较低并不意味着没有损失的风险。例如，经济极度震荡的时期，如 2008 年，几乎除现金外所有的资产价值下降，当然短期投资级债务下降也不十分严重。

这些样本模型的第二个关键假设是，预期回报符合你的长期目标。如果基于你风险承受能力选择的模型无法实现你的长期目标，你要么调整目标，要么必须承受额外的风险。

第三个关键的假设是，我们没有洞察下一年各资产类别的回报率。在真实世界中的任一时刻，一种资产类别相较于其他资产类别可能被高估或低估，我们可以选择投机性地进行调整和分配。

最后，在我们深入研究模型之前，有效进行资产组合管理的一个关键组成部分，是资产类别再平衡[①]。如图9.3所示，资产类别回报率波动幅度大，再平衡就是让我们能够利用这些波动，通过出售我们的"表现好"资产类别和购进我们的"表现差"的资产类别，将我们的资产组合调整到初始状况。通过高卖低买，我们可以将投资从过度估值的资产类别转移到价值被低估的资产类别。随着时间的推移，这能增加回报。

根据你的风险承受能力和时间跨度，你可以选择模型1到模型6的任何一个，例如：

• 如果你在不久的将来需要用钱，你应该考虑风险较小的模型，如模型1或模型2。

• 如果你在为退休储蓄，并且距离需要使用这笔资金有10年或更长时间，你可以接受更大风险以增加增长潜力。这种情况下，模型3，模型4，模型5或模型6可能更合适。

• 如果你的时间跨度不到几年，你最好就不要进行投资了，而应该在储蓄账户中保留现金，方便随时取用。应当始终将投资视为一项长期承诺。

记住，没有一种方法是适合每个投资者的。

在你已经根据可接受的风险承受能力选择了理想的资产配置模型后，继续监测并维持这种分配也非常重要。投资组合再平衡是保持成功投资策略的重要因素之一。再平衡需要你周期性地分析资产配置模型的变化，并尝试将投资组合调整到初始配置状况。你需要在特定资产类别内部进行单只证券的买卖，以便维持既定的资产配置不变。

---

① 在重新平衡投资组合之前，你应当考虑你决定使用的重新平衡方法是否会产生交易费用或税收。你的财务专业人士或税务顾问可以帮助你确定将这些潜在成本最小化的方法。

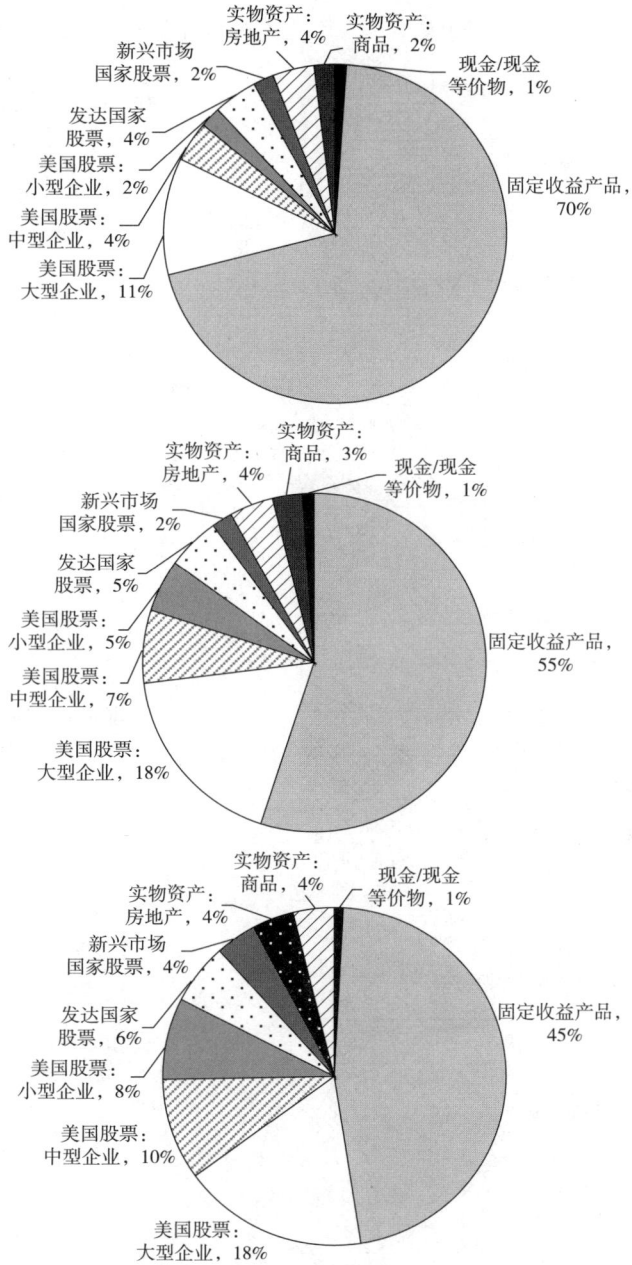

图 9.4　6 个资产分配样本模型（1 = 最风险厌恶型投资者；6 = 最激进的投资者）

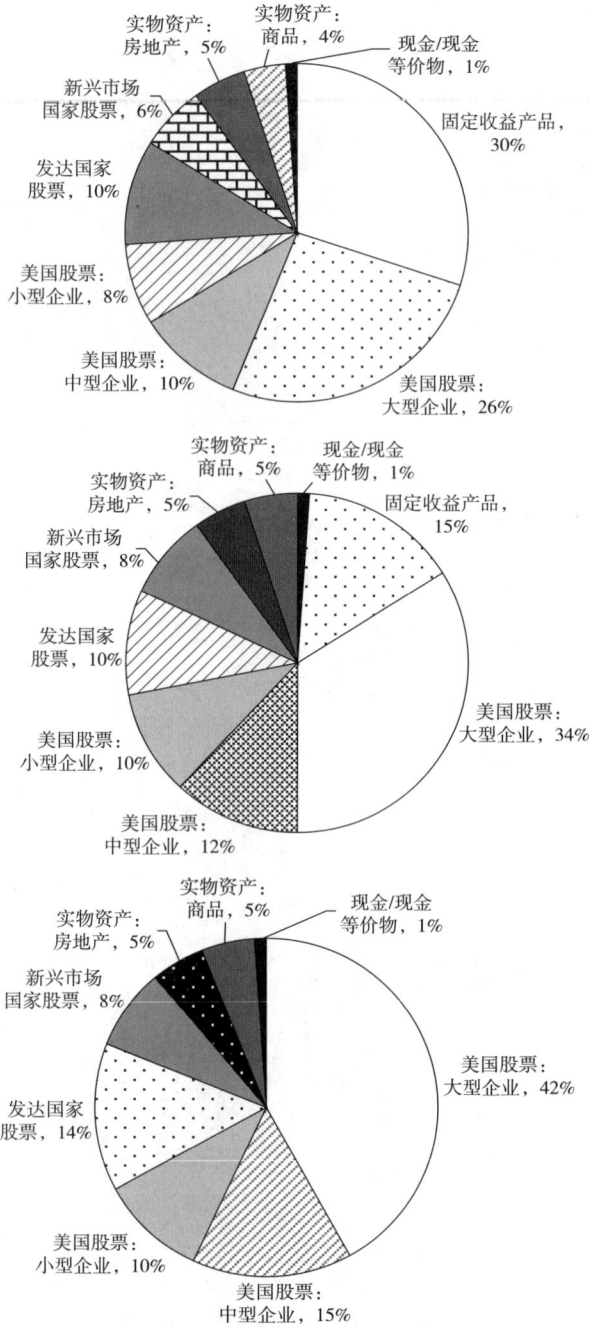

图9.4　6个资产分配样本模型（1 = 最风险厌恶型投资者；6 = 最激进的投资者）（续）

　　假设你建立的初始资产分配模型包含1%现金、28%股票和71%债券。在利率下降期间，你的债券价值增加，在总资产中占比达到76%，股票价值仅占23%。再平衡整体投资组合需要你出售部分债券组合，并购买额外的股票以调整到初始配置状况。这也迫使你以较高价格卖出一些收益好的债券、以较低价格买入一些表现不好的股票，这是你对投资组合中的部分资产开展低买高卖的系统性方法，同样要注意的是，通过维持你的资产配置状况，你可以将风险承受能力水平维持在自己的舒适区内。

　　为进一步解释如何进行再平衡，请参照表9.1，"投资组合再平衡"。在这里，我们从一个仅包含债券的投资模型——保守固定收益投资组合开始。这个组合包括15%的高收益债券，35%为投资级债券，剩下50%为短期债券和货币市场工具。第1年之后，因为每个资产类别表现不同，初始资产配置比例发生了变化。为了实现再平衡，并将模型调整至初始配置状态，你需要购买1 875美元的短期债券共同基金和货币市场产品，需要卖出788美元固定投资级债券共同基金和1 088美元的高收益债券共同基金，这样才能调整至原始配置百分比。

　　在提供的示例中，再平衡每年进行一次就可以帮助你的资产组合回到初始资产配置状况，这是一种既能让你保持在风险承受能力范围内，又能让你出手部分增值资产、低价购入部分贬值资产的系统性方法。这样做的另一个好处就是，你严格遵守了对投资组合进行低买高卖的投资纪律。

　　对于许多投资者而言，每年做一次资产组合再平衡就足够了。但近年来，由于市场的高波动性，更频繁的再平衡变得更为必要。相比于设定特定日期或时间计划，我认为使用百分比变化作为再平衡触发点更好。例如，如果你的任何一个资产类别百分比变化超过其原始值的5%，这将作为再平衡的触发点。

表 9.1　　投资组合再平衡

Example Bond – Only Investment Model – Conservative Bond Income

	Market Value of Portfolio				% of Portfolio			
	Total	Fixed Income High Yield	Fixed Income Investment Grade	Fixed Income Short Term and Money Market	Total	Fixed Income High Yied	Fixed Income Investment Grade	Fixed Income Short Term and Money Market
Initial Investment	$100 000	$15 000	$35 000	$50 000	100.00%	15.00%	35.00%	50.00%
% Change Year 1		10%	5%	-1%				
Change During Year 1	$2 750	$1 500	$1 750	$(500)				
Year 1 Before Rebalance	$102 750	$16 500	$36 750	$49 500	100.00%	16.06%	35.77%	48.18%
REBALANCE – Year 1	$ –	$(1 088)	$(788)	$1 875				
Year – 1 After Rebalance	$102 750	$15 413	$35 963	$51 375	100.00%	15.00%	35.00%	50.00%
% Change Year 2		4%	6%	0%				
Change During Year 2	$2 774	$617	$2 158	$ –				
Year 2 Before Rebalance	$105 524	$16 029	$38 120	$51 375	100.00%	15.19%	36.12%	48.69%
REBALANCE – Year 2	$ –	$(200)	$(1 187)	$1 387				
Year 2 After Rebalance	$105 524	$15 829	$36 933	$52 762	100.00%	15.00%	35.00%	50.00%
% Change Year 3		2%	3%	5%				
Change During Year 3	$4 063	$317	$1 108	$2 638				
Year 3 Before Rebalance	$109 587	$16 145	$38 041	$55 400	100.00%	14.73%	34.71%	50.55%
REBALANCE – Year 3	$ –	$293	$314	$(607)				
Year 3 After Rebalance	$109 587	$16 438	$38 355	$54 793	100.00%	15.00%	35.00%	50.00%

作为你投资策略之一，再平衡的一个主要优势是它为你提供严谨自律的方法来从表现好的资产类别获取收益、将资本利得变现。再平衡的另一个好处是让你密切关注你的投资组合，因为检查投资分配的变化，才能够重新评估每个资产类别的个人投资选择。

最后，再平衡可以促进整体投资回报率保持平稳。

投资的平均成本法

随时在市场低点时买入、高位卖出是投资最简单的原则。如果能够做到这一点，你的利润就有了保障，不必为财务状况担忧。不幸的是，从我30余年与数千名个人客户合作的经验来看，我还没有遇到任何一个想出实现这一目标方法的投资者或财务顾问。投资的另一个基本原则是，必须对什么是可能的、什么是不可能的这一问题持务实态度。

太多投资者在进入或退出市场时试图预测市场，这种策略通常造成令人失望的总体回报率。要获得市场收益，需要在市场盈利期间投资。试着预测入市时点是一个非常冒险的游戏。相反，你需要关注的是投资的时长，而不是投资的时点。平均成本法是一种可以帮助你避免这些投资陷阱的投资策略。

通过平均成本法投资策略，你可以在一定期限内每个月投入固定金额到投资组合。无论市场情况以及特定投资价值的起伏，你每个月都购买一定数额。当你投资的个人股价上涨时，你会购买更少的股票，而当投资的个人股价下跌，你会以相同的货币投资购买更多股票。因此，你的平均每股成本将反映低价和高价的每股平均成本。这个策略将你最终支付的每股总价平均化。

平均成本法的主要优势之一就是，你不再尝试预测投资的进入或退出点，这种方法会让你无论市场条件如何都履行简单的投资例行程序。这个投资策略也能降低你在股价可能被高估时大额买进某一资产类别的投资风险。

利用平均成本法和资产组合再平衡的另一大优势，是能让你的投资更加顺利，尤其是在市场动荡的情况下。牛市期间你可能不会获得最大收益，但熊市期间你的损失会尽量减少。投资时越是能将情绪排除在外，你越有可能坚持自己的投资策略。当然，最终的目标是回归原始资产分配模型，定期再平衡并持续添加资金到你的投资组合，这样随着时间的推移，你的目标投资回报率才能够实现。

大多数人工作时从每个月薪水中扣除部分资金向 401（k）计划缴款时，都没有意识到这就是平均成本法的投资策略。正如我在本书中反复提到的，就实现财务自由而言，没有比节税更有效的方法。将这些投资策略与系统性的强制储蓄计划结合起来，这样你才能走上实现财务自由的道路。

通胀和税收：投资回报的最大漏洞

通货膨胀和税收可能是损害你投资回报的两大因素。在实现财务自由的过程中，将这两大因素考虑进去非常重要。

通胀的技术定义是消费价格随着时间上涨，投资回报与通货膨胀率变化的速度应该保持一致才能避免购买力的真正损失。如果平均通货膨胀率为 2%，经调整的税后回报率低于 2%，则实际上你的购买力和财富都缩水了。

为了积累财富，你的投资目标应该是税后收益率超过当前的通货膨胀率。回顾投资市场的历史，打败通胀的一种方法是将资金投入到以增长为导向的投资，这包括成长股、增长型共同基金、增长型 ETF 和替代增长型投资。这些投资工具的长期回报有超过通胀率的可能性。当然，这些增长型的投资工具也面临着比其他类型投资更大的风险。

表 9.2 长期资本利得和股息收入的税档

长期资本利得税	单身人士纳税申报	已婚人士共同申报	户主纳税申报	已婚人士分开申报
0%	Up to $38 600	Up to $77 200	Up to $51 700	Up to $38 600
15%	$38 600 – $425 800	$77 200 – $479 000	$51 700 – $452 400	$38 600 – $239 500
20%	Over $425 800	Over $479 000	Over $452 400	Over $239 500

根据风险容忍度选择资产分配模型时，不要忘记，聪明的投资者总是选择分散化的投资组合。承担太多风险或接受太少风险都可能损害你的财富状况。你必须在确定风险回报率方面找到自己的完美平衡点。

投资的税务后果也是必须考虑的因素之一，表 9.2 及下一节的"净投资收益的医疗保险附加税"介绍了税收如何影响投资。

根据新的税法，资本利得和股息收入缴税的三个税档，与一般性收入税档存在不一致。这些优惠税率税档类似于 2018 年税改以前的税法要求。2018 年，优惠税率适用情况如表 9.2 所示。

请注意，如果你的收入超过这些限额的原因，仅仅是因为资本利得或股息收入，那么资本利得和股息收入只有超出限额的部分需要按照下一阶高税档缴税。

净投资收益的医疗保险附加税

• 从 2013 年开始，收入超过 20 万美元的单身人士或户主纳税人、收入超过 25 万美元的已婚夫妇共同申报或合格寡居申报人、收入超过 12.5 万美元的已婚分开申报纳税人的投资收益，需缴纳 3.8% 的医疗保险税。

• 短期资本收益的联邦最高税率可能高达 40.8%（37% + 3.8%）。

• 处于 20% 资本利得税档的纳税人，长期资本收益联邦最高税率可能高达 23.8%（20% + 3.8%）。

• 处于 15% 资本利得税档纳税人，长期资本利得的联邦政府最高税率可能高达 18.8% （15% + 3.8%）。

- 属于零资本利得税档的纳税人，长期资本利得合并联邦最大税率仍然为零，因为他们不需要缴纳 3.8% 的医疗保险附加税。

加密货币及其税务处理

几年前，加密货币进入市场。近期，投资者纷纷成群结队地投资加密货币，追求高度投机性价值。加密货币，比如比特币，是一种数字货币形式，通过互联网安全交易来进行商品和服务交易。和常规货币不同，数字货币没有任何政府的信用或贵金属的支持。这意味着它的价值来源于人们愿意支付的价格，数字货币很难监管。虽然有些人认为数字货币代表未来经济，批评者认为其不可捉摸的本质可能导致它随时崩溃。

美国国家税务局在 2014 年发布了指引，规定虚拟货币应被视为财产。美国国家税务局不将虚拟货币看作货币，因为它们在任何司法管辖区都不是法定货币。如果将虚拟货币作为像股票和债券一样的投资品种，则虚拟货币可以被视为一种资产，出售虚拟货币会导致短期及长期的盈利和损失。但是，如果它被视为是在贸易或商业中可供交易的存货、用于出售给客户，那么数字货币就不是资产，相关的交易只会产生营业收入或营业损失。

至本书印刷时，数字货币交易不对来自经纪人或其他投资实体的第三方报告机制进行明确要求，因此你进行虚拟货币交易，不会收到 10993B 表格或类似表格。因为使用加密货币用来支付商品和服务被视为用现金支付，因此，你必须将这些交易认定为财产的出售或转让。加密货币交易无论是否正式兑换成现金，都需要纳税，你可以将其视作另一种形式的易货交易。

使用加密货币支付雇员工资或独立承包商服务的费用，受到与使用美元相同的报告要求，包括填写 W－2 和 1099 表格。使用加密货币付款甚至可能受到预扣税的限制。

加密货币存在被盗窃的风险，并且不受存款保险公司的保护。在我看来，加密货币不是真正的货币，因为它没有任何贵金属的支持，也没有政府担保。另外，加密货币本应该是一种稳定而安全的交易方式，然而加密货币在其交易中没有显示出任何稳定性。

为了更好地管理经济中出现的新事物，美国政府十分关注加密货币交易的信息。美国国家税务局采取措施，强迫这些私有化的加密货币公司移交客户记录，以便国税局可以对未报告的交易进行调查。2017年底，美国国家税务局赢得了一个针对虚拟货币存储公司 Coinbase 的案件，United States v. Coinbase, Inc。案件胜诉使美国国家税务局能够访问超过 14 000 个客户的记录，从而能够评估这些未记录交易的逃税情况。按照法律规定，包括易货交易在内的所有金融交易都必须报告。如果发现大量的未上报收入，美国国税局可以将这些案件提起刑事指控。如果你正在进行任何加密货币交易，你必须确保在你的所得税申报表内进行报告。

如果你不注意投资的税务后果，你可能支付超过法定义务的税收。这就是你必须将税务计划纳入整体投资策略中的原因。利用"节税超额收益策略（升级版）"可能帮助你实现税后回报最大化。

如何开展个人投资——节税超额收益策略（升级版）

节税超额收益策略（升级版）将加速你实现财富累积的目标，助你实现财务自由，走向人生财富巅峰。

● 如果你打算出售投资性房地产，并计划替换为其他同类房地产投资，建议充分利用《美国国内税收法典》第 1031 条交易规则。如果交易符合相关条件，你可以将本该现在缴纳的税收责任递延至未来处置该新购房地产之时再缴纳。值得注意的是，从 2018 年开始，新法律将第1031条款的税收优惠仅限于不动产置换，而对向交易商中购买存货不适用。

- 将价值下跌的股票、债券或共同基金投资（价格低于购进时的价格）卖出一部分，将资本损失用于抵税。如果想要让这些资本损失实现，你必须在12月31日完成交易。资本利得可以用于抵消资本损失，资本损失有额外的3 000美元额度可以用于抵消一般性收入。如果有超额损失，可以用于来年抵税。

- 你可以在30天后回购这些资产，以避免被认定为是虚假交易，一旦被认定为是虚假交易，此前实现的损失就不能被认定为损失。虚假交易规定防止你为了实现损失故意出售资产，并在30天内进行回购。

- 普通股的股息收入和股票拆分通常不征税，但公司当前或累计利润中对外支付的股息是应税的。报税时一定要将应税股利纳入所得税申报单中。

- 短期资本利得仍按经营收入缴税，但自《减税和就业法案》之后，公司经营收入所得税税率已全面降低，因此你的短期资本利得税也降低了。

- 净长期资本利得按不超过20%的优惠联邦税率纳税，如果持有超过一年的投资，你将获得长期资本利得的额外税收优惠。长期资本利得税率仍适用以前的税法，包括0%、15%和20%的税率。这些税率将根据新的长期资本利得和合格股息收入水平进行适用，具体请参照表9.2。

- 大多数国内公司和外国公司的股息通常被视为合格股息。2018年，合格的股息继续享受优惠的税率待遇，包括0%、15%和20%的税率。这些税率将根据新的长期资本利得和合格股息收入水平进行适用。请参照表9.2。

- 根据《减税和就业法案》，新税法规定穿透式实体的所有者（包括个人、住宅或信托）的应税收入中"本国符合条件的公司所得"

部分，可以享受高达 20% 的税收抵扣。根据第 199 条款规定，上述税收抵扣适用于纳税年度纳税人合格的 REIT 股息收入、合格公开交易的合伙企业收入，以及合格的合作股利收入。

- 根据《患者保护和平价医疗法案》，从 2013 年开始，如果已婚人士共同申报及合格寡居者经调整总收入超过 25 万美元、已婚人士分开申报经调整总收入超过 12.5 万美元、单身人士和户主经调整总收入超过 20 万美元，则需要缴纳净投资收入的 3.8% 作为医疗保险附加税。如果现任政府成功废除平价医疗法案，这笔税未来可能会被取消。

- 如果标的债券是你所在州或地方政府发行，市政债券和市政债券基金的利息通常是三重免税的。如果市政债券不是你居住的州所发行，则利息收入免除联邦所得税，但可能需要缴纳州和地方所得税。如果你的投资目标之一是产生免税收入，你可以考虑购买市政债券。自 2013 年实施净投资收益 3.8% 医疗保险的附加税以来，市政债券因为不必缴纳这一税收从而更具吸引力。

- 联邦政府发行（如国债、国库券和票据）的证券利息在联邦一级是需要纳税的，但无须缴纳州或地方所得税。

- 现在，州和地方所得税是 10 000 美元分项扣除上限的一部分，因此，政府债和市政债比以前更具吸引力了。根据过去的法律规定，应税债券的州或地方所得税是可以全额抵扣的，但现在这条规定失效，因而应税债券的吸引力不如那些不用缴纳州和地方所得税的市政债了。

- 如果提前将存单提取，提前提取的罚金可以在所得税报税单中进行税前抵扣。

- 出售自用财产，如住宅，导致的相关资本损失是不能享受税收抵扣的。

- 评估投资和财务决策时，你应该考虑交易的税收效应（产生税收超额收益），在与其他投资选择进行对比时真正把握投资的税后真实收益率情况。

● 保存所有股票交易的准确记录以及交易时间，尤其是不同时间从同一家公司购买的股票。通过使用特定标识，你可以出售或部分投资来控制收益或损失金额。你必须按照规定进行充分的标记，明确告诉你的经纪人卖出哪些股票的清晰指令，股票经纪人必须通过书面形式跟你沟通。

投资管理行动计划

1. 投资前需明确你的风险承受能力，并恰当确定你承担风险的能力和意愿。你的财务净值、收入来源以及年龄对于决定你承担风险的能力非常重要。如果你知道你是喜欢稳妥的人，那么你可能需要稳妥投资；相反，如果你是那种即使投资赔钱也能安然入睡的人，你更有可能适应冒险。总之，合理的风险应该是承受风险能力和意愿的综合结果。

2. 了解可能影响你投资的不同类型的风险。了解尽可能多关于通胀风险、利率风险、违约风险、市场利率风险、经济风险和公司与行业特定风险的利息，这些所有的风险都有可能会影响你的投资组合表现。

3. 分散化投资，不把所有鸡蛋都放在同一个篮子。将投资资金分散到几个不同的资产类别中，有助于降低你的投资波动性，同时不会损害你的投资回报率。例如，你可能会将部分资金投入特定的公司股票、债券、混合型证券、共同基金和交易所交易基金（ETFs）。

4. 不要试图预测什么时候投资最好，同样数量的资金，你可以定期投入，无论市场是涨是跌。这称为平均成本法，这种方法有助于你养成投资习惯，它也可以帮助你减少投资时的情绪波动。当你将这种投资方法与适当的资产组合再平衡相结合，能够获得低买高卖的额外好处。

5. 了解税收和通胀对投资回报的影响。实施了上述投资策略后，你的投资回报应该至少能够超过通胀率。考虑聘请一名财务顾问，使用"节税超额收益策略（升级版）"，帮助你实现投资收益最大化。

第十章　如何传承家庭财产

在这个世界上，只有死亡和税收是确定的。

——美国国父本杰明·富兰克林

回顾过去的岁月，你努力工作，量入为出地生活，听取并遵循了本书提供的指导，实现了自己财务自由，走向了人生财富巅峰。这是值得庆祝的事情。

你这一生都梦想为自己和家人实现财务自由，现在是时候把注意力转向传承你的财产，让你爱的人可以从你一生的辛勤工作和奉献中受益。如果你不采取必要的措施传承财产，非预期的受益者可能会占用你的大量财产，这些非预期的受益者包括联邦和州政府、律师甚至几十年来从未说过话的亲戚。你今天在符合条件的遗产律师身上花的钱，将在未来帮你省下很多财产税和管理成本，并确保你的财产受益人是你计划中的受益人。

遗产规划可以保证在你去世后，你的家人仍能得到财务保障，这足以让你感到安心。遗产规划让你按照自己认为合适的方式处置你的财产，同时也会考虑你的继承人的个人需求。遗产规划不仅仅适用于富人，每个成年人都应该有遗产规划，某些规划可能对未来的生活有所帮助，有些规划的作用可能在去世后才发挥作用。

联邦赠与税和遗产税制度

联邦赠与税和遗产税制度是统一的，两者相辅相成且规则、税率几乎相同。两者之间的主要区别在于赠与税是在捐赠人活着的时候因捐赠而向捐赠人征收的税；而遗产税是基于捐赠者生前遗产价值而在捐赠人死亡的时候征收的税。

截至 2018 年 1 月 1 日，《减税和就业法案》永久地延长了个人 1 120万美元、已婚夫妇 2 240 万美元的遗产税、赠与税和隔代豁免金额，这一金额每年根据通货膨胀率调整。这意味着美国国家税务局 (Internal Revenue Service) 将向更少的人征收遗产税。遗产税率为高于上述免税金额资金的 40%。终身豁免代表你活着（通过赠与）或死后（通过遗产）可以转移的总金额，并且不需缴纳遗产税或赠与税。根据所在州不同，有的州可能需要缴纳州赠与税和遗产税。

为了确保你的财产为计划的受益者使用，你必须对规则的变化一清二楚。与值得信赖的税务顾问密切合作，可以确保你可以利用这些税法变化。

遗产规划需要考虑准备的法律文件

无论你的遗产规模如何，都应该最好以书面形式对自己的财产进行规划，以保护你的遗产并让后人知道你的遗愿。我建议应当根据你自身的具体情况，与合格的遗产规划律师讨论决定，究竟应该准备哪些遗产规划文件。如果你没有未成年子女，如果你的所有资产都与配偶共同持有或者你没有资产，那么你的遗产可能不需要通过遗嘱认证。如果是这种情况，或者你愿意根据所在州的规定来管理、分配你的遗产，那么你可能不需要遗嘱。

如果你需要立遗嘱，一定要根据所在州的规定进行。虽然搬去另一个州，你的遗嘱可能仍然有效，但某些部分可能会变得无效或需要根据新居住州的法律进行更改。因此，一定要了解最新情况，并从熟悉所在州法律的律师那里获取建议和帮助。

在我看来，你应该考虑自己的特殊需求，再决定哪些法律文件最适合你。这些文件可能包括医疗护理委托书、生前遗嘱，以及持久委托授权（Durable power of Attorney），都可对你有所帮助。为了确保将财产全部留给预想的受益人，你可以使用临终遗嘱或信托，或者二者的结合。本章将更加详细地介绍这些文件，其中一些文件的名称各州有所不同。

讨论遗产规划之前，了解一些在这个规划过程中的关键法律文件十分重要。有效的遗产计划在生命三个阶段中可能需要涉及一份或多份文件。第一阶段是你在世且身体健康的时候；第二阶段是不幸成为残障人士；第三阶段是过世之后。

传承你的财富可以让你的亲人分享你的人生财富巅峰，但你有很多法律表格需要填写，以便你的遗产可以轻松传承。下一节中描述的所有法律表格必须符合你居住州的情况，甚至可能就是根据你所在州的现存法律制作。使用"法定表格"的好处是它是强制接受的且即使在紧急情况下，也能够保证符合你的意愿。

如果你的遗产计划已经包括了这些文件，把它们取出来并进行审核。你会惊讶地发现，这些文件因为现实生活的变化，很快就过期失效了。你（和你的配偶，如果你已婚）应该至少每五年请精通遗产规划的律师审查你的遗产计划，如果家里有新生儿或家人去世、结婚或退休，应该缩短审查周期。这有助于确认你的意愿，并确保居住州法律适用是最新的。立法变化后，你还应该考虑更频繁的审核和更新这些文件。你的财务顾问或遗产律师应该让你知道任何立法变化，这样你才能采取必要的措施确保你的遗产计划仍然符合你的意愿并尽量减少你的遗产税支出。

以下所有文件都应该在律师面前起草和执行。如 Legal Zoom 或 Nolo 的在线法律服务就很方便实用。即使它们能帮你省下一笔钱，我仍然相信大多数情况下，长期来看直接和律师合作是值得的。

准备好去世后分配资产的遗嘱

遗嘱，也称为最后的心愿和意愿，是一份提供如何在你去世后分配资产的书面文件。它可能是最常用、最基本的遗产规划文件，它也解决了你去世后的许多心愿和愿望，例如指定执行人、制定未成年子女的监护人和有形个人财产的分配等。遗嘱只能覆盖你名下持有的财产，对于那些已经确定了受益人的财产、共同所有但所有权归生者的财产，以及过世转移（transfer on death）账户财产，在你过世后会自动转到另一人名下。本章后文将讨论这些不同的归属权问题。你应该知道，遗嘱只有在你过世后及经过法庭程序、法官认证（probate）后才会生效。假设你仍然拥有执行文件的合法能力，你可以在生前随时更改遗嘱。

为特定受益人创建信托

信托是一种法律文件，是指一人（受托人 trustee）为第三个人（受益人 beneficiary）管理另一人（委托人 grantor，settler，trustor）提供的财产。根据用于不同目的，信托有很多种类。生前信托是一个人在世的时候创立的，在其活着的时候都是有效的。这些信托是单独的法律实体，包含与你生活中相关的条款，如遗嘱、过世后财产如何分配。还有一些信托称为遗嘱信托，是包含在遗嘱内的仅在立遗嘱人过世后生效。如果使用得当，信托可以成为非常有效的遗产规划工具，可以在遗嘱认证、税务最小化、过世后法律费用，保护资产和简化资产分配给意向受益人方面有所帮助。信托也可以持有资产并为未成年人和残疾人士提供分配方案。信托能够让你自定义分配遗产并且有财产管理的附加优势。本章后面将详细对信托进行介绍。

指定医疗护理代理人

医疗护理委托书是在你失去行为能力并且无法提供知情同意的情况下，指定他人代替你就你的医疗治疗进行决策的文件，这也被称为医疗护理委托授权。你指定的人通常可以就医疗设施、治疗、手术和其他多种医疗保健问题做出决定。和委托授权一样，医疗护理委托会涉及非常重要的决定，因此在选择你的决策代表时应十分谨慎。医疗护理委托仅适用于医疗护理决策，不应与一般的委托授权混淆。

医疗护理委托书为人们提供了在其因身体或心理状态无法进行决策时，有获得预期医疗保健类型和水平的话语权。医疗保险代理人根据病人每天的情况做出决策，具有较大灵活性。

通常医疗费用很高，尤其是患有慢性重大疾病的情况下更是如此。通过医疗保健代理人掌握你的意愿，能够避免因为接受你不想要的治疗而耗尽财产。

立生前遗嘱

生前遗嘱也被称为"对医生的指示"或"预先医疗护理指示"。在生命临终阶段或患上无法治好的疾病时，生前遗嘱可以提前清楚地说明你希望获得哪种治疗方案。一旦你永远丧失自主能力，如不可逆的昏迷或脑损伤，或被认为持续处于植物人的状态，生前遗嘱能给予医生和医院关于你对于自己希望得到护理和性质和程度方面的指示。这涉及从呼吸辅助到进食管等各种维持生命的服务。

与医疗护理委托书不同，生前遗嘱不指定特定的人为你做决定，也不要求任何人代表行动。相反，生前遗嘱是你对护理医师的书面要求，是否需要使用生命维持工具或治疗是你应该做的决定。因此，生前遗嘱是遗产规划非常重要的文件。在我和客户进行有关生前遗嘱这样困难但必要的讨论时，他们几乎都跟我说如果自己得了癌症晚期或痛苦的疾病，不会选择延续自己的生命，尤其是延续生命会耗尽他们的财产而无法给所爱之人留下的情况。这是非常伤感和敏感的话题，我相信每个人都应该有权利通过生前遗嘱作出知情选择。生前遗嘱一般会和医疗护理委托书一起设立。各州有关生前遗嘱的认证和处理的法律程序有所差异。不过，以书面形式表达自己的意愿，而不是把这些决定的重担留给家人，这是非常重要的。

指定持久授权人

持久委托授权是一项法律协议，让你能够指定谁将代替你做法律和财务决定。持久授权后，就可以不用再选定监护人或监管人了。与标准授权不同，持久授权在你失去自主能力有时仍然有效。显然，为了实现有效性，你在签署文件时必须有自主能力。

在你无法做财务决定时，你通过持久委托授权书指定的人可以代表你决策。授权书可能包括委托控制包括你的房地产、银行账户、经纪账户等在内的所有资产和财产。授权书的授权范围大小由你决定，生效时间可以为签署时间或特定时间生效、或特定事件触发生效，如丧失行为能力等。

签署之时不生效、在未来某一时间即刻生效的授权书称为触发型授权书（Springing power of attorney），通常适用于签署之时不愿意把所有权利完全授权给代理人的委托人。触发型授权书的问题在于，如果你希望从你无自主能力开始授权给他人，在你获得法院指令或医院认证你丧失自主行为能力之前没有人愿意接受授权，这是一个耗费时间、金钱的过程，且授权书可能无法在你需要使用时即时生效，从而达不到签署授权书最初的目的。

只有在你完全信任意向代理人的情况下，才能签署授权书。

因为你所指定的代理人在你不知情的情况下可能随时盗用你的资产。因此，需要非常仔细地考虑决定签署哪种授权书，把这种控制权转交给别人时要格外小心。

法院认证和管理流程，以及为何要避免这些程序

遗嘱检验法庭或认证法庭是拥有死者遗产争议解决具体管辖权的特殊法院。如果过世之人留有遗嘱，逝者的遗嘱必须得到法庭认证以被法律认可。认证的法律定义是"证明声称是遗嘱的文书是按照法律规定签署，从而确定其有效性的行为"。如果逝者没有留下有效的遗嘱，则其遗产会进入管理程序（administration process）。这种情况下，逝者被视作未留遗嘱，所在州的相关法律将会决定谁会获得其身后财产。

遗嘱认证和管理最主要问题在于其管理成本高、过程冗长拖沓、资产被扣留以及法院的参与和监督，更别提额外的法律和会计费用。不满意的家庭成员们也可以通过提出遗嘱争论（will contest）质疑法院的遗嘱认证过程。根据美国律师协会（American Bar Association）的统计，遗嘱认证和管理费用可能消耗总遗产的6%~10%。我认为这是要避免遗嘱认证和管理过程的原因，应用本章介绍的一些策略有助于实现这一目标。

如果你是个注重个人隐私的人，认为把个人财务情况披露给别人对你不利，那么你应该清楚的是，遗嘱认证法庭的程序是公开记录的，任何有兴趣了解你个人财务状况的人都可以查到。此外，如果你在不止一个州有地产，可能需要多个遗嘱认证程序。

合理厘清你的财产所有权、确定受益人、建立信托可帮助你将遗产传承给你的继承人，而不必经历遗嘱认证或管理程序。生前花几千美元进行遗嘱规划，最终可以帮受益者节省一大笔钱，省去不必要的麻烦和拖延。与此同时，遗产规划过程让你过世后也能对遗产分配有完全控制权。

遗产规划策略赋予逝者控制权

如果你想过世后继续对遗产分配享有控制权，有一些策略是生前就要实施的，这些策略每一个都各有利弊。最根本的是需要了解留遗嘱和不留遗嘱的情况下，你的财产分别将如何分配，并了解共同所有权、受益人指定的合同协议或信托的形式。

了解这些遗产规划策略如何实施及如何相互作用，对去世后控制遗产的合理分配非常重要。如果遗产规划期间考虑这些，结果可能与预期有很大不同。

有遗嘱遗产和未留遗嘱遗产

如上所述，当某人在未立遗嘱的情况下去世时，被称作未留遗嘱去世。这种情况发生时，所在州的法律将会确定将遗产分配给谁，法律通常都是基于家谱分配。如果无法找到血亲，那法院有权利享有遗产所有权，这在普通法下被称作充公。如果你没有实施任何遗产税计划策略，没有遗嘱，你将对遗产分配和完成你的遗愿享有极少的控制权。

我鼓励大家将遗嘱作为最基本的遗产规划策略，尤其是当你不愿意实施任何其他策略时，拥有遗嘱的另一个重要原因在于如果过世之人有未成年子女，比如和配偶同时死亡（例如在车祸或飞机失事中丧生），最好是已提前说明谁将照顾你的孩子。你肯定不想要看到任何家庭成员为孩子的法定监护权产生冲突。避免因此产生家庭冲突不仅能避免走昂贵的法律程序，且家庭成员将更有可能和谐合作，为孩子的最佳利益着想。

除了有未成年子女的例外情况外，以下这些情况下，立遗嘱不是很有必要性：

- 如果个人名下没有资产（例如，你的所有资产都是共同持有或以他人信托的名义持有），或者除了你的遗产外名下的所有资产都有指定受益人（例如，你的寿险或个人退休账户），那么你的所有资产将根据法律转移。因此，你不需要遗嘱来分配任何东西。实际上，即使是最贫穷的人都有资产，如衣服、家具和其他个人物品，但这样的资产不值得昂贵的遗嘱认证过程。因此，即使这种资产也有相关遗嘱，也不建议花费高额费用进行遗嘱认证。

- 如果你想将资产按照你所居住州的法律规定比例留给受益人，不需要通过遗嘱来实现这一目标。这种情况下，如果你身故后留有遗嘱或未留遗嘱，你的个人受益人将获得同样份额的遗产。但要注意的是，如果没有遗嘱，你无法决定谁当你的法定代表人。因此，如果你的想法和所在州设定（默认）的分配比例不同，或者你希望对遗产拥有完全控制权时，立遗嘱是必要的。

在完成起草遗嘱后，你可以决定谁将会最终继承你的遗产。你也可以选择执行者，并且设立在你身故后立即生效的信托。执行人是你在遗嘱中指定，按照你的遗嘱执行你最后遗愿的人。

如果过世之人未留遗嘱，只有有权获得其遗产一定比例的人可以对遗嘱提出争议。例如，如果一个寡妇或鳏夫有三个孩子，三个孩子享有同等分配遗产的权利（前提是未有指定其他人接受其部分或全部遗产的信托）。但是，假设你签署遗嘱并决定将某一个孩子排除在外，当你身故后时，法院进行遗嘱认证时被排除的小孩有权对遗嘱提出争议，因为其实际分到的遗产低于其在未留遗嘱相关法律下本应分到的遗产（三分之一遗产）。

有权对遗嘱提出争议的人不能因为对遗嘱条款不满意而进行争辩；相反，对遗嘱提出争议的人必须在法庭上面证明遗嘱没有按照所在州的法律妥善执行，或立遗嘱人在签署遗嘱时并没有足够自主能力。如果对遗嘱的争论申诉获得成功，则原遗嘱失效，遗产将根据州的未留遗嘱法律分配，如果此前有别的遗嘱，也可以按照此前的遗嘱分配。

指定受益人合同协议下的遗产分配

另一个身故后控制遗产分配的策略是通过指定受益人的合同协议来进行。例如，如果你所在单位有退休计划和个人退休账户、寿险或年金合同，你能够且应该指定受益人。这些合同的资金使用权将自动转移给你所指定的受益人。合同协议指定受益人具有避免遗嘱认证的额外好处。

如果你希望这些资产按照你的遗嘱转移，你也可以将遗产指定给受益人，这样做的坏处在于这些资产需要经过遗嘱认证，因此，如果有别的选择，我不建议这么做。检查这些合同，确保受益人的指定反映了你当前的愿望，因为这些合同协议的效力在你的遗嘱之上。

信托遗产

设立信托也许是让你能够在生前和身故后控制自己资产最灵活的遗产规划策略。你可以在生前创建信任（称为生前信托）或者通过遗嘱身故后设立信托（称为遗嘱信托）。信托将给予你在身故后分配遗产最大的控制权，因此信托的条款为受托人提供了你具体的指示。

信托的额外优势在于其有专业资产管理经理服务，他们可以在委托人失去自主行为能力后保护资产。信托可以被用于减少赠与税和遗产税负担。本章后面的部分将详细介绍多种可以通过信托来实施遗产规划策略。评估信托策略是否适合自己，需要考虑前期成本和维持信托的管理和专业服务费用。

赠与筹划策略

2018 年，赠与税的免税额度为 1.5 万美元，这意味着每年你都可以向任何人赠与这笔金额，赠与人数多少由自己决定，且 1.5 万美元以下的赠与不必缴纳赠与税，不会被包含在你的应税财产中。此外，这一金额下的赠与不会从你2018年的1 120万美元终身豁免额中扣除。如果配偶同意分摊赠与金额的话，这一免税额度每年增加到3万美元。这是向儿女、子孙和其他预期的继承人转移资产非常好的方式。最终，这将减少遗产的应税金额和最终遗产税务负担。

理论上讲，如果今年你和你的配偶想赠与3万美元给十个人，你们的遗产总额将相应减少3万美元。基于2018年联邦遗产税40%的统一税率，假设在去世时有应税财产，这样就能够节省12万美元的应税财产。合理设计的终身赠与计划可以显著减少遗产税义务，在一些情况下甚至可以完全免除潜在的遗产税。

赠与税免税限额最容易被忽视的两个例外是学费和医疗费用：

1. 代表受赠受益人（如你的孩子或孙子）直接向教育机构支付学费，可不被视为赠与；

2. 代表受赠受益人直接付给医疗服务提供方支付医疗费，也不会被视为赠与。

因此，你可以直接向大学无限额地支付某人的学费，并仍然能够在不影响你终身免税额度的情况下，赠与1.5万美元给受益人。因此，你可能会考虑把直接帮孩子、孙子向学校交学费作为遗产规划工具之一。

财产所有权及其转移方式

财产所有权（包括房地产和其他任何你拥有的资产）的处理以及最终如何转移给受益人，是遗产规划的一个关键部分。事实上，持有财产所有权的方式会对法律文件中的条款进行替代，如遗嘱所含的条款。很多时候人们签署遗嘱的时候是想把一些财产留给特定的人，但这些人没有按照已故之人的心愿收到这些财产，因为已故之人所有的财产都是与其他人共同拥有的。

例如，有一种情况非常常见，根据法律规定和程序，死者的意愿被否定。父母一方（通常是寡妇或鳏夫）出于方便的考虑，可能只与其中一个孩子有联合银行账户。这个账户通常是主要负责照料父母或管理父母银行账户的孩子和其父母共同开立的。父母的遗嘱是将资产平均分配给他或她的孩子。当这位父母去世后，这些银行账户成为与其共同持有账户的子女的合法财产。因此，账户所有权将根据法律而不是根据遗嘱的陈述转移。

出于这个原因，核实你财产的所有权及持有方式非常重要。财产的所有权持有方式不同可能会让你获得或损失可观的税收优惠。以下是财产合法所有权四种基本形式，了解其间的差异可能会对你的遗产最终如何转移产生重大影响。

个人产权（Individual Ownership）

当一个人拥有100%产权时被称作个人产权。例如你拥有一座房产、一家银行或经纪账户，你被指定为唯一所有人，这就被称为个人持有。分配遗产时，这笔资产会按照遗嘱或根据未留遗嘱法律分配。资产的足额价值将被纳入已故之人的应税总遗产中。

两个或两个以上的人拥有财产时被称为共同持有。共同持有所有权有几种类型，包括共有产权（tenancy in common）、联合产权（joint tenancy）和夫妻一体所有（tenancy by entirety）。

共有产权（Tenancy in Common）

共有产权是财产共同所有最常见的方式。这种情况下，业主（tenant）是指所有者（而不是日常所说的租客）。每个业主（所有者）对该财产都享有权利。当其中一个业主（共同所有人之一）去世，该业主的权利传递到自己的继承人或根据遗嘱传递给其他人。这一类型的产权，每个所有人对财产都有自己不可分割的权利。

换句话说，假设你和你丈夫共同持有一所房子，并且房屋契约上写着共同共有产权。这意味着如果你的丈夫去世，他对房子的所有权就转移到了他的继承人而不是你身上，即使你"共同拥有"这个财产。你必须像下一节描述的"联合产权"，才能够在上述情况下自己持有这所房子。

联合产权（Joint Tenancy）

当两个或两个以上的人平等享有财产不可分割的整体利益时被称作联合持有。联合持有的关键特征是生存者财产权（the right of survivorship），即其中一个联合持有人去世之后，根据法律他的权利自动传给其他人，不能够按照遗嘱或信任文件转让。

联合产权的另一个好处是避免了所持财产的遗嘱认证程序。任何人都可以持有联合产权，但如果是夫妻持有联合产权，被称为合格联合产权。合格联合产权能享有额外税收优惠，一半财产被计入第一死者的遗产，而幸存的配偶对死者的一半财产能够获得递增基数（stepped-up basis）。递增基数让仍在世的一方按照死亡日期的价格对房产进行估价，计算出来的价值用于确定最终出售资产时的收益或损失后进行纳税。简单来说，就是确定利得或损失的成本，是基于财产的所有者身故后的价值而不是购买时的价值。如果任何非伴侣持有联合产权，则该财产的全部都算作死者遗产，只有持有联合产权的在世人能够证明其当初购买该财产时的出资部分后，才能够将该部分从遗产总额中扣除。

对于持有社区财产、居住在社区房屋中的幸存配偶的情况，税法提供了特别的税收优惠。在夫妻双方第一人死亡时，该社区财产可按照死亡之日的足额公允市场价值计算价值。如果社区财产的价值增加，销售中实现的收益不用缴纳联邦所得税。以下是实行社区财产的州：亚利桑那州、加利福尼亚州、爱达荷州、路易斯安那州、内华达州、新墨西哥州、得克萨斯州、华盛顿州和威斯康星州。

夫妻一体所有（Tenancy by entirety）

夫妻一体所有是另一种共同持有的形式，类似于联合产权，但它只存在于夫妻之间。在承认夫妻一体所有产权的州，当一对已婚夫妇拥有不动产时，则推定该不动产是夫妻一体所有。如果想以共同产权方式持有，已婚夫妇必须明确陈述他们的想法。没有另一方的明确同意，任一方单方面表达这一意愿都是无效的。这种共同所有权类型的主要优点在于，可以获得来自债权人的保护。对于夫妻一体所有的财产处置，由于夫妇二人需要同时行动，债权人对该财产设置留置权是无效的。因此，如果夫妻仅有一方是债权人的债务人，该财产可以获得破产程序的豁免。夫妻双方中任何单独一方都不能处置财产，以便一方死亡时，由幸存的配偶继承。因为夫妻一体持有仅存在于夫妻之间，如果夫妻离婚，则该产权变为共有产权。然而，目前仅有 25 个州承认夫妻一体持有的产权形式。和你的律师确定你所在州是否允许这种形式的共同所有权非常重要，这在债权人对你的财产提出索赔的情况下保持你的财务独立性来说十分关键。

遗产和递增基数包含内容

死者遗产中可以包含的金额，要基于他或她的所有权比例确定。联合持有或夫妻一体所有的情况，在世的持有人自动继承逝者的权利，除这两种情况外，死者可以选择受益人。

遗产的受益人享有很多税收优惠。财产权利的受益人在被继承人的死亡日或是在估值日（被继承人死亡 6 个月后）可以继承到按照"递增基数"确定的遗产价值。受益人能够避免或减少资产出售过程中的资本利得税，因为其成本已经体现到遗产的估值里了。

以下是递增基数带来的好处：一位寡妇或鳏夫去世时拥有一套房屋，孩子通过遗嘱或通过法院程序（没有遗嘱的情况下）获得了这套房屋。这套房子价值 75 万美元，孩子们一年内以 75 万美元卖掉了房子，过户费为 3 万美元。这样，孩子的个税申报单上将体现 3 万美元的损失。如果这套房子是遗产的唯一资产，则可以不缴纳遗产税，受益人仍然能按照递增基数的估值获得这套房子。孩子们获得这一笔遗产不仅免交遗产税，还可以从出售房子的成本中获得所得税抵扣。

设立信托的原因

如前所述，信托可能是能够赋予你生前和身后对遗产最大控制权的、最灵活的遗产规划策略。信托可在你生前生效（生前信托）或通过在去世后通过遗嘱生效（遗嘱信托）。信托可以让你最大限度地控制分配身故后的遗产，因为信托的条款会将你的具体说明明确提供给受托人。

信托是保护和控制资产的一种手段，也用来保护当前和未来的受益人。参与创建信托的三个关键方如下：

* 第一方是委托人（trustor, settler, grantor），即建立信托的出资人。

* 第二方是受托人，可以是一个人或一个机构。受托人根据委托持有财产的法定所有权，并根据信托合同约定，为保护受益人的利益而管理财产。

* 第三方是受益人（或多个受益人），是最终获得 100% 信托本金的一方（信托本金是指所有转移到信托的财产。例如，如果以 10 万美元现金出资建立信托，这 10 万美元就是信托本金）。

所有信托都可以在回答以下问题过程中进行明确定义和分类：

1. 信托是生前还是临终时创建？

* 如果信托通过单独的法律文件在一个人生前创建并生效，即是生前信托。

- 如果创建人身故后在遗嘱内生效的信托，被称作遗嘱信托。

2. 委托人是否可以更改、修改或撤销信托?

- 如果这个问题的答案是肯定的，则是可撤销信托。
- 如果这个问题的答案是否定的，则是不可撤销信托。

3. 从联邦所得税角度来看，信托如何分类并征税?

- 授予人信托
- 简单信托
- 复杂信托

4. 信托如何定义收入?

信托文件对收入的定义是会计收入，不同于税法对收入的定义。这些定义会对信托和受益人的分配和税收产生重大影响。

生前信托（inter vivos）是在世期间建立的，在你将资产转移至信托时生效。生前信托分为可撤销和不可撤销的。生前信托可以用来转移各种财产的法定所有权，包括现金、股票、房地产等，可以作为终身管理这些资产的一种方式。虽然这些资产转让改变了法定所有权，而你（作为创立信托或委托人）可以终身保留资产的收入。因此，根据信托是可撤销的或不可撤销的，你对资产控制和决策权也是不同的。这些类型的信托通常用作遗嘱的替代品，因为信托通常在委托人去世后失效，信托文件决定资产的受益人是谁。你也可以自己选择受托人，可撤销生前信托可以将自己确定为受托人，来执行信托文件中的规定。如果你不能再担任受托人，也可以命名继任受托人接管。最后，非常重要的一点是，生前信托可以帮助你避免和最小化管理费用、避免拖延、提高遗嘱认证的公开性，因为这些信托资产是根据法律转移的。

相反，遗嘱信托是通过遗嘱创建的信托，仅在立遗嘱人去世时候生效。有了这些信托，资产的法定所有权在立遗嘱人去世前不会转移。遗嘱信托没有单独的法律信托文件，它是由遗嘱中的一个条款创建的。遗嘱信托的缺陷之一是仍需要经历遗嘱认证程序，因为遗嘱信托只能通过遗嘱认证程序才能设立。

Chad Smith 是一名注册理财规划师、特许人寿理财师、特许金融顾问，同时也是 HD 金融服务公司的全国销售总监。他表示，现代社会中家庭在遗产规划中发挥着越来越重要的作用。不幸的是，大多数家庭都对他们的继承人接收和管理资金的能力存在顾虑。这些担忧包括吸毒成瘾、挥霍无度、婚姻稳定性以及对孩子配偶的担忧。以上只是信托计划适用性的一些应用场景。信托财产留给受益人的时候，信托条款可以规定受益人如何以及何时收到这些财产。很多人设立信托以便他们可以在去世很久后还影响他们继承人的行为。应该与财务顾问和遗产规划律师重点讨论家庭情况，以便他们了解情况、提供更好的服务。

可撤销和不可撤销的信托

大多数信托都是可撤销的（换句话说，你保持完全控制权）；如果设立一个可撤销的信托，你自己可以成为受托人，在未来进行更改甚至终止信托。信托不可撤销就意味着你放弃一定程度的控制，信托的变更和终止取决于条款且有时可能很难实现。

当你将资产转移到可撤销信托中时，这样的资产不被视为完全赠与，因为不必申报赠与税，（根据 2018 年法律规定）每年的赠与额度大于 1.5 万美元时才需要申请报税。然而，如果委托人去世（信托的设立者），可撤销信托的资产应包含在应税财产中。这些资产被认定为是你遗产的一部分，因为你现在还享有这些资产的所有权和控制权。因此，可撤销信托在减少遗产税方面作用不大，但根据信托文件将资产转移给受益人，可以避免经历认证程序或管理费用。

生前信托给设立者留有遗产分配控制权，某些信托可以减少或避免信托设立者去世后产生的一些税费。建立可撤销的生前信托时，你可以同时成为委托人、受托人以及该信托的受益人。通过设立生前信托，你财产的所有权从自己这里转移到了信托。委托人同时作为受托人的情况下，委托人不再是信托资产的法定所有者，信托成为资产的合法所有者，但委托人终生享有信托资产的控制权。

A – B 信托

最受欢迎的生前信托之一是 A – B 信托，也称绕行信托（by – pass trust）或信用庇护信托（credit – shelter trust）。这一类型信托下，配偶双方有一方去世后，在世的另一配偶的遗产税豁免金额可增加一倍。使用 A – B 信托时，可以在第一个配偶去世后同时设立两个信托。过世之人的资产将在幸存者信托（survivor trust，A 信托）和过世人信托（decedent trust，B 信托）之间分配。这种情况下会产生两个实体，每个实体都能够享有足额联邦和州遗产税豁免额。

2010 年《税收救济法案》（*Tax Relief Act*）生效时，选择 A – B 信托的夫妇无法获得和过去一样最大化地利用联邦遗产税豁免额税收优惠。从税收的角度来看，因为现在联邦遗产豁免金额增加到了 1 120 万美元，2017 年《减税和就业法案》从税收优惠方面减少了这些信托的价值。本章最后部分将对相关内容进行详细介绍。

需要注意的是，很多州都有自己的遗产税和继承税法律。目前，没有一个州采纳了联邦关于"遗产税可携带性（portability）"的概念（后文对此有解释）。因此，如果你已婚并将自己所有的财产留给另一方，他/她仅能够使用自己的州豁免额，你的税收豁免额将就此作废。尽管 A – B 信托不如之前作用大，但很多已婚夫妇还是充分利用这种信托，尤其是在设有州遗产税的地方。此外，信托能够保护信托资产的升值部分，保护资产不受债权人侵占并为你和你的配偶保留州遗产税豁免资格。

信托如何缴税

信托如何按联邦所得税分类和征税，取决于信托类型。在确定哪种类型的信托最能实现你的财务目标时，需要了解不同信托如何纳税。

信托有三种类型：

1. 授予人信托（grantor trust），从所得税角度看，这一类型的信托似乎形同虚设。委托人信托的所有收入都通过委托人的个人所得税申报，就像未设立信托一样。所有可撤销的信托都被视为委托人信托，并通过这种方式缴税。如果根据不可撤销信托的条款，它基于所得税目的而设立了授予人信托，这些不可撤销信托也需要按照授予人信托缴税。

2. 简单信托（simple trust），所有收入必须视为已经分配，并且按照受益人的收入所得缴税。即使收入分配没有完成，也应当被视为按照税收目的完成了分配。

3. 复杂信托，受托人关于是否向受益人分配收益具有一定的自由裁量权。任何未向受益人分配的收入都需要按照信托税率以信托的名义纳税。受托人在信托年度结束后有 65 天的时间进行分配，这期间内的分配被视作上一个纳税年度内的分配。

复杂信托以类似于个人所得税的方式征税，只是税率结构有所压缩，信托适用的最高税率对应的收入金额要比个人所得税低得多。信托收入要么以信托名义纳税要么以受益人名义纳税。信托允许从所有收入的信托收入中进行分配扣除。

根据 2017 年《减税和就业法案》，以下是 2018 年信托和遗产应税所得的税档：

- 应税收入高达 2 550 美元，对应税率为 10%；
- 应税收入超过 2 550 美元但未超过 9 150 美元，对应的税率为 24%；
- 超过 9 150 美元但不超过 12 500 美元的应税收入，对应的税率为 35%；
- 应税收入超过 12 500 美元对应税率为 37%。

除上述所得税外，根据《患者保护和平价医疗法案》，信托或遗产还需要为净投资收入支付 3.8% 的医疗保险税。对于未分配净投资收入或调整总收入高于最高税档起始金额的部分（2018 年为超过 12 500 美元的部分），二者按照孰低原则征收 3.8% 的医疗保险税。

保留终身权益的财产转让

如果转让人已经转让了资产，但还在接下来的生活中继续使用转让的资产，这时，《美国国内税收法典》第 2036 条款的规定可以适用了。当个人将不动产转让至他们的孩子，并对财产保留"终身财产权益"（life estate）很常见。这种简单的转让是相当普遍的，为遗产规划带来以下好处：

- 在当事人去世后，此资产不用进行遗嘱认证或管理，财产自动转移至孩子名下。

- 通过保留"生命财产"，美国国税局认为资产仍为你所有，因此孩子享有递增基数（stepped – up basis）价值评估的权利。如果没有终身财产权益的转让，资产转让会被认为单纯的赠与，你的孩子将无权享受财产的递增基数评估。

- 如果你和你的孩子发生争议，终身财产会起到保护你的作用，因为它可以防止你的产权遭到干涉或剥离。即使在最好的家庭里，孩子也可能会离婚，甚至先于父母而离世，或产生家庭矛盾，这可能会影响他们的决定，把你从你的房子里赶走。

在向孩子转让财产的时候必须十分谨慎，哪怕是保留了终身财产权益。首先，这种转让将被视为不可撤销，意味着如果想拿回资产，你需要获得受让人的同意。其次，将你的财产转至另一个人持有，转让人容易受到受让人生活的影响，如离婚、破产、诉讼甚至死亡。这也是为什么很多人选择不可撤销遗产信托的另一个原因。通过这种类型的转让，所有权在你去世之前不会归属于受让人，财产不会受到上述不利因素的影响。

平分份额信托（Split – interest trusts）

某些信托的条款规定转入信托的财产同时设有收入受益人（income beneficiary）和剩余受益人（remainder beneficiary）。信托的剩余受益人在收入受益人的利益终止后，有权获得信托本金。这一类型的信托被称为平分份额信托，包含以下几种类型：

- 委托人保留收入信托（GRIT）
- 委托人保留年金信托（GRAT）
- 委托人保留联合信托（GRUT）
- 合格的个人住宅信托（QPRT）

建立这些分拆利益信托的主要优势在于：

- 你（作为委托人）继续在规定的时间内享有信托收入控制权。
- 在资产获得赠与时，被赠与资产的价值可以获得一定折扣。
- 资产未来的所有增值不计入委托人（转让人）的生前信托内。

这三点是遗产规划技巧的几个关键组成部分。由于转让人会保留财产权益，因此资产赠与的价值会显著减少。出于这一点原因，你可以减少甚至可以完全消除转移的赠与税。如果赠与财产的未来收益，并在一定时期内保留财产的使用权，这被视为放弃部分权益。

例如，假设你将目前市场公允价值为 50 万美元股票赠与他人，但你保留了未来 20 年该赠与资产的所有收入权。你需要确定这一份 20 年后才完成赠与的资产的现值金额。美国国家税务局允许你用 50 万美元在 20 年内基于适用的长期利率进行贴现。这个例子中，我们假设在赠与时的长期贴现率是 5%。

因此，赠与的未来值（FV）设定为 50 万美元，适用的长期利率（i）等于 5%，时间段（n）等于 20。翻到第十二章表 12.4 "加总现值（PV）系数"，我们找到 5% 和 20 年对应的系数，系数为 0.37689。换句话说，根据现值系数表，美国国家税务局允许将赠与价值从 50 万美元贴现到 18.8445 万美元（500 000 × 0.37689）。这个技巧可以帮助你转移 50 万美元给受益人，但只占用 18.8445 万美元的税收豁免额度。因此，你去世时的应税遗产减少了 31.1555 万美元（500 000 - 188 445）。假设去世时遗产税率是 40%，这将帮助你减少 12.4622 万（311 555 美元 × 40%）美元的遗产税义务。此外，50 万美元股票未来的价值升值将不会包含在你的遗产中。唯一的问题就是你（转让人）必须活过信托里设立的 20 年期限。如果赠与（20 年）完成之前不幸去世，在你离世当日的股票价值将全部纳入你的遗产，这样建立权益分拆信托（split - interest trust）就完全失去意义了。因此，使用这种信托最大的缺陷在于信托必须在委托人去世之前终止。如果在信托终止前去世，则信托资产在委托人离世当日的价值将被视为遗产的一部分。

为了说清楚遗产规划的重要性，我们假设 50 万美元的股票在你去世当日价值 200 万美元，但这时已经是你将 50 万美元股票转入信托的第 21 个年头，这时 200 万美元是不被计入遗产的。你生前将财产转移出你的遗产，这样做的主要优势之一就是未来资本增值在你去世时不会被纳入遗产价值。这有助于遗产的税务负担最小化、家庭财产传承金额的最大化。我们再假设，你的遗产适用税率为 40%，使用这种信托最多可以帮你减少 72.4622 万美元的联邦遗产税（200 - 188 445 = 1 811 555 × 40%）。这种信托较为复杂，但对保护遗产、提高遗产传承的金额非常有效。需要注意的是，《美国国内税收法典》的第 2702 条款对权益分拆信托设定了很多限制。

你应该咨询经验丰富的遗产税律师和财务规划师，来确定使用权益分拆信托是否对你有益。这些都是很高级的遗产税规划技巧，只有在专门从事这些事务的遗产税律师的指导下才能发挥最大的作用。

慈善信托

慈善信托是出于慈善的目的希望实现以下目标而建立的：

- 持续控制资产的收入
- 生前获得慈善捐赠的税前扣除优惠
- 潜在的资本利得税豁免优惠
- 潜在的遗产税优惠

慈善信托包含以下类型：

- 慈善先行年金信托（charitable lead annuity trust，CLAT）
- 慈善先行统一信托（charitable lead unitrust，CLUT）
- 慈善剩余统一信托（charitable remainder unitrust，CRUT）
- 慈善剩余年金信托（charitable remainder annuity trust，CRAT）

理论上来说，慈善剩余信托与上文讨论的权益拆分信托是一样的，只是剩余受益人需是《美国国内税收法典》第501（c）（3）规定的合格慈善组织。现值计算以及从遗产中扣除慈善捐赠资产的好处也与权益拆分信托相同，慈善剩余信托还可以获得慈善捐赠税前扣除的额外优惠。慈善剩余信托可以让你的配偶或子女获得信托资产的收益，资产最终归慈善组织所有。

绝大多数人以现金和支票的形式向慈善机构捐款。此类捐赠让你有权在当年享受税前抵扣优惠，但你必须有慈善机构出具的收据。

你可以使用几种更复杂的捐赠技巧，不仅能使慈善机构受益，且通过合理的设计还可以降低你的所得税和遗产税。如果慈善捐赠的财产是已经大幅增值的财产，那么你和慈善机构都能够从慈善捐赠中获得好处。当你自己的财产增值时并有慈善捐赠的意向，这对你和慈善机构来说都很有益。通过将财产赠与慈善机构，赠与财产的公允市场价值可能获得所得税税前抵扣，慈善机构可以选择出售增值的财产且不用缴纳资本利得税。因此，你不仅可以通过避免资本利得税来降低应税收入，同时，因为赠与金额是税前金额，从而你可以享受更高的慈善税前抵扣。

要获得与慈善捐赠相关的税收优惠，赠与必须是面向合格的慈善组织，该类慈善组织必须：

- 在美国成立
- 非营利运作
- 不参与政治活动
- 获得美国国家税务局 501（c）（3）认可的合格慈善组织

　　除了这些合格的慈善组织外，你也可以向退伍军人组织、特定共济会、志愿者消防部门和民防组织等进行捐赠。

使用信托增加慈善赠与的收益

　　有几种不同的赠与策略可供使用，包括直接赠与给慈善机构或建立慈善信托。每种方式都有优缺点，详见表 10.1。

　　慈善先行信托是专为尽快让受益人获益的慈善捐赠而设计。慈善先行信托下，赠与将立刻使慈善信托获益，你也可能同时获益。如果向慈善机构直接捐赠，并且升值的资产卖掉后将全部或部分资金捐赠给慈善机构，这种情形下使用慈善信托再好不好过了，因为你可以从中获益。

　　慈善先行信托实际上是将资产的收入赠与慈善机构，而非赠与该资产。你的税收抵扣将与很多因素相关，如慈善机构的合理预期回报率、信托的期限，以及用于计算赠与价值的美国国家税务局估值表。捐赠资产的收入将持续进入慈善机构，慈善机构在信托有效期内将持续获得赠与资产的收入分配。慈善信托的有效期可以是几年，也可以是贯穿委托人的一生。一旦信托有效期结束，信托将自动终止，剩下的资产将属于受益人。如果在一生中的某个时刻，你希望增加对慈善机构的赠与，并且获得相应的税收优惠，慈善先行信托可以帮助实现上述目标。慈善先行信托可以将升值资产传承给信托受益人，而在此过程中仅需缴纳很少甚至不用缴纳遗产税。

表 10.1　　　　　　　　　各种赠与策略的优点和缺点

赠与策略	优点	缺点
直接赠与	赠与当年所得税抵扣	赠与后没有留存权益或控制权
慈善先行信托	向慈善机构即时赠与 当期可获得所得税抵扣 以未来贴现值传承资产	慈善赠与是不可撤销的 当期所得税收抵扣，但捐赠人未来所得收入需要纳税 捐赠人放弃了信托有效期间内产生的收益
慈善剩余信托	当期所得税抵扣 避免缴纳升值资产的资本利得税、减少遗产税	慈善信托不可撤销 通常要求进行合格性评估 管理和设立较复杂
慈善剩余年金信托	当期所得税抵扣 避免缴纳升值资产的资本利得税 收益现金流是固定的	固定支付不限于信托收入的净额 通常要求进行合格性评估 管理和设立较复杂

慈善剩余信托可以让委托人或受益人每年收到特定金额的收益，信托结束时，指定的慈善机构将获得剩余资产。你可以收到信托价值一定比例（慈善剩余统一信托）或固定金额（慈善剩余年金信托）的收益。受托人可以抛售升值的信托资产，然后将资金再投资以产生收入、避免资本利得税。这个策略可以既让你对资产组合进行再平衡，减少税收支出，又有助于将资金投向回报更高的资产，改善现金流。此外，委托人也有资格基于剩余份额价值的现值获得当年的所得税减免，这些剩余份额最终属于慈善机构。虽然向慈善机构的捐赠是不可撤销的，但你有权决定赠与哪家慈善机构。

总结：你需要知道的关于信托的知识

你必须明智地选择一名受托人并在信托文件中明确表明自己的意图。受益人最终将拥有信托资产的所有权，尽管这需要在数十年期限之久的信托结束后才能实现。在此期间，受托人负责控制信托中的资产，并遵守信托文件中的指示。选择一个知道如何处理财务，并能够履行你的意图的人，对于成功利用这些信托战略至关重要。信托是非常复杂的工具，必须严格遵守税收规则和监管要求，所以在实施这些战略之前必须咨询经验丰富的遗产税律师和理财规划师。

从家庭有限合伙中受益

如果你拥有家族产业、租赁财产或农场，遗产规划时可能面临一些额外的障碍。如果你"硬资产丰富"但缺乏现金流，你去世后家人在支付遗产税的时候可能面临着流动性不足的问题。联邦政府要求遗产执行人或管理人在当事人去世日九个月内缴纳遗产税，你的家人可能不想变卖你留给他们的任何财产，但为了支付遗产税却不得不这么做。任何遗产规划的重要目标是尽量减少遗产税并在必要时提供足够的现金。遗产规划的主要目标是保护遗产并让家人能够继续拥有并运营家族生意、租赁财产或农场。

这种情况下，家庭有限合伙是另一种有效的遗产规划策略。家庭有限合伙是一种独立的法律实体，可以持有并管理家族企业或投资财产，这一模式也可以享受到很多遗产税和所得税的优惠。

家庭有限合伙协议赋予父母控制权，并将资产收入及未来价值增值在家庭成员之间进行分配，目的是为整个家庭提供财务和税收优惠。在将财产创设并转入有效合伙后，家庭有限合伙正式生效，父母可以将有限合伙的份额（非控制权份额）赠与子女，而父母则是享有完全控制权的合伙人。孩子们是并不具有控制权的有限合伙人（LP），即使孩子拥有大多数股份，只要他们仍只是有限合伙人，父母就仍保持并行使完全控制权。作为有限合伙人，孩子根据各自的所有权份额分享有限家庭合伙的收入，所有权份额是父母在赠与过程中设立的。

这种遗产税规划策略让你在生前给孩子所有权份额，减少未来的遗产税，同时为你的家族企业提供了继承计划。你可以将有限合伙人赠与给你的孩子，这样就能够在完全获得 1.5 万美元/年（已婚人士为 3

万美元）赠与税豁免的同时，将资金和财产的控制权掌握在自己手中。如果这还不具有吸引力，实际上，你的孩子还可以通过从自己所持有的家庭有限合伙份额的收入以较低档的税率纳税。

在生前将所有合伙份额转让给孩子的价值在于，这部分资产以及转让日期后的所有资产增值部分无须纳入遗产税。如能好好利用，这是一个非常有效的遗产规划策略。

遗产税规划和人寿保险

不可撤销寿险信托（Irrevocable Life Insurance Trust，ILIT）是另一种遗产规划策略，其设立可以用于持有寿险保单，缴纳较少的遗产税。

ILIT 的一个关键特征是它可以将寿险死亡赔付排除在遗产价值外。你（委托人）可以每年向信托捐赠资金，然后让受托人支付寿险保费。每个受益人每年的免税赠与额度为 1.5 万美元（根据 2018 年法律规定），这也将有助于进一步降低遗产金额、减轻遗产税负担。因此，每年向信托的捐赠金额不仅有助于降低遗产的金额，最终所有的死亡赔付所得都可以避免缴纳遗产税。

值得注意的是，如果你的遗产需要缴纳遗产税，不要以自己的名义购买寿险。以你的名义购买的寿险的死亡赔付会被纳入你的遗产中征收遗产税。基于目前的遗产税率，寿险赔付的 40% 需要缴纳给联邦政府。尽管寿险赔付所得一般不缴纳所得税，但如果以你的名义购买的寿险且你有应税遗产（taxable estate）时，寿险赔付可能需要缴纳遗产税。如果已故之人在去世之前的三年内将寿险转让给另一个人或信托，那么寿险保单的死亡赔付会被纳入应税财产中。

第二生命寿险保单对两个人提供保障，并在第二个人死亡后赔付（更多内容请见第五章，如何保障生命健康）这种保险的保费通常比单一受保人保险保费便宜得多，因为是基于两名被保人（已婚夫妇）的寿命收取保费。根据婚姻关系无限制税收抵扣的规定，在夫妻关系中，允许去世一方向未去世一方转让财产无须缴纳遗产税。但当遗产转让给夫妇之外的继承人时，这时候可能产生遗产税。因此，第二生命寿险保单在你的家人真正需要的时候，可以进行赔付，并支付相应的遗产税。

豁免额的配偶"可携带性"

2010 年《税收救济法案》恢复了 2009 年末被取消的遗产税。《税收救济法案》最大的变化在于遗产税终生豁免额在配偶之间的"可携带性"，2012 年《纳税人救济法案》将该条变为永久有效（made permanent）。如果第一个配偶去世时，没有用完其豁免额度，在世的配偶可获得去世配偶未使用完的豁免额，因此第一个配偶去世后，在世配偶可享受通胀调整后 2 240 万美元（2018 年）的终生豁免金额。

使用配偶的可携带性权利，执行人或管理人在第一个配偶去世时应及时提交 IRS706 表格并进行勾选。如果未提交该表格也未进行勾选，在世配偶仅能享受自己 1 120 万美元的豁免额。因此，尽管第一个配偶去世时不强制要求提交遗产税申报表，尚存配偶和遗嘱执行人应当考虑提交并进行勾选，以保留遗产的全部价值。尽管一般提交 706 申请表时就会进行勾选，但最晚可以在第一个配偶去世后两年内勾选。706 申请表必须在这个时间内提交，表格的顶部必须手写"根据 Rev Proc 2017-34 提交"。如果幸存配偶再婚，他或她只可以使用一次可携带规则。这条规则防止通过多次婚姻，多次利用配偶可携带规则享受遗产税豁免。

在分配遗产时，遗产税是最重要的关注点，因为用来支付遗产税的部分就无法传递给你的继承人了。无论是通过生前赠与还是去世后传承，每个人都有一定的联邦遗产免税额。通过使用本章中提到的一些策略，你应该能为所爱的家人保留更多的财产。如果去世时你的遗产总额低于联邦豁免金额，在联邦遗产税豁免额度内无须缴纳任何遗产税。一定要记得检查你所居住州的联邦遗产税豁免额，可能所在州的豁免额低于联邦豁免额度。我建议去所在州税法部门网站查询免税额。当然也可能请你的律师和理财规划师提供关于州遗产税规定的信息，各州规定确实存在差异。

www. calcxml. com/calculasors/what－is－my－potential－estate－tax－liability 网站上可以根据你目前的遗产免税额度和税率，计算应缴纳的遗产税数额。记得使用你的财务情况表（第三章讨论过的），计算净值时应当加上以你的名义持有的寿险的死亡赔付（death benefit）。通过该网站，我们可以计算出根据当前税法大概需要支付的联邦遗产税金额。

遗产规划要求你了解如何最小化税收支出，以及当需要支付遗产税的时候，家人能否及时支付。如上文所述，遗产税一般需在当事人去世后九个月内由遗嘱执行人以现金支付。遗嘱执行人支付遗产税一般有以下几种选择：

- 利用当前的储蓄和流动性资产
- 借钱
- 不动产资产变现，例如出售房地产
- 使用人寿保险的赔付金额

如果前三个选项不具吸引力或不实用，就可以考虑使用上文我们提到的遗产税规划和寿险策略。支付遗产税可能会给执行人和家人带来挑战，因此制定计划至关重要，尤其是制定最终如何支付遗产税的计划。你必须在生前把这个行动计划纳入其中，否则你的遗嘱执行人和家人为了在规定期限内缴纳遗产税，可能不得不以折扣价变现资产。

州继承税和遗产税

继承税是针对从逝者那里继承遗产的所有受益人征收的税。继承税是由州政府在州层面征收的，并与联邦政府或州政府对死者资产征收的遗产税区别开。每个受益人都需要在州继承税申报表内填写继承的份额。设置继承税的州有自己规定的税率、金额门槛和豁免金额。因此，根据继承的金额和所在州的具体规定，一些受益人可能免于承担这种继承税。

以下这些州除联邦遗产税外还单独征收遗产税：华盛顿特区、缅因州、纽约州、罗得岛、康涅狄格州、伊利诺伊州、明尼苏达州、华盛顿、俄勒冈州、马里兰州、佛蒙特州、马萨诸塞州和夏威夷。截至2018 年 1 月，新泽西州和特拉华州已经取消征收州遗产税。

宾夕法尼亚州、肯塔基州、爱荷华州、内布拉斯加州、新泽西州、马里兰州对收到死者遗产的受益人征收继承税。马里兰州是唯一一个同时征收继承税和遗产税的州。如果你住在上述司法管辖区，更多详情请咨询州税务部门。

资产保护和长期护理

在整个第十章中，我们一直在讨论各种策略，以实现保护受益人利益，保护你的财产的目的。尽管在这方面采取何种措施很大程度上取决于你自己，但有一点不能取决于你和你的配偶的事，那就是你们最终是需要长期护理的。随着人们的预期寿命逐年增加，随着年龄的增长，给日常生活提供支持和便利几乎是不可避免的。个人可能需要的长期护理类型是未知的，可能是养老院护理、辅助生活或在家看护等，但可以肯定的是，无论你如何准备，任何一种护理类型的成本都可能消耗掉你的积蓄。

好消息是，在长期护理方面经验丰富的遗产规划律师和理财规划师可以给你这方面的建议，让你一旦需要长期护理时，能够采取必要的措施减少你的（包括遗产）现金支出。

短期康复护理和长期护理有很大的不同。个人健康保险或医疗保险通常覆盖（根据保险计划的不同，覆盖程度不同）事故、手术或长期住院的短期康复费用。然而，如果你对康复护理的需求超出了期限，大多数健康保险覆盖范围和医疗保险福利都会终止。这不仅会影响你留给子孙的遗产，还可能在你生前耗尽你的财富。

减少长期护理现金支出的一种方法是购买长期护理保险。更多信息请参阅第五章"如何保障生命健康"中长期护理一节的内容。

对没有资格获得长期护理保险，或者所需保费成本过高的情况，可以咨询更资深的律师，讨论如何能让你或你的配偶满足联邦医疗补助计划（Medicaid）的要求。医疗补助计划是一个联邦和州的联合计划，每个州关于如何满足医疗补助计划长期护理资格的具体条件差异很大。尽管如此，在资深律师的指导下，你可以在需要长期护理之前的五年或更早时，通过将包括住宅和其他不动产在内的资产以及金融资产转移出自己名下，来获得医疗补助的资格。更重要的是，由于所居住州不同，即使在五年内就要申请医疗补助或长期护理，也有各种各样的资产转移和技巧，可以在减少你的资产损失的同时满足医疗补助计划的申请资格。

本章前文我们提到了不可撤销信托这种法律实体。在医疗补助计划中使用这种信托非常普遍，因为它允许为未来长期护理费用的保障而转移资产。委托人（你）在世时可以继续受益于不可撤销信托名下的房地产的使用和居住，甚至可以从信托资产中获得收入。五年后，在申请医疗补助计划资格时，不可撤销信托内的资产不被计入在内，这些资产也不得被用来支付长期护理费用。

Angiuli&Gentile LLP 合伙人、专业从事遗产和老年人法的 Annamarie Gulino Gentile Esq. 表示："向孩子或其他个人转移资产时，人们倾向选择不可撤销的医疗补助计划资产保护信托，该信托能在委托人在世期间保护信托内的资产，保证按照委托人（而不是子女）的意愿处理资产，并且规定委托人去世前，资产的所有权不会转让给受益人。"

另一个鲜为人知、对支付长期护理费用有用的方法是退伍军人的援助补贴。在军队服现役至少 90 天或者服役期间至少有一天是在战争期间的个人，可以获得长期援助，退伍军人的配偶也可享受这一福利。申请援助和护理福利的个人必须满足医学和经济方面的相关要求，如果你是一名退伍军人，在开展长期护理计划时咨询退伍军人事务部（United States Department of Veterans Affairs，VA）认证的律师非常重要。你可以从律师那里学习到如何实现福利最大化，认证律师的信息可以从美国退伍军人事务部网站上找到。

遗产规划，包括长期护理的计划都必须根据个人需求量身定制。如果你不行动，那么你的代价是高昂的，可能会带来沉重的负担。正如本章所讨论的那样，重要的是尽快和你的律师、财务顾问制定遗产计划，以确保实现你这一生和你的家人的目标。

如果不注意遗产保护的税收问题，你的遗产可能需要支付比法律要求更多的税，从而减少了亲人最终将继承的财产。这就是为什么你必须将遗产税计划纳入整体遗产保护传承的策略中。

如何传承家庭财富——节税超额收益策略（升级版）

以下是实现遗产保护目标的节税超额收益策略（升级版），这将有助于将你的遗产最大化地传承给受益人。

● 2017 年《减税和就业法案》提高了遗产税豁免额度，从 2018 年 1 月 1 日开始，每个人豁免额度为 1 120 万美元，已婚人士为 2 240 万美元，超过上述金额的遗产税适用税率仍为 40%。

● 如果你给你的孩子或其他人免息贷款或低于市场利息的贷款，只要该借款人欠你的未偿还贷款余额不超过 10 万美元，且避税不是该项贷款的主要目的，则这部分少收取的利息不会被美国国家税务局认定为应计利息。

● 当你出售继承而来的房产时，你会自动被认为是持有期限超过 1 年（享受长期资本利得待遇）。一般来说，你还可以以"递增基数"为基础纳税，大部分财产增值的所得税都不用缴纳。递增基数是指，当该房产出售时，确定是利得还是损失的成本，不是以死者当时购买的价格确定，而是根据死者去世时的财产价值确定。

● 如果你获得赠与财产，在确定赠与财产出售的利得或损失时，你的成本基础等于捐赠者的成本基础加上你所缴纳的赠与税金额（部分或全部赠与税金额）。如果出售赠与财产的收入低于捐赠者的成本基础，你在报税时不能将此报告为损失。

● 在销售之前，将财产赠与给处于较低税档的家庭成员，可以减少整个家庭支付的所得税金额。

● 你一生中任何一个阶段都可以赠与财产给他人，从 2018 年开始，赠与财产的前 1 120 万美元是免税的，这不会占用每年 1.5 万美元的年度赠与免税额度。当你赠与这些财产时，你不用缴纳赠与税，赠与接收人也不需要纳税。

● 你可以向任意数量的人免税赠与 1.5 万美元/年（2018 年），一般是子女或孙子女。如果是丈夫和妻子同时赠与，每年二人一共可获得 3 万美元的免税赠与额度。几年后，能够转移给受益人的钱将非常可观，因此能减少你的应税遗产和最终的遗产税负担。

● 你可以直接向教育机构支付大学学费（金额不限）后，还可以额外直接向受赠人赠与 1.5 万美元且不影响你的 1 120 万美元的终身赠与免税金额。因此，可以考虑将直接向学校支付子女和孙子女的学费作为遗产规划工具之一。

● 你可以直接向医院支付某人的医疗费用（金额不限），与此同时额外再向受赠人赠与 1.5 万美元，并且不影响你的 1 120 万美元的终生豁免金额。

● 你收到的继承财产和遗产在联邦层面不纳税，但分配继承来的

IRA 账户或合格计划的资产需要纳税。此外，对于非合格年金的继承，所分配资金的部分（高于原始基础的收益）是应税的。

● 如果相关的赠与和继承是因为享受了服务而获得的，则继承人或受赠人需要缴纳所得税。

● 通过建立不可撤销的人寿保险信托（ILIT），你可以每年减少应税遗产的规模，同时让你的受益人继承更多的遗产。每年向不可撤销寿险信托赠与，信托基于受益人利益而购买寿险，这可以降低你的应税遗产。建立信托的人去世后，人寿保险收益是不被纳入遗产的（由信托所有）。因此这些赔付金额不用缴纳遗产税，受益人也无须缴纳所得税。如果你拥有需要缴纳遗产税的大笔遗产，这对你来说是必备策略。

● 如果是已婚人士，你可以使用婚姻扣除（marital deduction），过世配偶可以将资产转移（金额不限）给在世配偶，并且免收赠与税和遗产税。

● 根据 2012 年美国《纳税人救济法案》，配偶间终生遗产税豁免的可携带性（最初于 2010 年设立）永久有效，2018 年的豁免金额是 1 120 万美元。过世配偶未使用的豁免额，都可以计入在世配偶的遗产豁免额度内。已婚夫妇可享受完整的 2 240 万美元的遗产豁免。

● 配偶"可携带性"只有在第一个配偶去世时，遗嘱执行人或管理员及时提交的 IRS 706 表格上勾选后才有效。如果没有提交表格或勾选，在世配偶的免税额仍是 1 120 万美元。因此，第一个配偶去世后，即使 IRS 不强制提交遗产税申报表，幸存的配偶和遗嘱执行人也应考虑提交表格并勾选，以保留配偶"可携带"规则下的全部免税额度。

● 要想获得可携带性的免税额度保留，一般在提交 IRS 706 表格时勾选，但也可以在第一配偶去世后两年内进行勾选。IRS 706 表格必须在两年内提交，表格上必须手写"根据 Rev Proc 2017 - 34 提交"。

如何传承家庭财富——行动计划

1. 确定传承你和你的遗产所需要的法律文件。大多数人应该立遗嘱，或者也可以立生前遗嘱、医疗护理委托书或持久授权书。除了遗嘱之外，或许你想建立一个或多个信托。这些信托文件能保证在你不幸失去自主行为能力、无法自主决策时，你的意愿能得到遵循。遗嘱确保你一生积累的资产在你去世后按照你希望的方式，向你确定的对象进行分配。

2. 如果死亡的时候未留遗嘱，你的遗产将根据居住州的相关法律分配。一般这些法律会考虑你的家谱，但遗产分配的比例可能不是你所希望的。每个州的遗产分配规定不同。

3. 利用赠与策略帮助你减少部分遗产税。比如，2018 年，你每年最高可以赠与 1.5 万美元（人数由你决定），并获得两方面的好处。首先，在世期间，你每年可以直接向你的家人或朋友免税赠与高达 1.5 万美元的金钱或其他财产，向慈善机构赠与金额没有限制。其次，通过上述赠与降低你的遗产价值，假设你有应税遗产，那么遗产税会更低。

4. 确保你了解各种类型产权模式的不同之处。如个人所有权、共有产权、联合产权和夫妻一体所有产权。一旦你去世，不同产权模式对财产的影响都不同。

5. 如果你有大笔遗产，你必须与经验丰富的遗产规划律师见面，并采用本章提到的一些高级节税技巧。

6. 你应该去确认自己是否居住在征收州遗产税或继承税的州。如果是这样，你可能需要考虑搬到一个税收制度更友好的州。

第十一章　如何创立自己的事业

你的事业和品牌必须首先让客户知道你所关切的是什么，以及让人们知道你心系客户。

——美国第45任总统 唐纳德·特朗普

如何通过创立自己的事业实现财务自由

过去30年里我帮助了数以千计的小企业实现财务自由，本章我将和大家分享他们成功的秘密。很多人认为创立自己的企业将赋予他们前所未有的自由，不用对老板有求必应听上去确实很具吸引力。

但事实上上述印象与实际情况相距甚远。并不是每个人天生都是企业家，成功企业主的品质不是在学校学习或通过阅读本书能获得的。你必须坚持不懈、自我驱动并且对销售的产品或服务抱有激情。成立自己的企业意味着全年无时无刻地工作，这并不意味着你需要时时刻刻待在办公场所，而是精神上全身心的投入。小企业主需要不停地规划未来，不停地尝试在竞争中取胜并找到满足客户的方法，同时还要满足员工的需求。我自己经营企业的一些好的想法是在通勤路上或者整夜躺在床上翻来覆去尝试解决问题时闪现的。一旦创办自己的企业，你的老板就不止一位，每一个客户都是你的老板，因为客户是你的创收来源，决定着你的成败。

任何被金钱紧紧驱使的创业者最终都会失败。你必须真正对自己来看是一笔绝佳的投资。

向所在行业的专家咨询以确保获得合法经营企业所需的所有执照和许可证。我强烈建议你与自己从事领域具有专业知识的律师合作，无论你是开意大利餐厅还是牙科诊所，必须与了解你企业的财务顾问合作。详细内容请参考"附录 A 选择值得信赖的顾问"。

你还需要与保险顾问沟通。除了本书第五章"如何保障生命健康"及第六章"如何保障财产安全"提到的很多种保险外，你还需要购买必要的企业风险管理保险。这包括职工赔偿险、短期残疾险、失业保险、营业费用保险（business overhead insurance）和失误保险等。同样地，建议你与了解你的企业或行业的保险顾问进行合作。

另一个重要方面是购买还是租赁家具、设备，这个问题取决于你资金是否充足。如果你有足够资金建立并支持企业运营，购买家具和设备可能是更好的选择。这些家具和设备能够让你获得折旧免税额并且可以一直使用直到报废。从长远来看，直接购买这些物品将更具成本效益，短期来看购买这些物品需要一大笔财务支出。相反，在企业赚取很少或没有利润的关键阶段，租赁家具和设备需要支付的金额非常少，租赁实际上是另一种形式的创业融资。

供应商是很多企业的生命线，如果你无法从供应商那里获得产品，就无法为客户提供产品。应当尊重供应商，保持按时支付费用给供应商的习惯。如果收到发票十日内支付费用能够享受折扣，那你一定要抓住这样的优惠，这样不仅让你成为他们的好客户，一年下来也能省下一笔可观的费用。和供应商建立了良好的合作关系，他们能够帮助你解决问题，能够在需求量上升时迅速地供货，从而成为你和企业的资产。

你应当为企业的产品和服务合理定价。如果定价低于所有的竞争对手，可能销售量会上升，但盈利能力下降。如果没有合理的边际利润，你将需要削减其他成本，从而导致无法提供与竞争对手同水平的客户服务。对很多企业来说，客户服务和注重细节比定价还重要。无论你提供什么商品或服务，了解你的客户以及他们的需求是最重要的。

为客户提供产品和服务的同时需要建立信用策略，一般来说，你应当收取预付款或在售卖产品服务的同时获得相应收入。对一些企业而言，实行信用条款是约定俗成的，因此，如果你不实行信用政策，可能无法吸引顾客。拥有一个不愿意为其购买的产品和服务支付费用的顾客并不好过没有顾客。宽松的信用策略会造成经济损失并浪费收集信用所付出的时间和努力。

产生高利润但不增加收入最简单的方法是控制成本。人们常常难以区分运营企业的"需要"和"想要"。每次你购买企业需要使用的物品之前，你必须问你自己：这是企业真正需要的么？长期来看会增加还是减少盈利？有没有更经济且不会牺牲质量的方式实现你想要的？本质上来看，企业也必须遵守第一章提出的"量入为出"的原则。

任何企业获得新客户最经济的方法不是营销，而是通过提供优质的客户服务。我认为本章开始特朗普总统所说的话能够非常好地诠释这一点：你的企业、品牌必须先让人们知道你关注的是什么，以及你真正心系客户。你和企业员工需要每时每刻向客户传达这一信息，这样不仅能够给你带来老顾客，同时你的顾客将成为免费的营销团队，帮助你的企业走向成功。

公司组织形式的选择

建立企业首先需要做的决定之一就是什么样的实体形式最适合你和企业。你选择的企业实体形式将影响你作为企业主的责任、缴税的多少、获取融资的灵活性以及最终你出售或转让部分和全部企业业务。实体形式同时也将影响你需要保持的文件档案工作以及申报纳税表格的类型。企业实体形式一般有独资、合伙、股份有限公司、内部拥有公司或责任有限公司。

接下来是决定哪一种实体形式最符合你需要考虑的因素。

个人独资企业

独资企业顾名思义是由个人单独所有，这是创办企业最经济的方式并且文书工作量小。一般来说，你需要做的就是在当地办事员办公室申请业务经营名称（Doing business as，DBA）并获得雇主识别号码（Employer Identification number，EIN）（下一小节介绍），这就完成了准备工作。你无须为企业单独申报所得税，相反，企业的所有收入和支出都将通过联邦税收 C 计划上报到你个人所得税申报中。企业盈利时，利润部分需要通过个人预估税（personal estimated tax payment）按季度纳税（4 月 15 日、6 月 15 日、9 月 15 日和 1 月 15 日）。当企业雇佣员工，你需要为员工缴纳工薪税并从员工薪水中预扣该部分费用。作为独资企业主，所得利润需要同时缴纳雇主及员工份额的社会保障税和医疗保险税。这些税收将被包含在你个人的季度预估税负中。

独资企业的最大劣势在于企业主负有无限责任。这意味着债权人以及针对企业提起的诉讼都将与你的个人资产联系起来。本质上来看，独资企业主与企业之间没有区别，企业破产你也会随之破产。另一个劣势在于独资企业的融资仅能通过企业主个人担保融资，归根结底，你需要为企业的所有行为进行个人担保。独资企业与其他实体形式相比面临着更高的审计风险，因为企业主就像小湖泊中的大鱼，是企业的关键人物，而不是汪洋大海里的一条小鱼一样无足轻重。所有的营业收入和支出都将直接体现在你的个人申报表中，可能会引起政府对某些禁止扣除项的注意。

独资企业的营业年限有限，到期售卖企业的时候，所有权转让非常复杂，企业的收方需要设立单独的企业实体。如果企业主去世，独资企业也随之消失，变卖企业资产可能更加困难。

向简易雇员退休计划（SEP）、雇员储蓄激励匹配（SIMPLE）计划、401（k）计划以及给付确定型养老金计划（defined benefit plan）等退休计划注资时，雇主出资部分仍需缴纳社会保障和医疗保险税。因此，独资企业缴纳的社会保障和医疗保险税远远高于公司实体。

对于预算有限的个人来说，建立独资企业看起来是最简单的方式。虽然如此，独资企业可能面临的问题是如果你有大量的资产或不远的将来获得一大笔资产，你将会置自己于不必要的风险中。

合伙企业

建立合伙企业顾名思义你必须至少有一名合伙人。建立合伙企业的成本远高于个人独资企业，并且包含起草合伙协议的成本。合伙人的好处在于你和你的所有合伙人的创意、技能、资本和专业技能能够结合起来，尤其是你认为自己缺乏其中一项或多项技能时这一优势尤为重要。合伙企业需要填写详细的1065表格申报所得。合伙企业的任何收入或损失、特殊税扣除或税收减免都将传导至合伙人（通过K-1表统计至合伙人），合伙人对责任部分的营业收入通过个人所得税申报纳税。因为营业所得税不通过合伙企业层面缴纳，合伙企业被称为流转实体。合伙企业的特殊之处在于每个合伙人不一定是根据其持有的所有权比例纳税。合伙企业的架构可以是所有权收益、利润或损失分担不必相互成比例，这些是合伙协议的一部分，可以在企业最初成立时确定。每名合伙人的个人利润都需缴纳联邦、州和城市所得税以及自我雇佣税。与独资企业相似，这些税收按季度通过个人预估税缴纳。

合伙企业的主要缺点之一是每一名合伙人都负有无限责任。更糟糕的是，每个合伙人可能因为其他合伙人的行为而承担责任。整体来看，在员工附加福利（fringe benefits）方面，合伙企业的合伙人与个人独资企业在税务处理方面是相同的。合伙企业与独资企业的另一个相似之处在于简易雇员退休计划、雇员储蓄激励匹配计划、401（k）和给付确定型退休计划注资方面。雇主缴纳的部分仍需缴纳社会保障和医疗保险税，使得合伙人在个人层面纳税比以公司实体纳税高出很多。

一般来说，一名合伙人去世时，合伙企业必须终止存在，除非合伙协议中事先约定另外的合伙人可继续经营企业。合伙企业的利益转移非常受限，除非合伙协议包含特殊条款，股份的转移均需要合伙人的同意。假设你的合伙人信用状况良好，相较于独资企业，合伙企业更容易获得额外的资金，因为除了你之外还有其他的债务人。

股份有限公司

股份有限公司也称作 C 类股份有限公司，企业结构最复杂，它是完全独立、区别于其所有者的法律实体。股份有限公司根据所在州的要求建立，它和独资企业、一般合伙企业最大的区别可能在于股份有限公司提供后两者不具备的有限责任保护。因此，作为股份有限公司的股东，你的损失仅限于你对该公司的投资部分。例如，如果你投资一万美元购买 IBM 股票，IBM 破产了，债权人不能够向你的个人资产求偿因为你的责任仅限于一万美元的投资。这一点对于建立、运营公司来说也是如此，但要注意不要以个人名义签署或担保任何贷款协议。如果你这样做，有限责任保护会因此失效。需要注意的是，私人服务公司（personal service corporation）不提供完全有限责任保护，如诊所医生、牙医、律师和注册会计师，需要购买执业过失险来应对可能面临的诉讼。

作为自己公司的员工，你将和其他员工一样缴纳工薪税，适用的联邦、州、城市、社会保障和医疗保险税将从每月工资中预扣。发薪日之后你所在的公司必须将工薪税直接缴纳给政府（至少每月一次）。个人预估税已经包含在工薪税内，因此从企业获得的收入无须再次缴纳个人预估税。

作为单独的法律实体，C 类公司需要通过联邦 1120 表格自行申报营业所得税。公司应按照要求对所有上报的利润按照 21% 的统一税率（2018 年生效）缴纳营业所得税，还需缴纳季度公司预估税。这是 C 类有限公司最大的缺点，即企业的利润需要重复纳税，公司层面需就利润部分纳税，如果这些税后利润被当做分红（或清算分配）分配给个人，个人还需纳税。大多数人连单次纳税都不情愿，更遑论二次缴税。因此，C 类有限公司不适合大多数的小企业主。实际上，有限公司不是单独的生命实体，仅仅是政府鼓励人们承担风险的同时不威胁到自己的私人财产而创造的企业实体结构。有限公司在企业层面纳税仅仅是个人股东承担税负的另一种形式。因而，要想享有有限责任保护权利，同一笔收入需要向政府两次缴税。我们都听过巴菲特的秘书比她的亿万富翁老板巴菲特纳税还多的故事，这显然不是真的，因为没有考虑到企业的税负实际上为企业主的间接税负。事实上，企业层面首先按照21% 税率缴纳营业税，之后合格分红税按照 20% 税率纳税，还要按照3.8% 税率缴纳医疗保险税，简单一算便可以看出公司股东的税负远远高于其实际应承担的。

有限公司的另一个缺点在于其面临很多申报和记录的要求，比如保存公司的会议记录。2018 年 1 月 1 日之前，私人服务公司的劣势在于与其他 C 类有限公司相比，私人服务公司不适用累进税率。2017 年《减税和就业法案》规定，所有 C 类企业包括私人服务公司，都按照较低的 21% 联邦统一税率纳税。

对于额外的员工附加福利（fringe benefits），企业可以享受税收扣除，员工和员工股东免税。雇主出资的退休计划，如简易雇员退休计划、员工储蓄激励退休计划、401（k）计划和给付确定型退休计划，无须缴纳社会保障和医疗保险税。因此，由公司和股东缴纳的上述税收远远低于个人独资或合伙企业的税负。由此，企业获得一大笔税收储蓄，这就是为什么当企业主希望注资大笔的养老金，尤其是通过现款结存的给付确定型退休计划实现时，我会极力推荐这类型的企业结构。

有限公司实体的另一个好处在于它具有无限的生命周期。尽管目前所有的股东可能最终都会去世，企业实体将继续存在。股东所有权益的转让和售卖与其他实体类型相比更加简单。所有权益的转让可以通过简单的出售或将股票从企业的一方转到另一方。此外，有限公司架构的企业可简单通过发行新股或公司债券筹措资金。

内部拥有公司

C类公司通过美国国家税务局2553表格申报，可以成为内部拥有公司，也成为S类（Subchapter S）公司。很多州要求提交单独的S类选择表格以在所在州获得同等的税务处理。选择S类的主要优势在于你能够同时享受两方面的好处，不仅适用有限责任保护，同时还能够避免C类企业最大的弱点——双重纳税。因此，S类公司常常是小企业的最佳选择。

并不是所有的公司都能够享受S类公司的好处。S类公司的S代表小企业股份有限公司。选择S类的股份有限公司必须满足特定的要求，包括实体必须是美国股份有限公司、美国合伙企业或美国有限责任公司。S公司的股东不能超过100人，股东只能为自然人、房地产公司、免税组织或特定的信托机构。股东不能包含非居民外来人口、不能是合伙人或公司，只能发行一类股票。

一般来说，S类公司不在实体层面缴纳所得税，尽管该规定包含例外情况。S公司是穿透型实体，与合伙企业在很多方面相似。公司申报1120S表格，股东通过K-1计划表申报穿透到其个人所得税的项目。股东需要申报所持股份的收入、损失、特殊税抵扣以及个人所得税申报的税收抵免，这样便避免了双重纳税。和合伙企业不同，S类公司的利润必须根据个人股东持有的股份分配。

S类公司的劣势在于C类公司能享受的员工附加福利仅S类公司的持股员工才能享受。与C类公司相似的是S类公司经营年限不受限制，所有权转让可通过将股票出售给新老股东实现。S类公司可通过发行新股或债券募集资金。值得注意的是，发行股票不能超过100股，因此除非转回 C 类公司，否则 S 类公司无法上市。S 类公司与 C 类公司的管理成本一样，也需要保存公司会议记录。

S 类公司在注资养老计划方面的优势与 C 类公司一样。雇主出资部分无须缴纳社会保障和医保税。因此，公司和股东缴纳的社会保障和医保税低于个人独资企业或合伙企业，能够减轻税负。当企业主希望进行养老金注资时，尤其是通过现款结存的给付确定型退休计划实现时，我会极力推荐这类型的企业结构。

有限责任公司

有限责任公司将合伙企业在所得税方面的灵活性和有限公司的有限责任保护结合起来。有限责任公司通过申报个人所得税 C 表格后可被视为单一有限责任公司（从税收角度看与个人独资企业一样）。如果有两个或两个以上企业主，申报美国国税局 1065 表格后则可被视作合伙企业。申报"实体分类选择"8832 表格以及美国国税局 1120 表格后可被视作有限公司。有限责任公司变为 S 类公司，需选择 S 类并经美国国税局同意。简言之，有限责任公司将赋予企业主有限责任保护，如果实体满足特定条件，可在税收方面享受任意四种公司类型的好处。以上列出的规则一般都适用于有限责任公司，这取决于你在税务处理方面如何选择。有限责任公司的一大缺点是州和地方在某些税收项目的处理方面存在不一致。

需要通过州教育部门发放许可后才能提供专业服务的机构，如医师、牙医或注册会计师，这几类公司将被视为专业公司。专业服务组织可以是 C 类公司、S 类公司或与有限责任公司一样的专业有限责任公司。

我知道这些听上去非常复杂，令人困惑，因此你一定要咨询税务顾问以确保你选择的实体类型最适合你和企业的需求。一旦建立实体，你需要申请税收识别号码，之后才可以进行以上提到的税收选择。

税收识别号码

在选定企业类型，建立企业后，下一步是给企业申请联邦税收识别号码，也称作雇主识别号码（EIN）。雇主识别号码就像社会保障号码，针对的对象是企业。你不会向顾客、供应商、员工提供你的个人社会保障号码，因为这是你需要保密的信息。开立企业银行账户、申请企业信用卡或申报企业和工薪税时都需要使用雇主识别号码。获得这一号码十分容易，可以直接在 www. ir. gov/business/small – business – self – employed/apply – for – an – emploer – identification – number – ein – online 网站申请。一定要点击"提供 pdf 版本"，这样国税局才会自动在线生成你的雇主识别号码。否则，你将需要大概 21 天才能收到邮寄的纸质版雇主识别号码。公司律师或注册会计师也可以帮你申请雇主识别号码。

会计记账方法

一般来说，出于税务报告的目的，美国国税局允许纳税人在两种会计方法中选择。不在企业中的自然人纳税人使用收付实现法，而企业根据特定的规则可选择使用权责发生法或收付实现法。两种方法都适用美国《国内收入法典》，主要区别在于收入和支出的报告方法。

一般来说，公开交易的公司要求使用权责发生制，权责发生制被视为最准确的收入和支出报告方法。权责发生制下，发生的收入需要认定，支出需要记录。例如，如果你是自雇牙医，即使病人或病人的保险公司并未向你支付治疗费用，给病人治疗的费用所得需在当年作为收入申报。例如，如果年末你的病人应支付你 5 万美元治疗费，尽管你可能明年才能收到这笔钱，今年你仍需就这笔收入纳税。可以说大多数人都不想就未收到的钱缴纳所得税，但是权责发生制的要求正是如此。

另一方面，你可以对已经发生的支出进行扣除而不是在实际支付时扣除。这样的好处在于尽管你未实际支付费用却可以获得税收扣除。例如已经到 12 月 31 日了，你发现自己未支付 12 月的租金，尽管可能明年你才会支付这笔费用，但计算利润时仍可以扣除这部分租金。权责发生制根据特定事项和时间来决定你的盈利能力，而不是根据资金易手时间决定。

收付实现会计法下，实际收到收入时才需要申报，实际发生支出时扣除。收付实现制的主要好处在于你更加能够控制盈利能力和每年的最终税负。例如，你可以在今年 12 月延迟收付款，这样收入便可以转为明年的收入。你也可以在今年 12 月支付本该明年 1 月支付的费用以压缩本年度的附加税扣除，这在降低盈利能力的同时也将降低你今年的税负。

从税收角度看，收付实现制比权责发生制更具优势。如果你企业可以采用收付实现制，显然这是你的最佳选择。

2017 年《减税和就业法案》颁布后，允许使用收付实现会计法的小企业范围扩展至前三个税收年度总收入不超过 2 500 万美元（2018 年开始与通胀挂钩）。

以下是会议报告的节选：

本款扩大适用收付实现制的纳税人范围。本款下，除了避税天堂外，满足总收入测试的纳税人可以使用收付实现制，无论产品的采购、生产或销售是否是产生收入的要素。总收入测试要求纳税人的前三个纳税年度的年均总收入不超过 2 500 万美元（2 500 万美元收入测试）的企业使用收付实现制。2018 年后，2 500 万美元根据应税年的通胀率调整。

这是会计报告要求中非常重要的变化，因为大多数小企业现在都可以使用收付实现制，也将很多从事制造业以及存货待再次销售的企业纳入进去。值得注意的是存货在会计中仍需被作为存货处理，卖出之前不能做抵扣。权责发生制当然也适用，但很多企业希望转向收付实现制，因为这样可以节省很多税，尤其是当公司的应收账款远远高于其应付账款时。收付实现制下利润会减少，因此税负也随之减少。此外，《国内税收法典》第263A节存货资本总额不再适用前三个应税年度平均收入低于2 500万美元的企业。如果你想将会计方法从权责发生制转为收付实现制，你需要提交IRS3115申请表格。

专业服务公司使用收付实现制不受2 500万美元平均收入测试的限制。除了C类股份有限公司外的其他服务型企业，也不受2 500万美元平均收入测试限制可选择使用收付实现制。服务型企业的库存不属于重大收入生产要素。

请注意企业使用权责发生制或收付实现制有很多特殊的规则和例外情况。第一份收入所得税申报采用的会计方法便是企业选择使用的会计方法。建议你向具有专业行业经验的税务顾问咨询，选择恰当的、最具税收效益的方法。

经营收入和支出报告

个人申报个人所得和支出的规则与企业上报的规定差异非常大。个人纳税人作为职工，其所得收入由雇主通过W-2表格上报，W-2表格既提供给员工也上交至美国国税局。美国国税局使用W-2表格中的信息并与个人纳税人的所得税申报表交叉检查。个人通过1040表格或该表格的变更表申报个人所得税。个人应在其个人所得税申报表中申报所有应税收入，包括W-2表格所含收入。

2018年，个人所得税获得标准扣除项，单身和已婚分开申报为1.2万美元，户主可扣除1.8万美元，已婚合并申报可扣除2.4万美元。标准扣除赋予个人纳税人扣除其适用的额度而无须列出所有的个人逐项扣除项。政府不审计上述规定内的个人扣除。如果个人认为自己的个人逐项扣除高于标准扣除，逐项扣除对他/她来说更有利。例如，如果一名已婚纳税人需要缴纳 8 千美元房地产税、2 万美元住房贷款利息以及 4 000 美元慈善捐赠，逐项扣除的金额加总应该是 3.2 万美元，比标准扣除的 2.4 万美元多 8 000 美元，则她/他应该能够从应税收入中扣除这额外的 8 000 美元。自 2018 年 1 月 1 日起，所有适用经调整总收入 2% 限额的逐项扣除项规定被取消。即使纳税人发生 1.5 万美元工作相关的支付，这笔钱不应当被视作税收可扣除金额。

个人作为独资企业主、合伙人、有限责任公司或房地产商运营企业的，需收到向其支付费用的企业（顾客）的 1099 表格。企业和美国国税局都会收到 1099 表格，美国国税局使用 1099 表格的信息与独资企业主、个人有限责任公司的 1040 表格和合伙企业的 1065 表格所包含的企业所得税申报、C 计划的信息进行核查。

如果你成立的是 C 类公司、S 类公司、有限责任公司或合伙企业，并选择作为 C 类或 S 类企业进行纳税，企业（顾客）则不需要提供 1099 表格给你。然而，有一点特殊的是，尽管按照 C 类或 S 类企业纳税，支付给律师的费用需要通过 1099 表格申报，看起来似乎政府不相信律师。然而讽刺的是，大多数参与立法的政治家本身也是律师。

作为企业主，你需要根据企业实体的税务状况通过恰当的收入税申报表申报所有的营业收入。假设你成立的是穿透式实体，所有与运营企业相关额度税收扣除支出应当通过相应的企业所得税表申报，从而能够减少最终个人所得税申报表中的实际收入。例如，如果你的企业 2018 年营业收入为 10 万美元，企业支出为 1.5 万美元，个人所得税申报表中仅需要上报 8.5 万美元（10 万 ~1.5 万美元）。

个人所得税申报扣除企业支出后得到上报的净收入，以及来自其他来源的应税收入应由企业主按要求上报。以此前的例子为例，如果已婚共同申报，个人标准扣除金额为 2.4 万美元，或者如果逐项扣除的金额高于标准扣除，你可以选择逐项扣除。在这个例子中，你会选择逐项扣除，因为这会从你的应税收入中再扣除 8 000 美元。作为企业主，你还可以获得将 1.5 万美元企业支出作为经常预算支出扣除的好处，这也能够减少你的经调整总收入和应税收入。个人即使同样发生了 1.5 万美元工作相关的支出，却无法享受税收扣除。按照 W－2 表格报税的员工与自雇者们之间差异非常大。

自己拥有和运营企业还有无数其他的税收优势。我们接下来的小节中会继续讨论。目前最重要的收获是创立自己企业最大的好处是你可以享受很多税收抵免。你需要知道能够享受哪些税收抵免并充分利用。

企业运营的最大成本是什么？

增加企业利润最有效的方式是降低企业的成本。从第二章"了解税收"中我们知道，目前个人最大的支出项是税收，对企业主来说尤其如此，因为你面临着很多其他的税收，更罔论还有各种各样的企业申报要求。例如，如果你提供的产品和服务需要缴纳销售税，除了代表州和当地政府征收和缴纳销售税外，你可能还需要提交月度、季度或年度销售税报告。如果你雇佣员工，你需要按月、季度和年度预扣并缴纳工薪税。如果你建立的是有限公司，尽管你是唯一的员工，也需要完成上述的工作。这包括社会保障税、医保税、联邦和州预扣税、联邦失业税、州失业税等。从本质上来看，企业主是代表员工征收、预扣和支付税收给政府的代理人。即便如此，政府还赋予了企业家们另一项责任。基于实体类型和企业营业所在州或城市不同，某些情况下企业主还需缴纳特殊的消费税和营业所得税，详细细节请参考附录 C "各种类型税收的基本概念和定义"。除了需要缴纳的税收外，作为企业主需要代表政府征收所有税收，看看这些你便能发现企业最大的现金支出项是什么——无疑就是税收，越来越多的税收。

你不应当自己单枪匹马应对以上的问题，建议和对企业以及所在行业有专业知识的注册会计师共同处理税收问题。

正式雇员与独立经营承包人的对比

企业所有者最经常咨询的问题是他们是否可以将一部分雇员认定为正式雇员或者独立经营承包人。有些企业所有者还会咨询，他们是否能成为自己企业中的独立经营承包人。答案是否定的，你不可以同时担任企业所有者和独立经营承包人。如果你是企业所有者，很明显你就不能够和公司独立开。这个问题的主要目的是避免许多备案要求以及与雇员相关的工资税。

在创业初期，除非在真的需要聘用很多雇员的情况下，你应该聘用少量或者不聘用任何雇员。事实上，除非公司开始盈利你甚至不应该给自己发工资。否则你就需要缴纳本不需要缴纳的工资税，并且你还需要动用个人的资金或者银行贷款为你个人工资以及相关的工资税提供资金。而当你需要聘用雇员时，寻找最符合条件并且可以完成工作的雇员非常重要。不要仅仅因为雇员愿意接受最少的工资而聘用他。在生活中，支出与回报通常是成正比的，所以对于招聘的每一个职位，你都应当做好支付较高薪酬标准的准备，以提高你录用能力更强的雇员的机会，接下来再决定你将提供什么样的福利待遇。你需要和当地政府确认你必须提供的福利待遇包含哪些。在创业初期，聘用独立承包人对你来讲或许更具优势，虽然独立经营承包人每小时薪酬或许更贵，但是你却不需要为他们提供任何福利待遇，只需在你需要他们的时候雇用他们。

与独立经营承包人打交道时需要注意的是：确认他们是独立承包人而非正式雇员。界定他们为独立经营的承包人对你们双方来讲都有好处。对你来说，可以避免支付工资税和提供福利待遇。而独立经营的承包人可以获得很多业务扣除项目，这些业务扣除项目是正式雇员所无法获得的。现在更是如此，因为未经报销的正式雇员业务支出不再作为个人扣减项目进行扣除。如果这么简单的话，那就没有正式雇员而全部都是独立承包人了。

政府通常会用 20 个标准来区分正式雇员和独立经营的承包人。雇员的身份性质将根据回答以下问题的答案以及实际情况确定。区分标准如下：

- 工作指令
- 培训
- 工作与企业的融合
- 是否独立完成任务
- 是否负责招聘，监工，支付自己的助理
- 持续的关系——工作时长
- 是否具有固定的办公时间
- 全职工作时长
- 是否在企业所有者的企业工作
- 是否按要求、指令完成工作
- 是否需要进行口头报告或是书面报告
- 按小时，星期，还是月份结算工资
- 业务以及/或旅行开销由哪一方支付
- 工具和材料由哪一方提供
- 他们是否为自己的办公设施和设备进行大量投资
- 提供的服务是否产生利润或者亏损
- 是否同时为一家以上公司工作
- 是否为公众提供服务
- 解除权终止权

关于以上标准的详细信息，你需要去所在州的劳工部网站查询。作为企业所有者，除非对方在你的薪酬体系内并进行预扣税扣除，你不应该向个人名下支付款项。如果有人想以独立承包人的身份与你合作，你应当对照以上20个标准来确定他是否可以被视作独立承包人。最稳妥的方法是为所有人以正式雇员的身份支付工资，除非他们满足以上大部分条件而且拥有具备企业所有者识别号的企业实体。否则，不遵守规章的罚款和利息会非常高，所以我强烈建议你遵守法律。

企业税收扣除与企业税收抵免的对比

企业税收扣除减少你应税收入额，而税收抵免减少了你所支付的税款。比如你有一个机会可以拿到5 000美元的企业税收扣除，税率是24％，你可以省下1 200美元的税（5 000美元×24％）。相反地，假如你因伤残拿到5 000美元的税收抵免（Disability tax credit），这笔数额是从你的纳税义务中扣除的，所以你将省下5 000美元。如果有享受税收抵免代替税收扣除的机会，那么你应当根据适用的税档选择税收抵免。因此，本章有关税收抵免的内容你应当格外留意，因为这个与你的企业息息相关。

"通常且必要" 测试

美国国家税务局对可抵扣企业支出的定义如下：可享受税收扣除的企业支出必须同时满足通常且必要的测试条件。一般支出是指商业或经营常见并且被接受的支出，而必要支出是指对商业或经营有益且恰当的支出。必要支出不一定是不可或缺的支出。

"通常且必要"的术语可能是美国《国内税收法典》中使用的最主观的术语。我认为符合通常且必要条件的支出可能与你实际运营企业的通常且必要支出是不同的。更重要的是，你所认为的与美国国税局工作人员或者税务法院法官所理解、认为的也不一样。

幸运的是，《国内税收法典》中大部分的项目都被明确表明其是否符合税收扣除条件，这些扣除项泾渭分明。偏主观判断的扣除项是灰色地带，可能属于或不属于扣除项。企业主应当恰当记录能佐证支出的可抵扣属性，这样做会减少被审查的概率，且如果面临审查，成功通过审查的概率也会增加。

这就相当于下国际象棋，你能够想象作为一个新手你的对手却是专业选手吗？如果你连最基本的税收法都不懂，那么你该如何赢国税局呢？重点是你必须懂得基本的税收法，然后就像玩象棋一样，充分利用被法律允许的地方，这就是税务管理，寻找合法的方式来避税。实际上不支付超过法律要求的税是每个纳税人的权利。但不幸的是，很多企业所有者都会支付超过他们所需支付的税。下一节，我会提供一个经营支出可抵扣项清单，你和你的税务顾问要确保能够充分利用它们。

可税前抵扣的经营支出

在你使用支票、信用卡或任何形式购买任何东西之前问自己一个问题："这笔开销是否与我的商业或者经营有关？"如果答案肯定，并且你认为是通常且必要开销且可以提高你为客户提供服务或者商品的能力，那么应该用公司账户付款。这样做可以帮助你得到所有潜在的可抵扣经营支出。如果你不小心使用了个人账户付款，那么你就失去了一个可抵扣经营支出的机会。所有的企业支出都应当记录下来，你的会计师可以帮助判断哪个是可抵扣业务开销并且帮助你准备所需的会计记录。本章后面我们会讨论小企业的簿记。需要记住的是某些商业或经营的可抵扣开销并不代表在其他商业或经营也能够被界定为可抵扣开销，所以与专攻于你工作领域的会计师合作非常重要。以下是一份最常见的可抵扣经营支出清单：

- 应收账款销账（权责发生制）

- 会计费用
- 广告
- 汽车开销
- 银行手续费
- 有线电视
- 意外事故以及被盗损失
- 慈善捐赠
- 咨询费用
- 成人教育费用
- 合约工
- 信用卡处理费
- 折旧（固定资产）
- 正式雇员工资和薪金
- 企业所有者部分的社保、联邦保险捐助条例税（FICA）、联邦失业税（FUTA）和州失业税（SUTA）。
- 设备（第179条）
- 设备租赁
- 商业或经营的费用
- 支付的外国税款
- 运费和送货费
- 家具（第179条）
- 礼品（每人25美元）
- 健康保险
- 家庭办公成本
- 保险 – 企业责任
- 保险 – 企业间接费用
- 保险 – 企业财产

- 保险 – 错误和遗漏
- 保险 – 集体人寿保险
- 保险 – 渎职
- 保险 – 短期残疾
- 保险 – 劳工补偿险
- 利息（公司债务）
- 网络和邮件服务
- 门卫费
- 法律费（有限制）
- 杂志，报纸，新闻通讯或书
- 市场营销
- 餐饮（可抵扣50%）
- 办公开销
- 办公用品
- 停车费（非通勤）
- 工资处理费
- 手机 – 座机和移动
- 邮费
- 专业和企业会费
- 公关费
- 搬迁费用（企业）
- 租金
- 退休计划供款
- 运费
- 文具
- 报税费
- 税 – 财产（企业资产）

- 税－国家和地方
- 贸易展览，大会或研讨会费用
- 旅游
- 制服
- 水电气费
- 废物清除

以上开销必须与你的商业或者经营有联系并且需要同时满足通常且必要开销才能被抵扣。当然，以上清单并不包括所有的经营支出。

不可税前抵扣的经营支出

以下是一份最常见的不可抵扣经营支出清单：

- 贿赂或回扣
- 资本支出
- 也可以作为平时穿的服装
- 通勤
- 乡村俱乐部会费
- 娱乐（截至 2018 年）
- 探索研究（必须变现）
- 联邦所得税
- 罚款和惩罚
- 礼物（超过 25 美元）
- 业余爱好或者副业损失
- 保险－人寿（除非集体人寿保险）
- 保险－长期残疾
- 欠缴税款利息
- 购买财产的法律费用

- 游说费用
- 餐饮（50% 不可抵扣）
- 医疗税（额外 0.9%）
- 私人开销
- 政治献金
- 借贷偿还

以上开销就算与你的商业或经营有直接的联系，也不能够算作可抵扣支出。但是请注意也会有例外，尤其是对于 C 类企业而言，并且这份清单并不包括所有的支出。

家庭办公抵扣

假如你运营的小型企业由于税务目的被当作 C 类企业、S 类企业或者合伙企业，你或许能为自己支付的家庭办公租金争取到抵扣。确保你和企业之间签订一份租赁合同并按月支付房租，租金不可超过市场价格并且你需要在个人所得税申报表的附表 E 上面报告你的租金收入。这样你将有机会从租金收入中扣除适当比例的家庭开支。你的企业实体将获得扣除此租金费用的好处，并且你也可以将一部分房屋成本抵消到你个人收到的租金收入中。但是需要注意的一点是，如果主要住宅出售后，相关的收益与企业部分将难以区分开。[详细内容请见第三章"节税超额收益策略（升级版）"]并且，家庭办公区这一部分的任何折旧在出售房子时的应税收益范围内，需要被冲回为一般收入。

国税局或许会允许企业所有者在满足具体要求后扣除住宅商业使用部分的支出。但即使你符合了所有标准，你的扣除或许也会受到限制。如果你是一名独资企业者或者是一人有限责任公司的所有人，你需要在个人所得税申报表的附表 C 和国税局 8829 表格上进行扣除。最传统判断家庭办公抵扣的方式是根据你的家庭办公区使用占比，识别出所有的直接费用和一部分间接费用。而比较新并且简单的方法则是在你的家庭办公使用区按照每平方英寸可抵扣最多 5 美元，抵扣上限为 1 500 美元计算。

需要满足以下两个测试才有资格为自己的家庭办公区报销：

1. 你的家庭办公使用部分必须是：

a. 专用的（以下有详细解释）

b. 经常定期使用

c. 供商业或经营使用

2. 你的家庭办公使用部分必须是以下其一：

a. 你的主要办公地点

b. 你见病人、客户或者顾客的地方

c. 独立的结构，与商业或经营有关的（不附属于你的家）

想要通过专用使用测试，你家中的特定区域只能用来进行交易或者业务用途。特定区域可以是一间房或者是独立区分开的空间，空间不需要用隔板墙区分开。如果特定区域同时私用和公用，那么你就不满足专用使用测试的要求了。

如果以下任何一项适用，那么你就不需要满足专用使用测试的要求了。

- 家中的一部分用来储存库存或产品样品
- 家中的一部分用作日托设施

如果满足以下要求，你的家庭办公区将有资格成为你的主要办公地点。

- 定期为你的商业或者经营进行行政或管理活动，并且办公区只能够为商业或者经营提供以上活动
- 你没有其他固定地点为你的商业或经营进行行政或管理活动

或者，如果你的住房只为并且定期为你的业务提供办公空间，但是根据上面的规定，你的家庭办公区并不满足作为你的主要业务地点的

条件，你可以按照以下因素判断你的主要业务地点。

- 在每个办公地点进行活动的相对重要性

- 如果相对重要性不能够帮你判断出你的主要业务地点，依据使用每个地点的时间判断。

当你判断出你的工作地点，但你的住房并不能算为主要业务地点时，那么你将不能扣除家庭办公开销。

以上的大部分信息都来自美国国税局出版物 587：住房业务用途。详细信息可以从 www. irs. gov/pub/irs – pdf/p587. pdf. 下载 PDF 版本。

现在我们一起来看看针对小型企业最常见的三种经营扣除：旅行，汽车以及折旧开销。

差旅支出作为经营支出的抵扣

作为企业所有者，你和员工可能需要因公出差。因公出差产生的通常且必要经营支出可以被扣除。可被扣除的支出类型当然取决于个体实际情况。表 11.1 总结了可以被扣除的差旅支出。根据你的情况，有一些其他的可抵扣差旅开销也可以进行税收扣除。

表 11.1   差旅支出扣除

如果你产生了以下开销：	那么你可以扣除的费用为：
交通工具	从家到出差目的地乘坐的飞机，火车，大巴或者汽车。如果你获得免票或者你因为积分或类似的原因免费搭乘，那么你的开销为零。如果你乘船，关于邮轮和豪华水上出游有特别规定
出租车，通勤大巴和机场豪华轿车	你乘坐这些和其他类型的交通工具往返于以下地点的票价 • 机场或者火车站和酒店 • 酒店和你客户的公司、会议地点或者临时的工作地点
行李箱和运输车	在平时办公地点与临时办公地点之间运输行李，样品或者展览材料
汽车	出差中汽车的使用及维修。可减去实际开销或者标准里程率，以及出差相关的高速费和停车费。如果租车，只能减去出差相关的开销

如果你产生了以下开销：	那么你可以扣除的费用为：
住宿和餐饮	如果出差需要过夜则可以减去住宿和餐饮。餐饮包括食物、饮料、税和小费。餐饮有额外的规定和限制
清洁	干洗和洗衣
电话	出差时的商务电话，包括通过传真和其他通信设备沟通
小费	所有这份表格里所列支出产生的小费
其他	其他类似的出差时所产生的通常且必要开销。例如参加商务用餐往返的交通费用、速记员费用、电脑租赁费以及汽车住宅的使用和维修费

资料来源：美国国税局出版物 463：旅行、娱乐、礼物和汽车费用。

你出差时需要记录一切支出。开销必须有文件证明，例如收据、付款证明（信用卡收据等）以及为什么这是通常且必要开销的解释。你也可以使用日志、日记、笔记本、日历或者任何其他书写方式记录所有的支出。

为了尽可能多地享受差旅费扣除，你应当合理地将出差与休闲花销结合起来。只要出差是出行的首要目的，便可以全额扣除。如果你出差旅行 5 天，三天都是业务需要，那么这就可以算成以出差为主要目的的旅行。你需要准备好文件证明你的说法，比如提供会议日程表、与客户或者合作伙伴见面的邮件等。

很多小型企业的企业主会让自己的配偶也在自己企业工作但却不支付工资给他们。你应当按照实际工作情况支付配偶工资，因为如果出差也是配偶的工作需要，她或他就可以和你一起出差了。这样一来也可以减去配偶所产生的开销。

了解税法非常重要，因为只有了解了你才可以充分利用其中的好处。例如，你计划出差去加州见供应商或潜在的大客户，或者参加商务研讨会，你便可以把业务需要与休闲结合起来并且仍然得到经营税扣除。

经营扣除之汽车支出

一般来说，从家到公司的出行（通勤）费用是不能够作税务扣除的，但是国税局列出了例外情况。如果你离开家去出差，机场、家以及酒店之间往返的出租车或者其他交通工具费用可以扣除。另一个特例就是如果你使用车运输你的工作工具，并且在一般不可抵扣通勤开销外还产生了其他费用，那么就算你的车用在了不可抵扣的日常通勤开销上，这些其他费用仍然可以进行扣除。

如果你是自雇者并有资格享受家庭办公扣除，家庭办公地点与其他工作地点之间的通勤费用便可以进行扣除。假如你是一名在家办公的自雇电脑技术员，只要你离开家去客户所在的地方，这段路便可以算为商务出差而不是通勤。理论上来讲，当你从你的睡房走出来进入你的办公区，你的通勤时间便结束了。所有之后的路程都可以作经营税抵扣。要记住的是，税务管理的主要责任就是帮助你合法合理避税。

尽管有一些限制，因业务需求购买和使用汽车、卡车和面包车的费用是可以进行税务扣除的。汽车、卡车和面包车的折旧扣除可能有年度，下一部分我们再详细讨论折旧的问题。这些年度限制根据车辆的私人使用率减少，你可以从实际车辆费用中提取一定比例，包括折旧，或者你可以拿每英里 54.5 分的津贴（2018 年的情况）。如果因公使用汽车，你需要确保使用企业的钱去支付运行汽车的开销。这包括汽车租赁费、汽油、天然气、修补和维修、洗车费、牌照费以及保险费。通常来讲，如果你的车比较新，公里数较少或者是租赁汽车，使用实际开销是最有益的。你应当使用以上两种方式计算抵扣然后选一个可以帮你拿到最高业务税抵扣的方式。

无论哪种方式，你都需要记录你的里程然后使用业务里程与汽车开销相乘，或者使用每英里的津贴乘以当年的实际用于业务的总里程。你需要用日志或者日记方式记录你汽车的商务用途。个人使用不算在经营税扣除内。如果你受雇于一家企业，你年末需要在 W－2 中报告汽车的个人使用。感谢科技的发展，现在可以使用手机的 APP 来追踪里程了。

需要注意的是，商务用途的汽车可以在营业收入里进行税收扣除。2018 年以来，雇员不再被允许将未报销的汽车费用作为个人逐项扣除项。这是小企业所有者与 W－2 雇员规则不同的另一个例子。

折旧扣除

折旧是在有形固定资产的使用寿命内分配其成本的会计过程（也用于税收目的）。固定资产是指为长期使用而购买的不易转换为现金的项目。项目包括建筑物、土地、租赁资产改良、家具、固定装饰、设备和商用汽车。当涉及用于纳税申报的适当折旧方法时，有许多特殊的分类、限制和规定。更多详细信息，可以在 www. irs. gov/pub/irs－pdf/p946. pdf. 网站下载 PDF 版本的国税局出版物 946：财产如何折旧。

2017 年《减税和就业法案》取消了合格的改良财产的原始使用必须从纳税人开始的要求，现在允许对新的和使用过的财产进行额外的一年折旧扣除。第 179 条扣减允许企业所有者立即支出某些固定资产，从而避免在资产使用寿命内核销这些成本的一般要求。第 179 条规定，自 2018 年 1 月 1 日起，扣除上限提高到 100 万美元（逐步减少的门槛金额是 25 万美元）。

新的法律还允许第 179 条对 2017 年 12 月 31 日后制造的合格改良财产（包括租赁资产改良）进行费用化处理。这项扣除已扩展到屋顶、供暖、通风和空调、消防和警报系统以及安全系统。

根据第 179 条任何不可扣除但仍用于经营的部分都可以使用额外折

旧（Bonus Depreciation）的规则。额外折旧现在也适用于新车和二手车，车的残值部分可在 6 年内完成折旧。2017 年 9 月 27 日以后购置的房产的额外折旧从 50% 增加到 2022 年底的 100%，2023 年增加到 80%，2024 年增加到 60%，2025 年增加到 40%，2026 年增加到 20%，此后不再增加。以前小型企业从来没有机会可以一次性核销这么多固定资产。

截至 2018 年，公务汽车开始使用的那一年的加速折旧费用，已增加至最高金额 10 000 美元，第二年为 16 000 美元，第三年为 9 600 美元，此后每年为 5 760 美元，直至完全折旧。这些限额将与每年的通货膨胀情况挂钩。

商用的 SUV 车型有特殊的规定。你可以根据第 179 条核销新车或者至少 50% 时间用作商务用途，并且满载额定值至少为 6 000 磅重的二手 SUV 进行高达 25 000 美元扣除。你可以与你的汽车经销商咨询符合资格的 SUV。

如果你和大部分的企业所有者一样下班后继续在家加班，那么因为工作要求你需要在家里配置电脑，沙发或者其他设备。你需要确保使用公司名义支付这些项目，因为尽管就算你没有家庭办公税收扣除的资格，这些项目也可以完全扣除。

如果你有用于经营或其他创收活动的财产（如租赁房地产），你便能够享受折旧扣除。如果你的企业在你拥有的财产的基础上经营，你的企业可能能够支付租金给你，从而允许你从收到的租金收入中扣除折旧费用。扣减折旧（虚拟折旧）开销后，你或许可以获得现金流且不需要支付所得税。值得注意的是，这样做的弊端在于，你出租物业的成本基础将随着每年折旧而减少，你可能需要将该折旧作为额外的普通收入冲回，以从租赁财产的销售中获得的收益为限。

实施这些营业税收策略时，你必须在规划过程中将目光放长远（multiyear approach）。不建议你以尽量节省短期内的税款为目的尽可能使用当年度最大的扣除额，而是从长远来看什么时间进行税收扣除对你最有价值。如果这是你创业第一年或者第二年，并且你正在经历亏损或者处于较低税档，这种折旧或者第 179 条项下的扣除可能就没那么有价值。例如，你购买了价值一万美元的设备，今年适用 10% 的税档，这时使用第 179 条项下的扣除或者额外折旧，今年能省下 1 000 美元所得税。假如今后某一年适用税档变为 37%，相同的 10 000 美元可以帮你省下 3 700 美元所得税。所以问题是你选择今年省下 1 000 美元还是来年省下 3 700 美元？尽管一般来说尽量将每年可供你使用的每一项税收扣除额都纳入考虑范围，但是你必须考虑到什么时间企业税收扣除对你最有价值。

选择合适的养老金计划

第八章我们学习了为个人退休计划和储蓄的重要性。一般来讲，如果企业所有者提供了退休保障计划，作为员工，你的选择仅限于企业所有者给你提供的计划。否则，如果你未满 50 岁，你只能获得 5 500 美元的 IRA 供款；如果你年满 50 岁，你只能获得 6 500 美元的 IRA 供款（2018 年）。而企业所有者的选择相对较多，你可以自己决定如何利用退休计划。企业所有者最大的好处不仅仅是可以选择退休储蓄，更重要的是，你每年可以决定在税收递延的基础上存下多少钱。

回顾第八章，你会看到我简要解释了许多企业所有者可提供的退休计划。需要根据你的实际与具体情况决定哪一个计划适合你和你的企业，包括根据企业的盈利能力能支付多少薪酬、员工年龄、员工受雇于你的年限、对留住雇员的承诺、你的年龄以及你自己对实现财务自由的承诺。

如果企业的财务状况不允许为员工提供退休计划资金，并且你的资源有限，那么你最好不要为你的企业建立退休计划，由个人向个人退休账户提供资金或许是更好的办法，这也将排除向雇员提供退休计划福利的需要。如果你没有通过企业为自己的退休计划提供资金，那么你也不需要为雇员退休计划提供资金。

如果你决定首次通过企业设立退休计划，在运营该计划的头三年中，如果退休计划内至少包含一名薪水少于 12 万美元的非企业主员工，且企业员工数量少于 100 名，你可以享受针对初设养老金计划成本的小企业主的税收减免，每年最多 500 美元。许多小企业经常错过这样一笔 1 500 美元的减税优惠。

接下来退休计划说明中提及的所有美元金额都是 2018 年的情况；这些金额通常每年根据通货膨胀进行调整。

简易雇员退休计划（SEP）

这项计划是针对小企业的雇主和员工设立的。就像个人养老金账户一样，简易雇员退休计划也可以通过一次性付款或者退休后周期性提取两种方式进行支付。尽管一些简易雇员退休计划允许员工自己购买，但通常该计划由雇主注资。简易雇员退休计划账户类型和个人养老金类似。

如果你是一位小企业主，手下还没有员工（或者员工在该企业的工龄小于 3 年），简易雇员退休计划对于你来说就是非常好的选择，因为该计划的开户成本和个人退休账户计划一样。二者之间的区别在于，个人退休账户有每年 5 500 美元的最高额限制，而简易雇员退休计划则可以达到薪资的 25%（W－2 下的 25% 或自雇净收益的 20%），根据 2018 年规定，最高上限可达 5.5 万美元。这个差别对员工和老板两种不同角色来说是非常显著的，企业主在税收递延的基础上能够出资的数量是个人的十倍。正如我本章前面提到的，企业主相较于固定领薪的员工在税收方面能享受更多的优惠。下面总结一下简易雇员退休计划的特点：

计划的成立和操作

- 任何雇主都可以成立这个计划；

- 任何在过去 5 年中工作时间超过 3 年、年满 21 岁，收入超过 600 美元的雇员都可以选择该项计划；

- 最晚申请日期就是雇主个人的纳税申报截止日，计划年就是自然年度（目前，这是唯一一种可以在税务年度结束后还可以申请的退休金计划。）；

- 简易雇员退休计划必须为所有符合条件的员工建立；

- 参与者自己进行投资决策；

- 每年的续期并不需要重新填表或者雇主再提供新信息。

缴款

- 参与者不享受税前递延，既往的工薪减税简易雇员养老计划除外（SARSEP）；

- 参与者不需要税后缴纳（Roth 账户也不允许）；

- 雇主支付比例可自行决定；

- 雇主和雇员的最高缴款标准是薪资的 25% 或者 5.5 万美元（2018 年标准）；

- 对于年龄超过 50 岁的雇员不能有追加缴款，在既往的工薪减税简易雇员养老计划下的除外。

资金分配

- 不允许员工贷款；

- 可以在任何时间支取资金，不受任何持有期限或特别的事件约束（59.5 周岁前提取资金会面临税收和罚款）；

- 缴款会 100% 体现在简易雇员退休计划个人退休账户上；

- 账户余额就是退休后的总福利。

如果你的企业没有退休金计划，你可以在营业税申报日及延期之前建立简易雇员个人退休计划，用上一年度的营业税返还缴款还可以享受税收扣除。

当你的公司员工在企业已工作超过 3 年，继续使用简易雇员个人退休计划（SEP IRA）就会成本过高。如果继续采用简易雇员退休计划，你需要从员工工资中为他们缴纳同样比例的资金。不过我还从未遇到过愿意代表雇员缴纳 25% 比例以上养老金的雇主。从这一点看，作为雇主的你很有可能会终止简易雇员退休计划，员工储蓄激励匹配计划可能是一个比较好的选择。

员工储蓄激励匹配计划（SIMPLE）

这个计划同样也是为小企业而设计，可以设置为个人退休账户或者 401（k）账户。雇员缴纳部分以税前收入为基础，雇主应匹配缴款。这些计划账户的设立和简易雇员退休计划类似，相对简单、成本较低。该计划的问题在于，对于年龄超过 50 岁的雇员或者雇主来说，除了基于工资的 3% 匹配缴款外，缴款的上限是 1.25 万美元，50 岁及以上可以享受 3 000 美元的补充缴纳。以下是员工储蓄激励匹配计划的一些特点：

计划的成立和操作

- 任何小企业主（员工数量不超过 100 名）都可以建立该项计划；
- 过去两年任何雇员收入不少于 5 000 美元，并且当年的可预期收入也不低于 5 000 美元的雇员是符合条件的；
- 该计划设立的期限通常在每年的 1 月 1 日到 10 月 1 日之间，计划年度即自然年度；
- 为所有符合条件或参与该计划的雇员设定该计划专属的投资账户；
- 参与者可自主进行投资决策；
- 在续缴年度里，如果第二年有变更，需要在当年 11 月 1 日前对所有参与计划的员工发出变更提醒或者通知；

- 计划不能违反任何反歧视规定。

缴款

- 参与人税前收入递延限额是 1.25 万美元，年龄在 50 岁及以上的可附加 3 000 美元；

- 无税后缴款（不可通过 Roth 账户缴款）；

- 雇主缴纳部分是按照薪水的 3%，或者每五年中不能超过两年按照 1% 或 2% 缴纳，或者为所有符合条件的员工以非匹配缴款形式缴纳薪水的 2%。最高缴纳额为 2.5 万美元（雇主匹配缴款 1.25 万美元，雇员递延 1.25 万美元），对于年龄在 50 岁及以上参与者则是 3.1 万美元（雇主匹配 1.55 万美元，员工递延 1.55 万美元）。雇主最高匹配比例不得超过 3%；

- 员工贷款不能通过员工储蓄激励匹配计划的个人退休金账户（SIMPLE IRAs），但可以来自员工储蓄激励匹配计划的 401（k）计划账户（SIMPLE 401 k），当然员工储蓄激励匹配计划的 401（k）计划账户并不常见；

- 提款不受持有期、特别条款的限制，可在任何时间进行（59.5 岁之前提款需要缴税和罚金）；

- 缴款 100% 体现在账户中；

- 账户余额就是退休金总额。

如果你的公司已经有员工储蓄激励匹配计划或者 401（k）计划，根据上述税务筹划策略我建议你把配偶招为你的员工，并提高他（或她）的工资，这样可以享受更多的税收递延。当然，你需要注意的是，支付给你配偶的工资必须是合理真实的。尽管你仍然需要支付一定比例的社会保障，但是你可以为将家庭的税收递延翻倍。

401（k）计划

这项计划由雇主为雇员发起，符合条件的雇员可进行税前或税后工资递延。提供 401（k）计划的雇主可以代表符合条件的员工向计划匹配缴款，或以安全港的形式缴款。允许税后收入递延的 401（k）计划是 Roth 401（k）计划，每年的 10 月 1 日是申请 401（k）账户的截止日，对于传统的 401（k）账户或者单独的 401（k）账户的申请来说，每个财政年度结束前都是可以的。

401（k）计划一般都是大企业才提供，也有小公司为了实现个人利益最大化进而在其他的退休计划的基础上增加该退休计划品种。该计划的一个主要缺点是账户设立成本和维持账户成本较高。一般来说，我并不建议从员工储蓄激励计划（SIMPLE）转向 401（k）计划，除非 401（k）计划可以附带一些利润共享或者较大比例的税收抵免效果。在我看来，除非附带利润共享计划，否则小企业雇主设立 401（k）计划的成本高于雇主为自己进行的额外养老金缴款。下面将介绍 401（k）计划的一些特点。

计划的成立和操作

- 除了政府团体以外，任何雇主均可以设立 401（k）计划；
- 一般来说，任何员工均可申请，尽管你可能也想申请法定许可的课税豁免（要求年龄是 21 岁并工作满一年）；
- 建立计划的截止日期是每个营业年度的最后一天；
- 参与者延期申请不得早于计划生效日；
- 必须建立合格的信托计划（也可以自我托管）；
- 一般来说，参与者可以自己确定投资计划；
- 根据情况，每年计划延续需要按时提交 5500 表格备案、关于安全港缴款的通知、合格默认投资替代（QDIA）以及自动参加表；
- 保障范围、实际缴款比例（ACP）、实际递延比例（ADP）以及非歧视性测试需要满足一定条件；如果满足安全港条件，计划则视为通过 ACP 和 ADP 测试，可满足大额豁免。

缴款

- 参与者的工资税前递延每月最高可达到 1.85 万美元，如果缴纳者年龄超过 50 岁则可以再增加 6 000 美元的限额；
- 参与者的税后递延收入的上限参照 Roth 401（k）的规定；
- 除非满足安全港条件，否则雇主对缴款具有自主权；
- 雇主和雇员的最高缴款额不能超过工资的 10% 或者 5.5 万美元（达到规定年龄的可附加缴款，最高不超过 6.1 万美元）。

分配

- 允许以养老金计划作担保进行银行贷款；
- 将分配资金用于缴款受到限制，并必须根据计划的条款约定执行；
- 如果养老金参与者满足工资收入递延和安全港条件，或是满足雇主自动匹配缴款条件，则参与者可立刻享受 100% 养老金归属权；
- 雇主缴款部分将根据退休金归属权的安排进行确定（vesting schedule）；
- 账户余额就是退休后能拿到的总福利。

利润分享计划

利润分享计划由雇主发起，雇主会根据公司的情况决定参与的时间、设定计划的规模。公司计划采取的缴纳额和退休金水平都受制于公司的盈利水平。当你退休的时候，这份收入是一次性收到的一笔报酬或者是在一定期间内分期收到。通常利润分享计划都会和 401（k）计划一起，因为 401（k）可以产生一定的收入税收递延效果。下面将介绍利润分享计划的一些特点。

计划的设立和操作

- 任何雇主可以发起该项计划；
- 一般来说，任何员工都符合条件，除非希望申请法定除外条款

（年龄在 21 周岁以及工作满一年）；

- 建立计划的截止日期是每个财政年度的最后一天；

- 必须设立信托计划（也可以自我托管）；

- 参与者或计划的出资人进行投资决策；

- 根据情况，每年计划的延续需要提交 5500 表格备案以及合格默认投资替代（QDIA）；

- 需要通过保障范围、非歧视性福利测验。

缴款

- 除非利润分享计划与 401（k）计划结合，否则不能享受税前收入递延（仅雇主缴款）；

- 除非利润分享计划与 401（k）计划结合，否则不能享受税收收入递延（Roth 计划也不允许）；

- 雇主的缴纳额可自由裁量；

- 雇主和雇员最大缴款额为 5.5 万美元（最高可享受工资的 25% 税收扣除）；

- 没有基于年龄的附加缴款。

分配

- 允许以养老金计划作担保进行银行贷款；

- 通过分配资金的缴款必须严格根据计划的条款约定；

- 雇主的缴纳额通常会受制于公司的既定享受退休权利安排；

- 账户余额是退休后享受的总福利。

如果你的企业并不打算缴纳一大笔开支，但是依然想实现税收抵免，那么你可以将 401（k）计划和利润分享计划结合。如果作为雇主，你的年龄超过 40 岁而员工年龄较为年轻，这项计划就会非常有效。这样做不仅可以实现雇主和雇员税收抵免的最大化，雇主为雇员缴纳的额度也会有限。尤其是对于配偶也在企业工作的小公司来说，这项策略整体节约支出的效果更好。

给付确定型养老金计划

在给付确定型养老金计划下，雇主承诺自雇员退休之日起，向雇员定期支付特定金额的养老金，养老金的金额根据雇员的年龄、收入、工作年限提前确定。给付确定型养老金计划的养老金分配是有限额的，但雇主的缴款没有限额，因为雇主缴款金额需要根据雇员退休后的养老金金额来确定。如今，因为成本太高，很少有雇主提供这种类型的养老金计划，由给付确定型计划衍生出来的是现金余额养老金计划。给付确定型养老金计划在一些小型企业较为流行，这类企业通常盈利能力很强，有稳定、可预期、可持续的收入，并且企业老板愿意为养老金计划花钱。以下是对给付确定型养老金计划特征的总结。

设立和运营

- 任何一个雇主都可以设立该类养老金计划；
- 一般来说，任何一个雇员都有资格参与这类养老金计划，当然雇员也可以选择申请法定除外条款（要求年龄超过 21 岁、工作时间超过 1 年）；
- 设立给付确定型养老金计划的截止日期是雇主的报税截止日期；
- 养老金计划年度可以是日历年度或财政年度；
- 必须设立符合条件的信托机构（信托机构可以是发起机构）；
- 只有养老金计划的出资人可以开展投资决策；
- 养老金计划每年的维护需要由精算师提供服务，并且需要提交 Form 5500 （表格 5500）；
- 养老金计划需要满足每年最低缴款额要求；
- 养老金计划需要满足保障范围和非歧视性要求。

缴款

- 养老金计划的参与人税前工资不能享受税收递延（只有雇主不缴纳部分可享受递延）；

- 养老金计划的参与人税后工资不能享受税收递延（养老金 Roth 条款不适用）；
- 雇主和雇员缴纳养老金的上限和下限是通过精算公式确定的。

分配

- 允许以养老金计划作担保进行银行贷款；
- 利用养老金的分配来获取养老金缴款是存在限制的，应当根据养老金计划的条款进行；
- 养老金的分配是根据养老金份额行权计划进行的；
- 退休后每年应获得的养老年金是根据养老金计划的条款确定的，通常可以转换为一次性付清。

对于那些年轻时没有缴纳养老金的年长企业家来说，给付确定型养老金计划是一个很好的选择。我为我的客户推荐将 401（k）计划、利润共享计划和现金余额养老金计划三者进行结合，效果都非常理想。值得注意的是，这些养老金计划都非常复杂，而且需要有养老金计划精算师的参与。为了能够满足雇员的个性化需求，有必要向第三方管理员（TPA）请求帮助，更好地设计养老金计划。养老金计划不是现成摆在那里的，而是需要用专业的知识进行设计和维护的。

Jerrold Filipski 是美国 Ascensus 公司第三方管理服务部门副总裁、北美精算师，他指出，"通过将安全港 401（k）利润共享计划和现金余额给付确定养老金计划相结合，一名年长的雇主可以向退休金计划缴纳的可扣除税金额为 55 000 美元/年。例如，一名 62 岁的雇主可以向利润共享计划缴纳 55 000 美元，并且可以向现金余额给付确定型养老金计划缴纳 270 000 美元"。

在为退休进行筹划和储蓄时，如果你是一名自雇人士，那么将会比一名普通雇员更有优势。你可以掌控你的退休财务问题，因为作为企业所有者，你可以自己决定采用哪种类型的退休金计划。商业退休金计划是一种很好、很重要的工具，在这一计划里，政府允许退休金参与者以税前的方式为退休进行储蓄，这有助于显著提高他们的税前投资收益，并且获益程度会根据个人所得税边际税率不同而有所差别。这是因为，投资收益不仅来自已经到手的收入，还来自本该以税收形式交给政府而没有交的部分，在复利的作用下，这部分新增投资收益将在财务自由之路上发挥至关重要的作用。作为一个企业所有者，如果你能够利用好政府提供的养老金政策，退休金计划策略实施得当，随着你向养老金计划投入资金，养老金计划就会越来越快地增长。

记录保存

准确记账是任何商业成功中必不可少的一环。首先，根据法律规定，企业应当准确完整地记账，确保商业活动的利润或损失得到适当记录。这些记录也是准备报税单和向政府纳税的基础。其次，拥有准确的记录有助于帮企业发挥出最大的潜力。通过月度、季度和年度数据识别收入和成本的发展趋势，有助于为企业建立目标，明确发展方向。而且会计记录可以用于将本企业业绩与行业内其他企业进行对比，进而可以找到自己可提升的地方，更有效地与竞争对手竞争。

保持完整、准确记录的关键是通过企业银行账户和信用卡账单完整获得全部的商业交易，区分开公司财务和个人财务对于形成完整准确的记账至关重要。

你应当使用复式记账法，即包括借方和贷方，根据"借贷必相等"的原则，所有的记账应当是平衡的。随着会计电算化的发展，一些类似于 QuickBooks 的小型商业软件使得会计记账变得简单多了，这也是为什么 80% 的小企业使用 QuickBooks 软件。如果你知道怎么签发支票，那你就不仅可以用 QuickBooks 软件为商业交易进行记账，还可以用这一软件打印支票，确保记账与银行账户一致。

如果你不打算使用这些软件，那你肯定需要向他人寻求帮助，要么是雇用一个兼职记账员，或者是请你的会计师事务所为你提供记账服务。一般来说，如果你要签发支票、检查账单、处理记账和整理等工作，我认为最高效的方式就是将主要工作交由外部会计师事务所完成，特别是当会计师事务所同时还负责编制财务报告、准备报税单等工作时。

记账保存仅仅是为你的企业保存充分记录的第一步，一旦政府要求审计，你需要时刻做好将相关支持材料提供给政府的准备。会计记账还需要将销售端管理系统纳入其中，以便将收银机和存货系统连接起来。如果政府部门提出审计要求，你需要提供收据、销售小票、发票、银行存款单、已付支票以及其他可以证明收入所得、税收扣除和税收优惠的材料。

在进行与商业收入相关的记录保存时，最重要的事情就是记得必须对可以支持和证实总收入的材料进行保存，这其中包括收银机纸带、银行存款单、现金收据账簿、发票和信用卡账单等，以及 1099 – MISC 表格[①]（如适用）。

在进行与商业费用相关的记录保存时，最重要的事情就是记得必须保存一份对所购买的商品和服务进行描述的收据和支付证明（例如，已付支票、信用卡收据等），并且解释清楚为什么这些是正常且必要的商业支出项（尤其是对于那些处于灰色区域的税收扣除项）。你可以通过 www. irs. gov/pub/irs – pdf/p583. pdf 下载一份美国国家税务局 583 号公告，详细了解更多关于开立公司和记录保存的内容。

财务报告

公司为了报税目的和管理运营目的，需要做好记账工作，此外，公

---

① 译者注：根据美国国家税务局的规定，任何人有了非雇佣收入，而且 1 年内从同一个机构或者个人获得超过 600 美元，付款方需要给收款方开具的表格。

司还需要为投资者和债权人编制财务报告。按照规定，美国企业的财务报告一般应按照 GAAP 会计准则进行编制，除了按照 GAAP 准则编制外，财务报告还可以根据美国注册会计师协会（AICPA）下属会计与审核服务委员会发布的《会计与审核服务准则声明（SSARS）》，基于其他综合记账方式（包括以纳税为基础）进行编制。

在与债权人和潜在投资者的互动中，四张财务报表可以给使用者呈现一家企业经营业绩、资产负债头寸和现金流量的图景。这四张财务报表分别是利润表、资产负债表、现金流量表和所有者权益变动表。

利润表

利润表向使用者展示了一家企业在特定时期内的业绩情况。例如，一家企业如果会计年度以 12 月 31 日为截止日期，则该企业年度利润表通常会覆盖当年 1 月 1 日至 12 月 31 日。从格式上看，所有收入和销售项目列在利润表的上半部分，然后减去公司运营所产生的各项费用（这里列出的费用项目不一定全部可税前抵扣）。收入和费用的差额被称为净利润（或净损失）。债权人和投资者在判断公司是否具备盈利能力时，通常将利润表看作是最具价值的参考。

资产负债表

资产负债表展示了一家公司在一个特定时间点（注意，不是时间段）的财务头寸情况。例如，一家企业如果会计年度以 12 月 31 日为截止日期，则该企业年度资产负债表就以当年 12 月 31 日为会计截止日。与利润表不同，资产负债表展示了从企业成立之日起至会计截止日的财务数据。

资产负债表是由资产（公司持有）、负债（债务及公司其他应付责任）和所有者权益（总资产和总负债的差额）组成，这和我们在本书第三章中提到的个人资产负债表很类似。资产和负债在资产负债表上的列示，都是根据流动性来排序的（例如，"现金"通常在资产负债表上排在最前面）。资产负债表的另一个核心特征是总资产必须等于总负债和所有者权益之和，这也就是资产负债表为什么又被称为"平衡表"的原因。很多债权人和投资者也会非常关注资产负债表，因为它展示了公司的总头寸情况，使用者可以根据资产负债表了解公司的财务实力。

现金流量表

现金流量表展示了一家企业在一段时期内所有现金流流入和现金流流出的情况，通过现金流量表可以看到一家企业从期初至期末的银行存款余额净变化量。与利润表类似，一家企业如果会计年度以12月31日为截止日，则编制的现金流量表覆盖了从当年1月1日至12月31日。现金流量表包括三个部分：经营性活动、投资性活动和融资性活动。潜在投资者或债权人认为现金流量表具有重要参考价值，因为它显示了企业在特定时间段内真正产生现金流的规模，以及真实的现金流来源。债权人尤其对企业现金流状况感兴趣，因为他们最关心的就是企业是不是有足够的现金流偿还他们的借款。

所有者权益变动表

所有者权益变动表详细展示了资产负债表中所有者权益这一项的具体细目。但与资产负债表不同，所有者权益变动表展示的是报告区间内的所有者权益变动情况，这一点倒是与利润表和现金流量表类似。例如，一家企业如果会计年度以12月31日为截止日，则所有者权益变动

表的编制覆盖了当年 1 月 1 日至 12 月 31 日。所有者权益变动表的内容
会根据公司组织形式的不同而有所差异，但是通常包括以下几个科目
的变动：发行在外股份（或资本）、股利分配（或向股东/合伙人分配
股利）、净利润或损失。潜在投资者和债权人可以通过所有者权益变动
表来了解公司的财务实力。

　　上述提到的四张财务报表都是内在钩稽、相互关联的。利润表中的
利润或损失是编制所有者权益变动表和资产负债表的计算基础，现金
流量表则与资产负债表中期初和期末的现金余额具有内在一致性。

　　很多会计师事务所专门为企业提供财务报告的相关服务，包括财
务报告的编制、鉴证、审查和审计等。

财务报告编制

　　财务报告的编制是所有财务报告相关服务中最常见的一种，通常
情况下，如果一家公司雇了一家注册会计师事务所进行记账，则它通常
也会负责财务报告的编制。编制财务报告的主要目的是给公司内部使
用，帮助公司所有者了解公司业绩，以及掌握未来改善业绩的方向。一
些贷款人也会将企业编制的财务报告作为发放贷款的必备文件，然而，
会计师事务所不会对财务报告的准确性和完整性发表意见，也不会就
这些财务报告出具任何正式报告。

财务报告鉴证

　　注册会计师事务所负责对财务报告进行鉴证，并出具一份鉴证报
告。鉴证服务与编制服务很类似，但鉴证报告对于公司和会计师事务所
的关系有更详尽的介绍。与财务报告编制类似，财务报告鉴证时，注册
会计师事务所会收集整理数据，并转换成财务报告。如果企业想获得小

额贷款，而贷款人又不接受已经编制好的基本财务报告，则财务报告的鉴证值得考虑一下。鉴证报告也会明确说明会计师事务所没有进行审计或审查，并且没有对财务报告发表任何形式的结论性意见。

财务报告审查

财务报告审查是注册会计师事务所提供的一项更加综合的服务，会计师事务所执行分析性程序，对管理层进行问询，并完成其他必要的程序后，对财务报告的准确性提供"有限保证"。这是注册会计师事务所能够提供的最基本的"保证性"服务。为了执行审查程序，会计师事务所必须对企业所在行业和企业自身非常了解。如果一家企业希望业务有显著增长、追求更大规模或更复杂融资来源，则可以进行财务报告审查。

财务报告审计

财务报告审计是注册会计师事务所提供的最高水平的"保证性"服务，主要目的是就财务报告的准确性向财务报告的使用者提供证明。会计师事务所通过"财务报告认定"程序，对财务报告的准确性进行"合理保证"。财务报告认定包括存在性、完整性、准确性、权利与义务、信息披露等。注册会计师事务所在审计中应独立于被审计方的业务。与财务报告审查类似，财务报告审计要求注册会计师事务所对行业和企业自身的情况有充分了解，但除此之外，注册会计师事务所还应充分掌握企业内控制度和欺诈风险，并通过问询、检查、观察、确认、调查和分析等程序，对财务报告中的所有金额、附注等内容的真实性进行证实。

注册会计师事务所会对经审计的财务报告出具一份审计报告，根据适用的财务报告审计准则，就财务报告是否在重要方面进行了公正陈述发表意见。如果企业想要实现大额融资或是企业所有者想要出售企业，则通常会对财务报告进行审计。

财务管理团队

对于本章中提及的所有复杂问题，以及公司发展生命周期中的其他问题，你都可以跟你的财务管理团队加强协作、共同解决，这样压力会小很多，效率也会高很多。

也许你自认为这些问题全部可以靠自己解决，但实际上你需要专家团队来帮你处理公司经营中的各种难题。你需要选择商业顾问，来帮你成立公司，并让公司在正确的方向上运营。这些商业顾问就包括会计师、律师、银行家、保险经纪人、营销公司以及其他公司所在行业和领域的专家。在你第一次创业过程中，这些专家会凭借专业能力帮你避免很多问题和错误。关于如何选择一个可信赖的顾问，读者可以在本书附录 A 了解更多信息，附录 A 详细介绍了这些财务管理团队顾问的情况。

2017 年《减税和就业法案》对小企业的影响

2017 年 12 月 22 日，特朗普总统签署《减税和就业法案》，该法案正式生效。新税改法案旨在降低各行各业税收，取消昂贵的特殊所得税激励，提升跨国税收体系的现代化水平，以便能增强相对其他国家的竞争力，创造更多就业岗位，提高就业薪酬水平，推动美国国内税收法典更加简洁、更加公平。本书总结了新税改法案对小企业的重要影响。与个税改革中 2025 年 12 月 31 日前终止生效的"日落条款（Sunset provision）"不同，影响小企业的这些法律条款将于 2018 年 1 月 1 日正式生效后永久有效。

下文列出了税改法案中对企业和小的商业实体影响最大的一些条款，如果想要了解更详细的内容，可以在本章"节税超额收益策略（升级版）"一节中找到。2017年《减税和就业法案》包括以下内容：

- 企业所得税税率从此前的35%下调至21%
- 在企业层面取消替代性最低税（Alternative Minimum Tax）
- 废除第199条款下的本国生产活动税收扣除
- 保留了非常重要的营业税税收抵免优惠
- 在第179条款有关费用的章节里，允许企业在100万美元的额度内对设备购买费用及时抵扣
- 允许一些穿透式公司（pass – through business）就穿透式收入（pass – through income）进行20%的税收扣除
- 提升跨境税务体系的现代化水平
- 为美国企业将利润汇回国内提供便利
- 阻止美国企业将企业总部、人力资源、研发中心等转移至海外，并且鼓励海外企业进入美国

基于以上影响深远的税改措施，我强烈建议你咨询税务专家，充分理解这些税法规定将如何影响你公司的业务开展。

如何创立自己的事业——节税超额收益策略（升级版）

本书下面将介绍一些有助于你财富积累实现指数增长目标的节税超额收益策略，进而助你早日实现财务自由，走向财富巅峰。

我将这些策略分为12类，以便你根据自己的兴趣进行查阅。

1. 公司所得税税率

2018年，公司所得税税率变为21%的统一税率，这是公司所得税历史上最大规模的减税措施，并且极大地简化了公司所得税的税率结构。下表展示了这一税率变动。

应税所得区间（美元）	公司所得税边际税率（2017 年）	统一税率（2018 年）
0 ~ 50 000	15%	21%
50 000 ~ 75 000	25%	21%
75 000 ~ 100 000	34%	21%
100 000 ~ 335 000	39%	21%
335 000 ~ 10 000 000	34%	21%
10 000 000 ~ 15 000 000	35%	21%
15 000 000 ~ 18 333 333	38%	21%
18 333 333 及以上	35%	21%

2. 公司所得税扣除

企业所有者经常犯的最大错误就是以个人名义支付公司支出，从而失去了税收扣除的宝贵机会。这就是人们为什么必须要分析自己的支出账本和信用卡账单，并且识别出所有以个人名义支付的与公司业务相关的费用。到年底的时候，你就可以将这一部分费用进行报销，因为这一部分支出在公司层面是可以进行税收扣除的。刚才讲的这点非常重要，尤其是在现在，因为未报销的雇员商业性支出将不得再在个人层面作为分项抵扣项进行税收扣除。

如果你因公用车，一定要确保所有用车费用都是走公司的账，这些费用包括租车费用、燃油费、维修费、洗车费、牌照费和车险费等。你在一年中因公用车需要开到一定里程，个人用车费用是不得作为公司费用进行税收扣除。如果你经营一家企业，你需要在年底的 W-2 工资表格上将个人用车情况进行报告。

2018 年，第 199 条款关于归属于本国生产经营活动的收入所得抵扣的规定被废止。

商务用餐费用通常只有 50% 的比例可以获得公司所得税税收扣除。在新税法下，这一限制扩大至雇主在公司附近对雇员的宴请。

为了最大化差旅费用的税收优惠，你需要将商务活动和休闲活动相结合。只要外出旅途的首要目的是商务活动，所有差旅费用都是可以税前抵扣的。如果外出旅途一共 5 天，其中 3 天是商务活动，就可以被认为是此次旅途的首要目的是商务活动。当然，你需要保持必要的文案记录以备查，例如会议的工作日程、与公司合作伙伴的邮件往来等。

2018 年开始，商务娱乐活动以及乡村俱乐部等费用支出不再是可以享受税前抵扣了。

2018 年开始，净营运损失只能在应税收入的 80% 比例内进行税收扣除，并且除了一些例外，净营运损失不能税前扣减，2018 年以前存在的税后扣减金额不受此影响。2018 年开始，净营运损失不能在税前扣减，所以你也不必选择是否要放弃净营运损失。这一改动不仅适用于公司的报税单，同样也适用于个人的报税单。

《减税和就业法案》将因公司亏损导致的税收扣除上限与个人所得税报税单相挂钩。公司亏损超过 500 000 美元的（对于已婚人士共同申报）或超过 250 000 美元（对于单身人士个人申报）的部分是不能进行税前抵扣的。超额损失部分可以税后至未来年份进行扣减，在当前的被动活动损失规则生效后，上述的上限规定正式生效。

2018 年开始，如果没有披露相关协议，因性骚扰和解导致的支出不能进行税前抵扣。

3. 税收优惠

新税法保留了很多重要的公司税减免优惠，例如，低收入住房税收抵免、研发支出税收抵免等。

如果你想要修缮公司物业，无论你是办公楼的所有者还是租户，你都有权享受每年最高 5 000 美元的"残障通道税收抵免"，你必须支出 10 250 美元或者是更多，才能享受到这一最高的税收抵免。这些修缮支出必须是公司特地为更多残障人士提供便利花费的。一些很明显的修缮活动肯定是适用这一税收抵免的，例如残疾人通道、符合《美国残疾人保护法》规定的浴室等。而一些不是很明显的修缮活动也可以享受税收抵免，例如重新铺整停车区域、过道加宽、给地面铺平或新铺地毯等。税收抵免还适用于为残疾人购买家具或器械等。

如果公司在为残障人士提供便利方面的支出超过了 10 250 美元，你就可以根据第 190 条款享受税收抵免了，该条款允许你的公司花费不超过 15 000 美元用于为残疾人和老人移走那些路障。

4. 利息支出抵扣

公司经营活动中，债务的利息支出税收扣除现在受到了更多限制，净利息支出部分只有不超过经调整应税所得额的 30% 比例部分可以进行税前抵扣，并且不允许利息支出税后至未来年份进行抵扣。总收入在 2 500 万美元以内的企业、房地产公司以及受规制的公共基础设施公司可以不受此限制。

5. 健康医疗保险抵扣

对所有公司的所有者而言（包括独资经营企业、合伙经营企业和公司制企业等），通过公司给自己缴纳的健康医疗保险保费（个人或家庭保险计划）是可以 100% 进行税前抵扣的。如果是独资经营企业或是合伙制企业，在健康医疗保险成本方面，还需要包括社会保障和老年保障医疗税，但公司制企业（小公司或是普通公司）就不需要支出这些费用。这对于很多小企业所有者来讲是一笔很重要的节税收益。

6. 员工福利税收扣除

自 2018 年开始，雇主与交通相关的额外补贴支出将不再可以税前抵扣，例如，公共交通通勤费、停车费等。但雇员仍然能够用税前资金支付停车费或公共交通费。

对于为员工提供探亲假或病假的公司，可以享受一项新的税收抵免。一般来说，税收抵免额度为员工休假期间为员工支付工资总金额的 12.5%。对于在休假期间支付雇员工资金额超过雇员正常工资 50% 的公司，上述税收抵免额度可以进一步增加。值得注意的是，上述税收抵免可能会有很多特例和限制。这一税收抵免仅适用于 2018 年和 2019 年，除非后续美国国会将其延期。

在《减税和就业法案》下，通过现金支付、购物卡及其他非记名个人财产作为员工奖励的，是不得作为公司税前抵扣项的。

7. 家庭节税策略

有很多小企业所有者，他们的配偶也在公司工作，但他们经常会犯"不给他（她）们发工资"的错误。假设你有 13 周岁及以下的孩子，那么你应该给你的配偶发工资，以便享受最高额度的子女抚养税收抵免。即便是你没有小孩，你也应该给你的配偶适当支付工资，主要出于配偶的工作要求，她/他就可以和你一起出差。你可以将商务旅行的费用进行全额税前抵扣。

如果你的孩子也在你的公司工作，那么也应该给他们支付工资。你的公司可以雇佣 6 岁及以上的儿童（应确保不违反所在州的童工法），以享受税前抵扣的优惠方式进行子女的大学教育储蓄、私人学校开支及其他儿童养育支出。这些钱本来也就是要花的，现在用支付工资的方式让孩子们花这份钱，更加有意义，因为实际上花的钱就是他们自己挣的。这对他们理解工作的责任和金钱的价值是一种难得的教育机会。2018 年，每个子女的联邦所得税免税收入上限为 12 000 美元，如果你经营的是独资企业或合伙企业，从报税的角度上讲，向不满 18 岁的孩子支付的工资是可以不用缴纳社保和老年保障医疗税，而且在年满 21 岁之前也不需要缴纳联邦失业保险税。

参加工作的子女可以每年最高向教育储蓄账户缴纳 2 000 美元，投资收益在未来用于支付学前、小学、初中、高中和大学等学费时，相关资金的支取是免税的。

参加工作的子女可以开立一个 Roth 退休金账户（ROTH IRA），可以将每年赚得的钱存入该账户中，金额上限不得超过 5 500 美元/年（2018 年）。尽管这一部分存入的金额不能在税前进行抵扣，但本金部分如果用于支付大学学费，则在未来支取时是免税的，在59.5岁以后，投资收益部分的支取也是免税的。即使子女最后不需要用到这一笔资金来支付教育费用，你可以想象一下，等子女50年或60年后退休时，这个账户里的资金规模是多么的庞大吧！我想不到比这更好的办法来让你的子女实现财务自由，并且在退休之日享受到税收抵免的优惠。

你应该帮助子女实现从"可产生收益的财产"向"设立公司"转变，为他们成立自己的公司提供帮助。"可产生收益的财产"包括商务家具或是设备、办公楼和仓库等，"设立公司"则包括了家庭有限合伙、小型股份公司、有限责任公司等。如果他们自己的收入超过所获资助的一半，并且子女满足一定的年龄要求，则他们的收入所得税税率可以享受一定优惠。

8. 商业性住房管理策略

《美国国内税收法典》的第280A（g）条款规定，个人住宅或度假屋出租租金所得，如果租期低于14天的，租金所得可以免交所得税。如果想适用这一特殊条款而免交租金所得税，则一定要确保租期不要超过14天。为了利用好这一税收优惠，你可以将房屋出租给自己的公司，用于合法的商务用途，例如员工培训、董事会会议、员工休养等。这样，公司支付的租金是可以税前抵扣的，而租金收入又是免税的。

如果你的公司租用你个人直接或间接持有的商业物业，你可以将租金提到最高水平。如果相关租赁活动被认定为"非被动性"的商业活动，商业物业租金收入超过费用的部分（这里的费用包括折旧费用）可以不用缴纳3.8%的医保薪资税（Medicare payroll tax）。正常情况下，房地产租赁会被认定为是被动性商业活动，但如果房地产租赁是专门与你的公司业务相关，而公司业务是主动性商业活动，从这个角度上说，这可以被认定为是非被动性商业活动。

9. 折旧税收扣除

2017 年《减税和就业法案》废止了"符合条件的财产必须首先由纳税人开始使用"的规定，允许新财产和二手财产的第一年折旧费用进行税收扣除。

第 179 条款的税收扣除上限增加到了 100 万美元（只有设备购买支出超过 250 万美元才能享受税收扣除，抵扣金额与支出规模相关），这一规定自 2018 年 1 月 1 日起生效。新税法还进一步通过第 179 条款允许将发生在 2017 年 12 月 31 日之后的符合条件的财产维护费用进行税前抵扣。这一税前抵扣范围扩大至屋顶维修、供暖系统改善、通风系统改良、空调维护、防火警报系统及安保系统维护等。

根据第 179 条款，如果 SUV 新车或二手车有超过 50% 的时间用于商务活动，并且满载可以达到 6 000 磅，将该车进行折旧最高可以享受 25 000 美元的税收扣除。你可以跟汽车销售经理咨询一下，以便确认 SUV 轿车是符合税收扣除条件。

对于确实用于商业用途，但根据第 179 条款又不能进行税前抵扣的部分，可以利用额外折旧规则实现税收扣除。额外折旧规则适用于新车和二手车，车的残值部分可以在 6 年内完成折旧。

2017 年 9 月 27 日之后，新购财产和大多数二手财产的额外折旧比例从 50% 增加至 100%，100% 的折旧比例延续至 2022 年年底，2023 年年底的折旧比例为 80%，2024—2026 年分别为 60%、40% 和 20%，此后折旧比例降为零。

自 2018 年开始，商务豪华轿车的加速折旧费用增加至最高 10 000 美元（自开始使用当年开始），第二年折旧费用为 16 000 美元，第三年为 9 600 美元，此后每年为 5 760 美元一直到完成折旧。2018 年及以后，基础折旧金额上升了，并且会每年根据通胀进行调整。对于商用占比低于 50% 的，不能享受额外折旧。

有一些公司所有者在公司关闭后继续在家办公，如果他们需要购买电脑、办公桌椅及其他办公家具等对家里进行布置，也可以通过公司支付这些项目。这些项目即使不满足家庭办公室的税收扣除资格，也是可以全部进行税前抵扣的。

如果你将财产用于商业用途或是其他可产生收入的经营活动，例如房屋租金，也是可以享受税前抵扣的。在对这些折旧费用进行税前抵扣后，你可能会产生现金流流入，但最后可能无须就这一笔收入缴纳任何所得税。

10. 养老金策略

如果你是一个自己年龄较大，但雇员较年轻的企业主，你可以通过将安全港 401（k）利润共享计划和现金余额养老金计划进行结合，你每年最多可以缴纳 5.5 万美元可抵税的退休金。例如，一名 62 岁的雇主可以向利润共享计划缴纳 5.5 万美元，并且可以向现金余额给付确定的养老金计划缴纳 27 万美元。如果公司的利润足以支持缴纳这一较高养老金水平，这是年老的企业雇主弥补过去没有缴纳养老金的最佳方式。

如果企业家不准备缴纳一大笔金额的养老金，但又想享受较大规模的税收扣除，可以尝试一下 401（k）交叉验证利润共享计划。这种类型的养老金计划对于年龄超过 40 岁，雇员较年轻的雇主很有利，因为它允许雇主最大限度地为自己作为雇主/雇员缴纳养老金，而限制为雇员缴纳养老金的金额。如果雇主的配偶也在自己公司工作，这一策略尤其有效。

如果你开立的公司设立了员工储蓄激励匹配计划（SIMPLE Plan）或 401（k）计划，你应给你的配偶涨工资，这样他（或她）参与这些计划的税收递延才能最大化。记住，给配偶支付的工资应当是基于他（或她）所提供服务的真实合理水平。尽管对于这些工资需要缴纳社保税，但给整个家庭带来的递延税收益可以达到社保税的两倍。

如果你开立的公司没有养老金计划，可以在 12 月 31 日及之前设立一个养老金计划，以满足在当年进行税收扣除的条件。如果你错过了截止日导致当年的税务年度结束，你还可以在公司所得税报税截止日期之前设立简易式雇员退休金账户（SEP IRA），并满足养老金缴纳在上一年所得税税前抵扣的资格。如果有雇员满足这一退休金计划的参加资格，我不太建议你设立这类退休金计划，因为你需要按照雇员工资25%的比例缴纳退休金以作为员工额外福利。

如果这是你首次为公司设立养老金计划，在设立养老金计划的前三年里，对于小企业养老金计划设立成本开支可以享受500美元/年的税收优惠，这是一份总价值为1 500美元的税收优惠，但很多小企业都没有利用起来。

11. 公司实体策略

如果你是一个基于收付实现制的纳税人，你可以在12月的时候将账单和收款活动延期，确保将公司收入放在次年实现。相反，相关营业费用则可以通过在12月提前支付1月的开支等方式提前实现，以确保在当年降低利润。这一策略可以将你的纳税责任延迟到下一年，如果你预期下一年税率会更低（对于非股份有限公司），则这一策略更加有利。

在新税法下，对于涉及税负转嫁的企业，例如独资公司、有限责任公司、合伙公司和内部拥有公司等，他们的税负转嫁收入可以享受20%的税收扣除。例如，如果你设立的税收穿透实体的利润为5万美元，则应税利润仅为4万美元（即5万美元的80%）。请注意，5万美元全部利润需要被纳入经调整的总收入中，上述提到的税收优惠只适用于联邦税的计算。

上述税负转嫁企业的税收优惠需要与一些"特定服务和业务"有关，其中包括医疗、法律、咨询、会计、表演艺术、精算服务、体育运动、金融服务和经纪服务等领域的服务或业务，或是公司主要资产（商誉）或是公司的声誉，或是公司雇主/雇员的专业技能。2018年，这些税收穿透实体享受的税收优惠与他们的应税收入相关，应税收入区间为157 500～207 500美元（单一报税人）或315 000～415 000美元（已婚人士联合报税）。换句话说，应税收入低于这一区间的，可以享受全额的税收优惠；应税收入落在这一区间的，可以享受部分税收扣除；应税收入高于这一区间的，不享受税收优惠。

税务账单将工程和建筑业务排除在上述的"特定服务和业务"之外，这些特定领域的企业满足将它们的转嫁收入进行20%全额抵扣的资格，而无须考虑应税收入金额的水平。

如果你设立的公司是独资公司、合伙制公司或是有限责任公司，则你的公司利润需要按照100%的比例缴纳3.8%的联邦医疗税（Medicare tax）。

内部拥有公司（S Corp）有一项优势，就是它向股东分配利润（K-1表），个人投资收入部分可以免交3.8%的医疗税。对于企业所有者收入低于社保最高缴纳额的，他们可以最大限度地减少社保税缴纳（社保税高达剩余收益的15.3%）。虽然工资收入降低了，但由于剩余收益不需要缴纳工资所得税，因此工资所得税大幅降低了。请记住，你还是需要给自己支付一份合理的薪金（比照一个提供同样多服务的普通雇员的薪资水平）。

如果你开立了股份公司，因前期个人少纳税而体现在个人所得税报税单上的应缴纳税收和罚金，可以通过一些合理的方式减少税收和罚金的金额。你可以增加对年终奖的预扣所得税，因为预扣的这部分金额可以视作在一年内均等分布在各月份。

如果开立股份公司，你要充分利用好《美国国内税收法典》第1244条款。根据法律规定，如果创业失败了，你可以最多在50 000美元（单身人士独立报税）或100 000美元（已婚人士联合报税）的损失额度内进行经营收入税前抵扣。另外，公司损失应当遵循资本损失限制规则，即可用于抵税的资本损失不得超过任一年经营收入中资本利得加上 3 000 美元的金额，不足抵扣的部分可以结转至未来年份进行抵扣。

《减税和就业法案》没有对《美国国内税收法典》第 1202 条款关于对持有合格小企业股份（QSBS）的税收优惠进行修订。小企业所有者必须已经直接向资产规模低于 5 000 万美元的股份有限公司（非内部拥有公司）购买股份。股票利得扣除上限为股票基数的 10 倍，或是 10 万美元（按照孰高原则计算）。持有合格小企业股份超过 5 年期限的纳税人，如果上述股份是在 2009 年 2 月 18 日之前购买，则股票利得收入可以税前扣除 50%；如果是在 2009 年 2 月 17 日以后，2010 年 9 月 28 日之前购买的，股票利得收入可以税前扣除 75%；如果是在 2010 年 9 月 27 日之后购买的，股票利得收入可以全额税前扣除。很多类型的企业都是不符合上述"合格小企业"资格的。你可以查看《美国国内税收法典》第 550 号公告，以了解你自己的公司是不是满足合格小企业的资格。

《减税和就业法案》没有对《美国国内税收法典》第 1045 条款关于对持有合格小企业股份（QSBS）的税收优惠进行修订。对于在第 1202 条款下持有合格小企业股份时间不足 5 年，但超过 6 个月的，可以将他们持有合格小企业股份的利得收入滚动投入一家新的合格小企业，前提是在 60 天内完成利得收入的再投资。

12. 跨境税务问题

由于大多数小企业没有跨境税务问题，因此我没有在这本书中纳入这一话题，而只是简单列出了 2017 年《减税和就业法案》的一些重大变化。

推动跨境税务体系现代化。2017 年以后，税收改革法案将美国公司税体系从"全球税制"变为"属地税制"。在全球税制下，很多美国企业需要就它们在海外获得的盈利缴纳所得税，对这同一笔收入，它们还需要在美国再缴纳一次所得税。而在属地税制下，刚才所讲的这种对大多数海外利润双重征税的情况大量减少。2017年以后，对于此前自1986年以来海外累计的盈利没有在美国缴税的，应当进行强制缴税，但这些海外汇回的利润可以享受优惠税率。

简化流程并鼓励美国企业将海外盈利汇回本国。在此前的全球税制下，海外利润最高需要缴纳35%的公司所得税，据估计，美国公司的海外利润存量有2.6万亿美元。为了鼓励美国企业将海外利润汇回美国，新税法规定了15.5%的一次性汇回税率（对于现金和现金等价物等海外资产）或是8%的非流动性资产运回税率（如设备等），并且可以在8年的时间内完成缴纳。这不仅仅会导致大量海外资产回流美国，而且也能给美国政府产生大量的税收收入，帮助美国政府降低财政赤字。

阻止美国企业将其总部、雇员、研发中心等转移至海外，鼓励海外企业在美国投资。由于全球公司所得税税率平均为25%，美国将公司所得税税率降至21%后，相较其他国家更加具有竞争力了。这样美国企业也更加具有竞争力，进而促进劳动力人口就业，增强盈利能力。这不仅会增加美国企业的数量，还会增加就业数量，增加政府的税收收入。

如何创立自己的事业之行动计划

到现在为止，你应该已经很好地掌握了关于创立自己的事业，并且维持事业发展涉及的具体事项了。创业的挑战和风险是很高的，但创业的回报显然也会加速你实现财务自由、走向财富巅峰。我这里列出了一份关于创业的快速行动计划。

1. 评估成功创业的三大支柱。你拥有事业成功发展所要求的专业能力、人际关系或是商业管理能力吗？

2. 理解创业的风险和收益。你需要按照本章所介绍的，采取必要的步骤大幅提高创业成功的概率，这样在二十年后你的企业依然基业长青。

3. 制作一份商业计划书，并且将它写下来。你必须在商业计划书里将七个关键部分内容充分解释清楚，做到能让行业外人士也能理解。

4. 为你的创业公司选择合适的组织形式。你必须理解每一种组织形式的优点和缺点，并且选择一种最适合你公司的形式。

5. 理解如何报告公司的收入和费用。拥有一家自己公司的主要优势之一，就是公司所有者可以享受到更有利的税收优惠。作为公司所有者，你应当利用好每一项税收优惠。

6. 加强自我学习，了解哪些是可以税前抵扣，哪些是不能税前抵扣的。理解费用税前抵扣的"通常且必要"测试，以及掌握怎样能够实现公司费用税前抵扣最大化。

7. 为个人和公司设立适当的退休计划。一旦赚取足够多的钱后，你就需要开始储蓄，将财富积累下来，为实现财务自由做准备。在税务上最有效的方式就是设立一项适当的商业退休计划。

8. 建立商业记录和财务报告制度。这不仅是法律规定要这么做，而且这样做也有利于你更有效地识别公司与行业标准相比的优势和弱点，从而更好地管理公司。

9. 雇用一个财务管理团队。财务管理团队应当具备必要的专业能力，帮助你在创业和公司发展中承担责任。

10. 熟悉"节税超额收益策略（升级版）"。理解可能影响到公司盈利能力的基本节税超额收益策略（升级版），加强与持证税务咨询师的合作，这有助于帮助你减少公司的第一大开支——税收支出，进而扩大公司盈利。

第十二章　金钱的时间价值

复利是世界第八大奇迹，知之者赚，不知者被赚。

阿尔伯特·爱因斯坦
现代物理学之父

在财富积累、实现财务自由之路上，最重要的概念之一就是"金钱的时间价值"。到目前为止，我们拥有最具价值的资产是时间，不幸的是我们一直把时间视为理所当然，直到晚年才懂得珍惜时间。

金钱的时间价值公式是高度复杂的数学方程式，超出了本书的范围，但我建议大家购买金融计算器来帮助你进行这些计算。事实上，要想在商业世界里取得成功，金融计算器是必备工具。为了避免让本章读起来像是复杂的微积分教材，我将和大家分享一些简单的例子和财务表，来帮助大家理解这个概念。

开始之前，我们先看下最基本的利息计算公式：

$$I = P \times R \times T$$

I = 利息

P = 本金

R = 年利率

T 期限（月数与 12 之比）

例如，如果你有 10 万美元并且年利率是 5%，计算公式的各因素为：本金为 10 万美元，利率为 5%，时间为 1 年。因此，终值 $100\,000 \times 5\% \times (12/12)$ 为 5 000 美元。以上是最基础的利息计算公式。

一年后，你的本金是原来的 100 000 美元加上 5 000 美元利息，是 105 000 美元。

第二年，利息计算公式里，本金为 105 000 美元，利率为 5%，时间为 1 年，则终值 105 000×5%×1 为 5 250 美元。其他因素不变的情况下，第二年 100 000 美元本金的获利能力增加了 250 美元，每过去一年，10 万美元本金的获利能力都会增加，这就是复利的力量。随着时间的推移你能够真正领会到它的力量，因为结果可能非常惊人。

72 法则

在我介绍如何使用财务表之前，我想和大家讲 72 法则，即回答"金钱翻番需要多长时间"的问题。当然，这一答案取决于利率（回报率）。简单地用 72 除以假设利率就可以得到答案，例如：

* 假设回报率为 10%，则将 72 除以 10，即 7.2 年；
* 假设回报率为 5%，则将 72 除以 5，即 14.4 年。

因此，我们假设一个年回报率是 10%，本金是 25 000 美元，根据 72 法则（见表 12.1），本金将如下增加：

* 在 7.2 年内，25 000 美元将增加一倍，达到 5 万美元；
* 在 14.4 年内，将再次翻倍至 10 万美元；
* 在 21.6 年内，将再次翻倍至 20 万美元；
* 在 28.8 年内，将再次翻倍至 40 万美元；
* 在 36 年中，将再次翻倍至 80 万美元；
* 在 43.2 年内，将再次翻倍至 160 万美元。

表 12.1　　　　　　　　　　　　　**72 法则**①

年回报率	2 倍	4 倍	投资升值所需时间		32 倍	64 倍
			8 倍	16 倍		
1%	72.00	144.00	216.00	288.00	360.00	432.00
2%	36.00	72.00	108.00	144.00	180.00	216.00
3%	24.00	48.00	72.00	96.00	120.00	144.00
4%	18.00	36.00	54.00	72.00	90.00	108.00
5%	14.40	28.80	43.20	57.60	72.00	86.40
6%	12.00	24.00	36.00	48.00	60.00	72.00
7%	10.29	20.57	30.86	41.14	51.43	61.71
8%	9.00	18.00	27.00	36.00	45.00	54.00
9%	8.00	16.00	24.00	32.00	40.00	48.00
10%	**7.20**	**14.40**	**21.60**	**28.80**	**36.00**	**43.20**
11%	6.55	13.09	19.64	26.18	32.73	39.27
12%	6.00	12.00	18.00	24.00	30.00	36.00
13%	5.54	11.08	16.62	22.15	27.69	33.23
14%	5.14	10.29	15.43	20.57	25.71	30.86
15%	4.80	9.60	14.40	19.20	24.00	28.80
16%	4.50	9.00	13.50	18.00	22.50	27.00
17%	4.24	8.47	12.71	16.94	21.18	25.41
18%	4.00	8.00	12.00	16.00	20.00	24.00
19%	3.79	7.58	11.37	15.16	18.95	22.74
20%	3.60	7.20	10.80	14.40	18.00	21.60

这个公式并非只适用于某种特定投资产品，而是对"金钱的时间

---

① 上文所列的回报率是假设回报率，不代表任何个人投资或投资组合的回报，仅是出于阐述目的而假定，不应被用于预测投资的未来收益。具体的回报率，尤其是长期的回报率随着时间变化而变化。高收益的投资隐含着高风险。在做投资决策前应咨询顾问。

价值"这一概念进行了近似和简化。大多数人在真正理解复利以及金钱的时间价值的力量后都很惊讶。

第八章"如何规划退休生活"中，我们讨论过实现财务自由、达到人生财富巅峰的退休方程式。现在，既然你已经对金钱的时间价值有了更好的了解，你更能体会到现在（而不是以后）再开始储蓄的重要性。在你的风险容忍度内（第九章"如何开展个人投资"）实现最高回报率是等式中的重要变量。早点开始并更好地理解你最珍贵的资产——时间，将赋予你实现财务目标的独特优势。

计算自己的财务情况来确定如何才能达到财务自由、人生财富巅峰，你需要了解以下四个财务表如何使用（见表 12.2 至表 12.5）。

特定金额的终值（FV）系数

将一笔固定金额的资金以一个特定回报率进行复利投资，经过一段时间的投资后可以获得多少金额，这就是特定金额的终值因子。请参阅表 12.2 特定金额的终值因子。表 12.2 的目的是向大家展示一定时期内，以特定利率（回报率）进行的初始投资的终值是多少。

例如，如果今天以每年 7% 的利率投资 1 万美元，20 年之后，你将获得 3.87 万美元。我们将表 12.2 年限一栏锁定为 20 年，年利率选择 7% 那一栏，这两栏交叉的地方为 3.870。用初始投资 10 000 美元乘以终值因子 3.870%，得出 38 700 美元。

为了对比，我们保持其他变量不变，但幸运的是回报率上涨到 10%，20 年后最终能得到 67 270 美元。如果看表 12.2，20 年和 10% 的交叉点，即终值因子为 6.727%。3% 的额外回报率在 20 年内，通过复利能给你带来额外 28 570 美元的收益。这个例子突出了长期内，在风险容忍范围内选择最高回报投资产品的重要性。

表 12.2　　　　　　　　　　　　特定金额的终值因子

该表的目的在于决定基于你目前的投资，在未来特定时间内及假设利率下，初始投资的终值

填写	计算
%	第一步：填写预期投资回报率
	第二步：填写你的投资年限
	第三步：使用该表，找到对应的利率栏，以及对应的年份所得出的系数
$	第四步：插入你的投资本金
$	第五步：乘以第三步和第四步得出的系数，便得出终值

年	1%	2%	3%	4%	5%	6%	7%
1	1.010	1.020	1.030	1.040	1.050	1.060	1.070
2	1.020	1.040	1.061	1.082	1.103	1.124	1.145
3	1.030	1.061	1.093	1.125	1.158	1.191	1.225
4	1.041	1.082	1.126	1.170	1.216	1.262	1.311
5	1.051	1.104	1.159	1.217	1.276	1.338	1.403
6	1.062	1.126	1.194	1.265	1.340	1.419	1.501
7	1.072	1.149	1.230	1.316	1.407	1.504	1.606
8	1.083	1.172	1.267	1.369	1.477	1.594	1.718
9	1.094	1.195	1.305	1.423	1.551	1.689	1.838
10	1.105	1.219	1.344	1.480	1.629	1.791	1.967
11	1.116	1.243	1.384	1.539	1.710	1.898	2.105
12	1.127	1.268	1.426	1.601	1.796	2.102	2.252
13	1.138	1.294	1.469	1.665	1.886	2.133	2.410
14	1.149	1.319	1.513	1.732	1.980	2.261	2.579
15	1.161	1.346	1.558	1.801	2.079	2.397	2.759
16	1.173	1.373	1.605	1.873	2.183	2.540	2.952
17	1.184	1.400	1.653	1.948	2.929	2.693	3.159
18	1.196	1.428	1.702	2.026	2.407	2.854	3.380
19	1.208	1.457	1.754	2.107	2.527	3.026	3.617
20	1.220	1.486	1.806	2.191	2.653	3.207	**3.870**
21	1.232	1.516	1.860	2.279	2.786	3.400	4.141

续表

该表的目的在于决定基于你目前的投资，在未来特定时间内及假设利率下，初始投资的终值						
填写	计算					
%	第一步：填写预期投资回报率					
	第二步：填写你的投资年限					
	第三步：使用该表，找到对应的利率栏，以及对应的年份所得出的系数					
$	第四步：插入你的投资本金					
$	第五步：乘以第三步和第四步得出的系数，便得出终值					

年	1%	2%	3%	4%	5%	6%	7%
22	1.245	1.546	1.916	2.370	2.925	3.604	4.430
23	1.257	1.577	1.974	2.465	3.072	3.820	4.741
24	1.270	1.608	2.033	2.563	3.225	4.049	5.072
25	1.282	1.641	2.094	2.666	3.386	4.292	5.427
26	1.295	1.673	2.157	2.772	3.556	4.549	5.807
27	1.308	1.707	2.221	2.883	3.733	4.822	6.214
28	1.321	1.741	2.288	2.999	3.920	5.112	6.649
29	1.325	1.776	2.357	3.119	4.116	5.418	7.114
30	1.348	1.811	2.427	3.243	4.322	5.743	7.612
31	1.361	1.848	2.500	3.373	4.538	6.088	8.145
32	1.375	1.885	2.575	3.508	4.765	6.453	8.715
33	1.389	1.922	2.652	3.648	5.003	6.841	9.325
34	1.403	1.961	2.732	3.794	5.253	7.251	9.978
35	1.417	2.000	2.814	3.946	5.516	7.686	10.677
36	1.431	2.040	2.898	4.104	5.792	8.147	11.424
37	1.445	2.081	2.985	4.268	6.081	8.636	12.224
38	1.460	2.122	3.075	4.439	6.385	9.154	13.079
39	1.474	2.165	3.167	4.616	6.705	9.704	13.995
40	1.489	2.208	3.262	4.801	7.040	10.286	14.974
41	1.504	2.252	3.360	4.993	7.392	10.903	16.023
42	1.519	2.297	3.461	5.193	7.762	11.557	17.144
43	1.534	2.343	3.565	5.400	8.150	12.250	18.344
44	1.549	2.390	3.671	5.617	8.557	12.985	19.628
45	1.565	2.483	3.782	5.841	8.985	13.765	21.002

续表

该表的目的在于决定基于你目前的投资，在未来特定时间内及假设利率下，初始投资的终值

填写	计算
%	第一步：填写预期投资回报率
	第二步：填写你的投资年限
	第三步：使用该表，找到对应的利率栏，以及对应的年份所得出的系数
$	第四步：插入你的投资本金
$	第五步：乘以第三步和第四步得出的系数，便得出终值

年	8%	9%	10%	12%	15%	20%	25%
1	1.080	1.090	1.100	1.120	1.150	1.200	1.250
2	1.166	1.188	1.210	1.254	1.323	1.440	1.563
3	1.260	1.295	1.331	1.405	1.521	1.728	1.953
4	1.360	1.412	1.464	1.574	1.749	2.074	2.441
5	1.469	1.539	1.611	1.762	2.011	2.488	3.052
6	1.587	1.677	1.772	1.974	2.313	2.986	3.815
7	1.714	1.828	1.949	2.211	2.660	3.583	4.768
8	1.851	1.993	2.144	2.476	3.059	4.300	5.960
9	1.999	2.172	2.358	2.773	3.518	5.160	7.451
10	2.159	2.367	2.594	3.106	4.046	6.192	9.313
11	2.332	2.580	2.853	3.479	4.652	7.430	11.642
12	2.518	2.813	3.138	3.896	5.350	8.916	14.552
13	2.720	3.066	3.452	4.363	6.153	10.699	18.190
14	2.937	3.342	3.797	4.887	7.076	12.839	22.737
15	3.172	3.642	4.177	5.474	8.137	15.407	28.422
16	3.426	3.970	4.595	6.130	9.358	18.488	35.527
17	3.700	4.328	5.054	6.866	10.761	22.186	44.409
18	3.996	4.717	5.560	7.690	12.375	26.623	55.511
19	4.316	5.142	6.116	8.613	14.232	31.948	69.389
20	4.661	5.604	**6.727**	9.646	16.367	38.338	86.736
21	5.034	6.109	7.400	10.804	18.822	46.005	108.420
22	5.437	6.659	8.140	12.100	21.645	55.206	135.525
23	5.871	7.258	8.954	13.552	24.891	66.247	169.407
24	6.341	7.911	9.850	15.179	28.625	79.497	211.758

该表的目的在于决定基于你目前的投资，在未来特定时间内及假设利率下，初始投资的终值	
填写	计算
%	第一步：填写预期投资回报率
	第二步：填写你的投资年限
	第三步：使用该表，找到对应的利率栏，以及对应的年份所得出的系数
$	第四步：插入你的投资本金
$	第五步：乘以第三步和第四步得出的系数，便得出终值

年	8%	9%	10%	12%	15%	20%	25%
25	6.848	8.623	10.835	17.000	32.919	95.396	264.698
26	7.396	9.399	11.918	19.040	37.857	114.475	330.872
27	7.988	10.245	13.110	21.325	43.535	137.371	413.590
28	8.627	11.167	14.421	23.884	50.066	164.845	516.988
29	9.317	12.172	15.863	26.750	57.757	197.8146	646.235
30	10.063	13.268	17.449	29.960	66.212	237.376	807.794
31	10.868	14.462	19.194	33.555	76.144	284.852	1 009.742
32	11.737	15.763	21.114	37.582	87.565	341.822	1 262.177
33	12.676	17.182	23.225	42.092	100.700	410.186	1 577.722
34	13.690	18.728	25.548	47.143	115.805	492.224	1 972.152
35	14.785	20.414	28.102	52.800	133.176	590.668	2 465.190
36	15.968	22.251	30.913	59.136	153.152	708.802	3 081.488
37	17.246	24.254	34.004	66.232	176.125	850.562	3 851.860
38	18.625	26.437	37.404	74.180	202.543	1 020.675	4 814.825
39	20.115	28.816	41.145	83.081	232.925	1 224.810	6 018.531
40	21.725	31.409	45.259	93.051	267.864	1 469.772	7 523.164
41	23.462	34.236	49.785	104.217	308.043	1 763.726	9 403.955
42	25.339	37.318	54.764	116.723	354.250	2 116.471	11 754.944
43	27.367	40.676	60.240	130.730	407.387	2 539.765	14 693.679
44	29.556	44.337	66.264	146.418	468.495	3 047.718	18 367.099
45	31.920	48.327	72.890	163.988	538.769	3 657.262	22 958.874

年金的终值因子

年金的终值因子是指在一定时间段内，每年投资同等金额的资金，假设利率固定并实行复利的话，年金的终值是多少。请参阅表 12.3"年金的终值（FV）系数"。表 12.3 的目的是根据特定期限内以特定利率的年度投资的终值。

表 12.3　　　　　　　　　　年金的终值（FV）系数

本表旨在展示假设利率（回报率）一定时期内年度投资的未来价值

输入	计算
%	第一步：输入预期投资的回报率
	第二步：输入投资年限
	第三步：使用下表，找到对应的利率栏，再找到对应年份栏
$	第四步：输入年投资金额
$	第五步：乘以第三步、第四步的系数，得出未来美元价值

年	1%	2%	3%	4%	5%	6%	7%
1	1.000	1.000	1.000	1.000	1.000	1.000	1.000
2	2.010	2.020	2.030	2.040	2.050	2.060	2.070
3	3.030	3.060	3.091	3.122	3.153	3.184	3.215
4	4.060	4.122	4.184	4.246	4.310	4.375	4.440
5	5.101	5.204	5.309	5.416	5.526	5.637	5.751
6	6.152	6.308	6.468	6.633	6.802	6.975	7.153
7	7.214	7.434	7.662	7.898	8.142	8.394	8.654
8	8.286	8.583	8.892	9.214	9.549	9.897	10.260
9	9.369	9.755	10.159	10.583	11.027	11.491	11.978
10	10.462	10.950	11.464	12.006	12.578	13.181	13.816
11	11.567	12.169	12.808	13.486	14.207	14.972	15.784
12	12.683	13.412	14.192	15.026	15.917	16.870	17.888
13	13.809	14.680	15.618	16.627	17.713	18.882	20.141
14	14.947	15.974	17.086	18.292	19.599	21.015	22.550
15	16.097	17.293	18.599	20.024	21.579	23.276	25.129

续表

	本表旨在展示假设利率（回报率）一定时期内年度投资的未来价值						
输入	计算						
%	第一步：输入预期投资的回报率						
	第二步：输入投资年限						
	第三步：使用下表，找到对应的利率栏，再找到对应年份栏						
$	第四步：输入年投资金额						
$	第五步：乘以第三步、第四步的系数，得出未来美元价值						
年	1%	2%	3%	4%	5%	6%	7%
16	17.258	18.639	20.157	21.825	23.657	25.673	27.888
17	18.430	20.012	21.762	23.698	25.840	28.213	30.840
18	19.615	21.412	23.414	25.645	28.132	30.906	33.999
19	20.811	22.841	25.117	27.671	30.539	33.760	37.379
20	22.019	24.297	26.870	29.778	33.066	36.786	40.995
21	23.239	25.783	28.676	31.969	35.719	39.993	44.865
22	24.472	27.299	30.537	34.248	38.505	43.392	49.006
23	25.716	28.845	32.453	36.618	41.430	46.996	53.436
24	26.973	30.422	34.426	39.083	44.502	50.816	58.177
25	28.243	32.030	36.459	41.646	**47.727**	54.865	63.249
26	29.526	33.671	38.553	44.312	51.113	59.156	68.676
27	30.821	35.344	40.710	47.084	54.669	63.706	74.484
28	32.129	37.051	42.931	49.968	58.403	68.528	80.698
29	33.450	38.792	45.219	52.966	62.323	73.640	87.347
30	34.785	40.568	47.575	56.085	66.439	79.058	94.461
31	36.133	42.379	50.003	59.328	70.761	84.802	102.073
32	37.494	44.227	52.503	62.701	75.299	9.890	110.218
33	38.869	46.112	55.078	66.210	80.064	97.343	118.933
34	40.258	48.034	57.730	69.858	85.067	104.184	128.259
35	41.660	49.994	60.462	73.652	90.320	111.435	138.237
36	43.077	51.994	63.276	77.598	95.836	119.121	148.913
37	44.508	54.034	66.174	81.702	101.628	127.268	160.337
38	45.953	56.115	69.159	85.970	107.710	135.904	172.561
39	47.412	58.327	72.234	90.409	114.095	145.058	185.640

本表旨在展示假设利率（回报率）一定时期内年度投资的未来价值

输入	计算
%	第一步：输入预期投资的回报率
	第二步：输入投资年限
	第三步：使用下表，找到对应的利率栏，再找到对应年份栏
$	第四步：输入年投资金额
$	第五步：乘以第三步、第四步的系数，得出未来美元价值

年	1%	2%	3%	4%	5%	6%	7%
40	48.886	60.402	75.401	95.026	120.800	154.762	199.635
41	50.375	62.610	78.663	99.827	127.840	165.048	214.610
42	51.879	64.862	82.023	104.820	135.232	175.951	230.632
43	53.398	67.159	85.484	110.012	142.993	187.508	247.776
44	54.932	69.503	89.048	115.413	151.143	199.758	266.121
45	56.481	71.893	92.720	121.029	159.700	212.744	285.749

年	8%	9%	10%	12%	15%	20%	25%
1	1.000	1.000	1.000	1.000	1.000	1.000	1.000
2	2.080	2.090	2.100	2.120	2.150	2.200	2.250
3	3.246	3.278	3.310	3.374	3.473	3.640	3.813
4	4.506	4.573	4.641	4.779	4.993	5.368	5.766
5	5.867	5.985	6.105	6.353	6.742	7.442	8.207
6	7.336	7.523	7.716	8.115	8.754	9.930	11.259
7	8.923	9.200	9.487	10.089	11.067	12.916	15.073
8	10.637	11.028	11.436	12.300	13.727	16.499	19.842
9	12.488	13.021	13.579	14.776	16.786	20.799	25.802
10	14.487	15.193	15.937	17.549	20.304	25.959	33.253
11	16.645	17.560	18.531	20.655	24.349	32.150	42.566
12	18.977	20.141	21.384	24.133	29.002	39.581	54.208
13	21.495	22.953	24.523	28.029	34.352	48.497	68.760
14	24.215	26.019	27.975	32.393	40.505	59.196	86.949
15	27.152	29.361	31.772	37.280	47.580	72.035	109.687
16	30.324	33.003	35.950	42.753	55.717	87.442	138.109
17	33.750	36.974	40.545	48.884	65.075	105.931	173.636
18	37.450	41.301	45.599	55.750	75.836	128.117	218.045
19	41.446	46.018	51.159	63.440	88.212	154.740	273.556

续表

本表旨在展示假设利率（回报率）一定时期内年度投资的未来价值

输入	计算
%	第一步：输入预期投资的回报率
	第二步：输入投资年限
	第三步：使用下表，找到对应的利率栏，再找到对应年份栏
$	第四步：输入年投资金额
$	第五步：乘以第三步、第四步的系数，得出未来美元价值

年	8%	9%	10%	12%	15%	20%	25%
20	45.762	51.160	57.275	72.052	102.444	186.688	342.945
21	50.423	56.765	64.002	81.699	118.810	225.026	429.681
22	55.457	62.873	71.403	92.503	137.632	271.031	538.101
23	60.893	69.532	79.543	104.603	159.276	326.237	673.626
24	66.765	76.790	88.497	118.155	184.168	392.494	843.033
25	73.106	84.701	98.347	133.334	212.793	471.981	1 054.791
26	79.954	93.324	109.182	150.334	245.712	567.377	1 319.489
27	87.351	102.723	121.100	169.374	283.569	681.853	1 650.361
28	95.339	112.968	134.210	190.699	327.104	819.223	2 063.952
29	103.966	124.135	148.631	214.583	377.170	984.068	2 580.939
30	113.283	136.308	164.494	241.333	434.745	1 181.882	3 227.174
31	123.346	149.575	181.943	271.293	500.957	1 419.258	4 034.968
32	134.214	164.037	201.138	304.848	577.100	1 704.109	5 044.710
33	145.951	179.800	222.252	342.429	664.666	2 045.931	6 306.887
34	158.627	196.982	245.477	384.521	765.365	2 456.118	7 884.609
35	172.317	215.711	271.024	431.663	881.170	2 948.341	9 856.761
36	187.102	236.125	299.127	484.463	1 014.346	3 539.009	12 321.952
37	203.070	258.376	330.039	543.599	1 167.498	4 247.811	15 403.440
38	220.316	282.630	364.043	609.831	1 343.622	5 098.373	19 255.299
39	238.941	309.066	401.448	684.010	1 546.165	6 343.858	24 070.124
40	259.057	337.882	442.593	767.091	1 779.090	7 813.858	30 088.655
41	280.781	369.292	487.852	860.142	2 046.954	8 813.629	37 611.819
42	304.244	403.528	537.637	964.359	2 354.997	10 577.355	47 015.774
43	329.583	440.846	592.401	1 081.083	2 709.246	12 693.826	58 770.718
44	356.950	481.522	652.641	1 211.813	3 116.633	15 233.592	73 464.397
45	386.506	525.859	718.905	1 358.230	3 585.128	18 281.310	91 831.496

例如，如果今天你以每年5%的回报投资5 000美元，25 年之后，你将获得238 635美元。我们来看表12.3，找到25年对应的栏，然后再找到5%对应的列，得出系数为47.727%。用年度投资5 000乘以年金的终值因子47.727%，得出238 635美元。

对比来看，假设其他变量相同，回报率变为10%，25年后将获得491 735美元。继续看表12.3，25年和10%的交叉得出的系数为98.347%。由此可见，25年后，多出来5%的回报率加上复利将带来253 100美元的额外收益。这个例子再次说明了在风险容忍范围内选择高回报投资的重要性。

特定金额的现值因子

特定金额的当前值（PV）系数是指投资利率一定并且按照复利计算，未来要支付的特定金额的现值。请参阅表12.4特定金额的现值因子。该表旨在计算利率和期限一定的情况下，未来一定金额的现值。

表12.4　　　　　　　　　　　特定金额的现值因子

本表的目的在于投资利率一定的情况下，一定时期内未来特定金额的当下投资金额是多少						
输入	计算					
%	第一步：输入投资的预期分度回报率					
	第二步：输入投资年限					
	第三步：使用下表，找到对应的利率栏，在对应年份输入					
$	第四步：输入未来投资额					
$	第五步：将第三步和第四步的系数相乘，得到现值					
年	1%	2%	3%	4%	5%	6%	7%
1	0.99010	0.98039	0.97087	0.96154	0.95238	0.94340	0.93458
2	0.98030	0.96117	0.94260	0.92456	0.90703	0.89000	0.87344
3	0.97059	0.94232	0.91514	0.88900	0.86384	0.83962	0.81630
4	0.96098	0.92385	0.88849	0.85480	0.82270	0.79209	0.76290
5	0.95147	0.90573	0.86261	0.82193	0.78353	0.74726	0.71299

续表

本表的目的在于投资利率一定的情况下，一定时期内未来特定金额的当下投资金额是多少

输入	计算
%	第一步：输入投资的预期分度回报率
	第二步：输入投资年限
	第三步：使用下表，找到对应的利率栏，在对应年份输入
$	第四步：输入未来投资额
$	第五步：将第三步和第四步的系数相乘，得到现值

年	1%	2%	3%	4%	5%	6%	7%
6	0.94205	0.88797	0.83748	0.79031	0.74622	0.70496	0.66634
7	0.93272	0.87056	0.81309	0.75992	0.71068	0.66506	0.62275
8	0.92348	0.85349	0.78941	0.73069	0.67684	0.62741	0.58201
9	0.91434	0.83676	0.76642	0.70259	0.64461	0.59190	0.54393
10	0.90529	0.82035	0.74409	0.67556	0.61391	0.55839	0.50835
11	0.89632	0.80426	0.72242	0.64958	0.58468	0.52679	0.47509
12	0.88745	0.78849	0.70138	0.62460	0.55684	0.49697	0.44401
13	0.87866	0.77303	0.68095	0.60057	0.53032	0.46884	0.41496
14	0.86996	0.75788	0.66112	0.57748	0.50507	0.44230	0.38782
15	0.86135	0.74301	0.64186	0.55526	0.48102	0.41727	0.36245
16	0.85282	0.72845	0.62317	0.53391	0.45811	0.39365	0.33873
17	0.84438	0.71416	0.60502	0.51337	0.43630	0.37136	0.31657
18	0.83602	0.70016	0.58739	0.49363	0.41552	0.35034	0.29586
19	0.82774	0.68643	0.57029	0.47464	0.39573	0.33051	0.27651
20	0.81954	0.67297	0.55368	0.45639	**0.37689**	0.31180	0.25842
21	0.81143	0.65978	0.53755	0.43883	0.35894	0.29416	0.24151
22	0.80340	0.64684	0.52189	0.42196	0.34185	0.27751	0.22571
23	0.79544	0.63416	0.50669	0.40573	0.32557	0.26180	0.21095
24	0.78757	0.62172	0.49193	0.39012	0.31007	0.24698	0.19715
25	0.77977	0.60953	0.47761	0.37512	0.29530	0.23300	0.18425
26	0.77205	0.59758	0.46369	0.36069	0.28124	0.21981	0.17220
27	0.76440	0.58586	0.45019	0.34682	0.26785	0.20737	0.16093
28	0.75684	0.57437	0.43708	0.33348	0.25509	0.19563	0.15040
29	0.74934	0.56311	0.42435	0.32065	0.24295	0.18456	0.14056

续表

本表的目的在于投资利率一定的情况下，一定时期内未来特定金额的当下投资金额是多少

输入	计算
%	第一步：输入投资的预期分度回报率
	第二步：输入投资年限
	第三步：使用下表，找到对应的利率栏，在对应年份输入
$	第四步：输入未来投资额
$	第五步：将第三步和第四步的系数相乘，得到现值

年	1%	2%	3%	4%	5%	6%	7%
30	0.74192	0.55207	0.41199	0.30832	0.23138	0.17411	0.13137
31	0.73458	0.54125	0.39999	0.29646	0.22036	0.16425	0.12277
32	0.72730	0.53063	0.38834	0.28506	0.20987	0.15496	0.11474
33	0.72010	0.52023	0.37703	0.27409	0.19987	0.14619	0.10723
34	0.71297	0.51003	0.36604	0.26355	0.19035	0.13791	0.10022
35	0.70591	0.50003	0.35538	0.25342	0.18129	0.13011	0.09366
36	0.69892	0.49022	0.34503	0.24367	0.17266	0.12274	0.08754
37	0.69200	0.48061	0.33498	0.23430	0.16444	0.11579	0.08181
38	0.68515	0.47119	0.32523	0.22529	0.15661	0.10924	0.07646
39	0.67837	0.46195	0.31575	0.21662	0.14915	0.10306	0.07146
40	0.67165	0.45289	0.30656	0.20829	0.14205	0.09722	0.06678
41	0.66500	0.44401	0.29763	0.20028	0.13528	0.09172	0.06241
42	0.65842	0.43530	0.28896	0.19257	0.12884	0.08653	0.05833
43	0.65190	0.42677	0.28054	0.18517	0.12270	0.08163	0.05451
44	0.64545	0.41840	0.27237	0.17805	0.11686	0.07701	0.05095
45	0.63905	0.41020	0.26444	0.17120	0.11130	0.07265	0.04761
年	8%	9%	10%	12%	18%	20%	25%
1	0.92593	0.91743	0.90909	0.89286	0.86957	0.83333	0.80000
2	0.85734	0.84168	0.82645	0.79719	0.75614	0.69444	0.64000
3	0.79383	0.77218	0.75131	0.71178	0.65752	0.57870	0.51200
4	0.73503	0.70843	0.68301	0.63552	0.57175	0.48225	0.40960
5	0.68058	0.64993	0.62092	0.56743	0.49718	0.40188	0.32768
6	0.63017	0.59627	0.56447	0.50663	0.43233	0.33490	0.26214
7	0.58349	0.54703	0.51316	0.45235	0.37594	0.27908	0.20972

本表的目的在于投资利率一定的情况下，一定时期内未来特定金额的当下投资金额是多少

输入	计算
%	第一步：输入投资的预期分度回报率
	第二步：输入投资年限
	第三步：使用下表，找到对应的利率栏，在对应年份输入
$	第四步：输入未来投资额
$	第五步：将第三步和第四步的系数相乘，得到现值

年	8%	9%	10%	12%	18%	20%	25%
8	0.54027	0.50187	0.46651	0.40388	0.32690	0.23257	0.16777
9	0.50025	0.46043	0.42410	0.36061	0.28426	0.19381	0.13422
10	0.46319	0.42241	0.38554	0.32197	0.24718	0.16151	0.10737
11	0.42888	0.38753	0.35049	0.28748	0.21494	0.13459	0.08590
12	0.39711	0.35553	0.31863	0.25668	0.18691	0.11216	0.06872
13	0.36770	0.32618	0.28966	0.22917	0.16253	0.09346	0.05498
14	0.34046	0.29925	0.26333	0.20462	0.14133	0.07789	0.04398
15	0.31524	0.27454	0.23939	0.18270	0.12289	0.06491	0.03518
16	0.29189	0.25187	0.21763	0.16312	0.10686	0.05409	0.02815
17	0.27027	0.23107	0.19784	0.14564	0.09293	0.04507	0.02252
18	0.25025	0.21199	0.17986	0.13004	0.08081	0.03756	0.01801
19	0.23171	0.19449	0.16351	0.11611	0.07027	0.03130	0.01441
20	0.21455	0.17843	0.14864	0.10367	0.06110	0.02608	0.01153
21	0.19866	0.16370	0.13513	0.09256	0.05313	0.02174	0.00922
22	0.18394	0.15018	0.12285	0.08264	0.04620	0.01811	0.00738
23	0.17032	0.13778	0.11168	0.07379	0.04017	0.01509	0.00590
24	0.15770	0.12640	0.10153	0.06588	0.03493	0.01258	0.00472
25	0.14602	0.11597	0.09230	0.05882	0.03038	0.01048	0.00378
26	0.13520	0.10639	0.08391	0.05252	0.02642	0.00874	0.00302
27	0.12519	0.09761	0.07628	0.04689	0.02297	0.00728	0.00242
28	0.11591	0.08955	0.06934	0.04187	0.01997	0.00607	0.00193
29	0.10733	0.08215	0.06304	0.03738	0.01737	0.00506	0.00155
30	0.09938	0.07537	0.05731	0.03338	0.01510	0.00421	0.00124
31	0.09202	0.06915	0.05210	0.02980	0.01313	0.00351	0.00099

续表

本表的目的在于投资利率一定的情况下，一定时期内未来特定金额的当下投资金额是多少	
输入	计算
%	第一步：输入投资的预期分度回报率
	第二步：输入投资年限
	第三步：使用下表，找到对应的利率栏，在对应年份输入
$	第四步：输入未来投资额
$	第五步：将第三步和第四步的系数相乘，得到现值

年	8%	9%	10%	12%	18%	20%	25%
32	0.08520	0.06344	0.04736	0.02661	0.01142	0.00293	0.00079
33	0.07889	0.05820	0.04306	0.02376	0.00993	0.00244	0.00063
34	0.07305	0.05339	0.03914	0.02121	0.00864	0.00203	0.00051
35	0.06763	0.04899	0.03558	0.01894	0.00751	0.00169	0.00041
36	0.06262	0.04494	0.03235	0.01691	0.00653	0.00141	0.00032
37	0.05799	0.04123	0.02941	0.01510	0.00568	0.00118	0.00026
38	0.05369	0.03783	0.02673	0.01348	0.00494	0.00098	0.00021
39	0.04971	0.03470	0.02430	0.01204	0.00429	0.00082	0.00017
40	0.04603	0.03184	0.02209	0.01075	0.00373	0.00068	0.00013
41	0.04262	0.02921	0.02009	0.00960	0.00325	0.00057	0.00011
42	0.03946	0.02680	0.01826	0.00857	0.00282	0.00047	0.00009
43	0.03654	0.02458	0.01660	0.00765	0.00245	0.00039	0.00007
44	0.03383	0.02255	0.01509	0.00683	0.00213	0.00033	0.00005
45	0.03133	0.02069	0.01372	0.00610	0.00186	0.00027	0.00004

例如，如果你想在20年后获得10万美元，年利率为5%的情况下，你今天需要投资多少钱？我们来看表12.4，找到20年，5%利率对应的系数为0.37689%。用未来的10万美元乘以现值0.37689%，得出37 689美元。因此，如果你想以每年5%年利率，20年后得到10万美元，现在你需要投资37 689美元。

我们可以使用表12.2中的终值因子验证并交叉检查此计算。根据表12.2，20年和5%回报率，得出的未来值系数是2.563%。37 689×2.563%得出与10万美元非常接近的数字。这不仅验证了这些计算，同时也证明终值和现值因子呈反向相关。

需要注意的是，使用现值因子是为了通过一定的折现率计算未来支付金额的现值，因此利率为正的情况下系数是永远小于 1 的。正相反，终值因子是现值金额的终值，始终大于 1。

年金的现值因子

年金的现值金额系数，是指如果在未来一定期限内每年需要支付特定的金额，则现在需要投入多少金额（投资收益率固定且为复利回报）。请参阅表 12.5 "年金的现值因子"，这个表的目的是在一定期限内，利率一定的情况下，确定所需的当下投资，以获得未来每年相等的现金数量。

表 12.5　　　　　　　　　　年金的现值因子

本表的目的在于决定特定利率下，一定时期内未来获得等额现金收入的当前需投资金额						
输入	计算					
%	第一步：输入投资的年回报率					
	第二步：输入投资年限					
	第三步：使用下表，找到对应的利率栏，以及对应的投资年限					
$	第四步：输入你希望每年收到的数额					
$	第五步：乘以第三步和第四步的系数得出你的投资额					
年	1%	2%	3%	4%	5%	6%	7%
1	0.99010	0.98039	0.97087	0.96154	0.95238	0.94340	0.93458
2	1.97040	1.94156	1.91347	1.88609	1.85941	1.83339	1.80802
3	2.94099	2.88388	2.82861	2.77509	2.72325	2.67301	2.62432
4	3.90197	3.80773	3.71710	3.62990	3.54595	3.46511	3.38721
5	4.85343	4.71346	4.57971	4.45182	4.32948	4.21236	4.10020
6	5.79548	5.60143	5.41719	5.24214	5.07569	5.91732	5.76654
7	6.72819	6.47199	6.23028	6.00205	6.78637	6.58238	6.38929
8	7.65168	7.32548	7.01969	7.73274	7.46321	7.20979	7.97130
9	8.56602	8.16224	7.78611	7.43533	7.10782	6.80169	6.51523

续表

本表的目的在于决定特定利率下，一定时期内未来获得等额现金收入的当前需投资金额

输入	计算
%	第一步：输入投资的年回报率
	第二步：输入投资年限
	第三步：使用下表，找到对应的利率栏，以及对应的投资年限
$	第四步：输入你希望每年收到的数额
$	第五步：乘以第三步和第四步的系数得出你的投资额

年	1%	2%	3%	4%	5%	6%	7%
10	9.47130	8.98259	8.53020	8.11090	7.72173	7.36009	7.02358
11	10.36763	9.78685	9.25262	8.76048	8.30641	8.88687	7.49867
12	11.25508	10.57534	9.95400	9.38507	8.86325	8.38384	7.94269
13	12.13374	11.34837	10.63496	9.98565	9.39357	8.85268	8.35765
14	13.00370	12.10625	11.29607	10.56312	9.89864	9.29498	8.74547
15	13.86505	12.84926	11.93794	11.11839	10.37966	9.71225	9.10791
16	14.71787	13.57771	12.56110	11.65230	10.83777	10.10590	9.44665
17	15.56225	14.29187	13.16612	12.16567	11.27407	10.47726	9.76322
18	16.39827	14.99203	13.75351	12.65930	11.68959	10.82760	10.05909
19	17.22601	15.67846	14.32380	13.13394	12.08532	11.15812	10.33560
20	18.04555	16.35143	14.87747	13.59033	12.46221	11.46992	10.59401
21	18.85698	17.01121	15.41502	14.02916	12.82115	11.76408	10.83553
22	19.66038	17.65805	15.93692	14.45112	13.16300	12.04158	11.06124
23	20.45582	18.29220	16.44361	14.85684	13.48857	12.30338	11.27219
24	21.24339	18.91393	16.93554	15.24696	13.79864	12.55036	11.46933
25	22.02316	19.52346	17.41315	15.62208	14.09394	12.78336	11.65358
26	22.79520	20.12104	17.87684	15.98277	14.37519	13.00317	11.82578
27	23.55961	20.70690	18.32703	16.32959	14.64303	13.21053	11.98671
28	24.31644	21.28127	18.76411	16.66306	14.89813	13.40616	12.17311
29	25.06579	21.84438	19.18845	16.98371	15.14107	13.59072	12.27767
30	25.80771	22.39646	19.60044	17.29203	15.37245	13.76483	12.40904
31	26.54229	22.93770	20.00043	17.58849	15.59281	13.92909	12.53181
32	27.26959	23.46833	20.38877	17.87355	15.80268	14.08404	12.64656
33	27.98969	23.98856	20.76579	18.14765	16.00255	14.23023	12.75379

续表

本表的目的在于决定特定利率下，一定时期内未来获得等额现金收入的当前需投资金额

输入	计算
%	第一步：输入投资的年回报率
	第二步：输入投资年限
	第三步：使用下表，找到对应的利率栏，以及对应的投资年限
$	第四步：输入你希望每年收到的数额
$	第五步：乘以第三步和第四步的系数得出你的投资额

年	1%	2%	3%	4%	5%	6%	7%
34	28.70267	24.49859	21.13184	18.41120	16.19290	14.36814	12.85401
35	29.40858	24.99862	21.48722	18.66461	16.37419	14.49825	12.94767
36	30.10751	25.48884	21.83225	18.90828	16.54685	14.62099	13.03521
37	30.79951	25.96945	22.16724	19.14258	16.71129	14.73678	13.11702
38	31.48466	26.44064	22.49246	19.36786	16.86789	14.84602	13.19347
39	32.16303	26.90259	22.80822	19.58448	17.01704	14.94907	13.26493
40	32.83469	27.35548	23.11477	19.79277	17.15909	15.04630	13.33171
41	33.49969	27.79949	23.41240	19.99305	17.29437	15.13802	13.39412
42	34.15811	28.23479	23.70136	20.18563	17.42321	15.22454	13.45245
43	34.81001	28.66156	23.98190	20.37079	17.54591	15.30617	13.50696
44	35.45545	29.07996	24.25427	20.54884	17.66277	15.38318	13.55791
45	36.09451	29.49016	24.51871	20.72004	17.77407	15.45583	13.60552

年	8%	9%	10%	12%	18%	20%	25%
1	0.92593	0.91743	0.90909	0.89286	0.86957	0.83333	0.80000
2	1.78326	1.75911	1.73554	1.69005	1.62571	1.52778	1.44000
3	2.57710	2.53129	2.48685	2.40183	2.28323	2.10648	2.95200
4	3.31213	3.23972	3.16987	3.03735	2.85498	2.58873	2.36160
5	3.99271	3.88965	3.79079	3.60478	3.35216	2.99061	2.68928
6	4.62288	4.48592	4.35526	4.11141	3.78448	3.32551	2.95142
7	5.20637	5.03295	4.86842	4.56376	4.16042	3.60459	3.16114
8	5.74664	5.53482	5.33493	4.96764	4.48732	3.83716	3.32891
9	6.24689	5.99525	5.75902	5.32825	4.77158	4.03097	3.46313
10	6.71008	6.41766	6.14457	5.65022	5.01877	4.19247	3.57050
11	7.13896	6.80519	6.49506	5.93770	5.23371	4.32706	3.65640

续表

本表的目的在于决定特定利率下，一定时期内未来获得等额现金收入的当前需投资金额

输入	计算
%	第一步：输入投资的年回报率
	第二步：输入投资年限
	第三步：使用下表，找到对应的利率栏，以及对应的投资年限
$	第四步：输入你希望每年收到的数额
$	第五步：乘以第三步和第四步的系数得出你的投资额

年	8%	9%	10%	12%	18%	20%	25%
12	7.53608	7.16073	6.81369	6.19437	5.42062	4.43922	3.72512
13	7.90378	7.48690	7.10336	6.42355	5.58315	4.53268	3.78010
14	8.24424	7.78615	7.36669	6.62817	5.72448	4.61057	3.82408
15	8.55948	8.06069	7.60608	6.81086	5.84737	4.67547	3.85926
16	8.85137	8.31256	7.82371	6.97399	5.95423	4.72956	3.88741
17	9.12164	8.54363	8.02155	7.11963	6.04716	4.77463	3.90993
18	9.37189	8.75563	8.20141	7.24967	6.12797	4.81219	3.92794
19	9.60360	8.95011	8.36492	7.36578	6.19823	4.84350	3.94235
20	9.81815	9.12855	8.51356	7.46944	6.25933	4.86958	3.95388
21	10.01680	9.29224	8.64869	7.56200	6.31246	4.89132	3.96311
22	10.20074	9.44243	8.77154	7.64465	6.35866	4.90943	3.97049
23	10.37106	9.58021	8.88322	7.71843	6.39884	4.92453	3.97639
24	10.52876	9.70661	8.98474	7.78432	6.43377	4.93710	3.98111
25	10.67478	9.82258	9.07704	7.84314	6.46415	4.94759	3.98489
26	10.80998	9.92897	9.16095	7.89566	6.49056	4.95632	3.98791
27	10.93516	10.02658	9.23722	7.94255	6.51353	4.96360	3.99033
28	11.05108	10.11613	9.30657	7.98442	6.53351	4.96967	3.99226
29	11.15841	10.19828	9.36961	7.02181	6.55088	4.97472	3.99381
30	11.25778	10.27365	9.42691	8.05518	6.56598	4.97894	3.99505
31	11.34980	10.34280	9.47901	8.08499	6.57911	4.98245	3.99604
32	11.43500	10.40624	9.52638	8.11159	6.59053	4.98537	3.99683
33	11.51389	10.46444	9.56943	8.13535	6.60046	4.98781	3.99746
34	11.58693	10.51784	9.60857	8.15656	6.60910	4.98984	3.99797
35	11.65457	10.56682	9.64416	8.17550	6.61661	4.99154	3.99838

本表的目的在于决定特定利率下，一定时期内未来获得等额现金收入的当前需投资金额							
输入		计算					
%		第一步：输入投资的年回报率					
		第二步：输入投资年限					
		第三步：使用下表，找到对应的利率栏，以及对应的投资年限					
$		第四步：输入你希望每年收到的数额					
$		第五步：乘以第三步和第四步的系数得出你的投资额					
年	8%	9%	10%	12%	18%	20%	25%
36	11.71719	10.61176	9.67651	8.19241	6.62314	4.99295	3.99870
37	11.77518	10.65299	9.70592	8.20751	6.62881	4.99412	3.99896
38	11.82887	10.69082	9.73265	8.22099	6.63375	4.99510	3.99917
39	11.87858	10.72552	9.75696	8.23303	6.63805	4.99592	3.99934
40	11.92461	10.75736	9.77905	8.24378	6.64178	4.99660	3.99947
41	11.96723	10.78657	9.79914	8.25337	6.64502	4.99717	3.99957
42	12.00670	10.81337	9.81740	8.26194	6.64785	4.99764	3.99966
43	12.04324	10.83795	9.83400	8.26959	6.65030	4.99803	3.99973
44	12.07707	10.86051	9.84909	8.27642	6.65244	4.99836	3.99978
45	12.10840	10.88120	9.86281	8.28252	6.65429	4.99863	3.99983

比如，如果你想未来 25 年内每年获得 25 000 美元，假设利率为 4%，今天需要投资多少？我们来看表 12.5，25 年和 4% 交叉所得的系数是 15.62208%。用 25 000 乘以现值年金系数 15.62208%，得出 390 552 美元。因此，假设利率为 4%，如果你希望未来 25 年每年收到 25 000 美元，今天你需要投入 390 552 美元。

对比来看，如果上述变量保持不变，利率变为 10%，今天只需要投入 226 926 美元。再看表 12.5，25 年和 10% 交叉所得的系数为 9.07704%。额外 6% 的利率再加上复利效应能让你仅以 226 926 美元的投入同样获得 25 年每年 25 000 美元，这意味着你可以少投入 163 626 美元，但获得同样的年金收入。这个例子再次表明，在风险容忍度内，尽可能投资高回报的产品。

总结

　　了解本章包含的表，对于你实现财务自由至关重要。有了金钱的时间价值和复利的力量，你能够计算出在财务上获得成功的公式。这些表格将帮助你回答以下根本的问题：

　　1. 基于假设的利率和未来的特定时间，为实现特定的目标（如财务自由点），现在我需要投资多少（表12.2）？

　　2. 如果每年投资固定的金额，利率一定，未来特定的时间这笔投资能涨到多少钱（表12.3）？

　　3. 基于假设的回报率，今天我需要投资多少钱（见表12.4）才能够在未来某一天获得某一目标金额？

　　4. 基于假设的回报率，我的账户内需要积累多少钱，才能够在未来特定时间点开始的一段时间内每年获得年金支付？

　　我建议大家在完全理解这些公式之前，反复阅读本章。并且基于自身的特殊情况，通过一些假设场景和测试来回答这些问题。这些表和计算是第八章"如何规划退休生活"中的一个基本工具，当然也是实现财务自由和人生财富计划的重要工具。

附录 A　选择值得信赖的顾问

选择可信赖的顾问是实现财务自由过程中的最关键的决策之一。这位值得信赖的顾问将成为你的生活教练，无论是美好或是糟糕的时光里，他都与你同在，帮助你实现长期财务目标。这位值得信赖的顾问应该是一位财务规划师，能帮你分析你的财务状况，助你设定和实施你的财务计划，并最终实现财务自由。与顾问建立密切的关系对整体成功至关重要，因为你的顾问应该了解你并清楚地知道你的财务目标和梦想。这位值得信赖的顾问以及他/她的团队必须能够为你提供包括财务规划、税务筹划和计划、投资建议、风险管理、教育计划、退休计划和遗产规划在内的综合财富管理服务。

你最好可以先询问你的朋友和家人，是否有值得信赖的，曾与他们合作良好的顾问推荐。在与财务规划师见面之前，你应该研究一下他们的背景，包括他们的教育和其他相关的资格认证。访问他们的个人网站，登录给他们颁发资格证书许可的委员会网站进行查看。

对于基本满足要求的财务规划师，你应该跟他们见面并面试。与他们见面时，请思考以下十个问题：

1. 你是否相信推荐顾问给你的人？

2. 该顾问的教育背景和资格证书情况怎么样，是否足以给你提供服务？（阅读完本章下文提到的资格证书，并考虑哪些对你来说最重要）

3. 相关建议和服务的收费模式是什么？基于财富管理规模的收费模式、按每小时收费或是按照交易金额收取佣金？

4. 财务顾问的专业擅长领域是什么？是否契合你的需求？（财富管理问题与专业领域密切相关）

5. 这位顾问将遵循何种标准：信义标准（fiduciary）或适当性标准（suitability）？（这些术语将在下一节中介绍）

6. 提供的服务范围是什么？双方只是交易关系还是真正值得信赖的顾问关系？（交易关系是指收费模式是基于交易的佣金支付）

7. 顾问是否为您量身定制了财务决策还是采取普适性方法？普适性方法是不合适的。18 岁和 80 岁的人的目标和风险容忍度大相径庭。

8. 财务顾问是否将税务咨询服务，如税收筹划、税收申报等，融入你的整体财务规划中？

9. 顾问公司的组织结构是什么？客户每次是直接与同一个顾问对接，还是与团队新成员打交道？

10. 财务顾问的风险管理理念和方法是什么？这个顾问让你感到舒服吗？

金融服务领域有超过 100 个名称或资格认证，每年都有更多的被创设出来。理解这些名称之间的区别，有助于帮你缩小搜索范围，找出最合格、最能满足你需求的顾问。在这个附录里我为大家提供了在我看来金融行业最受尊重和认可的顾问名称。我将这些细分为以下几类：财务规划师、税务顾问、投资顾问、保险顾问和律师。

适当性标准与信义标准的区别

适当性标准要求客户接受适合个人特定情况的建议。适当性标准下，金融专业人士不需要将客户的最佳利益放在首位，也没有披露利益冲突的义务。

该标准不如信义标准严格，信义标准要求金融专业人士以客户的最佳利益行事，并披露利益冲突情形。信义标准还要求金融专业人士不得将自身利益最大化置于客户最大利益之上。

信义标准只适用于特定的金融专业和行业。但目前，越来越多的金融专业人士被要求遵守更高的标准。美国劳工部一项于 2017 年 6 月 9 日生效的新法律法规，要求增加遵守信义标准财务顾问的人数。这个法案的不足之处在于，其并不要求所有的金融服务专业人士对所有的投资产品和建议都遵守信义标准，而只针对退休账户。在人生旅途中，在评估应当依赖谁帮助你实现财务自由时，选择合适的、值得信赖的财务顾问非常重要。在评估顾问的选择时，你应该问他们遵从什么标准。

财务规划师

财务规划师，是指根据对你的需求进行分析，制定和执行一套全面综合的财务管理计划。该计划将包括你的长期财务目标，以及与投资、遗产规划、税收计划、风险管理、教育计划和债务管理有关的问题，许多金融服务商称自己为财务规划师，但他们经常不考虑客户的整体财务状况。一个真正的财务规划师应该考虑到上述所有问题，因为它们是相互关联的，对其中一个问题的处理将会对其他问题产生直接影响。在选择理财规划师时，应该确保能享受全面的服务，而不仅仅是针对某一特定产品或服务。

特许财务规划师（CFP）

特许财务规划师可能是财务规划行业获得最广泛认可的证书。这些顾问必须通过全面的财务规划考试以及满足 CFP 董事会严格的认证要求。在艰苦完成两天考试并获得通过后，CFP 候选人必须完成至少三年的专业行业经验，并获得学士学位，才能获得 CFP 认证。资格认证在学术上要求完成一系列的课程，包括保险、遗产、退休、教育、税收和投资规划以及道德规范和财务规划流程等方面。CFP 持证人必须遵守道德准则，包括遵守信义标准和具体的执业原则等。大多数 CFP 持证人也是投资顾问，但并不是所有的投资顾问都是 CFP。特许财务规划师只能基于管理财产的规模收费。更多信息请登录 cfp. net 进行了解。

特许财务顾问（Chartered Financial Consultant，ChFC）

特许财务顾问的认证最初由人寿保险行业创设。ChFC 认证需要与 CFP 学习相同的核心课程，再加上两门侧重于一般财务规划问题的选修课程。该资格认证往往不需要参加考试机构的额外考试。ChFC 认证由美国学院（the American College）授予，获得此认证表明财务规划方面的知识渊博，并且能够提供适当的财务建议。

获得该认证的申请人必须已经至少有三年金融服务业相关工作经验。申请人在申请之前最好已经获得与金融或商业相关的学位，因为这样学习才能更容易。更多详细信息请登录 theamericancollege. edu/desig-nations – degrees/ChFC。

税务顾问（Tax Advisors）

税务顾问是指获得所在州或美国国家税务局许可或授权的专业人士，在税法方面有前期培训，并且具有丰富的税法知识。税务顾问利用掌握的专业知识帮助客户合法地减少税负，并协助他们做到合法合规。

注册会计师（CPA）

CPA 认证是美国历史最悠久、最受尊重的财务证书。公众一直将注册会计师认证视为对持证人税务专业知识的肯定。每个州对 CPA 的要求不一样，但一般来说 CPA 需要本科课程 150 个学时的积累，课程涵盖会计、审计、商法。CPA 还要求学士学位或更高学历，以满足参加考试的基本要求。这个全面的考试涵盖会计、审计、簿记、税务、商业法和道德准则等。

CPA 都是会计师，但并不是所有的会计师都是 CPA。CPA 持证人可以胜任很多工作和任务，可以为客户提供所得税纳税申报和建议，客户的范围涵盖个人、小企业和公司等。为维持会计证书，CPA 每三年需要参加 120 个小时的继续学习课程，以掌握行业的最新知识和动态。

许多州都有第二层级的会计师资格，一般都称为公共会计师（PA）或持证公共会计师（Licensed Public Accountant）。大多数州的 PA 认证已经不开放申请，目前仅有五个州继续沿用 PA 认证。

一些对财务规划感兴趣的 CPA 还可以获得私人财务专家（Personal Financial Specialist）的认证，由美国注册会计师协会（American Institute of Certified Public Accountants）授予。要获得私人财务专家资格，CPA 必须声誉良好，满足额外的教育和测试要求的 AICPA 会员。更多信息请登录 aicpa. org. 。

注册代理人（Enrolled Agent，EA）

注册代理人为公众提供非常重要的服务。注册代理人获得美国国家税务局认证，是少数几个代表精通税务知识的认证之一。与 CPA 不同，CPA 可能提供也可能不提供税务服务，但所有的注册代理人都专门从事税务工作。

由美国国家税务局组织的专业 EA 考试共两天，细分为四个部分，每部分测试三小时。这一考试涵盖个人税、遗产税、公司税、道德准则和美国国家税务局监管规定，但不包括会计、审计、簿记或商业法。

EA 由美国国家税务局授予给符合资格的个人。获得该认证的个人必须遵守职业道德，每三年需要完成 72 小时的继续教育课程以维持 EA 资格。

EA 与律师和 CPA 有相同的特权，在签署 IRA 2848 授权表格和代表声明书后有权向美国国家税务局代理客户开展工作。更多详细说明请登录 irs. gov. 。

投资顾问

1940 年《投资顾问法案》将投资顾问定义为"有偿向客户直接或通过公开发表文章提供建议、推荐、发布报告或提供证券分析的个人或公司"。

2010 年,《多德—弗兰克法案》对 1940 年《投资顾问法案》某些条款进行了修订,将管理资产在 1 亿美元以下的投资顾问的管理权下放给各州。这一修订提高了投资顾问向美国证券交易委员会(SEC)注册的标准,从 3 000 万美元提高至 1 亿美元。这意味着州证券监管机构对以前受 SEC 监管相当数量的投资顾问拥有管辖权。

注册投资顾问 (RIA)

注册投资顾问要么是在美国证券交易委员会注册,要么在主要执业所在州的证券监管机构注册。投资顾问禁止提供欺骗性或欺诈性的建议,禁止在自己的账户上担任委托人与客户进行证券买卖交易。投资顾问对其客户负有更高标准的信义义务。这意味着他们的根本义务不仅在于提供适合的投资建议,同时要以客户而不是自身的最佳利益行事。

大多数投资顾问对其服务收取固定费用,或按照管理资产规模的一定比例收费。一般来说,按管理资产规模比例收费的顾问的收费比例为每年 1% ~ 1.5% ,不收取佣金。这样的收费模式能够限制投资顾问和客户之间的利益冲突。客户资产规模在投资顾问建议的帮助下不断增长,基于资产管理规模收费的顾问一般能得到更多的报酬。这与基于交易收费(佣金)的模式如股票经纪人大不相同。

RIA 通常由个人或小型投资公司建立,独立于大型金融机构。投资顾问通常也被称为财务顾问、资产经理、投资组合经理、投资咨询师或投资经理。

美国证券交易委员会和国家安全监管机构不对任何投资顾问提供建议或背书，实际上，投资顾问获得注册仅仅表明投资顾问满足了所有注册要求。更多信息请访问 sec. gov. 。

特许金融分析师（CFA）

特许金融分析师认证是投资管理领域最精英和最难获得的证书之一，专注于金融分析。CFA 认证的学术要求和标准仅次于注册会计师。这一认证需要完成三年的课程，课程涵盖一系列主题和学科，例如技术分析和基本面分析、财务会计、投资组合理论和分析。获得 CFA 认证的人通常在各种金融机构从事投资组合经理或分析师工作。更多信息请访问 cfainstitute. org. 。

投资顾问代表（IAR）

投资顾问代表，是指为投资顾问公司工作，主要职责是提供投资相关的建议的人。投资顾问代表只能对成功通过考试或认证的领域提供顾问服务。

IAR 也需要在相应的州监管机构注册。许多 IAR 通过持有 CFP 或 ChFC 认证来提高他们的信誉和财务知识。更多信息请登录 finra. org. 。

股票经纪人

股票经纪人是指代表客户买卖证券的专业投资人士。股票经纪人由州证券委员会和美国证券交易委员会监管。他们也受行业自律组织美国金融业监管局（FINRA）的监管。股票经纪人必须推荐"适当的"投资，并仅在管理退休账户时需要履行信义义务。股票经纪人在法律上也被称为注册代表或投资咨询师。更多信息请登录 finra. org. 。

保险顾问

在我们了解保险顾问专业认证之前，了解保险代理人和保险经纪人之间的区别很重要。

保险代理人

保险代理人是担任保险公司和被保险人之间联络人的保险专业人士。保险代理人有管理职责，包括及时和准确处理表格、保费收取和相关的文书工作。代理人没有义务或责任对被保人财务进行全面检查，或确定被保人获得了适当的保障，确保获得了必要保险保障是被保险人的责任。

保险代理人可以是专属或独立的。专属代理人是指只为一家公司工作，因此只销售一家保险公司产品的代理人。相比之下，独立代理人是指同时为许多保险公司工作的人，可以提供不同保险方案和保险公司服务的比较。

保险经纪人

保险经纪人必须持有经纪人的执照，意味着经纪人需具有额外的教育证书，或比保险代理人有更广泛的经验。经纪商提供各种不同的保险产品来满足客户的需求。大多数州要求保险经纪人对客户负有比代理人更多的责任义务。经纪人有义务分析你的具体情况，并保证你的保险保障需求得到满足。通常，保险经纪人收取管理费，或收取更高的保费来补偿其提供的更高水平的服务。

特许人寿保险承保人（Chartered Life Underwriter）

特许人寿保险承保人最初由人寿保险业创设，是对希望专业从事人寿保险和遗产规划的个人的认证。申请人必须完成五门核心课程和三门选修课程，并成功通过共 16 小时，100 题的考试来获得认证。

认证考试的课程由美国学院提供。该证书不要求通过考试机构的综合考试。更多信息请登录 americancollege. edu. 。

特许财产意外保险承保人（CPCU）

特许财产意外保险承保人是财产意外险方面最优质的认证，该认证由美国保险学会（Insurance Institute of America）授予。特许财产意外险承保人专注于广义的财产意外险领域，聚焦于风险管理，以及保险的法律、财务和操作层面。通过该认证需要完成 8 门高强度的专门学习，但和特许人寿保险承保人、特许财务顾问一样，不需要参加考试机构的综合考试。更多信息请登录 cpcusociety. org. 。

律师

要成为一名律师，你必须拥有本科学位并成功完成三年的法学院学习，获得法律学位。法学院毕业后，一般都要通过执业所在州的律师考试。

税务律师

税务律师是获得额外高等教育和税法培训的律师。税务律师通常参与高级税务事宜，包括出具法律意见，或是在美国国家税务局或税务法庭前做法律代表。税务律师可以代表你协商解决方案并能解决复杂税务问题，这使得他们能够制定方案，解决你的问题。税务律师在以下领域是最有资格的：

- 代表某人与美国国家税务局进行诉讼
- 代表某人参与美国国家税务局的刑事调查

- 代表被指控税务欺诈的人打官司
- 代表某人进行所得税审计和与美国国家税务局的申述
- 提交遗产税相关的纳税申报表和遗产税审计表
- 为初创企业、结构复杂的合并和收购活动提供帮助
- 处理员工薪资税问题和纠纷
- 就国际商业交易和相关税收协议提供咨询

遗产和老年法律师

专门从事遗产继承和老年人法律的律师通常都有信托、遗产和/或医疗补助计划方面的专业知识。这些律师与理财规划师密切合作，并起草和执行整体财务规划过程中需要的法律文件。这些律师是起草遗嘱、健康代理、授权委托书和信托文件方面的专家。其中很多律师还处理涉及家族企业和遗产继承的交易。

老年法律师在辅助生活或养老院护理等医疗补助计划更加擅长。他们可以为需要长期护理的客户提供财产保护计划，也可以在有争议和无争议的监护权行动中为个人客户提供代理服务。

附录 B 教你每周节省 20 美元的 101 个妙招

该清单包含了 101 个能帮助你每周节省 20 美元的小窍门。尽管听起来你可能觉得并不多，但我们来看小小 20 美元的大能量：

- 如果每周向你的储蓄账户存入 20 美元，年底时将会结余 1 040 美元。

- 如果你今年 30 岁，未来 35 年每年存 1 040 美元，年利率为 8%，到 65 岁时储蓄金额将达到 179 209 美元。

- 如果未来 35 年你能每天节省 20 美元或更多（每年能结余 7 300 美元），年利率 8% 的情况下，35 年后你将有 1 257 914 美元存款①。

你会惊讶地发现，尽管每天仅节省 20 美元，35 年下来能积累 100 多万美元。因此，几乎所有努力工作的美国人都有可能成为百万富翁，你只需要有足够的渴望、意愿、自律精神，再加上本书所提供的指导，就能助你实现百万富翁之梦。

和你的家人一起采取这些省钱妙招，会更加容易实现每天结余 20 美元或以上的目标。整个家庭应当讨论、分享家庭的财务状况，才能够对财务共同负责，并最终实现财务自由。

进入投资问答网站（investinganswer. com）的计算页面，只需点击"简单储蓄计算器：我能在多长时间内结余多少钱"就可以设定年限、

---

① 上述提及的回报率是一种假设，并不代表任何个人投资或投资组合的表现。文中提及的回报率仅作解释目的不应该被用来预测未来产品的回报。具体的回报率，尤其是长期限的回报率会随着时间变化。回报率更高的投资也伴随更高的风险。在做任何投资决策之前应咨询你的顾问。

回报率，以及目标储蓄金额，并计算出你需要多长时间以及付出多少努力便能积累100万美元或更多。也可以使用表12.3年金的终值系数来计算这一金额。

在第三章，我向大家展示了如何管理自己的现金流，如何与家人分析这一情况来改善并增加可支配现金流。通过这些省钱妙招节省下来的现金流应该计入投资性资产，这将帮助你实现财务自由。和家人坐下来一起设立目标，通过区分必要支出与不必要支出（"需要"与"想要"）来省钱，在预算范围内，使用互联网来"货比三家"，找到更便宜的选择。

无论收入水平如何，都可以通过降低花销来节省资金。我的父母是意大利移民，几乎不会说英文，妈妈在一家血汗工厂做缝纫工、爸爸是理发师，但他们在有生之年仍旧实现了财务自由。如果他们在有限的资源内能够走向人生财富巅峰，那你没有任何不能实现财务自由的理由，你只需对生活水平做一些微调，我相信这些微调并不会影响你的生活质量。

接下来是101种基本的省钱小贴士，能够帮助你获得储蓄计划的启动资金。这些建议的排列顺序和第三章表3.4的现金流条目一致。

住房

1. 削减有线电视费用。放弃昂贵的附加电视频道或使用基本光纤，或是与有线电视公司讲价，甚至威胁更换另一家供应商。

2. 可以考虑不用电视服务供应商，加入 Netflix，Hulu，Amazon Prime 或其他流媒体服务。

3. 将电话账单与移动电话、网络、有线电视费用捆绑在一起。

4. 买老一些的手机款式并且用到不能用为止。一直买最新款的手机可能花费你近千美元且通常不太必要。

5. 如果你有手机，很少使用座机的话，可以考虑弃用座机。

6. 购买不贴商标或零售商品牌的商品。

7. 自己打扫住宅。如果你必须使用清洁服务，可以考虑每隔一周请他们上门服务一次，甚至是每月一次。

8. 学习自己做一些简单的家庭修理工作，比如自己洗地毯、疏通水池或整修草坪。如果可能，尽量不要请昂贵的水管工人、园艺师、手艺人（handyman）等。

9. 使用程控恒温器，通过尽量减少空调和暖气等设施不必要的浪费，降低取暖和制冷费用。

10. 使用节能灯替代白炽灯、卤素白炽灯或发光二极管（LED）。这些替代选择能节能 25%～80%，且持续使用时间能延长 3～25 倍之久，这样便能在灯泡购买及电费上省下部分开支。

11. 只有在使用时才打开水池或浴室的热水龙头，缩短洗浴时间以极大降低热水使用和支出。

12. 保证你的家尤其是阁楼隔热情况良好。如果阁楼的隔热层低于 6 英寸厚，则隔热层不够好。只有隔热层达到 12 英寸厚，才能够每年降低 25% 的取暖和制冷费用。

13. 在家里安装警报系统。通过逐月对家里进行监测，你可以在住宅保险保费上节约更多。

14. 戒烟也能帮助减少家庭保险保费。因为吸烟者可能引发住宅火灾的风险更高，因而保费也更高。

15. 离开房间时请关灯。将不怎么使用的电器的插头拔掉。

16. 在天花板上装风扇能够减少空调的费用。

17. 每半年清洗冰箱的金属线圈，以提高冰箱运行效能。家里只装一台空调也能降低能源支出。

18. 通过安装无箱立即响应式热水器或太阳能热水器，能节省 14% 及以上的电费。

交 通

19. 乘坐公共交通工具或拼车，而不是自己驾车上班。在孩子去上学及参加课外活动的时候，你也可以考虑与其他家长拼车或乘坐校车。

20. 如果公共交通或拼车不可行，你应当考虑使用优步或类似的出行服务，因为这往往比乘坐出租车更便宜。

21. 在家附近找到最便宜的加油站，并养成在最经济实惠的加油站加油的习惯。

22. 阅读汽车生产商的手册。如果你的车使用不含铅常规汽油，那么就不要花更多的钱去加更昂贵的汽油。

23. 车速每小时 55 公里以下能节约汽油。

24. 良好的驾驶记录能帮助你节省保险费用。任何时候在驾驶时都能保持警惕，并且确保永不酒后驾车。

25. 通过防盗窃、多功能车、稳妥驾车以及低里程折扣等合格也能降低车险费用。

26. 将一家保险公司的保障服务进行整合，以便降低汽车和房屋的保费。将税收抵扣金额增加至每张车险保单 1 000 美元、每张房屋保单 10 000 美元。

27. 自己洗车，这样每次能节省 5～30 美元，并且通常自己洗得并不比专业洗得差。

28. 相比于买新车，买辆二手车要经济得多。

29. 如果你有一辆很少开的车，可以考虑把车卖掉以节省保费和维修费用。使用优步或相似的出行服务，相比汽车的维修和其他费用要便宜得多。

30. 在换油时清洗车的空气过滤网，这样可以提升每升汽油的行驶里程。

31. 保证汽车轮胎的胎压合理以提高每升汽油的行驶里程数。

32. 加入 AAA，USAAA，AARP 等组织以获得汽车修理、保险、旅行、租赁、购物以及娱乐的折扣。这些公司也会在路边提供有限的免费道路救援服务。无论在车上开展何种工作，比如旅游预定或购票，都询问一下是否有会员价。

家庭风险管理

33. 年轻时购买定期寿险（term life insurance）。年轻时身体仍然健康、价格锁定在较低费率时，能获得越多更好的保障。

34. 确保选择符合自身需求、期限合理的定期寿险。

35. 在购买寿险保单之前，先与工作单位的人力资源部门了解，单位的保险为员工提供了哪些保障，是否已经覆盖了你拟购买保险保障的范围？公司常常能以更低的费率获得同样的保险服务。

36. 保险公司常常会考虑你个人的身体健康情况。因此，吸烟、高胆固醇、高血压、超重或有其他问题（包括抑郁）的受保人保费要高于身体状况良好的受保人。所以，你需要改善身体健康状况以降低保费。

食品

37. 不要每周上班途中购买 4 美元一杯的咖啡，而是购买更便宜的 1.25 美元一杯的咖啡，从家里装杯咖啡来上班更好。

38. 自带午餐上班，以及给孩子带午餐上学。

39. 不浪费食物。用剩下的食材做第二天的午餐，或者重新加热做第二天的晚餐。

40. 在诸如山姆俱乐部和 Costco 批量购买蔬菜和其他家居用品。

41. 大多数蔬菜店和药店都提供回馈卡，能让你购买他们的打折、优惠以及回馈卡，利用好这些优惠。

42. 找到双重功能的回馈卡。很多食品杂货店（比如 Winn – Dixie，Tom Thumb，Stop&Shop）都会给顾客优惠加油卡以及购买折扣。

43. 根据超市通告对每周采购进行提前规划，购买在促销的蔬菜。

44. 每周至少吃一次素食，不仅让你更健康也更加经济。

45. 如果你和你家人经常在外用餐或吃外卖，可以将其缩减为每周在餐厅大餐一顿，能每月一次更好。

46. 与伴侣或朋友在外用餐时，可以共享食物。因为每份的餐量都大于你的食量，共餐不仅能让你吃得更少还更加经济。

47. 使用好餐厅的优惠券以及先到先得的促销券。

48. 对于最喜欢的餐厅的菜肴，你可以在家按照菜谱自己做，这样你只需要花很少的钱就能吃到餐厅般美味的菜。

49. 自己用新鲜的蔬菜和水果给孩子做辅食。

50. 从性价比高的酒庄购买你最喜欢的酒。比如，在美国购买加州红酒可能比买法国红酒更便宜，但口感一样好。购买更加便宜的品牌酒类、scotch、gin、vodka 等，特别是你要调酒时。

51. 考虑减少饮酒，不仅能省钱还能够降低患病的风险。

52. 制作饮食计划可以帮你节约时间和金钱。在去蔬菜店采购时，你就能清楚地知道自己需要买的是什么，从而避免在一周后扔掉一些未用得上的食物。

个人护理

53. 穿破的衣服或毁坏的物件不要扔掉，而是试着去修补它们。

54. 如果可能的话，每次洗完衣服后，衣服至少要穿一次以上再拿去干洗。这样不仅能保护你的衣服，还能降低洗衣服开支。

55. 买可以手洗或用洗衣机清洗的衣服，减少干洗费用。

56. 把衣服悬挂晾干而不是使用烘干机。这能节约家电使用费用，以及减少对衣服的损害。

57. 购买打折品牌商店的衣服，比如 Marshalls，T. J. Maxx 等。你也可以看看转售商店或者老式服装商店。

58. 少买衣服。我们很多人实际上拥有的衣服已经超过了需求。试着用已有的衣服满足自身需要，仅在真正必要时买新衣服。

59. 在家用非处方染发剂染发，而不是去理发店专业染发。如果你需要专业染发，用非处方染发剂，延长两次染发之间的间隔。

60. 自己做美甲和脚趾美容。

61. 不要吸烟，不仅是出于健康考虑，在当前烟草价格上升时，也是尽量节省买烟的支出。使用储蓄计算器来计算一下，随着时间的推移，吸烟将花费你多少钱。

62. 评估你办的健身卡和俱乐部会员卡是否发挥了其应有价值。如果很少使用，应该考虑取消。

63. 用走路、跑步、骑车或健身视频代替每月去健身房的费用。

64. 在清理衣柜时，可以通过卖衣服或者捐赠衣物来换取税收减免。

娱乐

65. 通过 Blue - ray 或流媒体服务观看影片，而不是去电影院购票观影。

66. 关注周围举办的免费活动。很多乡镇夏季在公园或沙滩举办免费的音乐会、播放电影。

67. 购买二手书、杂志、电影，或从公共图书馆借阅。

68. 支持本地的社区剧院，在社区剧院，你只需要用一小笔钱（相比看专业演出）就可以观看到高质量的作品。

贷款支付

69. 与信用卡公司协商，获得较低的信用卡利率。一些信用卡公司会用较低利率来奖励信用良好的客户。

70. 如果每月不能偿还信用卡账单，应该停止使用信用卡。可以折断或把卡片存在安全的地方，以抵抗使用信用卡的诱惑。

71. 偿清信用卡债务。即使8 000元的债务月利率仅为1%（年利率12%），每周也会使你多承担20美元的费用。

72. 不要在银行账户上支付不必要的维护费用。可以换成其他银行或取消该笔费用。

纳税

73. 使用本书每章最后"节税超额收益策略（升级版）"提供的策略来降低税收这一最大开支项。

赠与和捐赠

74. 不要在支付不起的时候捐钱。可以通过贡献时间或捐赠不需要的物品来代替捐钱。

75. 如果你想在慈善方面有所作为，但并没有捐赠大笔资金的途径，可以看单位是否有相匹配的赠与，这样便可以用一半的成本达到同样的效果。

76. 没必要购买昂贵的生日或节日礼物。记住，重要的不是礼物的价格，而是你的心意，所以即使购买不那么昂贵的礼物，收礼物的人同样会喜欢你的礼物。试着自己手工制作礼物就更好了。

专业费用及法律责任

77. 不要将会计和法律费用视作支出。如果你的会计师或律师帮你节省下的费用不能多倍于你支付给他们的中介费用，那么是时候考虑更换会计师或律师了。确保你所获得的专业服务来自能够满足你专业需要的、可信赖的咨询师（见附录 A）。

抚养子女及其他支出

78. 在节日后的玩具店清仓时给孩子购买玩具，以节省部分开支。先把礼物保存在一边，晚些时候再给他们。

79. 问家人或朋友有没有他们孩子已经穿不上的旧衣服。

养宠物和其他开支

80. 在 Petco 这样的宠物专营店消费，专营店一般供应宠物粮食，甚至有名牌类，还供应比蔬菜店价格更便宜的其他宠物用品。

81. 猫和狗需要清洁牙齿。用小苏打、水和棉布清洗它们的口腔，来代替购买昂贵的宠物口腔护理产品。

82. 避免为宠物购买昂贵的床或玩具。可以用旧毯子给它们做床，用旧衣服或盒子给它们做玩具。

83. 与当地的动物收容所确认他们是否每年提供免费或低价的宠物疫苗。

84. 如果你和你的孩子希望养一只宠物，从收容所领养一只。没必要花费上千美元购买珍稀品种的宠物，收容所里挤满了渴望温馨家庭的动物们。很多收容所都会举办宠物领养活动，可以免费领养宠物。

个人支出

85. 学习如何最大化利用优惠券。把优惠券和商店打折促销结合在一起能帮助你省更多的钱。网上优惠码也是很多人节省开支的方式。在网上购物之前可以迅速搜索店家是否有优惠券。很多网站会搜集网上全部可使用的优惠券信息，比如 RetailMeNot. com 或 CouponCabin. com。

86. 订阅特定的线上服务或手机应用，比如 Joinhoney. com，Shoptagr. com 以及 Camelcamelcamel. com，帮你找到廉价商品。

87. 阅读在线免费文章，取消订阅的报纸和杂志。

88. 在淡季旅游。夏季和学校假期时，机票价格和酒店住宿费用都比其他时间贵得多。

89. 使用 airfarewatchdog. com 找到最佳预定飞机票的时间。周二、周三或周六的航班通常是最便宜的。

90. 经常通过 Expedia 和 Travelocity 比较机票、酒店、租车和邮轮的费用。也可以通过这些网站打包各项旅行服务来节省开支。

91. 核实公司是否提供旅行优惠。工作地不同，单位往往能提供比大旅行网站价格更优惠的旅行和活动。

92. 租车时不要购买租车保险。与你的汽车保险公司或信用卡公司联系，它们可能已经对租赁保险进行了覆盖。

93. 如果不是特别需要租昂贵的车，保留原来较便宜的车，如果可能的话，向租赁服务台要求免费升级所租车辆。

94. 度假时考虑不要住酒店，通过爱彼迎或 HomeAway 网站预订度假住宿，通常比住酒店更便宜，并且能订到的房间更大，也能享受独特的旅行体验。

95. 预订带厨房的住宿地或酒店套房，自带蔬菜和酒水。因为在餐厅一日三餐的价格非常贵，尤其是在景区。度假时自己煮饭能节省相当一部分费用。

96. 对于经常使用的连锁酒店或航空公司，你可以加入其会员项目，或使用旅行信用卡。积分能够转化成储蓄或免费乘坐该航线。

97. 考虑"宅度假"。可在自己居住地寻找消遣或放松的活动度过假期，从而避免旅行及住宿费用。寻找之前被自己忽略的周边公园、沙滩、剧院或地标建筑等。

98. 如果旅行的预算很紧张，可以查阅 Groupon 和其他打折旅行网站是否提供你的旅行项目。这些网站有非常优质的打包旅行服务，可能帮你假期省下好几千美元。

99. 出境游时，跟团旅行通常更便宜、更安全。

100. 如果你想去境外旅游时享受充分的自由，可以考虑背包住在临时收容所。当然，必须确保做好调查，并将安全放在第一位。

101. 了解旅行目的地的文化差异。一些国家购物时可以讲价，还有的国家并不需要给服务人员小费。不清楚这些细微差异会让你的支出比想象得更多！

附录 C　各种类型税收的
基本概念与定义

美国联邦政府、大多数州政府和一些当地（或市政）政府都会对个人和公司征税，包括所得税、财产税、销售税、进口税、薪资税、遗产税、赠与税、消费税、各类关税、进口税、执照税、开业许可税和其他使用费。

联邦所得税

联邦层面，《美国国内税收法典》基于个人、公司、遗产和信托征收所得税。需要纳税的收入几乎涵盖所有收入来源，至于来自美国以外的收入，美国公民和外籍居民在全球范围内的收入都需要向美国缴纳联邦所得税，但如果同一笔收入在外国已经缴税，则可以获得外国税收减免。此外，在美国境外提供服务的收入所得可以完全或部分被排除在应税收入之外。

税收基于应税收入（根据《美国国内税收法典》定义）乘以不同收入水平的不同税率所得。当然，公司所得税除外，从 2018 年 1 月 1 日开始，只有公司是按照 21% 的固定税率纳税。

作为特朗普总统税改法案的一部分，2018 年美国公司所得税体系从"全球税制"变为"属地税制"。在税改之前，许多美国公司在国外赚取的利润必须缴税，新的"属地税制"使得 2017 年后在海外累积但未从海外实体分配的利润无须双重缴税。

作为个人，可以通过标准税收抵扣减少应税收入，税收抵扣项目包括住房抵押贷款利息、州和地方所得税、慈善捐赠和医疗支出等。你也可以通过税收减免减少税收支出，对于一些税收减免项目，如果你的税收减免额超过缴税义务，这些减免额可以返还。

2018 年，联邦应税收入的税率从 10% 到 37% 不等。

州所得税

美国有 43 个州和许多地方政府对个人征收所得税，有 44 个州和许多地方政府对公司的收入征税。税率因州和地区而异，税率可以是固定的也可能是分层次的。州和地区所得税的征收在联邦所得税之外，税收的征缴由各州法律规定。对于许多概念和定义，州和联邦都保持了一致，包括对收入、公司所得税抵扣项的定义等。一些州对应税收入，尤其是对公司的应税收入设有替代征税举措，这被称为替代税。

征收所得税的州通常面向在本州成立的所有公司，以及居住在该州的所有个人。来自其他州的纳税人只需缴纳在该州所获收入或分配给该州的部分所得税。企业只有在与本州具有足够联系的情况下才在该州缴纳所得税。

遗产税和赠与税

美国的遗产税和赠与税是由联邦政府征收，一些州政府也征收这两种税。遗产税是对去世时传承财产的权利而征收的消费税（这里的"财产"不只指房地产，而是包括房地产以及其他所有资产和财产，包括汽车、珠宝、家具和装饰、投资等在内）。

遗产税是对遗产而不是对受益人征税。一些州对遗产的接受者征收继承税（inheritance tax）。赠与税是针对给予方（捐赠人）以低于实际价值转移财产的人征收的税。联邦政府和一些州政府对将财产转移给子孙（或后代）的人征收额外的隔代转移（generation – skipping transfer）税。

应税赠与额是对超过捐赠人和受赠人人均年度赠与豁免额（2018年的豁免额为 1.5 万美元）之外的赠与额。遗产的应税金额是去世日所有财产权利的公允市场价值总额（称总遗产）加上应税赠与额，减去后代的负债及管理成本（包括葬礼费用）以及其他特定的抵扣。计算联邦应税遗产时，州遗产税可以在一定限额内进行税前抵扣。向慈善机构的捐赠有助于降低应税遗产的金额。

遗产税适用于公民（居民）在其去世时所持有的全部财产，或持有的财产份额。一般来说，所有类型的财产都需要缴纳遗产税。后代拥有对该财产的足够权益份额是否会影响赠与税或遗产税的缴纳，这取决于各州财产法的规定。

遗产和赠与的应税价值是公允市场价值。对一些资产来说，如广泛交易的股票和债券，其价值可能由上市挂牌价值决定。其他财产的价值可能由估值决定，估值会面临税务机关潜在异议。货币资产，如现金、抵押贷款和票据由票面价值决定，除非另有明确的价值确定方法。人寿保险赔付额如果是由后代持有，也需纳入总遗产。

薪资税

薪资税是雇主基于员工的工资或薪水帮员工代扣缴纳的税收。联邦政府和大多数州政府都征收薪资税，税收收入用于资助社会保障、老年补助医疗、失业补偿、工人补偿、医疗保险等项目。

在美国，薪资税由联邦政府、所有 50 个州、哥伦比亚特区和众多城市评定和征收。这些税是基于不同补偿基础，面向雇主和雇员征收。薪资税由雇主归集并支付给税务机关。大多数司法管辖区征收薪资税要求每季度和每年报告一次。

预扣所得税　无论是联邦、州还是地方，他们征收所得税通常要求所得税预扣。这些地区的雇主必须从支付给员工的工资中进行预扣，预扣金额的计算由雇主根据雇员的美国国家税务局 W－4 表格的税收状况得来。预扣缴的税款必须支付给该征税辖区政府，他们可以作为给员工的可返还税收减免。从工资中预先扣除的所得税不是最终税，只是估计的预付税款。员工仍必须提交所得税申报表和自我评估税，并申报预扣税款。

社会保障和老年保健医疗税　联邦社会保障税是对雇主和雇员同等征收的税，包含年度工资（2018 年最高限额为 128 400 美元）金额的 6.5% 作为社会保障税加上总工资的 1.45% 作为老年保健医疗税。如果员工有多个雇主，工资的 6.2% 超过最高缴税限额，员工当年提交所得税申报表时有权获得可返还的税收减免额。

雇员和自雇人士的工资和创业收入超过所得税申报限额（已婚人士共同申报为 25 万美元，单身、户主和符合条件的寡居者为 20 万美元，已婚人士分开申报为 12.5 万美元）的，需要额外支付 0.9% 作为老年保健医疗税。这是在进行个人所得税申报时除已经缴纳的老年保健医疗税外，还需额外缴纳的税收。

失业税　雇主需缴纳联邦和州政府征收的失业税。失业税是应税工资的一定比例，并设有上限，该税率根据各州及雇主所在行业、经验评定等因素决定。一些州也向员工征收员工失业、伤残保险或类似的税。

报税和缴税　雇主必须按照所在辖区规定向适当的税收管辖地报告薪资税。大多数司法管辖区都需要季度报告所得税预扣和社会保障税情况。在征收失业税的州，雇主也必须每季度和每年提交失业税报告，每年向联邦机关报告。

每个雇主都必须为每位员工提供一份关于美国国家税务局的工资 W-2 表格，联邦、州和地方的税收预扣年度报告，并将副本发送给美国国家税务局和各州。上述工作必须在工资支付完成的下一年 1 月 31 日前完成。W-2 表格是为员工缴税的证明。

联邦预扣所得税和社会保障税未缴纳给美国国家税务局的，或未得到适当管理的，将面临严厉处罚。

净投资收入的老年保健医疗附加税

《患者保护和平价医疗法案》（2010 年）规定对净投资收入（包括利息、分红、资本利得、租赁和版权收入及被动性商业收入）征收3.8%的附加税。这是美国历史上（现在仍然是）第一次将薪资税强加于非劳动所得收入（未通过工作获得的收益）。这也超出了对雇员和自雇人士的收入征收老年保健医疗税的范围。

以下净投资收益需要缴纳医疗保险税：单身人士、户主纳税人净投资收入在20万美元以上；已婚人士及符合条件的寡居者净投资收入在25万美元以上；已婚人士分开申报且净投资收入在12.5万美元以上。

对于个人而言，该税适用于以下二者的孰低金额：（1）个人纳税年度的净投资收入；（2）纳税年度经调整总收入超过适用阈值的部分。

例如，如果单身人士纳税人有18万美元的工资，并收到3万美元的净投资收益，经调整后总收入为21万美元，高出阈值1万美元。3.8%的老年保健医疗附加税将适用于以下二者的较低值：净投资收益（3万美元）和超过调整后总收入阈值金额的部分（1万美元）。因此，只有1万美元需要缴纳3.8%的税，即380美元的老年保健医疗附加费。

财产税

财产税最常适用于房地产和商业财产，包括对土地、建筑物等的权益。所有权权益包括所有权以及其他财产权的所有权。汽车和船舶的注册费是财产税的一个组成部分。

大多数地方政府和许多相关部门对财产所有者征收财产税。财产税规则和税率各地不同，财产税通常是在地方一级征收，尽管可能有多个司法管辖区对同一财产征税。

财产税是基于财产的公允市场价值计算。税额是基于特定日期每项财产的市场价值确定。

各个州之间、甚至一个州内的财产税评估过程都差别很大。每个税收管辖区决定管辖区内的财产价值，并根据财产的评估价值征税。财产税的纳税时间和条款差别很大，如果业主未缴税，税收管辖区有各种补救措施，包括扣押和出售财产。

销售税

大多数州和一些地方基于商品和服务的零售价格征税，这被称为销售税。各管辖区销售税率差异很大，从 0 到 10% 以上不等，一个管辖区内特定商品或服务的销售税也可能不同。大多数司法管辖区对在杂货店出售的食物、处方药和许多农业用品提供税收豁免。优惠券等现金折扣不记入销售税的应税价格中。

销售税由卖方在销售时收取，或由买方购买应税商品时缴纳。销售税，包括由州以下的地方一级政府征收的税，通常都在州一级政府层面进行管理。征收销售税的州要求零售商向所在州注册，向消费者征税、进行申报税收并将税收汇缴给所在州。

美国没有联邦销售税。

消费税

消费税在联邦和州一级征收，征收对象为制造、销售和/或各种包括酒精、烟草、轮胎、汽油、柴油、煤炭、枪械、电话服务、航空运输、未注册债券以及其他商品和服务等。

有些司法管辖区要求将税章贴在商品上，以证明已缴纳税款。

关税和进口税

美国对进口自很多国家的多种进口商品征收关税或进口税，税收在进口时征收，由进口商支付。根据商品和原产国不同，进口税率从 0 到超过 20% 不等。关税或进口关税仅由联邦政府征收。

除关税外，国际贸易还有各种其他税收，有些称为用户费或许可费用。未能正确遵守海关规定可能导致货物被没收，有关各方可能面临刑事处罚。美国海关与边境保护局（CBP）负责执行海关规定。

许可证税和开业许可税

美国境内的许多司法管辖区对开展特定业务或维持特定专业认证的权利征收税款或费用。常见的例子包括会计师、律师、股票经纪人、理发师、赌场、牙医、医生、汽车修理工和管道工。许可证或开业许可税对于被许可人来说可能是每年固定的金额，可能是基于公司从业人员数量计算的金额，也可能是收入的百分比，或按其他方式收取。提供专业或个人服务的人通常需要缴纳此类税费。除了这个税之外，对于许可证可能还有其他的要求。

所有 50 个州都征收车辆牌照（车牌）费用。通常，这一费用根据车辆的类别和大小而定，并按年或每两年征收。所有州和哥伦比亚特区还征收驾驶执照费用，通常需要每隔几年付费续签。

用户使用费

联邦政府或州政府对于使用某些设施或服务收费。例如，通常会对使用国家公园或州立公园收费，对某些高速公路收费（称为高速公路通行费），或收取公共街道停车费以及公共交通乘车费。这些费用通常在使用时征收。

税收管理：征收和使用

三个不同的组织负责对税务进行管理：

1. 国会、参议院和美国总统编写并批准税法；

2. 美国国家税务局负责执行法律、收税、处理税收申报、发放退税和将收到的税金转交给美国财政部。

3. 美国财政部负责支付各种政府支出。

美国的税收大概由数百个税务机构管理。在联邦一级，有三个税务管理部门：

1. 酒精烟草税务与贸易局（TTB）对酒精、烟草和枪支征税。TTB 是美国司法部的一部分。

2. 美国国家税务局（IRS）管理国内的所有其他税。美国国家税务局是美国财政部的一个部门。

3. 海关与边境保护局（CBP）负责管理进口税收（如上所述，作为关税的一部分）。CBP 属于美国国土安全部。

州和地方税务机关的组织差异很大，每个州都有税务管理机构。一些州对部分或全部地方税进行管理，大多数州以下地方政府也有着税务管理权，或与邻近地区共享税务管理。

所得税：你应该知道的概念

根据美国的税收制度，每个人都会以这样或那样的方式纳税。这包括个人、公司、企业或非营利组织（合伙企业和内部拥有公司不缴纳所得税；相反，合伙人需根据自己收入所得金额缴纳个人所得税、进行税收抵扣和获得税收减免）。

所得税简单来说就是根据收入纳税。收入是你通过工作或投资赚到的钱。收入包括工资、利息、股息、投资利润以及养老金分配。但收入不包括赠与、特定继承财产和奖学金。个人和组织负责报告其收入并计算税收。有些组织虽然免税但仍然需要提交纳税申报表。

你的税负取决于你的收入水平。收入高的人通常纳税税率高于那些收入低的人，这意味着你赚得越多，税率越高。你可以通过使用各种税收优惠来减少税收支出，换句话说，通过有效的税收筹划，你可以降低自己的税负，你的税务情况由你自己掌握。

联邦所得税通常是你每年必须缴纳的最大数额的税。如上所述,大多数美国家庭将总收入的 1/3 用来纳税,包括联邦、州和适用的地方税、社会保障税和老年保健医疗税等。

2017 年 12 月 22 日,特朗普总统签署了《减税和就业法案》。这一法案对美国个人和公司的税法进行了重大修改。事实上,它是美国近三十年对税收体系改动最大的一部法律。大部分税法修订于 2018 年 1 月 1 日生效(除了一些例外情况,本书有提及)。需要注意的是,大多数对个人税收条款的修改只是暂时的,这些修改的条款将在 2025 年税收年度结束时到期,这被称为日落条款(Sunset Provision)。但是针对公司纳税人的条款修改是永久性的。当然,所有这些规定将来都可能会因为新一届政府执政而改变。

一般支付或所得税预扣

美国联邦和州的所得税制度是自我评估制。换句话说,纳税人必须申报并纳税,但税务机关不对他们的申报进行评估。雇主必须从工资中预扣所得税、社会保障和老年保健医疗税。如果不进行预扣,雇主需要按季度支付预估税。因为个人所得税实行累进税率,已婚且双方都工作的纳税人必须考虑他们是否需要提高他们的预扣税。雇主使用的预扣税表没有考虑到一人从事多份工作或伴侣也工作的情形,如果是这样,整体家庭收入可能应当适用更高税档。

累进税率

个人所得税按累进税率计算:应税收入金额越高,税率越高。此外,随着收入由低税档向高税档变化,用来纳税的收入比例上升。较高的税率仅适用于处在该税档范围内的收入部分,也不是所有的应税收入(更多详情请见表 C.1)。每个税档的税率,无论是 10%、24% 或更高,都被称为边际税率。总税负由应税收金额除以应税收入,这样得出的平均税率通常要比边际税率低得多。

申报状态（Filing Status）

税收支出部分取决于申报状态，这取决于纳税年度最后一天（12月31日）你的婚姻状况和家庭状况。申报状态会影响你是否需要提交纳税申报表、标准扣除金额以及税率。如果你能选择（如已婚人士共同申请或已婚人士分别申请），你应该计算这两种情况下你的税收金额，并选择税率低的状态进行申报。

五个申报状态是：

1. 单一纳税人：未婚或与配偶合法分居。

2. 已婚人士共同申请：已婚夫妇将收入、抵扣项合并的，可提交一份税收申报表。

3. 已婚人士分开申请：每个配偶各自提交自己的纳税申报表，上报自己的收入、税收抵扣项等。

4. 户主：未婚或被视为未婚的纳税人，并将收入一般用来维持家庭、抚养孩子或亲属。

5. 符合条件的寡妇或鳏夫（有一名需抚养的子女）。

现收现付制（pay－as－you－go process）

任何领过薪水的人都知道，我们的工资不是我们实际收到的金额；实得工资是由我们的工资总额减去我们的税收计算出来的。根据法律规定，你必须全年纳税，这被称为"现收现付制"。对于大多数人来说，这意味着你的所得税从薪水中扣除并直接上缴给联邦、州和地方政府。在年底，你已经缴纳了一定数额的税款了。

自雇人士一年四次在指定日期通过向美国国家税务局转交其部分收入作为预付税款，这被称为季度预估纳税额。

如果你支付的金额超过你税负，政府会退还多缴纳的部分，这称为退税。如果你没有足够的钱来支付税款，那么你就出现了欠款，你必须在下一年的 4 月 15 日之前支付这笔款项，否则政府可能会向你收取额外的利息和罚款。

联邦预扣税津贴　这些税收取决于你的收入水平和你申请的津贴金额（这些津贴需要通过 W－4 表格申请，并在雇主的要求下填写）。纳税人基于多种因素可获得某些特殊津贴，如婚姻状况、年度工作时间和大笔逐项扣除等。

联邦保险捐助条例　所有就业工人（除了某些联邦政府的雇员）必须根据联邦保险捐助条例（Federal Insurance Contributions Act，FICA）支付税款以获得老年福利、幸存者福利、伤残福利和医院保险福利。这种税通常被称为社会保障（包括老年保健医疗）。根据现行法律规定，上述税款在上述保障范围的分配比例会有不同。雇主和员工各支付50%，自雇人士必须全额缴纳，但可以在纳税申报时扣除 50%。

其他预扣税　大多数州也要求进行所得税预扣，各州税率不同。一些城市和地方政府也要求征收所得税。

计算你的应税所得和税负

计算与支付所得税是一个非常复杂的过程。光定义总收入和应纳税所得额（总收入减去特定调整项所得）就非常棘手。

除此之外，《美国国内税收法典》列出了关于收入定义和处理的各种各样的条件和例外情况。然而，重要的是你理解最重要的术语以及基本原理。

总收入

总收入是你在一年内从各种来源收到的所有收入。个人总收入分为三大类：

1. 主动性收入：工资、薪水、奖金、小费和佣金以及你实际参与获得的商业收入和其他形式的收入，包括养老金收入和赡养费。

2. 投资组合收入：持有投资产生的利息、股息和利润，包括储蓄账户、股票、债券、共同基金、期权和期货。

3. 被动性收入：来自房地产、有限合伙及其他避税等收入。如果产生的是损失，则必须推迟到未来纳税年份进行税收抵扣。

某些收入可能免税，包括：

- 子女抚养费
- 事故、健康和人寿保险的赔付
- 赠与和遗产
- 市政债券利息
- 奖学金和助学金
- 退伍军人津贴

此外，在某些类别中，纳税人可获得的税收抵扣和核销金额可能会受到许多规则和法规的约束。

资本利得是个人出售资产（如股票，债券或房地产）时获得的总收入超过其原始资产成本的部分。资本利得按不同的税率征税，具体取决于资产的持有期。此外，纳税人任意一年的资本损失税收抵扣额存在上限。

经调整的总收入

基本总收入可以允许进行一些调整，调整后得到的数字就是经调整的总收入。这些调整项包括（存在一些限制条件）：

- 学生贷款利息支出
- 个人退休账户（IRA）可税前抵扣的缴款部分
- 自雇人士的健康保险保费
- 从储蓄账户中提前取款的罚金支出

- （离婚或分手后）给另一半的赡养费（如果在 2019 年之前离婚）

- 搬家费用（根据 2018 年的新规定，仅适用于现役军人）

- 你和配偶向健康储蓄账户（HSA）的缴款中可税前抵扣的部分

- 阿彻医疗储蓄账户（MSA）

税收抵扣：标准扣除和分项扣除

计算出经调整的总收入后，你可以考虑其他抵扣项。标准扣除是指基于你申报状态的固定金额扣除（2018 年标准抵扣金额分别是：单一申报人可抵扣 1.2 万美元；已婚人士合并申报和幸存配偶申报的，可抵扣 2.4 万美元；已婚人士分开申报的，可抵扣 1.2 万美元；户主，可抵扣 1.8 万美元）。或者可以逐项扣除，纳税人列出特定的个人支出项以减少个人应税收入，包括：

- 医疗费用（2017 年为超过经调整总收入 7% 的部分，2018 年为超过经调整总收入 7.5% 的部分，2019 年开始为超过经调整总收入 10% 的部分）。

- 州和地方所得税或销售税、不动产税（从 2018 年开始，上限为 1 万美元）。

- 住房抵押贷款利息（抵押贷款利息抵扣上限从 2018 年前的 100 万美元减少至 75 万美元）。关于住房抵押贷款利息抵扣，适用一些特殊的规则。请参阅第四章"如何管理家庭债务"，以了解更多细节。

- 慈善捐助

这些税收抵扣通常会受到各种约束和限制。许多常见的个人逐项扣除自 2018 年 1 月起被取消，比如意外和盗窃损失（除了那些联邦认定的灾难外）、税务申报费、员工未报销支出，以及其他以前超过经调整总收入 2% 的部分可以税收抵扣的杂项扣除等。

根据你的需求，采用标准抵扣还是分项抵扣，每年的情况可能不一样。2018 年 1 月 1 日起，所有申报状态的标准抵扣都翻番了，但个人豁免被取消。也许这种更高的标准抵扣额最大好处是它大大简化了税务报告和申报程序。在新的税收规定下，很多过去进行分项抵扣的纳税人发现分项抵扣的获益较小，而标准抵扣金额大大增加。这也大大减少了美国国家税务局对个别纳税人进行审计的需求，因为这些项目将无须再被质疑。

税收豁免

根据纳税人抚养孩子的数量，税收豁免允许纳税人从经调整总收入中进行税收抵扣。2017 年，每个纳税人的豁免金额是 4 050 美元。你可以为自己申请税收豁免，也可以为配偶、包括子女或其他收入低于一定金额的亲戚在内的任何抚养人申请。此外，一个纳税人在任何纳税年度只能申请一次豁免。

2017 年颁布的《减税和就业法案》完全取消了个人豁免，从 2018 年开始生效。

计算和申报税收

要估算你必须支付的税额，你现在需要解决以下问题：

- 你使用的个人所得税税率
- 税收优惠
- 报税表单和时间安排

税率

计算你的应税收入应该从经调整总收入中减去抵扣额（标准抵扣或分项抵扣）。一旦计算出应税收入，你必须参考税率表来计算出你需要缴纳多少税。表 C.1 展示了在各种收入水平下，如何计算你的税率，无论你是单身人士、共同申报的已婚人士、分开申报的已婚人士、户主或者是符合条件的寡居之人。2017 年《减税和就业法案》调整了税档，目前有 10%、12%、22%、24%、32%、35% 和 37% 七个税档。

替代性最低税（AMT）

替代性最低税的最初创建是不考虑税收抵扣的高低，确保高收入按照公平原则纳税的。许多高收入者之前利用各种税收优惠设法少纳税。替代性最低税要求这些高收入纳税人必须以两种不同的方法计算税收。首先，根据我们上面描述的公式，在标准税收制度下计算一次税收，这一税收是正常税收。然后，我们将各项税收抵扣项都取消（假设没有这些抵扣项），如州和地方所得税或销售税、房地产税、未报销的因公费用及投资相关支出等，得到 AMT 应税收入，重新计算税收。当然，AMT 应税收入适用更低的税率。替代性最低税运行多年来问题逐渐暴露，因为可享受 AMT 税收豁免的收入金额并未每年基于通货膨胀进行调整。随着时间的推移，替代性最低税开始影响越来越多的纳税人，包括中产阶级，而中产阶级本不是该税收的目标群体。

根据 2017 年《减税和就业法案》，单身人士或户主申报的 AMT 税收豁免收入提高至 70 300 美元；已婚人士共同申报的 AMT 税收豁免收入提高至 109 400 美元；已婚人士分开申报的 AMT 税收豁免收入提高至 54 700 美元。从本质上讲，如果你的 AMT 应税收入低于此金额，则不用缴纳替代性最低税。替代性最低税豁免现在将永久性基于通货膨胀进行调整，这样未来中产阶级纳税人不会受到影响。此外，在收入达到一定限额后，替代性最低税豁免将逐步退出（phase out），新税法大幅提高了这一收入限额。从 2018 年开始，新税法将个人纳税人上述收入限额提高至 50 万美元，将已婚人士共同申请的上述收入限额提高至 100 万美元。

表 C.1　　　　　**表 1　2018 年美国个税税率表：单身申报人**

例：2018 年单身应税收入为 $92 000，在该国别个人应缴所得税为 $16 370

应税收入				税款	
$82 500				$14 090	
$9 500	乘（×）	24%		$2 280	
$92 000	总应税收入			$16 370	总应缴税款

2018：2018 年申报状态为单身时使用

应税收入区间				税款为		超过以下金额之上的应税收入额
$—	$9 525			10%	乘（×）	$—
$9 525	$38 700	$953	加（+）	12%	乘（×）	$9 525
$38 700	$82 500	$4 454	加（+）	22%	乘（×）	$38 700
$82 500	**$157 500**	**$14 090**	**加（+）**	**24%**	**乘（×）**	**$82 500**
$157 500	$200 000	$32 690	加（+）	32%	乘（×）	$157 500
$200 000	$500 000	$45 690	加（+）	35%	乘（×）	$200 000
$500 000	………	$150 690	加（+）	37%	乘（×）	$500 000

表 C.1　　　　　**表 2　2018 年美国个税税率表：**

申报状态为已婚合并申报或符合条件的丧偶者

例：若已婚合并申报，2018 年合并应税收入为 $220 000，则个人应缴收入所得税为 $41 379

应税收入				税款	
$165 000				$28 179	
$55 000	乘（×）	24%		$13 200	
$220 000	总应税收入			$41 379	总应缴税款

2018 年表 Y−1：2018 年申报状态为已婚合并申报或符合条件的丧失配偶者使用

应税收入区间				税款为		超过以下金额之上的应税收入额
$—	$19 050			10%	乘（×）	$—
$19 050	$77 400	$1 905	加（+）	12%	乘（×）	$19 050
$77 400	$165 000	$8 907	加（+）	22%	乘（×）	$77 400
$165 000	**$315 000**	**$28 179**	**加（+）**	**24%**	**乘（×）**	**$165 000**
$315 000	$400 000	$64 179	加（+）	32%	乘（×）	$315 000
$400 000	$600 000	$91 379	加（+）	35%	乘（×）	$400 000
$600 000	………	$161 379	加（+）	37%	乘（×）	$600 000

表 C.1   **表 3   2018 年美国个税税率表：**
已婚分开申报

例：若已婚分开申报，2018 年应税收入是 $82 000，则个人应缴所得税为 $13 540

应税收入			税款	
$38 700			$4 454	
$41 300	乘（×）	22%	$9 086	
$80 000	总应税收入		$13 540	总应缴税款

2018 年表 Y－2：2018 年申报状态为已婚分开申报时使用

应税收入区间				税款为		超过以下金额之上的应税收入额
$—	$9 525			10%	乘（×）	$—
$9 525	$38 700	$953	加（+）	12%	乘（×）	$9 525
$38 700	**$82 500**	**$4 454**	**加（+）**	**22%**	**乘（×）**	**$38 700**
$82 500	$157 500	$14 090	加（+）	24%	乘（×）	$82 500
$157 500	$200 000	$32 690	加（+）	32%	乘（×）	$157 500
$200 000	$300 000	$45 690	加（+）	35%	乘（×）	$200 000
$300 000	………	$80 690	加（+）	37%	乘（×）	$300 000

表 C.1   **表 4   2018 年美国个税税率表：**
申报状态为户主

例：若作为户主申报，2018 年应税收入为 $60 000，个人应缴所得税为 $7 748

应税收入			税款	
$51 800			$5 944	
$8 200	乘（×）	22%	$1 804	
$60 000	总应税收入		$7 748	总应缴税款

2018 年表 Z：2018 年申报状态为户主时使用

应税收入区间				税款为		超过以下金额之上的应税收入额
$—	$13 600			10%	乘（×）	$—
$13 600	$51 800	$1 360	加（+）	12%	乘（×）	$13 600
$51 800	**$82 500**	**$5 944**	**加（+）**	**22%**	**乘（×）**	**$51 800**
$82 500	$157 500	$12 698	加（+）	24%	乘（×）	$82 500
$157 500	$200 000	$30 698	加（+）	32%	乘（×）	$157 500
$200 000	$500 000	$44 298	加（+）	35%	乘（×）	$200 000
$500 000	………	$149 298	加（+）	37%	乘（×）	$500 000

替代性最低税最大的变化，在于标准税收体系下的个人逐项扣除。过去，大部分纳税人需要缴纳替代性最低税，这是因为州和地方所得税、销售税、财产税、未报销的因公费用和投资费用的税收抵扣受到经调整总收入的 2% 的限制（只有高于经调整总收入 2% 的部分可以税前抵扣）。现在，由于许多抵扣项目被取消或受到限制了，因此之前缴纳替代性最低税的纳税人将不再需要缴纳该税。坦白地说，在简化所得税规则方面，这一调整是新税法的最大改动之一。

儿童税

根据新税法，自 2018 年 1 月 1 日起，对于儿童的非劳动所得收入净额，儿童税适用的普通税率和资本利得税率参照信托和遗产来执行。与劳动所得相关的应税收入，应根据未婚纳税人适用的税档和税率纳税。孩子的税收不再受孩子父母的纳税情况或任何兄弟姐妹非劳动收入的影响。

儿童税适用于未满 18 岁儿童的非劳动收入，也适用于那些在年底满 18 岁或 19～23 岁，且劳动收入不超过自己所获资助一半的全日制学生。

税收减免

在确定应税收入、计算出税务负担（你应该支付的税收金额）后，你可以获得一定的税收减免。各种税收减免有助于降低联邦和州一级的所得税支出。有些税收减免只适用于个人，比如受抚养子女的儿童税减免，儿童保育税减免以及低收入工薪阶层的所得税减免。一些税收减免，例如外国税收减免则适用于所有类型的纳税人。

税收抵扣和税收减免之间的区别

理解税收抵扣和税收减免之间的区别非常重要。税收抵扣减少了你需要纳税的应税收入，税收减免则是减少了你应该纳税的金额。

例如，如果你有 1 000 美元的税收抵扣，适用税率是 35%，你将能节省 350 美元（1 000 ×35%）的税。相反，如果有 1 000 美元的税收减免，这意味着这笔钱从你的税务负担中直接扣除，你将能节省 1 000 美元。有一些税收减免只能用于减少你的税务负担，另一些则可以在你的税务负担降至零时对你进行税收返还。

税收表格和时间安排

美国国家税务局要求纳税人使用特定的报税表，通常是 1040 表格或一些衍生的表格。政府现在已经停止将这些纳税表格邮寄给纳税人。你应该去 www. irs. org 网站上下载必要的表格，并下载纳税申请的必备材料。大多数纳税人付费请人准备纳税申报表，或在线提交纳税申报表。

其他税务考虑因素

虽然这个过程已经很复杂，但涉及个人税收还有一些其他变量也需要考虑。

预估税收

对大多数人来说，税收是雇主从他们的薪水中预扣的。然而，如果你是自雇人士（为自己工作）或以其他方式获得非预扣收入（如投资、咨询费用、自由职业等），你需要支付预估的税款，以便符合"现收现付制"的纳税规定。预估的税收必须在全年分四期支付，时间分别是 4 月 15 日、6 月 15 日、9 月 15 日和 1 月 15 日（次年）。未预估并缴纳税收将面临处罚。

4 月 15 日

个人所得税申报者的纳税年度对应正常的日历年：1 月 1 日至 12

月 31 日。个人纳税人必须在当年 4 月 15 日之前提交报税表（可电子化操作）。如果你通过扣缴工资或个人预估纳税缴纳的税收超过你的实际税负，你将收到税收返还；如果未完全支付税负，必须补齐差额。

延期提交报税表

如果有必要，你可以申请延期提交报税表，截止日期为 10 月 15 日。然而，你作为纳税人必须估算应缴纳的税收金额，并和申请延期的报税表一起缴纳预估税款（换句话说，延期报税并不能为纳税人缴税争取更多时间）。

修订报税表

如果你发现自己忽略了某些应税收入，或忽略了潜在的税收抵扣项和减免项，你可以在提交原始申报表之后的三年内、或在纳税时间后的两年内（二者中可以选择最晚的那个）提交修订的报税表。

经审计的报税表

虽然被审查的可能性很低，但美国国家税务局确实对一些纳税申请表进行审查，以确保他们已正确计算了自己的税收，这一过程就叫做审计。IRS 对纳税申报表随机抽查，主要针对高收入人群。此外，某些项目可能导致审计：如收入突然增加、报税表缺少签名，或超大金额的逐项抵扣，或高于之前年份或高于同税档其他人平均水平的逐项抵扣。

从你提交申报表到美国国家税务局审计，可能需要三年时间。如果你的申报表确实被审计，美国国家税务局将着重看你的收入是否合理上报，以及你的税收抵扣项是否都是合法的。因此，你必须保持完整和准确的记录，并至少存储三年或六年。我相信随着 2017 年《减税和就业法案》大幅简化税收申报系统，未来被审计的人数将明显减少。

关于作者

John J. Vento[①] 担任纽约一家注册会计师事务所总裁以及综合财务管理公司（Comprehensive Wealth Management Ltd.）的金融理财规划师。过去三十多年来，他的公司与美国各地的客户合作，并专注于为职业人士、高净值人士和致力于实现财务自由的客户群体提供专业化服务。自2001年起，Vento先生开始担任HD Vest Investment Services 和HD Vest Advisory Services 的注册代表和顾问代表。过去十年他一直是这两家公司的顶级顾问之一。

Vento 先生经常在美国各地参加与税务策略、财富管理战略等主题的研讨会，并发表主旨演讲。他还经常参加福克斯新闻的 Shepard Smith Reporting, the Willis Report, Neil Cavuto Show, NYI News, CBSN 等节目，以及很多其他与金融相关的电视节目。Vento 在诸多杂志上发表多篇文章，如货币杂志、路透、华尔街日报、福布斯、彭博商业周刊、市场观察等。他是节税策略、财务规划以及财富管理问题方面的专家。

---

① John J. Vento 是 HD Vest 公司的顾问。本书中的观点和看法仅代表 John J. Vento 本人，不代表 HD Vest 或其子公司观点。本书中所有投资相关的信息仅用于解释目的，不构成对证券或保险服务的要约或出售。HD Vest 及其附属公司专业提供金融产品和服务，不提供税务或会计方面的服务和管理。HD Vest 顾问可通过他们独自的外部企业提供税务、会计或其他服务，但上述服务均与 HD Vest 服务相互区分、独立。John J. Vento 是 HD Vest 投资服务公司发行证券的注册代表，是 FINRA/SIPC 会员，为 HD Vest 顾问服务公司提供顾问服务。HD Vest 顾问服务公司地址是 6333 North State Highway 161, Fourth Floor, Irving, TX 75038, 972 – 870 – 6000。投资和保险产品不受到 FDIC 或任何联邦政府机构的担保，不由银行或银行附属机构存款或担保，价值可能遭受损失。综合财富管理公司不是注册经纪人/做市商或注册投资顾问公司。

　　Vento 先生在佩斯大学公共会计专业获得工商管理学士学位，并在圣约翰大学税务专业获得 MBA 学位。他是一名注册会计师（CPA），是美国注册会计师协会、纽约注册会计师学会会员。Vento 先生也是国际金融理财师，持有美国证券经纪人牌照，即系列 7 牌照，同时也是一名投资顾问代表。

　　他此前在四大会计师事务所之一——毕马威工作。这段工作经历赋予了 Vento 先生丰富的经验，他在毕马威主要从事医疗、牙科行业及金融服务业方面的审计。

　　他是纽约布鲁克林圣弗朗西斯大学、纽约斯塔滕岛（Staten Island）的瓦格纳学院的兼职教授，是公认的理财知识倡导者，并一直是纽约市公共图书馆系统的讲师。